Kulturmøder ved Kap Farvel

Kulturmøder
ved Kap Farvel

De østgrønlandske indvandrere og den tyske
Brødremission i det 19. århundrede

Einar Lund Jensen, Kristine Raahauge og Hans Christian Gulløv

Museum Tusculanums Forlag
Københavns Universitet
2012

Einar Lund Jensen, Kristine Raahauge og Hans Christian Gulløv.
Kulturmøder ved Kap Farvel. De østgrønlandske indvandrere og den tyske Brødremission i det 19. århundrede
© Museum Tusculanums Forlag og forfatterne, 2012
Forlagsredaktion: Lone Elisabeth Olesen
Teknisk redaktør: Marie Lenander Petersen
Omslag: Erling Lynder
Sats: Specialtrykkeriet Viborg a-s
ISBN 978 87 635 3934 0

Omslagsillustration
En del af menigheden i Friedrichsthal, den herrnhutiske Brødremenighedens missionsstation nord for Kap Farvel. Typisk for Brødremenigheden er drenge og mænd placeret for sig, og kvinder og piger for sig. I midten ses en af missionærerne og konerne til to missionærer. Musikinstrumenterne blev anvendt i forbindelse med menighedens forsamlinger og er karakteristisk for Brødremenigheden over hele verden. Foto: Bohlmann (1897), Unitätsarchiv der Evangelischen Brüder-Unität, LBS 492

Museum Tusculanums Forlag
Njalsgade 126
2300 København S
Danmark
www.mtp.dk

Indholdsfortegnelse

Forord		9
Indledning (E. L. Jensen, K. Raahauge & H. C. Gulløv)		13
Om Kap Farvel-området		13
Kildemæssig redegørelse		14
Betegnelser for befolkningen i Kap Farvel-området		18
Bogens opbygning		21
I.	**Forhistorien** (H. C. Gulløv)	23
	De første inuit i den norrøne Østerbygd	24
	Fra festhus til fælleshus	37
	Frederik VI's Kyst – "der var folk nok at finde alle vegne"	49
II.	**Sydgrønland i 1700-tallet**	
	Kontakter og kolonisering (E. L. Jensen)	62
	Koloniseringen af Vestgrønland	62
	Tidlige kontakter mellem kolonisatorer og befolkningen i Sydgrønland	64
	Kontakt mellem østgrønlændere og vestgrønlændere	70
	Handel og mission etableres i Sydgrønland	73
III.	**Kulturmøder ved Kap Farvel i 1800-tallet** (E. L. Jensen)	76
	De europæiske aktører – Handelen	76
	De europæiske aktører – missionen	86
	Herrnhuterne og missionen i Friedrichsthal	88
	Indvandringen fra Østgrønland	96
	Indvandringens forskellige faser	102
	Ammassalikerne	111
	Årsager til østgrønlændernes udvandring til Vestgrønland	113
IV.	**Kampen om de østgrønlandske indvandrere** (E. L. Jensen)	124
	Striden mellem Handelen og Brødremenigheden	124
	Konkurrencen mellem den danske mission og Brødremenigheden	133

V. **Kunstfærdighed, misfangst**
    og kulturkrise på østkysten (H. C. Gulløv)   145
    Det 'isolerede' Ammassalik i 1800-tallet   147
    "...former, som skal forestille sæler"   150
    Rituelle relationer mellem fanger og bytte   155
    Symbolerne og kulturmødet   157

VI. **Demografi og mobilitet i**
     Kap Farvel-området 1824–1900 (E. L. Jensen)   161
     Befolkningstallet i Friedrichsthal   162
     Afstamning og fødested   164
     Befolkningens fordeling på køn og alder   165
     Befolkningens fordeling på bopladser   170
     Familierne   175
     Mobiliteten i Friedrichsthal Distrikt i 1800-tallet
     En case om Tittus, Brigitte, Matthæus, Augusta og deres
     efterkommere   178

VII. **Østgrønlænderne under nye forhold** (E. L. Jensen)   191
      Medlemmer af herrnhuternes menighed   191
      Beboere i den danske koloni   195
      Erhverv   197
      Sociale forhold   199
      Elisabeth – en jordemoder fra Østgrønland   203
      Det åndelige   207
      Vestgrønlændernes syn på de indvandrende østgrønlændere   212
      Det østgrønlandske præg   213

VIII. **Erindringer om fortiden** (E. L. Jensen)   216
       Det kulturelle landskab   216
       Erindringerne i forskellig tid   221
       Angakkoq Papik – en roman   225
       Historie og identitet   227

IX. **Grønland i Herrnhut** (K. Raahauge & H. C. Gulløv)   232
     Historien   232
     Genstandenes proveniens   234
     Museumsprotokollens personnavne   235
     Kirkebøgernes personnavne   235
     Giverne og de indsamlede genstande   241
     Øvrige genstande i museumsprotokollen   247

Inddeling af genstandene fra Völkerkundemuseum
Herrnhut i funktionelle grupper   249
Beskrivelser   252
Konklusion   270

Bilag: Folketællinger i Grønland   271

Noter   274

Referencer   285
Utrykte kilder   285
Upubliceret litteratur   286
Publiceret litteratur   289

Register   303

Forord

Ideen til denne undersøgelse opstod for en halv snes år siden med oprettelsen af SILA – Nationalmuseets Center for Grønlandsundersøgelser, som i sit forskningsprogram havde prioriteret kulturmødestudier. Det sydligste Grønland blev et naturligt geografisk valg, idet vor historiske viden om denne del af landet var beskeden, da egnen aldrig havde været emne for en selvstændig forskning.

Dette ville vi råde bod på med et forskningsprojekt, der fik arbejdstitlen *Bagsidens forside* eller *Tunup Saqqaa*, idet vi tænkte på dét Østgrønland, Tunu eller landets 'bagside', hvis historie indtil for godt hundrede år siden lå gemt bag storisen. Inden da var denne historie kun sporadisk dukket frem med indvandrende østgrønlændere, der bogstaveligt talt trådte ud af forhistoriens tåge, når de indfandt sig på de europæiske pladser i det koloniserede Vestgrønland. Her begyndte deres historie, og den historie ville vi med vort projekt sætte i fokus ved at studere kildematerialet om indvandrerne, som var bevaret i Vestgrønland – en landsdel, der med historikerens øjne i denne sammenhæng kan beskrives som forsiden af Østgrønland – Tunup Saqqaa.

Vi fandt det imidlertid også relevant for det samlede projekt at lodde tidsdybden for menneskets bosættelse ved landets ende, Nunap Isua, ved at gennemføre arkæologiske undersøgelser på udvalgte steder. Den indhøstede viden er medtaget i denne fremstilling i det omfang den belyser inuits eller de nulevende grønlænderes forhistorie, der arkæologisk set betegnes som Thulekulturen.

Det arkæologiske feltarbejde fandt sted i 2001 og 2002, hvorefter de arkivalske studier blev indledt og i 2004 suppleret med en berejsning fra vestkysten til østkysten i konebådenes kølvand med det formål at gennemføre en topografisk undersøgelse af de herrnhutisk prægede bopladser i Kap Farvel-området. Samtidig med de arkivalske studier gennemførtes i Nanortalik blandt nulevende efterkommere af de indvandrede østgrønlandske familier en interviewundersøgelse, som havde til formål at belyse forholdet mellem historie og erindring.

I den foreliggende bog præsenteres en redigeret og sammenskrevet version af kulturmøderne ved Kap Farvel med særligt fokus på de østgrønlandske indvandrere og den tyske Brødremission i det 19. århundrede. Der gøres afstikkere til forhistorien i Kap Farvel og til den østgrønlandske kultur, som ikke formåede at dæmme op for europæisk dominans, for sluttelig at præsentere det lille stykke Grønland, som i dag befinder sig i Herrnhut.

Arbejdet med den foreliggende bog havde ikke kunnet gennemføres uden økonomisk støtte fra flere sider. Vi skal i denne forbindelse rette en stor tak til Carlsbergfondet, som i to år sikrede det omfattende arbejde med at gennemgå det arkivalske kildemateriale i København, Nuuk og Herrnhut.

Analysen og den efterfølgende sammenskrivning af det indsamlede materiale blev gennem et år sikret med en bevilling fra Kulturministeriets Forskningsudvalg, som vi takker for den økonomiske støtte.

I Grønland har vi i den tidligere Nanortalik Kommune og på Grønlands Nationalmuseum & Arkiv i Nuuk mødt stor interesse for vort arbejde med Kap Farvel-områdets særlige historie, og det er en stor glæde, at vi med denne undersøgelse nu kan fremhæve historien bag den særegne kultur, som karakteriserer det allersydligste Grønland. Vi takker for den store hjælp, vi undervejs i processen har modtaget i Nanortalik og Nuuk.

En større samling genstande fra Brødremissionærernes virke i Grønland befinder sig i dag på Völkerkundemuseum Herrnhut i Sachsen, og i Herrnhut findes også et omfattende arkivalsk materiale tillige med fotografiske optagelser i Unitätsarchiv der Evangelischen Brüder-Unität. Vi takker personalet på museet og arkivet for udstrakt hjælp såvel under flere studieophold som i de efterfølgende, imødekommende korrespondancer.

Vore kolleger på SILA – Nationalmuseets Center for Grønlandsforskning har undervejs i arbejdsprocessen været lydhøre diskussionspartnere, inden dele af projektet skulle præsenteres på møder og konferencer i Danmark, Grønland og i udlandet. Vi takker dem alle for et godt og udbytterigt samarbejde.

Einar Lund Jensen, Kristine Raahauge og Hans Christian Gulløv

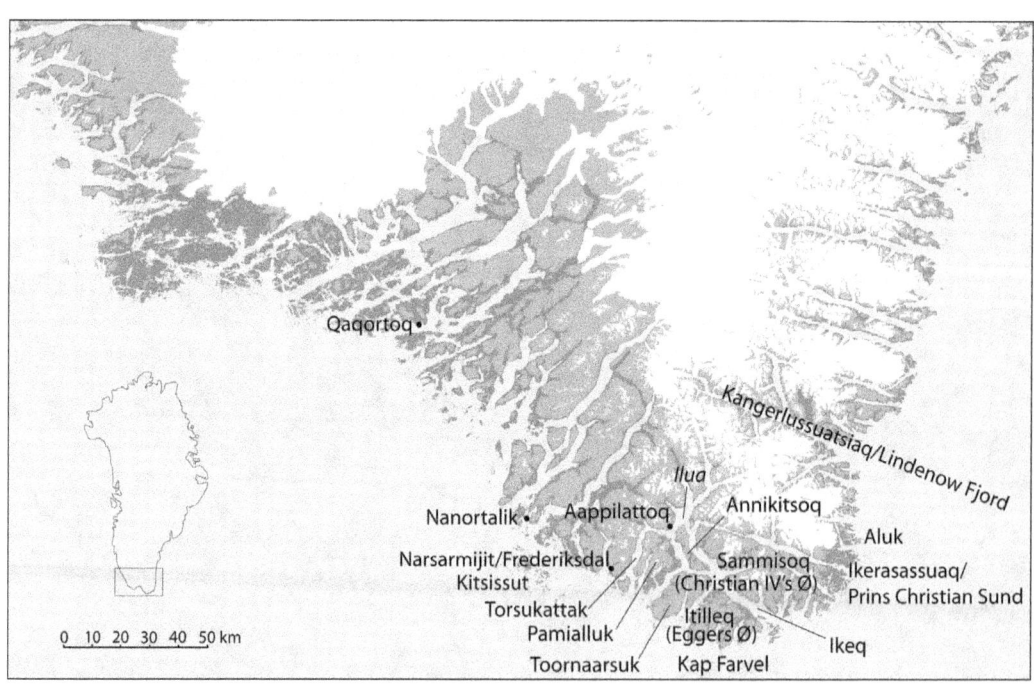

Fig. 1. Kap Farvel-området udgør Grønlands sydligste del. Området er domineret af store øer, sunde og fjorde. Jævnlige storme kommer ind fra Atlanterhavet, men høje fjelde yder læ og har i århundreder givet mulighed for en spredt bebyggelse og udnyttelse af landets ressourcer. Der er i området i dag to bygder, Narsarmijit (Frederiksdal) og Aappilattoq.

Indledning

Om Kap Farvel-området

Landets ende, Nunap Isua, befinder sig under den 60. breddegrad og går således relativt langt ned i det nordlige Atlanterhav. Dette forhold betyder, at den årlige nedbør ved Prins Christian Sund er mere end 3000 mm, hvilket skyldes de hyppige vest-øst-gående lavtryk som passerer her. Men klimaet er alligevel lavarktisk, fordi den østgrønlandske strøm, som fører store mængder opbrudt havis og isfjelde med sig rundt om Kap Farvel, nedkøler havet, og Indlandsisen, som umiddelbart nord for Kap Farvel strækker sig helt ned til kysten, nedkøler landet (Fig. 1).

Der er imidlertid hernede stor forskel på den østlige og den vestlige side af landet, og det skyldes landets topografi. Høje fjelde, hvis toppe aldrig har været slebet ned af isen, rejser sig mere end to kilometer over havniveau og karakteriserer Kap Farvel-området, den tidligere Nanortalik Kommune, som alpint. Den vestlige side ligger i læ bag høje fjelde og har i tidens løb givet plads for en permanent bosættelse, og ruinerne efter middelalderens norrøne bondesamfund står den dag i dag som et synligt bevis på den store forskel mellem østkysten og vestkysten (Fig. 2).

For de forhistoriske eskimoiske jægersamfund havde situationen været en anden, da fangsten af sæler i isen ud for kysten fandt sted på begge sider af landet, og deres bopladser ligger da også som perler på en snor langs rejseruten gennem sundene mellem landets to sider.

Der kan imidlertid ikke påvises en kontinuerlig bosættelse i Kap Farvel-området, hvilket skyldes de periodevise ændringer i klimaet, som har en markant indflydelse på den menneskelige bosættelse i de arktiske områder. De første palæoeskimoiske indvandrere kom til landet fra det højarktiske Canada for ca. 4.500 år siden, og de sidste palæoeskimoer levede i det højarktiske Thule i 1200-tallet, men havde ikke opholdt sig i landets sydlige del siden vor tidsregnings begyndelse.

Den varmeperiode, som har kunnet påvises på den nordlige halvkugle i perioden 800–1200 e.v.t., gav mulighed for etableringen af det norrøne landbrugssamfund i det sydvestlige Grønland. Da opholdt de oprindelige beboere sig kun i landets allernordligste del.

Det var således først i løbet af 1400-tallet, at inuits forfædre, Thulekulturens såkaldte neoeskimoiske hvalfangere, nåede helt ned til Sydgrønland, som blev endestationen på deres lange rejse fra Alaska, der indledtes 300 år tidligere, og bosatte sig her for vinteren. Men da havde nordboerne forladt Grønland.

Fig. 2. Indsejlingen til Torsukattak, sundet ad hvilket man normalt sejler fra Nanortalik og Narsarmijit vest om Pamialluk Ø til Ilua. Her ligger i dag bygden Aappilattoq, men i 1800-tallet lå her adskillige mindre bopladser. Torsukattak er på begge sider omkranset af fjelde, der rejser sig stejlt op fra havet, adskillige med en højde på over 1000 m. Foto: E. L. Jensen 2004, Nationalmuseet.

Kap Farvel-området har ligesom andre egne i Arktis været beboet af mennesker, når klimaet gjorde det muligt. Siden 1400-tallet har der imidlertid her været kontinuerlig bosættelse (Fig. 3).

Kildemæssig redegørelse

Materialet, som ligger til grund for denne bog, befinder sig for langt den største dels vedkommende i de nationale arkiver i København og Nuuk samt i Brødremissionens arkiv i Herrnhut. Hertil kommer en stor samling nedskrevne fortællinger, der stammer fra de indvandrede østgrønlændere, og som i vid udstrækning er blevet publiceret eller gjort tilgængelige i offentlige databaser.

På Danmarks Nationalmuseum, Grønlands Nationalmuseum & Arkiv og i Völkerkundemuseum Herrnhut findes etnografiske samlinger fra det sydligste Grønland og landets østkyst; og her har især samlingerne i Herrnhut haft betydning for vore undersøgelser af kulturmødet ved Kap Farvel på grund af deres tætte relationer til indsamlerne (de tyske

Fig. 3. Storisen føres med strømmen ned langs den grønlandske østkyst og om til den sydvestlige del af Grønland. Her lever sæler i tusindtal. De har i århundreder dannet grundlaget for menneskelig eksistens i bl.a. Kap Farvel-området. Billedet er taget nogle få sømil oppe af den østgrønlandske kyst. Mod sydvest ses Kap Hoppe og bag dette er der frit udsyn til Kap Farvel. Det har været risikofyldt at sejle uden om det stejle forbjerg, derfor har rejsende fra Østgrønland søgt ind bag dette og fulgt den indenskærs rute gennem sundene. Foto: E. L. Jensen 2004, Nationalmuseet.

brødremissionærer) og til deres kulturelle oprindelse (de østgrønlandske indvandrere).

Forhistorien går i Kap Farvel-området op til slutningen af 1700-tallet kun afbrudt af et fragmenteret, skriftligt kildemateriale fra landets norrøne periode med oplysningen fra 1408 om brylluppet i Hvalsø som det sidste livstegn. Arkæologiske undersøgelser gennemført i forbindelse med dette projekt har kunnet påvise, at inuit har været til stede i den norrøne Østerbygd, mens denne endnu var beboet. Det var dog først efter den norrøne befolkning definitivt havde forladt Grønland, at inuit etablerede en egentlig vinterbosættelse i regionen.

Det arkæologiske materiale, som er inddraget i denne undersøgelse, stammer fra udgravninger gennemført i Ammassalik i 1931–1932, på Frederik VI's Kyst syd for Ammassalik i 1932 og 1990–1992, samt i Sydgrønland, i det tidligere Julianehaab Distrikt, i 1934. I forbindelse med indeværende undersøgelse blev der i 2001–2002 foretaget udgravninger på udvalgte lokaliteter med det formål at supplere vor viden om inuits forhistorie i det sydligste Grønland.

De arkæologiske undersøgelser og den intensive antikvariske berejsning i området har forsynet os med et omfattende topografisk materiale, som udgør grundlaget for beskrivelsen af Thulekulturens bebyggelsesgeografi, hvis dynamik fortæller os om et mobilt samfund med kulturelle kontakter til såvel vestkystens oprindelige befolkning og de europæiske hvalfangere som til befolkningen på landets østkyst.

Fra omkring 1800 blev den allersydligste del af Grønland koloniseret, og det skriftlige kildemateriale forøgedes herefter i et omfang, der kan anvendes som grundlag for behandlingen af Kap Farvel-områdets historie i det meste af 1800-tallet. Hovedparten af de historiske kilder deler sig i to grupper, dels kilder fra den danske koloniadministration, dels kilder fra den tyske mission, Brødremenigheden. De danske kilder udspringer af kolonimyndighederne, Handelen og den danske mission.

Ved grønlandsskibet Hans Hedtofts forlis ud for Kap Farvel i 1959 forsvandt Søndre Inspektorats arkiv og dermed et omfattende og samlet materiale, der bl.a. ville have kunnet belyse det aktuelle emne. På Rigsarkivet i København findes imidlertid indgået korrespondance og kopibøger, der trods stedvise mangler og huller og suppleret med andre originale kildegrupper kan erstatte det forsvundne materiale. Det omfatter først og fremmest korrespondance mellem handelsfolk og missionærer i Julianehåbs kolonidistrikt, inklusive Nanortalik og de sydligste handelssteder, det sydgrønlandske inspektorat i Nuuk samt Missionskollegiet og Den Kongelige Grønlandske Handel i København. Desuden var Handelens folk i disse år pålagt at føre dagbog, hvori noteredes begivenheder og forhold af betydning for handelen. De kan i første del af perioden indeholde en del personlige betragtninger, men de bliver efterhånden mere og mere standardiserede for til sidst at ende som egentlige skematiske indberetninger, som til gengæld omfatter en del nyttige statistiske oplysninger. Endelig findes designationer og mandtalslister til belysning af befolkningsudviklingen og andre demografiske oplysninger.

Den anden store kildegruppe stammer fra missionærer i Brødremenigheden, de såkaldte herrnhuter, hvis menighed så godt som hele befolkningen i Kap Farvel-området i størstedelen af 1800-tallet tilhørte. Fra missionsstationen Friedrichsthal, der blev oprettet i 1824, sendte missionærerne årlige indberetninger og også mere personlige breve til Herrnhut, en lille by i det sydøstlige Sachsen, hvorfra missionen udgik og blev ledet. De modtagne breve blev sammen med øvrig korrespondance, diarier m.v. arkiveret i Brødremenighedens arkiv, Unitätsarchiv der Evangelischen Brüder-Unität, hvor de trods skiftende omstændigheder og ind i mellem dramatiske begivenheder befinder sig den dag i dag, velbevarede og komplette. Der er tale om et omfattende materiale, der kunne belyse mange aspekter af den tyske missions tilstedeværelse i Grønland, forholdet til og synet på danskere og grønlændere osv. I denne undersøgelse vil der blive fokuseret på oplysninger i indberetninger og breve fra de udsendte missionærer, som belyser kulturmødet set fra tysk side, som fremhæver aspekter af den tyske tilstedeværelse i området, og som indeholder oplysninger om den grønlandske menighed. Mange oplysninger er desuden fundet i herrnhuternes mandtalslister samt i kirkebogen fra Friedrichsthal. Sidstnævnte er dog at finde på Grønlands Nationalmuseum & Arkiv.

Udover de to nævnte hovedgrupper rådes der fra sidste del af 1800-tallet endvidere over grønlandsk materiale fra personer, der har besøgt Sydgrønland og i nogle tilfælde også Kap Farvel-distriktet, og som især gennem den grønlandsksprogede avis *Atuagagdliutit*, der udkom fra 1861, skrev om deres indtryk fra området. Det giver udover oplysninger om den sydgrønlandske befolkning og de indvandrede østgrønlændere også et indblik i holdningen til de sidstnævnte blandt den del af den vestgrønlandske befolkning, der nu i omkring halvandet århundrede havde levet under og var blevet påvirket af den danske handel og de to missionsretninger.

De grønlandske stednavne forekommer i materialet på mange forskellige stavemåder. Indtil midten af 1800-tallet fandtes ingen autoriseret grønlandsk retskrivning, så stavningen har i høj grad været afhængig af de sproglige kundskaber hos den, der har skrevet teksten. En grønlandsk retskrivning blev indført i midten af 1800-tallet, men den blev afløst af en ny retskrivning i 1973. I denne fremstilling vil de grønlandske stednavne og andre øvrige grønlandske betegnelser blive gengivet efter reglerne i den nye retskrivning. Citater fra det anvendte materiale gengives dog uden ændringer i den oprindelige skrivemåde. Hvor det måtte skønnes nødvendigt, vil der være en ledsagende forklaring. Visse østgrønlandske stednavne benævnes i materialet ofte ved den østgrønlandske betegnelse og vil her blive gengivet med en staveform, der er tillempet den østgrønlandske dialekt.

Den altdominerende faktor i Kap Farvel-områdets historie i 1800-tallet er indvandringen af folk fra Sydøstgrønland. Der findes intet skriftligt kildemateriale fra de østgrønlandske indvandrere selv, da de hverken kunne læse eller skrive. En beskrivelse af den østgrønlandske indvandring må derfor primært baseres på materialet fra de danske kolonimyndigheder og den tyske mission. Dette materiale var selvfølgelig oprindeligt skrevet for at skabe overblik over og beskrive forhold vedrørende henholdsvis handel og mission. Selv om kilderne er skrevet af europæere og indeholder en europæisk forståelse af omverden og et europæisk verdensbillede, så indeholder de også forskellige beskrivelser eller niveauer. I kilderne gemmer sig også en række oplysninger, der kan stykkes sammen til at danne et tydeligt billede af samtidens østgrønlandske indvandring og af det samfund, som opstod i kølvandet på indvandringen. Med denne etnohistoriske tilgang er det muligt at uddrage noget om længere sammenhænge, møde med andre kulturer, ændringer i samfundsforholdene osv.

Fra indvandrerne selv er overleveret fortællinger om livet i Sydøst-grønland og enkelte dramatiske begivenheder, der fandt sted især de sidste år op til 1900. De har været fortalt, genfortalt og anvendt i forskellige historiske sammenhænge og udgør stadig en vigtig del af den lokale historietradition, ligesom de er med til at give befolkningen i det sydligste Grønland deres egen identitet.

Hovedvægten af den historiske del af denne undersøgelse er lagt på at rekonstruere begivenheder og beskrive forhold af særlig betydning for den lokale befolkning, altså at lægge en etnohistorisk vinkel på det eksisterende skriftlige kildemateriale og de overleverede beretninger. Derudover er anvendt mikrohistoriske og personalhistoriske cases som eksempler på, hvordan indvandringen og de nye forhold fik indflydelse på folks liv. Der sigtes hermed på at skabe en fremstilling af 1800-tallets historie for Kap Farvel-områdets befolkning, eller med de grønlandske betegnelser, på den ene side *qavaat*, der allerede var bosat i området, på den anden side *qavanngarnitsat*, der kom fra Sydøstgrønland og slog sig ned i Kap Farvel-området.

Betegnelser for befolkningen i Kap Farvel-området

De skriftlige kilder, der ligger til grund for denne undersøgelse, er skrevet på tre sprog, og da det ikke altid fremtræder helt entydigt, skal her kort skitseres, hvad man i 1700- og 1800-tallet i forskellige kredse har anvendt som betegnelser for de folk, der boede i Østgrønland, og som indvandrede til Sydvestgrønland.

Grønlændernes betegnelse for sig selv og deres arktiske stammefrænder som folk var og er stadig *inuit* (ental: *inuk*). Af 1700-tallets skriftlige kilder ses det dog, at man også har benævnt sig selv som *kalaallit* (ental: *kalaaleq*) (Egede 1925: 98), og i hvert fald fra 1800-tallet synes dette at have været den gængse form. I *Atuagagdliutit* anvendes netop dette udtryk i nogle af de allerførste artikler.[1] Brodbeck oplyser i slutningen af 1800-tallet, at det i Vestgrønland var meget mere almindeligt at anvende betegnelsen *kalaallit* end *inuit*. Brodbeck var tysk missionær og foretog i 1881 en rejse om på østkysten, hvorfra han til gengæld kunne oplyse, at de østgrønlændere, han mødte der, ikke kendte ordet *kalaallit*, og at hans tolk måtte forklare dem, at man på vestkysten også anvendte denne betegnelse for *inuit* (Brodbeck 1882: 75–76).

Med udgangspunkt i *Atuagagdliutit* skitseres i det følgende de betegnelser, der i 1800-tallet på grønlandsk har været anvendt for folk fra Sydgrønland og Østgrønland. Nutidens *Kujataa* (Sydgrønland) og det afledte *kujataamiu* (sydgrønlænder) har også været almindeligt anvendt i 1800-tallet, og ligeledes har *Tunu* eller *Tunua* (Bagside eller Landets bagside) og *tunumiu* (østgrønlænder) tilsyneladende været den almindelig betegnelse for Østgrønland og befolkningen der.[2]

Udtrykkene *Kujataa* og *Tunua* er betegnelserne for bestemte geografiske områder i Grønland. Det er imidlertid på grønlandsk yderst almindeligt – og var det måske i højere grad for nogle hundrede år siden, hvor befolkningen næppe har set landet som én stor samlet enhed – at benytte sig af de såkaldte pegeord (demonstrativer) (Schultz-Lorentzen 1951: 37–39). I denne konkrete sammenhæng drejer det sig om pegeordet *qav**, der angiver sted- eller retningsforholdet til venstre for en person, der står og kigger ud mod havet. En præcis angivelse eller oversættelse til fx dansk vil derfor afhænge af, hvorfra det beskrevne er set. I Vestgrønland betyder *qavani* således "i landet dernede (til venstre)", altså sydpå, *qavannga* betyder "fra landet dernede (til venstre)", altså sydfra osv. *Atuagagdliutits* redaktør Lars Møller deltog i 1864 i en rejse til Sydgrønland og benytter i en reportage om sine indtryk fra opholdet i Qaqortoq netop udtrykket "qavani" i betydningen "(nede) i det sydlige område", altså set fra Nuuk, hvor han kom fra. Under opholdet i Qaqortoq skulle nogle folk komme "qavánga Nanortalingmit", dvs. "nede fra (sydfra) Nanortalik" (Fig. 4).[3]

Fra *qavannga* afledes ordet *qavanngarnisaq*, dvs. en person der kommer fra eller bor i dette område. I nogle ordbøger oversættes eller forklares dette som *kujataamioq*, dvs. sydgrønlænder (Petersen 1967) eller "sydlænding; en grønlænder fra Kap Farvel-området" (Berthelsen et al. 1990). Ovennævnte Lars Møller bruger da også udtrykket *qavanngarnisaviit* (dem helt dernede (syd)fra), om hvem han fortæller, at de er svære at forstå, og at de fleste på dette tidspunkt var bortrejst, enten på ammassatfangst eller på sæljagt ved øerne Kitsissut *(kipparsimavdlutik)*. Denne karakteristik svarer meget godt til befolkningen i Kap Farvel-området.[4]

Oversættelsen af "qav*" som noget sydpå eller sydfra kommende er imidlertid set fra det dominerende Vestgrønland. Men i Østgrønland ligger landet til venstre for en person, der kigger ud over havet, mod nord, og *qavani* og *qavannga* betyder henholdsvis nordpå og nordfra. Allerede i 1800 gør Julianehåbs købmand, Mørch, da også opmærksom på, at "Østlændingene kalde Nord for Syd og Syd for Nord" (Mørch 1942: 69).

I det allersydligste Grønland anvendtes *qavani* og *qavannga* om Østgrønland, som det bl.a. er tilfældet med Daniel i Alluitsoq, der i 1877 i en lang beretning om herrnhuterne i Grønland beskriver forholdene ved missionsstationen Friedrichsthal på et givet tidspunkt og oplyser, at der stadig var mange, der søgte dertil *qavannga*, dvs. nordøstfra.[5] Denne betydning har holdt sig op i tiden efter den sidste indvandring, idet fx udtrykket *qavunnarpoq* blandt Kap Farvel-befolkningen bliver anvendt i forbindelse med fangstrejser om på østkysten (Simonsen 1996: 49).

På samme måde har udtrykket *qavanngarnisaq* i dette område be-

Fig. 4. Fjeldene ved Itilleq trykt efter tegning af Lars Møller, redaktør af den grønlandsksprogede avis *Atuagag-dliutit*. Lars Møller havde i 1864 deltaget i inspektørens inspektionsrejse til Sydgrønland og berettede i sin avis om turen og sine indtryk af forholdene i Sydgrønland (AG 1864: Nr. 36-37). Arktisk Institut, K020-29.

tydningen "østgrønlænder; en person fra Østgrønland". I *Atuagagdliutit* findes udtrykket i denne anvendelse i sidste del af 1800-tallet i en række artikler, hvis forfattere alle har tilknytning til Sydgrønland og således er bekendt med eller præget af den lokale sprogbrug.[6] *Qavanngarnisaq* har således på det meste af vestkysten været den grønlandske betegnelse for en person, der boede i det sydlige Grønland. I Sydgrønland derimod, hvor kontakten med befolkningen i Østgrønland var størst, og hvortil 1800-tallets indvandring fandt sted, var en *qavanngarnisaq* en østgrønlænder eller en person, der stammede fra Østgrønland.

I vore dage anvendes betegnelsen *qavak* generelt om en sydgrønlænder eller om en person fra Kap Farvel-området (Berthelsen et al. 1990). Udtrykket kan dog også anvendes med en negativ og nedvurderende betydning. I det sydlige Grønland synes udtrykket *qavappiaat* (rigtige sydlændinge) at være opstået som en betegnelse for befolkningen i Kap Farvel-distriktet og dermed for de indvandrede østgrønlændere og deres efterkommere (Simonsen 1996).

Med indvandringen af østgrønlændere i 1800-tallet opstod tillige et nyt begreb, nemlig *uiarneq* (flertal: *uiarnerit*). Det er en afledt form af *uiarpoq* (sejler uden om noget) og henfører til, at indvandrerne på deres vej til Sydvestgrønland har måttet rejse rundt om landets sydspids. *Uiarneq* betyder således "en person der har sejlet uden om noget", i dette tilfælde

Kap Farvel, dvs. en indvandret østgrønlænder (Berthelsen et al. 1990).

Betegnelserne i det danske kildemateriale ændrer sig i løbet af 1800-tallet i takt med det stigende kendskab til det sydligste og østlige Grønland. Omkring 1800 er opnået et nogenlunde overblik over de geografiske forhold, og i en omtale af befolkningen nævner Mørch "Sydlændingerne, d.e. dem, som boe omtrent 20 Mile Syden for Colonien og videre indtil Cap Discord" og "Østlændingerne, som boe paa den anden Side af Landet" (Mørch 1831: 34). I de første år træffer vi dog også ofte på betegnelsen "den saakaldte Österböigd" om Østgrønland og "Østbøygder" eller "Østbøggder" om befolkningen der (Ostermann 1918: 8),[7] hvilket uden tvivl er en afsmitning fra de danske kolonisatorers søgen efter den norrøne Østerbygd, som man i mange år formodede lå på østkysten. Hurtigt blev de almindelige danske betegnelser for befolkningen i Kap Farvel-området og i Østgrønland dog henholdsvis sydlændere eller sydlændinge og østlændere eller østlændinge. Med udgangspunkt i Julianehåb boede sydlændingene altså i det område, der tidligere er defineret som Kap Farvel-området, mens østlændingene er beboerne på kysten nordøst herfor.

De tyske kilder, der er anvendt i denne undersøgelse, stammer primært fra perioden efter oprettelsen af en missionsstation i Kap Farvel-området i 1824, og her er de anvendte betegnelser særdeles enkle, nemlig normalt henholdsvis *Südländer* og *Ostländer* for henholdsvis sydlænding/sydgrønlænder og østlænding/østgrønlænder.

De anførte betegnelser for befolkningen i Kap Farvel-området optræder, som det fremgår, i det historiske kildemateriale og er til dels et resultat af det kulturmøde, der fandt sted i området i løbet af 1800-tallet. Før denne tid var gået en flerehundredårig periode, om hvilken de historiske kilder er så godt som tavse. Andre kilder, de arkæologiske, løfter imidlertid sløret for denne periode, Kap Farvel-områdets forhistorie.

Bogens opbygning

Kildematerialet er hentet i arkæologi, historie, folklore, etnografi, etnohistorie og lingvistik, da det fra begyndelsen har været projektets intention at inddrage de mange forskellige kildegrupper, som tilsammen beskriver Kap Farvel-områdets kulturhistorie, og som udgør grundlaget for de kulturelle relationer mellem inuit og europæere i 1800-tallet.

Indholdet i de første fire kapitler kan således læses som en makrohistorisk beskrivelse af Sydgrønland, der efterfølges af en historisk-antropologisk beskrivelse af de sociale institutioner i det oprindelige østgrønlandske samfund. De følgende tre kapitler kan læses som en mikrohistorie for Sydgrønland.

Kapitel I beskriver forhistorien i de ca. 400 år, der forløber fra de første inuit indfandt sig i området og til dannelsen af de sociale enheder, som karakteriserer det grønlandske samfund i landets sydlige del inden den europæiske kolonisation.

Kapitel II gennemgår forudsætningerne for kolonisationen af Sydgrønland og beskriver således den europæiske tilstedeværelse i Vestgrønland, siden kolonisationen af landet blev indledt i 1721.

Kapitel III fremhæver de forskellige aktører i Sydgrønland og motiverne for deres handlinger, som er karakteriseret ved kampen om de udøbte østgrønlændere og deres bidrag til den koloniale handel.

Kapitel IV uddyber temaet i forrige kapitel ved at sætte kampen om de østgrønlandske indvandrere i fokus og fremhæve, hvordan Brødremenigheden blev set som stridens årsag i den danske mission og Handelens øjne.

I Kapitel V forlades Kap Farvel-området for en stund og vi ser på det østgrønlandske samfund og de institutioner, som det oprindelige samfund kunne tage i anvendelse for at dæmme op for den massive europæiske påvirkning og derigennem gøre et sidste men forgæves forsøg på at opretholde sin kulturelle integritet.

Kapitel VI åbner gennem udvalgte kilder af demografisk karakter for Kap Farvel-områdets mikrohistorie, og de enkelte familier optræder gennem navngivne individer.

Kapitel VII ser på integrationen af de østgrønlandske indvandrere i deres nye erhvervsmæssige og sociale miljø som medlemmer af det vestgrønlandske samfund og den herrnhutiske menighed og beskriver det særlige østgrønlandske præg, der fortsat adskiller dem fra den sydgrønlandske befolkning.

Kapitel VIII beskriver den skiftende holdning gennem 1900-tallet blandt efterkommerne af de indvandrede østgrønlandske familier til deres forfædres liv og levned, og diskuterer på denne baggrund opfattelsen af historie og identitet i Sydgrønland.

Kapitel IX gennemgår og beskriver det bevarede genstandsmateriale i Herrnhut, som missionærerne og deres familier har bragt med til Europa.

I. Forhistorien

Kap Farvel-distriktet er gennem hele Grønlands forhistorie blevet passeret af mennesker på rejse mellem landets sydligste vestkyst og østkyst; men trods veldokumenterede anlæg fra såvel Saqqaq- som Dorsetkulturen på begge sider af landet er det dog endnu ikke – ud over løsfund – lykkedes at påvise egentlige anlæg fra disse kulturer syd for vestkystens Nuuk på 64° N og østkystens Skjoldungen på 63° N (Grønnow 1996: 4).

I forbindelse med feltarbejdet til indeværende undersøgelse er der imidlertid opsamlet lithiske oldsager fra Dorsetkulturen, som alle ligger på pladser, der siden hen har været benyttet af inuit på rejse gennem Kap Farvel-distriktet. Herfra er der også fra formodede ildsteder opsamlet prøver af trækul, hvis datering viser, at pladserne har været i brug gennem det sidste halve årtusinde før vor tidsregnings begyndelse, dvs. tidlig Dorset i Grønland (Høegh-Knudsen et al. 2003; Raahauge et al. 2005).

Det er heller ikke lykkedes at påvise arkæologiske levn, som kan dokumentere bemærkningen i Ari fróðis Íslendingabók fra begyndelsen af det 12. århundrede om, at der vest og øst i landet efter det norrøne landnam blev fundet opholdssteder for mennesker, samt brudstykker af (skind)både og forarbejdede stensager (GHM, I, 1838: 168–169; Jansen 1972: 26ff). Disse levn skulle så stamme fra den sene Dorsetkultur, som vi i Grønland indtil videre kun kender fra Thule-distriktet, hvor den endnu eksisterede i det 13. århundrede (Appelt & Gulløv 1999).

Men det udelukker dog ikke, at denne palæoeskimoiske kultur vil kunne påvises andre steder i Grønland fx i Ammassalik-distriktet, hvor det velkendte stendige på øen Kulusuk har været opført i forbindelse med drivjagt på rensdyr, som imidlertid synes at ophøre efter 1200, hvorefter dette dyr antageligt optræder mere sporadisk på sydøstkysten (Meldgaard 1986: 40ff; Møbjerg 1988); eller på den sydlige vestkyst, hvor enkelte anlæg, fx en jagtseng og en boligstruktur, er dateret til en periode eller fremtræder som en konstruktion, der retter vor opmærksomhed mod en mulig relation til den sene Dorsetkultur (Grønnow et al. 1983: 82; Gulløv 1997: 435).

Med den neoeskimoiske Thulekultur, som i det 12. århundrede dukkede op i Grønland ved Smith Sund mere end 2000 km nord for den norrøne Østerbygd, får vi nu introduceret en befolkning, hvis teknologiske formåen med hensyn til transportmidler satte dem i stand til at berejse og bosætte sig langs landets vestkyst på relativt kort tid. Disse første inuit og deres kontakter til den norrøne befolkning i landets sydlige bygder skal vi nu se nærmere på i lyset af de nyeste arkæologiske undersøgelser.

De første inuit i den norrøne Østerbygd

Fra det tidspunkt, hvor Thulekulturen dukkede op i Grønland, og til midten af det 15. århundrede, hvor vi ikke længere har sikre vidnesbyrd om norrøn tilstedeværelse i landet, er der gået ca. 250 år, og i løbet af dette tidsrum kan inuits bosættelse følges sydpå. Dateringerne viser, at Disko Bugt allerede i det 13. århundrede må have været beboet, hvilket tidsmæssigt ligger i den periode, hvor de norrøne jægere vides at have foretaget regelmæssige fangstrejser nordpå (Gulløv 1997: 441; Arneborg 2004: 267). I dette århundrede kan også rensdyrjagten påvises at have fundet sted i det store isfri landområde syd for Disko Bugt (Grønnow et al. 1983: 82).

Fra den sidste halvdel af det 14. århundrede er der spor efter bosættelse på kysten ud for Nuuk Fjord, og samtidig indledes jagten på rensdyrene inde i fjorden, men da synes den norrøne Vesterbygd at være blevet forladt (Gulløv 1997: 88, 344).

I Paamiut-distriktet midtvejs mellem de to norrøne bygder har en bosættelse fundet sted i første halvdel af det 15. århundrede, og et halvt århundrede senere er en vinterbolig opført ved Uunartoq i selve Østerbygden, som på dette tidspunkt må være forladt af sine oprindelige norrøne indbyggere (Gulløv 1997: 434, 2004: 292).

Dateringerne, som her ligger til grund for Thulekulturens udbredelse langs vestkysten, er foretaget på materiale, der er indsamlet nederst i møddingerne, som – med undtagelse af den sydligste datering af en hustomt, der post-daterer den norrøne tilstedeværelse i landet – imidlertid intet fortæller om kulturens materielle levn og boliger. En egentlig permanent bosættelse syd for Disko Bugt synes således først at finde sted i det 15. århundrede samtidig med de tidligste dokumenterede begravelser (Gulløv 1997: 473, 2004: 328).

Vi vil derfor antage, at aktiviteterne, som inden da – dvs. i det 14. århundrede – har efterladt få men klare vidnesbyrd om inuits tilstedeværelse syd for Disko Bugt, kan sættes i forbindelse med rejser til de norrøne bygder med det formål at vedligeholde det handelssamkvem, som tidligere fandt sted på den nordlige vestkyst med varer som jern og hvalrostænder. Fra samme århundrede stammer endvidere genstande af mere eksotisk art efterladt i såvel inuits hustomter langt mod nord som i de norrøne gårde og møddinger (Arneborg 2004: 267, 274) (Fig. 5a og b).

En sådan aktivitet kan udledes af de fundne arkæologiske genstande, som dog ikke fortæller os om de tilfælde, hvor udbuddet af varer ikke levede op til modtagerens forventninger, eller hvor tuskhandelen er endt i en konflikt. Vi vil dog fastholde vort synspunkt, at samkvemmet mellem de to forskellige befolkninger i landet gennem 250 år i overvejende grad har været styret af hensynet til en kodeks, som var væsensforskellig for de to parter, men som dog lægger op til en nødvendig konsensus i mødet mellem dem.

De norrøne fangstfolk var udsendt af bygdernes storbønder, som skulle bøde for manddrab begået "i bygden eller i de nordlige sommeropholdssteder til lige under Nordstjernen", men som også skulle sikre tilvejebringelse af hvalrosprodukterne, der var deres vigtigste betalingsmiddel og handelsvare (Arneborg 2004: 266, 268). En sådan sikring,

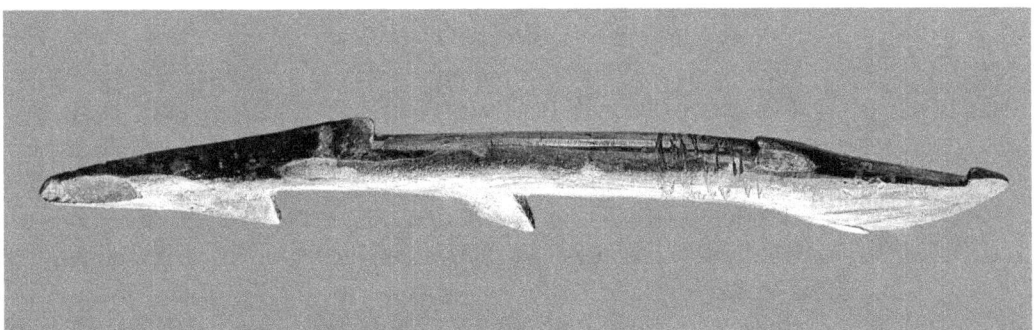

Fig. 5a og b. Eksempler på genstande fra den tidligste fase af den neoeskimoiske Thulekultur i Grønland fundet i forbindelse med udgravninger af Østerbygdens nordbogårde.

Sidegrenen til et fuglespyd (**a**) er 14 cm lang og fremstillet af rensdyrtak. Den udvendige modhage er et træk ved Thulekulturen, som i Vestgrønland går ud af brug i løbet af 1400-tallet. Fundet i møddingen til Ø34, en nordbogård i Qorlortoq-dalen. Foto: Nationalmuseet. Håndgrebet til en fangstline (**b**) er 10,8 cm langt og fremstillet af hvalrostand med udskårne hoveder af isbjørne for enderne. Denne type håndgreb kan tidsfæstes til Ruin Ø-fasen af Thulekulturen, som i perioden 1200-1400 er dokumenteret i Nordgrønland. Fundet i Ø64c, en nordbogård i Vatnahverfi. Foto: Nationalmuseet.

der også måtte omfatte relationen til de eskimoiske hvalrosfangere, kunne opnås ved indgåelse af konflikthindrende handelspartnerskaber, som det nogle hundrede år senere er dokumenteret fra mødet mellem de europæiske hvalfangere og inuit i Vestgrønland (Gulløv 1997: 406).

Den veldokumenterede sædvaneret blandt inuit, hvor adkomst til ressourcer og efterfølgende bosættelse ikke har kunnet opnås, så længe andre med deres tilstedeværelse gjorde krav på disse rettigheder, kan tjene som en analogi til mødet mellem middelalderens to grønlandske parter (Gulløv 1997: 361, 366). Efterlevelsen af denne kodeks kan således betragtes som en sandsynlig forklaring på, at vinterbosættelse i de norrøne bygder først finder sted efter disse er blevet forladt, hvilket kan dokumenteres af arkæologien og de skriftlige historiske kilder fra det 18. århundrede (Gulløv 1997: 408, 426–433, 2000a, 2008: 20–22).

Til dette scenarium for handel, som fremhæver de involverede parters sociokulturelle forudsætninger, kan nu også føjes resultaterne af nye arkæologiske undersøgelser af den tidlige Thulekultur i den norrøne Østerbygd (Raahauge et al. 2002, 2003). Fra denne region, som udgøres af den nuværende Kommune Kujalleq (dvs. Sydgrønlands Kommune, tidligere Narsaq, Qaqortoq og Nanortalik kommuner), foreligger en opgørelse af Thulekulturens bebyggelse indtil det 19. århundrede, der i dag omfatter mere end 200 tidligere beboede vinterpladser (Mathiassen & Holtved 1936; Raahauge et al. 2002, 2003, 2005), men som imidlertid alle daterer sig til tiden efter ophøret af den norrøne bosættelse.

De ældste, nedgravede vinterhuse har ganske få sten i væggene og få flade sten i gulvfladen, mens der i de dybe husgange er relativt mange sten (Mathiassen & Holtved 1936: 59). Tomterne efter disse boliger fremtræder med op til tre rum, og kan i nogle tilfælde have en tilbygget køkkenniche, hvortil der har været adgang fra boligens indre (ibid.).

Nedgravede tomter er i Sydgrønland registreret på følgende lokaliteter.

Lokalitet	Enkeltrum	Dobbeltrum	Trippelrum	I alt
1. Qassimiut	1	-	-	1
2. Upernivik[b]	-	10	-	10
3. Qarmannguit	2	-	-	2
4. Qooroq	1	-	-	1
5. Qoornoq[a]	2	-	-	2
6. Narsarsuaq[ab]	1	2	-	3
Med køkkenniche	1	-		1
7. Tuttutuup Isua[b]	5	2	-	7
Med køkkenniche	-	1	-	1
8. Illutalik[b]	4	4	-	8
Med køkkenniche	1	1		2

9. Uigorleq[b]	1	1	-	2
10. Qaarusuarmiut[ab]	3	-	-	3
Med køkkenniche	-	1	-	1
11. Itilleq[ab]	1	-	-	1
12. Kapuivik[a]	1	-	-	1
13. Illunnguaq[a]	2	-	-	2
14. Pernera[a]	1	-	-	1
15. Uunartoq[b]	6	2	2	10
Med køkkenniche	-	2	-	2
16. Illorpaat	1	-	-	1
17. Sermilik	2	-	-	2
18. Umiarsuk[ab]	2	-	-	2
Med køkkenniche	-	1	-	1
19. Itilleq	1	-	-	1
20. Maakkarneq[ab]	1	1	-	2
21. Kuummiut[b]	2	2	-	4
22. Ujarasussuit	3	-	-	3
23. Illusaatissat	1	-	-	1
24. Anorliuitsoq[b]	2	3	-	5
Med køkkenniche	1	-	1	2
25. Pamialluk	1	-	-	1
26. Uukkat	-	1	-	1
27. Eggers Ø, vest[b]	1	-	-	1
28. Kuummiut	1	-	-	1
29. Tinuteqisaaq	1	-	-	1
30. Illukoq	1	-	-	1
31. Uummannaq	2	1	-	3
32. Amitsuarsuk	2	-	-	2
	58	35	3	96

a) Ved eller i nordbotomter. b) Arkæologiske undersøgelser. (Mathiassen & Holtved 1936; Raahauge et al. 2003, 2005).

De nedgravede tomter, som karakteriserer Thulekulturens ældste arkitektur i Sydgrønland, optræder dog også her i senere perioder og kan endvidere have tjent til andre formål end vinterbolig. Disse forhold vil blive nærmere beskrevet i det efterfølgende afsnit. Inden da vil vi rette vor opmærksomhed mod et par nedgravede tomter med et enkelt rum (på pladserne Maakkarneq og Anorliuitsoq, nr. 20 og 24), som efter de arkæologiske undersøgelser viser sig at have været i brug samtidig med den norrøne tilstedeværelse i Østerbygden (Fig. 6).

Maakkarneq er navnet på en større vig, som ligger tre kilometer vest for det norrøne Herjolfsnæs. Langs vigens inderste kyster ses store tilsandede arealer, som har lagt navn til den grønlandske betegnelse, "hvor man går og synker i med fødderne". På den let skrånende græsmark langs vigens østside ligger ruinerne efter en relativt stor nordbogård med to græsbevoksede boligtomter et par hundrede meter fra hinanden. Hertil kommer en snes anlæg, der udgøres af stenbyggede stalde, lader, fårefolde og pakhuse, som alle har tilknytning

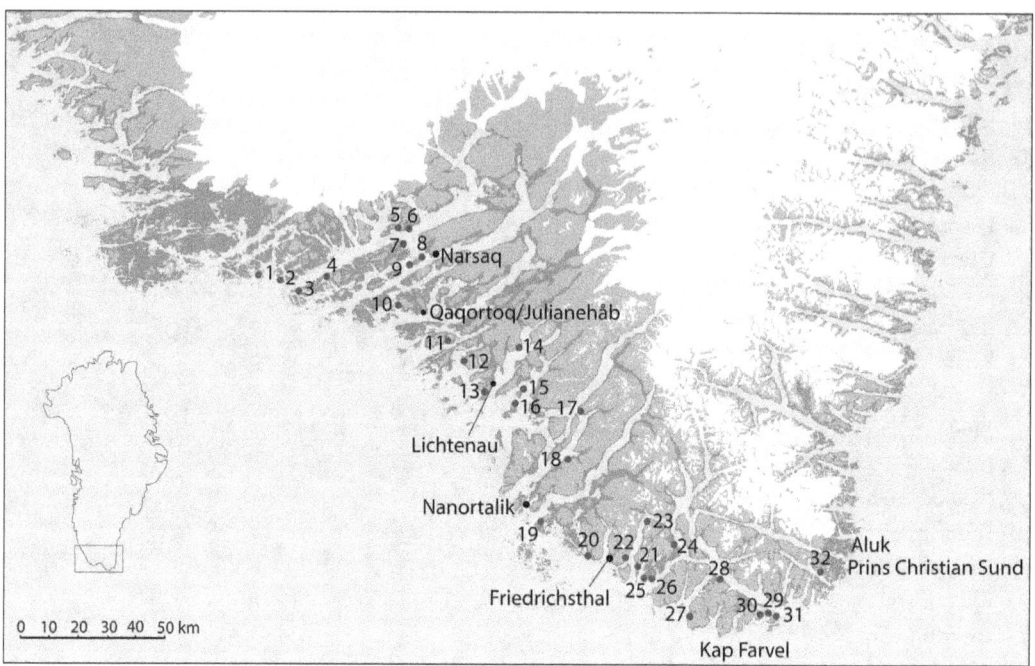

Fig. 6. Lokaliteter i Sydgrønland med den ældste vinterbosættelse fra Thulekulturen, dvs. 1450–1650. På to lokaliteter (20 og 24) er der påvist boliger fra Thulekulturen fra slutningen af 1300-tallet. 1. Qassimiut; 2. Upernivik; 3. Qarmannguit; 4. Qooroq; 5. Qoornoq; 6. Narsarsuaq; 7. Tuttutuup Isua; 8. Illutalik; 9. Uigorleq; 10. Qaarusuarmiut; 11. Itilleq; 12. Kapuivik; 13. Illunnguaq; 14. Pernera; 15. Uunartoq; 16. Illorpaat; 17. Sermilik; 18. Umiarsuk, 19. Itilleq; 20. Maakkarneq; 21. Kuummiut; 22. Ujarasussuit; 23. Illusaatissat; 24. Anorliuitsoq; 25. Pamialluk; 26. Uukkat; 27. Eggers Ø, vest; 28. Kuummiut; 29. Tinuteqisaaq; 30. Illukoq; 31. Uummannaq; 32. Amitsuarsuk.

til det norrøne husdyrhold og ikke mindst til handelen. Denne bebyggelse nær Herjolfsnæs, hvor der ifølge de norrøne kilder "ligger en havn, som hedder Sand, almindelig havn for nordmænd og købmænd", bestyrker i dag vor antagelse om, at Sandhavn skal søges her (Christiansen 2002; GHM, III, 1845: 251).

Omkring Maakkarneq ses enkelte eskimoiske vinterhuse, hvoraf et med dobbeltrum synes opført i en norrøn tomt, samt adskillige teltringe med solidt fundament til at modstå egnens kraftige føhnvinde. Her findes også en del velindrettede huler under store klippeblokke som ly for tidlige grønlandske fåreholdere i det 19. århundrede. Alt i alt er der registreret 46 anlæg, som fortrinsvis kan dateres til kolonitiden (Raahauge et al. 2002).

På græsmarken nær kysten neden for selve nordbogården ligger en nedgravet tomt. Et vandløb munder ud i vigen syd for tomten, der inden udgravning fremstod som en næsten cirkulær fordybning i terrænet på 4,10 x 4,30 m med et 1,5 m langt indgangsparti orienteret mod vandet. Konturen af en lav væg på 1 m til 1,5 m bredde og med en del større sten på toppen omgav tomtens indre rum. Under vegetationsdækket omkring tomten ses flyvesand eller sandet humusjord, der indikerer, at vindfygning ofte er forekommende i denne egn (Fig. 7 og 8).

Den arkæologiske undersøgelse (Raahauge et al. 2002, 2003) viste, at boligen var blevet anlagt på en tidligere aktivitetsflade, hvori der blev fundet enkelte jernnagler samt trækul af lokalvokset pil og birk, som begge er dateret til det 13. århundrede, og som efter udbredelsen af dømme synes at stamme fra en større afbrænding. Trækul er efterfølgende endt

Fig. 7. Maakkarneq med adskillige spor efter inuits aktiviteter i 1700- og 1800-tallet samt et par ældre boligstrukturer, hvoraf én har været i brug i slutningen af 1300-tallet. Endvidere ses resterne efter mindst to norrøne boliger samt flere fundamenter til stenbyggede anlæg ved den formodede norrøne Sandhavn.

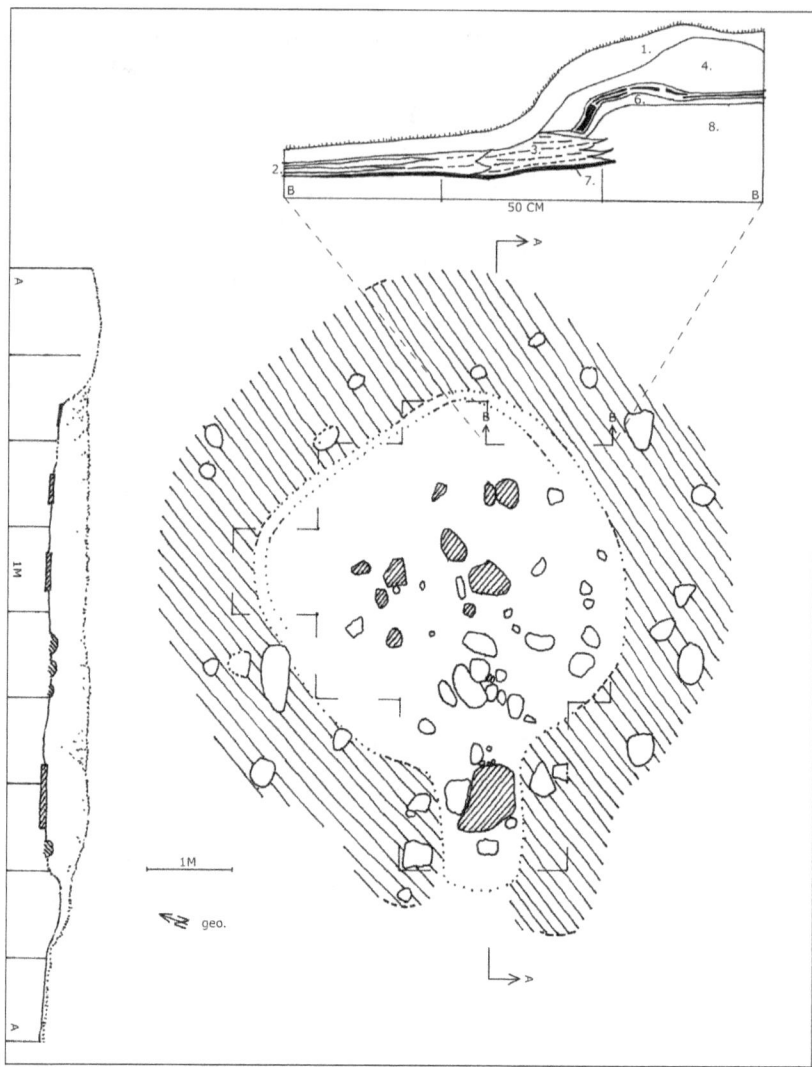

Fig. 8. Grundplan af skindoverdækket bolig fra inuits midlertidige ophold i 1300-tallet nær den norrøne gård ved Sandhavn. Indgangspartiet er formet som en tærskel i modsætning til vinterhusets nedgravede husgang. Langs den indre bagvæg ses en lille isoleringsvold af stablede tørv – en konstruktionsdetalje, der også optræder i den palæoeskimoiske Dorsetkulturs efterårsboliger, som er i brug i Nordgrønland indtil omkring 1300 e.v.t. Profilens opbygning: 1. Vegetationsdække med sandet underside; 2. Mørkbrunt tørvefyld med kulturspor (trækul) i to til tre lag adskilt af lyse sandlag, som indikerer indre konstruktion (briks eller gulv); 3. Lagdelt parti med synlig tørveopbygning i mørkebrune linser (dvs. enkelte tørv) med sandede undersider; 4. Heterogent, rødbrunt sand med småsten og sandede områder (vægopbygning); 5. Lag af afskårne, mørkebrune tørv, hvori der andetsteds blev fundet en jernnagle; 6. Følger lag 5 som et lag af fint, udvasket sand; 7. Sammenhængende, mørkbrun tørvehorisont (trædeflade, gulv); 8. Undergrund, bestående af fint, sandet, rødbrunt, vindblæst silt.

i boligens vægge, som er opbygget af opgravet materiale fra rummets indre og lagt oven på et fundament af afskårne tørv, hvori der blev fundet tre nagler.

Direkte på den sandede undergrund i det indre rum ses gulvet som en tynd, sammenhængende trædeflade, hvorpå der i tomtens bageste del er anlagt en briks af tørv. Mellem briksen og væggen ses en lille vold af afskårne, isolerende tørv, der kan følges langs væggen i hele briksens udstrækning. Foran briksen ses en del fliser i gulvfladen og længere fremme en del større sten, som synes nedskredet fra toppen af den omgivende væg. På gulvet blev der fundet en del brændt spæk og et par ildskørnede sten i tilknytning til trækul af birk, hvoraf to prøver begge er dateret til det 14. århundrede.

I indgangen lå der et stykke tildannet fedtsten fra en gryde eller lampe, og i midten sås en stor flise i samme niveau som gulvfladen, hvorfra der er 15 cm op til arealet umiddelbart uden for tomten. Der er således ingen forsænket husgang til dette anlæg, som det normalt ville være tilfældet, hvis der var tale om en vinterbolig fra Thulekulturen, og som fundament til et sommertelt synes den solide vægkonstruktion næppe at have tjent, selv om der kunne være god grund til at sikre sig mod de voldsomme føhnstorme.

Den eneste tilgængelige parallel til det beskrevne anlæg finder vi i sensommer- og efterårsboligerne fra den sene Dorsetkultur i det højarktiske Grønland, som endnu i det 13. århundrede benyttede de samme konstruktionsmæssige detaljer, der med undtagelse af den palæoeskimoiske midtergang nu også kan påvises i Maakkarneq (Appelt & Gulløv 1999: 12–20, 47).

Endnu er det ikke lykkedes at påvise tilsvarende anlæg nord for Øster-bygden og syd for Thule, men det er heller ikke forsøgt. På den anden side må vi understrege, at opførelsen af denne bolig i Dorsetarkitektur fra Thulekulturen i nordboernes Sandhavn vil kunne indpasses i modellen for kulturmøde og tuskhandel, der beskriver, at "evidence from the written sources and the objects found in population centers suggests that the Norse met Dorset people on their hunting trips to Nordsetur in the eleventh and twelfth century; and we assume that the Dorset transmitted their knowledge of these foreigners to the recently arrived Thule people in the thirteenth century. This period of coexistence can be dated to the middle of the Norse era. Accounts of the *skraeling* in the Norse sources point to two periods of contact: one before 1200, when the Late Dorset culture still occupied northwest Greenland, and one after 1300, when the Thule culture was dominant there" (Gulløv 2000b: 324).

Da inuit i det 14. århundrede kom til Maakkarneq, var det nærliggende Herjolfsnæs at dømme efter dateringen af de bevarede dragter endnu beboet (Arneborg 2004: 261). Ligeledes må gården ved Sandhavn efter arkæologiske undersøgelser antages at have været i brug. Fra det yngste gulvlag i en formodet stor lagerbygning på pladsen blev der mellem de mange norrøne genstande også opsamlet trækul af lokalvokset birk med bark, som er dateret til det nævnte århundrede med *terminus post quem* i 1406 (Christiansen 2002; Raahauge et al. 2003).

Men denne lokalitet er ikke den eneste, hvor de første inuit indfandt sig. Ved Anorliuitsoq længere østpå i Kap Farvel-landet ligger pladsen, "hvor der er stille når det blæser", som det grønlandske navn fortæller. Pladsen ligger på begge sider af en elv, der er rig på ørreder, og den omfatter tomterne efter syv nedgravede anlæg og ruinerne af ti yngre, ofte sammenbyggede bygninger, som alle synes at stamme fra kolonitiden. Der blev fundet 12 teltringe eller fundamenter, seks grave og fire depoter, som alt i alt gør denne lokalitet til den største i Kap Farvel-distriktet (Mathiassen & Holtved 1936: 66) (Fig. 9).

De nedgravede anlæg viser sig imidlertid efter undersøgelser at være fra vidt forskellige århundreder. Yngst er et stort cirkulært anlæg, der har

Fig. 9. Anorliuitsoq set mod sydøst. Kolonitidens bygd lå ude på næsset indtil nedlæggelsen i 1948. Tomterne efter de store fælleshuse ses på begge side af elvens udløb, og omkring disse ligger tomterne efter Thulekulturens tidlige bosættelse. Foto: K. Raahauge 2002, Nanortalik Museum.

været anvendt som *qassi,* dvs. festhus eller mandshus i det 18. århundrede. Fra det 16. århundrede stammer en bolig med køkkenniche men med det samme arkitektoniske træk, som karakteriserer tomten fra Maakkarneq, dvs. den lille vold af afskårne tørv langs briksens indre, men dog med sten i væggen og forsænket husgang, som indikerer, at den også har været beboet om vinteren. I en stor tomt med tre rum og køkkenniche blev der bl.a. fundet et stykke malm fra en kirkeklokke, og dette måtte således datere bosættelsen til efter Østerbygdens ophør i det 15. århundrede (Raahauge et al. 2002, 2003) (Fig. 10).

Men ældst er en lille, næsten cirkulær tomt, som ligger gravet ind i den sydvendte skråning på elvens nordside. Tomtens indre rum måler 3,5 m, og indgangen kan kun følges ud gennem den 1 m tykke væg. På tværs foran åbningen er opført en 1,5 m lang læmur. Bag tomten ligger et mindre, depotlignende anlæg.

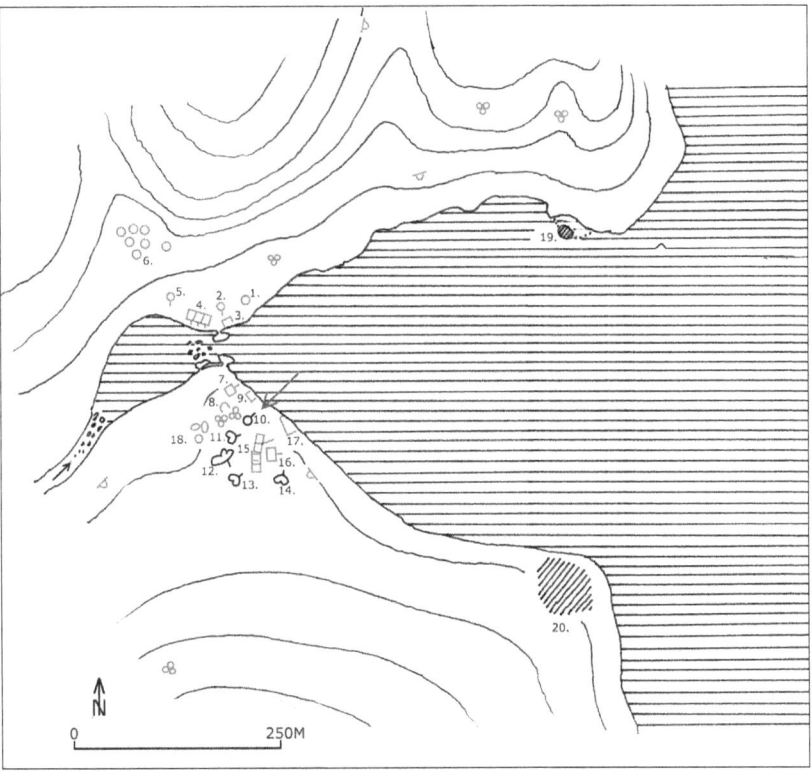

Fig. 10. Anorliuitsoq med boligtomter fra 1300-tallet (nr. 2), fra perioden 1450–1650 (nr. 10, 11, 12, 13 og 14), fra 1700- og 1800-tallet (nr. 3, 4, 5 (et mandshus eller *qassi*), 7, 9, 15, 16 og 17) og fra 1900-tallet (nr. 19 (et muligt overskyllet pakhus) og 20 (bygd nedlagt 1948)). Endvidere ses flere teltringe (nr. 1, 6 og 18) samt en ældre teltvold (nr. 8). Grave og depoter ses såvel mellem tomterne som ude i det omkringliggende terræn.

Gulvet tegnede sig som et tyndt, faststampet lag, der ophørte halvvejs inde i tomten, hvor der ikke kunne konstateres spor efter en egentlig brikseopbygning. Et sted langs væggen kunne iagttages en lagdelt forekomst af sandet tørv, der kunne være rester af en lille vold, som også fandtes i tomten ved Maakkarneq. Gulvet var overalt dækket af et tyndt kulturlag, som bestod af tørv med få stykker brændt spæk og knogle, trækul samt en

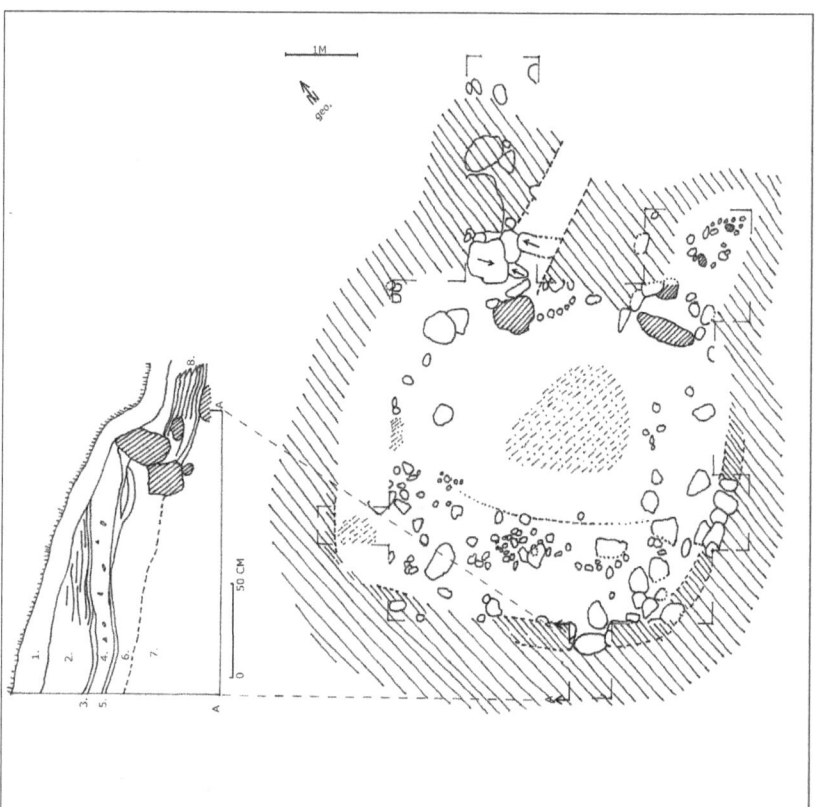

Fig. 11. Grundplan af boligtomt fra 1500-tallet på Anorliuitsoq (nr. 10). Til højre for den forsænkede husgang ses en lille køkkenniche, som er karakteristisk for arkitekturen i den tidlige Thulekultur. Briksekanten er markeret med en stiplet linie, og langs den indre bagvæg ses en lille isoleringsvold af stablede tørv, jf. fig. 4.

Profilens opbygning: 1. Vegetationsdække; 2. Roddele iblandet småsten og tydelige vægtørv (sorte linser med lysgrå, sandede undersider) over et forløb på 0,5 m; 3. Sammen-hængende, sort, tørvet undergrænse af lag 2; 4. Lysbrun, gruset horisont med småsten; 5. Lysgrå, sandet horisont, afgrænset foroven og forneden af et tyndt, sort, fedtet tørvefyld; 6. Sortbrunt, heterogent, gruset tørv. Formentlig vægkonstruktion til første bygning, der tydeligt markeres af stenopbygning og af lag 8; 7. Lysbrun, gruset undergrund som er iagttaget overalt i tomtens indre. Grænsen mod lag 6 er diffus; 8. Tydelig vægopbygning i tørv på tørv, bestående af sorte tørvelag med underliggende lysegrå, sandede horisonter.

jernnagle. En datering af et stykke forkullet, lokalvokset enebær opsamlet ved jernnaglen er dateret til det 14. århundrede (Raahauge et al. 2002) (Fig. 11).

Som det var tilfældet ved Maakkarneq, var der heller ikke i den tidligste bolig på Anorliuitsoq nogen forsænket husgang, som skulle indikere en vinterbolig. Vi må derfor konstatere, at inuit i forbindelse med sommerrejser til det sydligste Grønland hurtigt har gjort sig bekendt med landet og dets ressourcer. Fund af flækker og mikroflækkeblokke af bjergkrystal fra tidlig Dorsetkultur på Anorliuitsoq viser da også, at netop denne lokalitet med sin gode ørredfangst til alle tider har tiltrukket mennesket.

Dateringer af tidlig Thulekultur i Østerbygden.

Lokalitet	Boligform	Prøve nr.	Materiale	C14 år før 1950	Kalibreret datering
10. Qaarusuarmiut	Dobbeltrum med køkkenniche (i nordboruin)	KIA-13203A	Brændte marine knogler (fra køkkenniche)	902	1032–1216
Korrigeret for reservoir effekt, 450 år				492	1290–1640*
10. Qaarusuarmiut	Dobbeltrum med køkkenniche (i norboruin)	KIA-13204B	Brændte marine knogler (fra køkkenniche)	1122	784–86, 835, 879–994
Korrigeret for reservoir effekt, 450 år.				712	1040–90, 1120–1430*
10. Qaarusuarmiut	Dobbeltrum med køkkenniche (i nordboruin)	KIA-11810	Picea/Larix drivtræ (fra køkkenniche)	1301	660–777
15. Uunartoq	Dobbeltrum med køkkenniche	AAR-7371	Rensdyrtak (fra gulvet)	430	1435–80
20. Maakkarneq	Enkeltrum	KIA-15637	Betula sp. (fra væg)	797	1164–69, 1185–1285
20. Maakkarneq	Enkeltrum	KIA-19733	Salix sp. (fra væg)	759	1222–34, 1235–89
20. Maakkarneq	Enkeltrum	KIA-15638	Betula sp. (fra gulvet)	628	1294–1333, 1337–1400
20. Maakkarneq	Enkeltrum	KIA-19732	Betula sp. (fra gulvet)	592	1302–70, 1381–1409
'Sandhavn'	Nordbo magasinbygning	KIA-19734	Betula sp. (fra øverste gulv)	597	1302–71, 1380–1406
24. Anorliuitsoq	Enkeltrum	KIA-15634	Juniperus com. (fra gulvet)	621	1291–1407

24. Anorliuitsoq	Enkeltrum med køkkenniche	KIA-15635	Betula nana (fra køkkenniche)	347	1460–1639
24. Anorliuitsoq	Enkeltrum med køkkenniche	KIA-15636	Salix cf. arctica (fra gulvet)	302	1486–1604, 1607–56
24. Anorliuitsoq	Enkeltrum med køkkenniche	KIA-19729	Betula nana (fra gulvet)	329	1488–1605, 1606–39

*A & B er fra den same prøve og overlapper tidsmæssigt for perioden 1290–1430 e.v.t.

KIA: Christian-Albrechts-Universität, Kiel; AAR: Aarhus Universitet.

Kalibreret datering i følge "CALIB rev 4.3" (Data set 2), Stuiver et al., Radiocarbon 40 (1998): 1041–83.

Qaarusuarmiut, en ruin (Gulløv 2000a); Uunartoq, ruin 3 (Mathiassen & Holtved 1936: 58–60); Maakkarneq, en ruin, KIA-15637 med en standardafvigelse: 1216–77, KIA-19733 med en standardafvigelse: 1251–54, 1255–85, KIA-15638 med en standardafvigelse: 1300–27, 1346–74, 1377–93, KIA-19732 med en standardafvigelse: 1313–54, 1387–1402 (Raahauge et al. 2002, 2003); Sandhavn, en ruin, KIA-19734 med en standardafvigelse: 1307–34, 1337–54, 1387–1400 (Christiansen 2002; Raahauge et al. 2003); Anorliuitsoq, to ruiner, KIA-15634 med en standardafvigelse: 1299–1331, 1341–74, 1376–97, KIA-15635 med en standardafvigelse: 1482–1525, 1557–1631, KIA-15636 med en standardafvigelse: 1521–81, 1626–44, KIA-19729 med en standardafvigelse: 1515–32, 1542–99, 1616–36 (Raahauge et al. 2002, 2003).

Vi mener os nu i stand til at konkludere, at ovennævnte undersøgelser kan sandsynliggøre tilstedeværelsen af inuit i Østerbygden, inden denne i løbet af det 15. århundrede forlades af sin norrøne befolkning; og at den palæoeskimoiske Dorsetkultur formentlig har spillet en aktiv rolle i formidlingen af kendskabet til de norrøne fangstfolk på deres fælles nordlige jagtmarker.

Endvidere må vi fastslå, at en egentlig neoeskimoisk vinterbosættelse først finder sted længe efter, at Østerbygden er blevet forladt, idet vi må tage forbehold over for dateringerne på marint materiale fra Qaarusuarmiut og dateringen af rensdyrtak fra tomten på Uunartoq, der oprindeligt kan være opsamlet andetsteds. Ligeledes må vi fastslå, at den tidligste vinterbolig ofte er forsynet med en tilbygget køkkenniche, der her er påvist på syv lokaliteter, og som længe har været anset for at være karakteristisk for den neoeskimoiske pionerarkitektur, dvs. Ruin Ø-fasen (Holtved 1944, II: 99).

Sådanne køkkennicher er det trods intensive rekognosceringer kun lykkedes at påvise på én lokalitet i Vesterbygden, som indtil videre er den eneste plads mellem Østerbygden og Disko Bugt. I Disko Bugt har de været i brug indtil det 16. århundrede (Gulløv 1997: 439), og vi må således antage, at det er fra de nordligere egne på vestkysten, sommerrejserne til Østerbygden fandt sted i det 14. og 15. århundrede, før den egentlige vinterbosættelse blev påbegyndt i denne sydligste del af landet.

Vinterbosættelsen i Sydgrønland stillede imidlertid særlige krav til inuit, der her skulle gøre sig bekendt med en anden forekomst af de levende ressourcer. Dette fremgår af det arkæologiske materiale, hvor genstande fra Disko Bugt brugt i forbindelse med fiskeri udgør 5 % af det samlede jagt- og fangstudstyr, mens den tilsvarende andel i Sydgrønland er mere end 40 % (Gulløv 1997: 403). Med den fordeling af landets ressourcer, som hermed indirekte kommer til udtryk, synes der skabt et grundlag for regionale handelsrejser mellem inuit i Grønland.

Vi skal nu se nærmere på den bebyggelse, som bredte sig langs kysten i Sydgrønland, og som i løbet af et par hundrede år blev øget betragteligt, indtil kysten i kolonitiden fremstod som den folkerigeste del af landet.

Fra festhus til fælleshus

På langt de fleste bopladser i Sydgrønland, som det også er tilfældet på pladserne i størstedelen af det lavarktiske Grønland, ses de græsbevoksede ruiner af boliger med oprindeligt høje, stensatte vægge, der nu ofte er sammenstyrtede, og med en forsænket husgang, som i de fleste tilfælde er opført vinkelret på husets længdeakse. Det indre rum fremstår med en rektangulær grundplan, hvis længde oftest er mellem fem og syv til otte meter, men tomter op til en snes meters længde ses også (Mathiassen & Holtved 1936: 9, 68–69).

Tomter med disse karakteristika betegnes fælleshuse og var den fremherskende boligform, da kolonisationen af landet blev indledt på vestkysten 500 km længere mod nord. Arkæologiske og etnohistoriske undersøgelser i denne nordligere region har kunnet sandsynliggøre, at de ældste fælleshuse, som her stammer fra tiden omkring 1700, er opført af sydgrønlændere på rejse til hvalfangsten nordpå (Gulløv 1997: 387). Selv om store fælleshuse forekommer, så er det gennemsnitlige grundareal på ca. 25 m², mens de ældste vinterhuse med køkkenniche i Sydgrønland kan have et gulvareal på 20–40 m² (ibid.).

Betegnelsen fælleshus knytter sig med andre ord ikke til størrelsen men til en rejseaktivitet, som havde fundet sted siden slutningen af det 17. århundrede, og som efter udbredelsen af arkitekturen at dømme efterhånden omfattede hele kysten af Vestgrønland og Sydøstgrønland. I Sydgrønland ses denne rektangulære boligform på mere end 160 lokaliteter, der også omfatter en halv snes pladser, hvor længden er mindre end fem meter (Mathiassen & Holtved 1936: 9–13; Raahauge et al. 2005).

De europæiske genstande, som blev fundet i forbindelse med arkæo-logiske undersøgelser af disse tomter (ibid.), var – udover nogle enkelte af norrøn oprindelse – næsten alle typer, der havde været i brug i de etablerede kolonier længere mod nord. Glasperlerne var de samme typer, som var blevet importeret til kolonierne, og som også fandtes i de udgravede fælleshuse i skærgården ud for Nuuk, hvor kolonisationen var begyndt (jf. Mathiassen & Holtved 1936: 98; Gulløv 1997: 278–291).

En opgørelse over fundene fra tomterne i Sydgrønland viser, at disse sene europæiske genstande fra de undersøgte pladser udgjorde ca. 22 % på Tuttutuup Isua, ca. 12 % på Narsarsuaq, ca. 3 % på Illutalik, ca. 2 % på Uunartoq og ca. 35 % på Arfermiut, hvilket – sammenlignet med de tilsvarende andele af materialet fra fælleshusene ved Nuuk – afspejler en lignende stigning i den europæiske kontakt, som ved Nuuk først nåede op på 12 % efter midten af det 18. århundrede (Mathiassen & Holtved 1936: 90–93; Gulløv 1997: 367).

Rejserne til hvalfangsten nordpå, hvor også den kommercielle europæiske hvalfangst i Davis Strædet var blevet indledt før 1700 og for alvor tog fart med et øget nederlandsk engagement efter 1719 (Leinenga 1995), tiltrak med tiden mange aktører, og fik efter 1721 følgeskab af de dansk-norske kolonister. Størsteparten af de tilrejsende sydgrønlændere returnerede dog til deres hjemegn – nogle efter en overvintring – indtil anlæggelsen af kolonien Julianehåb i 1775 omsider satte en stopper for de lange rejser, der længe havde været at opfatte som egentlige handelsrejser (Gulløv 1997: 400–407).

Vi må således antage, at de pågældende større og mindre boliger i Sydgrønland næppe er ældre – nærmere samtidig med eller yngre – end bebyggelsen længere nordpå, som lå nærmere ved de europæiske handelssteder. Herefter voksede bebyggelsen betragteligt i takt med anlæggelsen af nye kolonier langs kysten i løbet af dette århundrede, hvor også østgrønlænderne længe havde været til stede på vestkysten som part i dette handelssamkvem (ibid.).

Inden vi i næste afsnit skal se nærmere på forhistorien i Sydøstgrønland, hvorfra en stadig større udvandring til vestkysten fandt sted, vil vi gøre opmærksom på et særtræk ved den sociale struktur, der på flere pladser i Sydgrønland skal ses i sammenhæng med de nedgravede, cirkulære anlæg, som i det foregående afsnit er medregnet i opgørelsen over boliger med et enkelt rum fra tidlig Thulekultur.

Givet deres ganske cirkulære grundplan, hvis diameter kan være fem meter eller mere, med fravær af en egentlig briks eller anden synlig ruminddeling, med en ofte sporadisk fliselagt gulvflade, med ganske få sten i vægkonstruktionen udover indgangspartiet, og ofte med blot en enkelt eller et par sten over indgangen nær det indre rum, er det vanskeligt at forestille sig funktionen af disse anlæg som en egentlig bolig. Anlæg, hvori der indgår flere af disse arkitektoniske træk, er iagttaget på mindst 12 pladser, dvs. 1. Qassimiut, 3. Qarmannguit(?), 5. Qoornoq, 7. Tuttutuup Isua, 8. Illutalik, 9. Uigorleq, 10. Qaarusuarmiut(?), 11. Itilleq, 15. Uunartoq, 18. Umiarsuk, 21. Kuummiut og 24. Anorliuitsoq (tallene referer til numrene i oversigten side 26–27).

På to pladser (nr. 7 og 8) afveg disse tomter fra den generelle beskrivelse ved at have en stensat indre væg, hvilket understregede den markante arkitektur og gav anledning til at fortolke brugen af dette anlæg som en qassi (Mathiassen & Holtved 1936: 51). Anlæg af denne type er påvist adskillige steder langs Grønlands vestkyst fra Thule til Kap Farvel men aldrig på østkysten. Det har en umiskendelig lighed med de uoverdækkede qassi fra Canada, som har været brugt om sommeren (Gulløv 1988; Mathiassen 1927: 9; Schledermann & McCullough 2003: 121).

I terrænet antager de store cirkulære ruiner samme form som ses i fjeldenes gletsjereroderede cirkusdale, og som i de tidligste grønlandske ordbøger oversættes med qassi. I disse optræder også verbet qassimiuaarput, der oprindeligt er oversat med "de sætter sig sammen i en kreds", hvilket både refererer til ruinernes grundplan og til erindringen om deres funktion som forsamlingsrum. Qassi blev derimod af missionærerne beskrevet som horehuse, fordi også de ugudelige lampeslukningslege skulle have fundet sted her.

Der findes en omfattende dokumentation af qassi i Grønland, som ikke efterlader tvivl om, at vi har at gøre med en institution og dens tilhørende bygning, der har sat sig markante spor i såvel erindring som landskab, selv om den aldrig blev iagttaget i brug i det centrale Vestgrønland i det 18. århundrede. Herfra stammer de tidligste skriftlige kilder, der alle refererer til det store fælleshus som stedet for de sociale og religiøse aktiviteter (Gulløv 1988).

Som udgangspunkt for de dokumenterede rejser fra Sydgrønland og nordpå i det 18. århundrede nævnes specifikt egnen omkring Uunartoq som den folkerigeste. Hertil kom også mange hundrede grønlændere rejsende sydfra (Gulløv 1997: 401–402). På Uunartoq har et par af de udgravede tomter netop de karakteristika, der gør det sandsynligt, at de har været brugt som qassi, men der findes ikke bevaret materiale, som kan fortælle os om deres alder (Mathiassen & Holtved 1936: 62). Problemet er her, at de ældre, nedgravede tomter overalt fremstår med en bevoksning af revling og pil, hvilket også ses på de cirkulære, formodede qassi, hvorfor disse tidsmæssigt ikke synes at være samtidige med de græsbevoksede, yngre ruiner – medmindre de oprindelige qassi har været brugt gennem længere tid.

Spørgsmålet om, hvor længe disse qassi har været i brug, har nye arkæologiske undersøgelser i Sydgrønland imidlertid kunnet give svar på. Atter vil vi rette opmærksomheden mod syd, mod Kap Farvel-distriktet,

Fig. 12. Kuummiut set mod sydvest. En nyere fangsthytte ses ved skrænten foran det store telt. Bopladsens ældste anlæg findes på den anden (den vestlige) side af elven (over for det røde telt). Foto: H. C. Gulløv 2002, Nationalmuseet.

hvor der på Kuummiut (nr. 21) og Anorliuitsoq (nr. 24) er udgravet to tomter med cirkulær grundplan (Raahauge et al. 2003).

Kuummiut ligger på den sydvestlige pynt af øen Pamialluk med udsigt over havet og de høje fjelde ved Kap Farvel. Pladsens anlæg ses oven over høje skrænter på hver side af en elv, som har givet stedet dets grønlandske navn. Mod øst ligger et par nyere jagthytter i ruinerne af to fælleshuse, som er anlagt i forlængelse af hinanden med en samlet udstrækning på 25 m og er bevokset med højt græs og marehalm. En stejl og frodig mødding ligger ned ad skrænten foran komplekset, og neden for ligger et par ældre teltfundamenter i højt marehalm. Seks grave ses omkring stedet, og i fjeldet mod nordøst højt over pladsen blev der fundet fem grave, to rævefælder og fire jægerly i huler.

Mod vest og oven for en stejl og gruset erosionsskrænt er et 8 m langt fælleshus med græsbevoksede vægge i 1,25 m højde anlagt oven i en ruin. De øvrige ruiner på dette sted er alle bevokset med revling samt lidt mosebølle og enebær. De udgøres af to ældre tomter med dobbeltrum, opbyggede vægge af sten og lang husgang; et nedgravet anlæg med cirkulær grundplan

Fig. 13. Hedensk grav ved Kuummiut anlagt på næsset øst for elven med udsigt mod Pamialluk (bag det lave næs under den lavtliggende kysttåge). Foto: H. C. Gulløv 2002, Nationalmuseet.

på ca. 3 m og en lille, krum husgang; samt – ca. 40 m længere mod nordøst på pladsen – et nedgravet, cirkulært anlæg med en indre diameter på lidt over 4 m og en husgang på ca. 2,5 m. De øvrige anlæg på dette sted omfatter ni grave, seks depoter, et teltfundament, en rævefælde og et lille stensat anlæg af uvis funktion (Fig. 12).

Såvel den frodige bevoksning på fælleshusets høje vægge samt opsamlingen af glaseret keramik på teltpladsen peger på en relativt sen datering af disse anlæg, som må have været i brug efter 1797, da Nanortalik blev anlagt, eller efter 1824, da de tyske brødremissionærer grundlagde det nærliggende Friedrichsthal. De relativt mange kammergrave må datere sig til tiden inden, missionen i løbet af det 19. århundrede fik ændret denne gravskik (Fig. 13 og 14).

Vi har således ved Kuummiut en oprindelig, uforstyrret, tidlig boplads, som bestod af to boliger med dobbeltrum og to cirkulære anlæg. Såvel en boligtomt som et cirkulært anlæg er her blevet arkæologisk undersøgt (Raahauge et al. 2003).

Boligtomtens vægge er bevaret i op til 0,5 m over det omgivende terræn, der ligesom væggene er bevokset med polarpil, revling og lidt dværgbirk. De indre rum, hvis gulvflader ikke var nedgravede og ligger ca. 14 m over højvande, måler i alt 5,5 m i bredden og begge halvdele 3,5 m

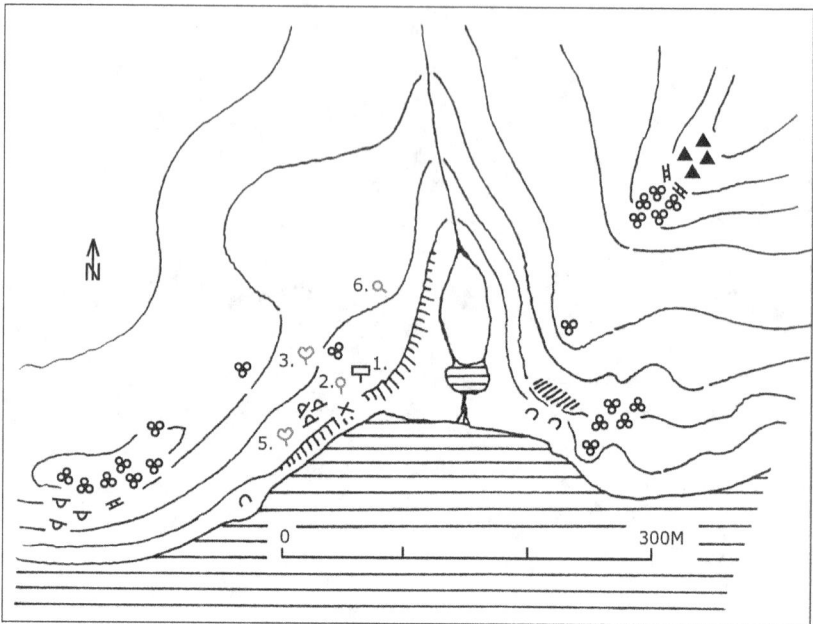

Fig. 14. Kuummiut med boligtomter fra 1500-tallet (nr. 3 og 5) med hver sin tilhørende *qassi* (nr. 2 og 6) og fra 1800-tallet (nr. 1). Enkelte nyere teltvolde ses på begge sider af vigen. 20 grave findes på begge sider af elven. Seks depoter og en rævefælde ses i området vest for elven. Bag de fem grave på klippesiden nordøst for pladsen ligger et par rævefælder og fire jægerly i huler.

i dybden. Bagvæggen står bevaret i tre skifter. Husgangen står vinkelret på rummets midte og er 4,5 m lang med sidevægge og tre bevarede dæksten.

Nedfaldne sten i rummet fra bagvæggens øverste parti viser, at denne oprindeligt har været opført i fire skifter og således hævet ca. 1 m over gulvfladen. Væggene er konstruerede af skiftevis skårne tørv og sten anlagt på den oprindelige vegetationsoverflade. Delevæggen afsluttes mod rummets indre af en stor flad stenblok, som antageligt har udgjort fundamentet for en tagstøtte. Gulvets kulturlag udgøres af et mørkbrunt, let gruset tørvelag, som op mod bagvæggen er ca. 1 cm tykt med muslingehinder, marieglas og lidt trækul. På gulvfladen ses enkelte fliser samt trækul og en slagge fra en smeltegrube – sandsynligvis fra det nærliggende, norrøne Herjolfsnæs. Fliserne, som udgør husgangens inderste bund, ligger ca. 35 cm under den indre gulvflade og falder herfra jævnt med endnu ca. 30 cm over en strækning på 4 m (Fig. 15).

Vi har her et velbygget vinterhus uden køkkenniche af samme konstruktion som bopladsens andet men blot 3,5 m brede dobbelthus. En datering af brændt, lokalvokset dværgbirk opsamlet i gulvfladen ligger i det 16. århundrede med 20 % sandsynlighed for *terminus post quem* i 1643,

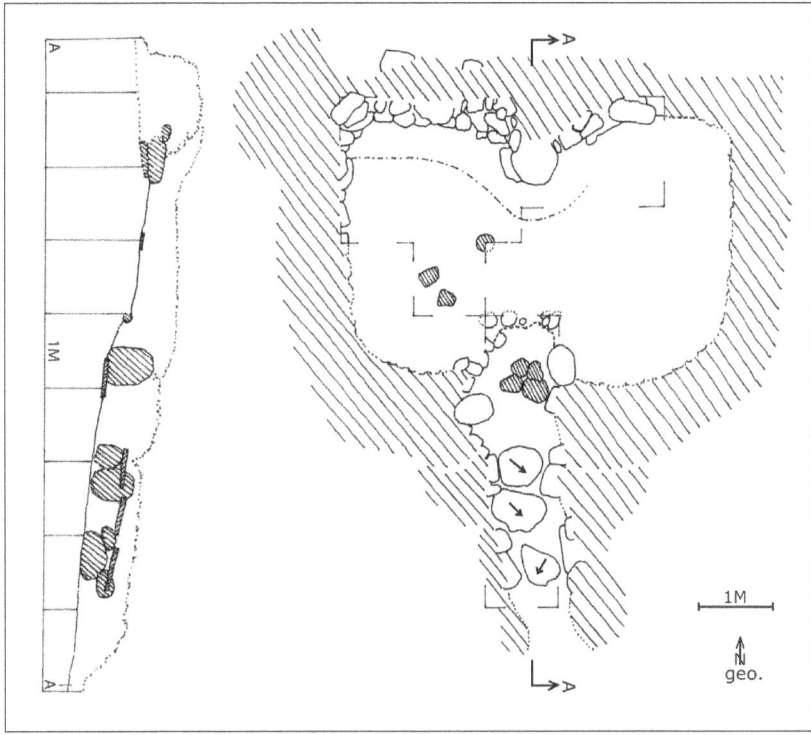

Fig. 15. Grundplan af boligtomt fra 1500-tallet på Kuummiut (nr. 3) med en ca. 5 m lang og forsænket husgang med synlige, nedskredne dæksten. Bagvæggen i det indre boligrum står endnu i flere skifter, og brikseopbygningen er angivet med en stiplet linie.

hvilket er samme resultat som for den daterede bolig med køkkenniche fra Anorliuitsoq.

De to nedgravede anlæg med cirkulær grundplan på Kuummiut synes at relatere sig til hver sin bolig. Bevoksningen er her af samme art og understreger således et tidsmæssigt sammenfald, mens funktionen blev afklaret ved en arkæologisk undersøgelse af et af anlæggene.

Det nedgravede anlæg er bevokset med revling og polarpil. Det ligger ca. 40 m nordøst for den udgravede boligtomt. Rummets indre er 4,3 m i tværmål og 4,2 m i dybden, og det fremstår således med en næsten cirkulær grundplan, hvorfra husgangen forløber ca. 2,5 m mod syd. Den indre gulvflade ligger ca. 15 m over højvande og ca. 60 cm under bagvæggens øverste kant. I væggen lå enkelte større sten langs den indre rand, mens selve muren bestod af grus og småsten af samme karakter som tomtens indre, hvorfra materialet var opgravet. Et tyndt, brunligt kulturlag på 0,5 til 1 cm tykkelse udgjorde trædefladen i det indre rum, som op mod bagvæggen bestod af sortfarvet, sandet tørv, hvis konsistens og farvning kunne tænkes at stamme fra opløste, organiske rester (skind?).

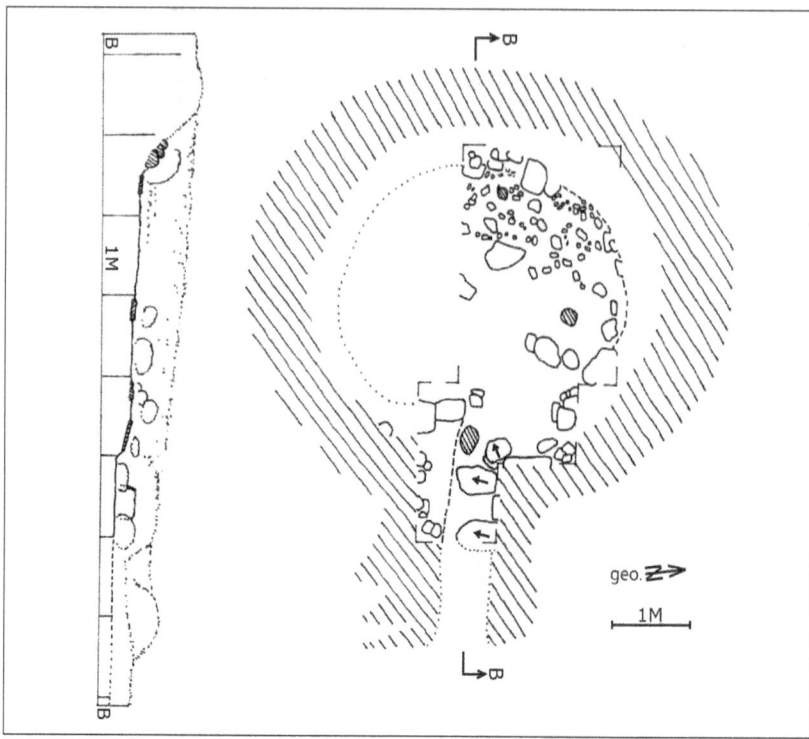

Fig. 16. Grundplan af cirkulært mandshus eller *qassi* fra 1500-tallet på Kuummiut (nr. 6) med et ca. 3 m langt indgangsparti og indskredne vægsten, men uden spor efter overdækning af hverken det indre rum eller husgang. Grænsen for den plane, indre gulvflade mod den nedskredne grusvæg er markeret med en stiplet linie.

I gulvfladen fandtes brændt spæk, trækul af drivtræ og et stykke fedtsten fra en formodet lampe.

Ingen konstruktionsdetaljer kunne afsløre, om rummet overhovedet havde været overdækket. Heller ikke i husgangen var der spor efter dæksten, mens et par solide sten i den ene side var skredet ind. Den fasttrådte krybeflade lå her ca. 25 cm lavere end det indre gulv (Fig. 16).

Hele det blotlagte og uforstyrrede anlæg, hvis konstruktion fremtræder som en symbolsk markering af et rum med indgang, giver på ingen måde indtryk af egentlig bolig. Derimod finder vi, at funktionen med langt større sandsynlighed kan sættes i forbindelse med de aktiviteter, der fandt sted i *qassi*, hvis form er beskrevet i de tidlige historiske kilder fra Grønland i det 18. århundrede. Vi finder det således også væsentligt, at en sådan bygning er opført separat på Kuummiut, hvilket understreger dens særlige funktion adskilt fra vinterhusets.

Til sammenligning skal nævnes undersøgelsen af et *qassi* med en diameter på 5,2 m, som ligger på bopladsen Itilleq (nr. 11). Dateringen af lokalvokset dværgbirk viser, at aktiviteterne her synes at have fundet sted i det 16. århundrede med *terminus post quem* i 1642 (Gulløv 2000a).

Der er en markant forskel på arkitekturen i Sydgrønlands tidlige vinterboliger, som både kan være nedgravede og forsynet med køkkenniche eller være opført med regulære stensatte vægge. De første må datere sig til bosættelsens pionerfase, hvis tidligste køkkentilbygninger er et særligt træk nordpå ved Smith Sund, hvor de ses samtidig med Thulekulturens etablering i det 13. århundrede. Den anden vinterbolig synes at være kommet i brug, da samfundet med sine sociale og religiøse institutioner var blevet konsolideret i Sydgrønland. På samme tid optrådte nu også *qassi* på bopladserne.

Hvornår denne funktionsbestemte adskillelse af bopladsens bygninger ophørte, kan sættes i forbindelse med fremkomsten af det store fælleshus, som fandt anvendelse på handelsrejserne til den vestgrønlandske hvalfangst. Herfra returnerede sydgrønlænderne med bl.a. de eftertragtede hvalbarder, som skulle bruges til fiskeliner; og da var de nedgravede vinterboliger ikke længere i brug på den centrale vestkyst men blevet erstattet af fælleshuset (Gulløv 1997: 91–93, 404).

Som en afklaring på spørgsmålet om ophøret af brugen af *qassi* i det sydligste Grønland, skal vi nu omtale den arkæologiske undersøgelse af endnu et nedgravet, cirkulært anlæg (Raahauge et al. 2003). Det ligger nord for elven, som deler bopladsen Anorliuitsoq, hvor også den tidligere beskrevne sommerbolig fra det 14. århundrede ses. Stedets øvrige fem nedgravede vinterboliger, hvoraf nogle havde køkkennicher, ligger alle syd for elven (Fig. 17).

Fig. 17. Cirkulært mandshus eller *qassi* fra 1700-tallet på Anorliuitsoq (nr. 5 i fig. 10) inden udgravning. Foto: N. A. Møller 2002, Nationalmuseet.

Tomten er 5,5 m i diameter med en ca. 4 m lang husgang. Bevoksningen
består af græsser, revling og polarpil. Det indre rum er gravet ind i en
skrænt, så bagvæggen ikke når op over det omgivende terræn. Gulvfladen
ligger således ca. 1,3 m under skræntens øvre del. Selve kulturlaget var
ganske tyndt og bestod af brunt, humusholdigt sand med enkelte partier
af trækul, brændte spækstykker og knogler, hvori der også fandtes et par
fedtstensskår, heraf et randstykke med gennemboring samt en rørformet

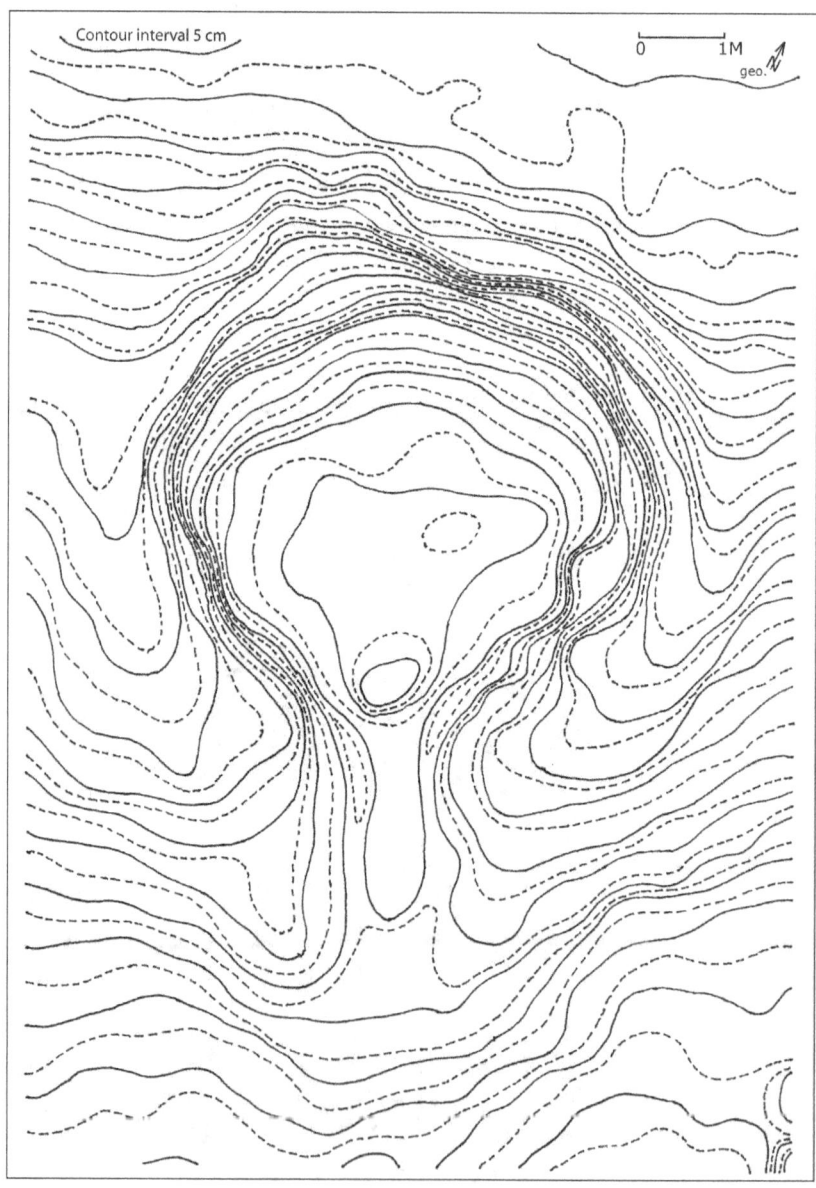

Fig. 18. Konturopmåling af *qassi* vist på fig. 17. Ækvidistancen er 5 cm.

glasperle. Herunder lå den grusede undergrund, som også udgjorde materialet i væggene. Et fyldskifte langs tomtens bageste del synes at afgrænse et andet aktivitetsområde. I modsætning til den indre væg ses enkelte sten i husgangen, hvor også en enkelt dæksten er bevaret ved indgangen til det indre rum. Krybefladen i den ydre husgang befinder sig i omtrent samme niveau som det indre gulv og er kun forsænket, hvor man skal passere under den store dæksten (Fig. 18 og 19).

Som det var tilfældet på Kuummiut, er der heller ikke her noget tegn på, at dette store rum har været overdækket, og intet taler således for, at det oprindeligt har været en bolig. Vi har med andre ord også her et frit

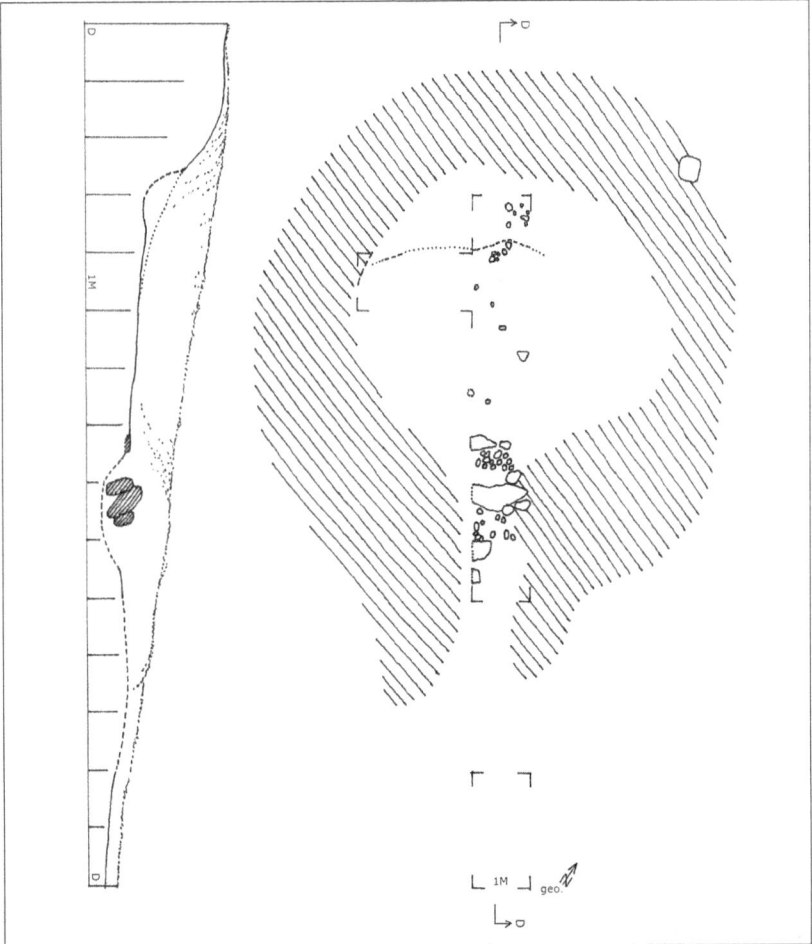

Fig. 19. Grundplan af *qassi* vist på fig. 17 og 18. En stor dæksten ses i indgangspartiet, derudover ses ingen spor efter overdækning af det indre rum eller husgangen. En stiplet linie markerer grænsen for et fyldskifte i tomtens indre flade, hvor en platform kan tænkes at have været rejst.

åbent anlæg af en symbolsk karakter, som man kun betræder efter først at have kravlet under husgangens dæksten, for derefter at befinde sig i *qassi*, "used of yore by the heathens" og hvor mændene "did not do anything else except dance, as was the custom in a big house", som det udtrykkes i kilderne fra det 18. århundrede og i den grønlandske fortælletradition (Gulløv 1988: 182, 192).

Men i modsætning til de tidligere omtalte og beskrevne *qassi*, synes anlægget på Anorliuitsoq at være yngre. Der findes heller ikke, som på Kuummiut, samtidige vinterboliger på pladsen – medmindre de i dag ligger under det nærliggende, nyere fælleshus, hvis placering ganske nær elvens bred imidlertid ikke gør dette sandsynligt. Derimod blev der fundet en glasperle, bragt til stedet fra en lokalitet længere mod nord, hvor sådanne vides at have været højt værdsatte prydgenstande, idet "de har en eller flere hængende i deres ører, såvel som pynt på deres tøj og sko", som den tidligste kilde noterede i 1722 (Egede 1925: 36). Glasperler af denne type kendes fra fælleshusene i samme egn, hvor de ifølge den arkæologiske kronologi vinder indpas efter 1730 (type IIIB1, Gulløv 1997: 284), og denne sene datering kan også underbygges med dateringen af en trækulsprøve af lokalvokset dværgbirk.

Vi finder det herefter sandsynligt, at *qassi* har været en selvstændig bygning på bopladserne i Sydgrønland, siden bosættelsen blev fastetableret i det 16. århundrede, og at der fortsat fandt religiøse aktiviteter sted i disse samtidig med, at kolonisationen i Vestgrønland blev intensiveret og fælleshuset her på én gang fungerede som bolig og *qassi*.

Dateringer af bolig og qassi fra Thulekulturen i Østerbygden.

Lokalitet	Boligform	Prøve nr.	Materiale	C14 år før 1950	Kalibreret datering
11. Itilleq	Cirkulær fordybning	KIA-11811	Betula nana (indgangsgulv)	338	1469–1642
21. Kuummiut	Dobbeltrum	KIA-19731	Betula nana (fra gulvflade)	317	1490–1602, 1610–43
24. Anorliuitsoq	Cirkulær fordybning	KIA-19730	Betula nana (fra gulvflade)	111	1679–1739, 1804–1935

KIA: Christian-Albrechts-Universität, Kiel.

Kalibreret alder i følge "CALIB rev 4.3" (Data set 2), Stuiver et al., Radiocarbon 40 (1998): 1041–83. Itilleq, med en standardafvigelse: 1486–1530, 1546–1635 (Gulløv 2000a); Kuummiut, med en standardafvigelse: 1520–89, 1624–38 (Raahauge et al. 2003); Anorliuitsoq, med en standardafvigelse: 1717–27, 1812–86, 1911–20 (Raahauge et al. 2003).

Hermed synes arkæologien at afspejle beretningen fra Sydgrønland i midten af det 18. århundrede, som fortæller os, at "sydgrønlænderne bytter sig til hvalbarder til brug for fiskeliner, fordi der ingen hvalfangst er i den sydlige del af landet", og at "nogle familier skiftevis hvert andet år rejser nordpå til kolonierne for at handle og skaffe sig de sager de behøver, som er fedtsten til gryder og lamper, men de rejser sædvanligvis tilbage til deres hjemsteder mod efteråret" (Gulløv 1997: 402, 404).

Det var denne situation, der mødte de østgrønlandske tilrejsende, som i et stadigt stigende omfang søgte til vestkysten for at tuskhandle og efterhånden også valgte at bosætte sig i Sydgrønland, hvis befolkning dermed blev øget betragteligt. Men disse nytilkomne synes også at have medbragt en anden kulturel tradition, som ikke omfattede brugen af *qassi*, der endnu ikke er påvist som en selvstændig bygning i Østgrønland (Gulløv 1988). Deres forhistorie, som sluttede med en næsten total affolkning af østkysten, skal vi nu se nærmere på.

Frederik VI's Kyst – "der var folk nok at finde alle vegne"

Kyststrækningen mellem Prins Christian Sund og Ammassalik hedder Kong Frederik VI's Kyst og er 700 km lang. Fra Ammassalik og nordpå til Kangerlussuaq er der ydermere 400 km, hvorefter den stejle Blosseville Kyst strækker sig endnu 500 km mod nord indtil Scoresby Sund.

Sydøstgrønland, som ligger i det lavarktiske Grønland, udgøres af den ca. 1100 km lange kyst mellem Prins Christian Sund og Kangerlussuaq, og herefter passeres grænsen til den højarktiske del af landet på Blosseville Kyst. Langs hele denne kyst løber den Østgrønlandske Strøm med drivis og isfjelde nordfra, og syd for Ammassalik støder den varmere atlantiske Irmingerstrøm ind mod land. Disse havstrømme skaber her livsbetingelserne for de tilgængelige, levende ressourcer, der gennem tiden har udgjort grundlaget for de forhistoriske samfund langs kysten. Ligesom det var tilfældet i Sydgrønland, synes fiskeriet også her at have fundet sted i et betragteligt omfang, idet ca. 60 % af det samlede jagt- og fiskeudstyr i det arkæologiske materiale fra Ammassalik og syd herfor kan sættes i forbindelse med fiskeri (Gulløv 2010; Mathiassen 1933, 1936).

Der er imidlertid langt mellem de større bosættelser, da indlandsisen ofte ligger tæt på kysten og udgør en naturlig forhindring. Tre områder udskiller sig imidlertid; mod syd er det egnen mellem Timmiarmiit og Illuluarsuk, nogle hundrede kilometer nordligere er det Ammassalik-regionen, og nordligst ligger den noget mindre koncentration af vinterbopladser ved Kangerlussuaq.

De arkæologiske undersøgelser i Sydøstgrønland (ibid.) har dokumenteret nedgravede huse på flere lokaliteter – dog langtfra i samme omfang som i Sydgrønland. De ligger ofte på grusterrasser, og knap halvdelen ses anlagt i rækker. Enkelte er forsynet med den velkendte, store køkkentilbygning, som også fandtes i de ældste tomter i Sydgrønland, og fortæller os hermed, at pionererne har fortsat rejsen om på østkysten. Imidlertid synes rejsen at være stoppet i Ammassalik, hvor regionens ældste plads er Portusooq (Mathiassen 1933: 18). I denne egn ligger ca. en tredjedel af den tidligste neoeskimoiske bebyggelse i Sydøstgrønland, mens resten ligger syd for, og at dømme ud fra de arkæologiske undersøgelser synes denne bosættelse at have nået sin maksimale udbredelse i det 16. århundrede (Gulløv 1995: 26–27).

Nedgravede tomter er i Sydøstgrønland registreret på følgende lokaliteter.

	Enkeltrum	Dobbeltrum	Trippelrum	I alt
1. Avaqqat South Fjord	2	1	-	3
2. Sermitsiarmiit[a]	7	-	-	7
3. Timmiarmiit	1	-	-	1
4. Itsarnisarmiit	2	-	-	2
Med køkkenniche[b]	-	2	1	3
5. Gammel Skjoldungen	1	-	-	1
6. Imertiit	2	-	-	2
7. Qeqertaq	2	1	-	3
Med køkkenniche	1	-	-	1
8. Itsiit	1	-	-	1
9. Portusooq[c]	2	2	-	4
10. Suukkersit	2	-	-	2
11. Savanganeq	3	-	-	3
12. Sitsingaleq	1	-	-	1
	27	6	1	34

a) Seks tomter ligger på række. b) De tre tomter med køkkenniche ligger på række sammen med en af de andre. c) Ligger alle på række.

(Mathiassen 1933, 1936; Gulløv & Jensen 1991; Felbo et al. 1993).

Langt den største del af de registrerede tomter i Sydøstgrønland består imidlertid af små, ligesidede boliger formentlig til en enkelt familie men ofte så sammenfaldne, at de er medregnet til den tidligste bebyggelse, hvorfor form, udstrækning og tilhørsforhold først vil kunne afgøres ved en udgravning (Mathiassen 1933: 11) (Fig. 20).

Det har dog længe været erkendt, at denne boligform har været dominerende på sydøstkysten i en længere periode, og at de små ildsteder

i nicher, som efter udgravning er påvist i flere af disse tomter, er et senere
indført arkitektonisk træk, der ligesom boligen optræder hyppigere jo
nordligere på kysten man kommer, og at prototypen skal søges i Thule,
hvorfra brugen har bredt sig nord om landet ned i Nordøstgrønland
(Holtved 1944, II: 105–106, 109).

Således er de dominerende ved Kangerlussuaq (Gulløv 1995: 26);
mens ildstederne er påvist i fire tomter på Suukkersit i Ammassalik

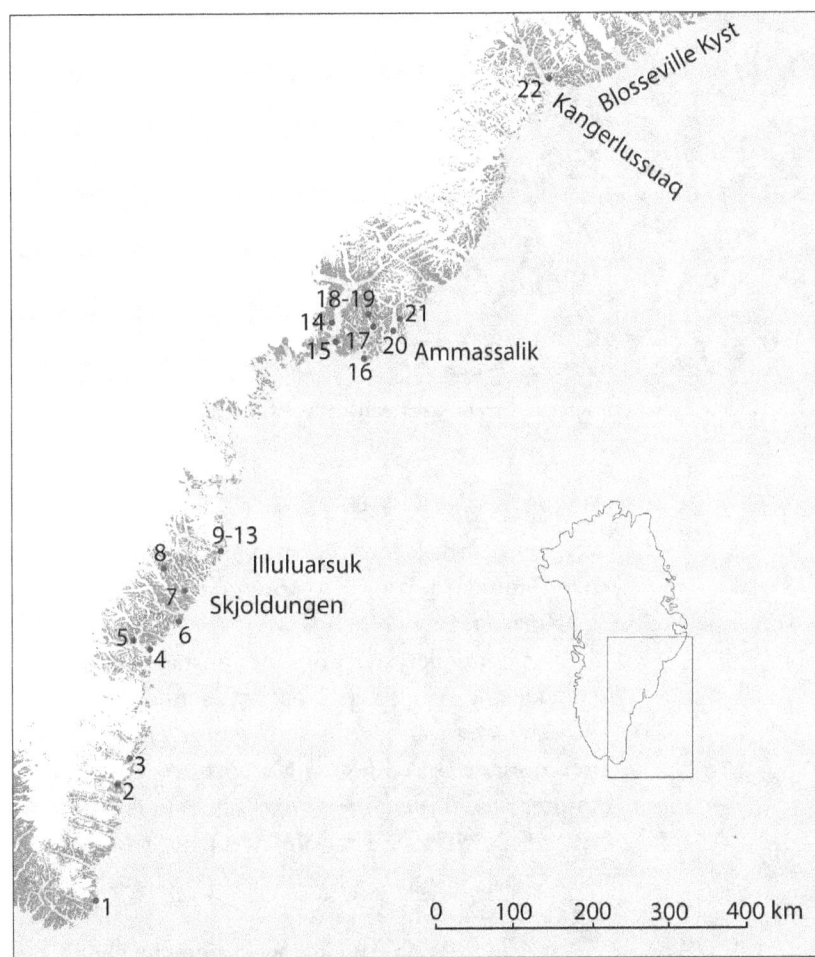

Fig. 20. Lokaliteter i Sydøstgrønland med den ældste vinterbosættelse fra Thulekulturen,
dvs. 1450–1650. 1. Aluk; 2. Avaqqat; 3. Sermitsiarmiit; 4. Timmiarmiit; 5. Itsarnisarmiit;
6. Uummannaq; 7. Skjoldungen (Saqqisikuik); 8. Dronning Maries Dal (Eqalummiut);
9. Ikaarsaarfik; 10. Qimisaa; 11. Imertiit; 12. Itsiit; 13. Qeqertaq; 14. Suukkersit; 15.
Savanganeq; 16. Sitsingaleq; 17. Kangaartik; 18. Portusooq; 19. Misittoq; 20. Isissit; 21.
Utoqqarmiut; 22. Skærgårdshalvø.

Fig. 21. Timmiarmiit (lokalitet nr. 4) set mod syd med hustomt fra 1700-tallet. Foto: H. C. Gulløv 1999, Nationalmuseet.

(Mathiassen 1933: 33ff), i en tomt på Qimisaa og Ikaarsaarfik i Illuluarsuk ved Bernstorffs Isfjord (Felbo et al. 1993), samt i en tomt på Itsarnisarmiit nær Timmiarmiit og i to tomter på pladsen ved Avaqqat South Fjord (Mathiassen 1936: 19ff, 30ff).

Det er imidlertid det fundne genstandsmateriale fra disse tomter, som påkalder sig vores største opmærksomhed, idet der heriblandt optræder objekter af såvel norrøn som senere europæisk oprindelse samt sager, hvis oprindelse skal søges i Nordøstgrønland. De relaterer sig ikke kun til tomter med ildsted, men synes også at pege på et handelssamkvem eller en rejseaktivitet, som har omfattet hele Sydøstgrønland, inden fælleshuset blev taget i brug, og aktiviteterne primært rettede sig mod Sydgrønland og vestkysten (Fig. 21 og 22).

Størstedelen af de undersøgte tomter indeholdt ingen eller kun ganske få genstande i de tynde og ofte grusede kulturlag, hvilket fortæller os mere om pladsernes periodiske brug inden for det gældende bosættelsesmønster end om deres alder (jf. Mathiassen 1933: 63ff). Den øgede forekomst af barde og hvalknogler i tomterne peger dog mod det 17. århundrede, da hvalfangsten fik stigende betydning på østkysten; men denne iagttagelse nævner imidlertid ingen af de europæiske fund (ibid.), som optræder i følgende oversigt.

Eksempler på genstande af fremmed oprindelse fra Sydøstgrønland.

Lokalitet	Struktur	Norrøn opr.	Post-norrøn opr.	NØ-grønlandsk opr.
Syd for Ammassalik				
Timmiarmiit	Løsfund	Klokkemalm	-	-
Uummannaq	Løsfund	Klokkemalm	-	
Dronning Maries Dal	Løsfund	Klokkemalm	-	Rørformet hængesmykke
Gammel Skjoldungen	Tomt i vestgrønlandsk byggeskik uden ildsted	Tenvægt	-	
Qimisaa	Tomt af NØ-grønlandsk type med ildsted	-	Hængesmykke af rødbrændt tegl	-
Ammassalik				
Suukkersit	Tomt af NØ-grønlandsk type med ildsted	-	-	Blok til vingeharpun
Suukkersit	Tomt af NØ-grønlandsk type med ildsted	-	Kniv med jern i siderille	-
Suukkersit	Fælleshus	Klokkemalm	2 hængesmykker af messing og 7 glasperler	-
Misittoq	Mødding foran et mindre, ombygget fælleshus	Klokkemalm	-	-
Misittoq	Ovalt, stærkt sammenfaldent hus uden ildsted	-	Glasperle	-
Kangaartik	Mødding foran tomt af NØ-grønlandsk type uden ildsted	Klokkemalm	-	-
Utoqqarmiut	Mødding foran tomt af NØ-grønlandsk type uden ildsted	Klokkemalm	Glasperle	-
Isissit	Mødding foran mindre tomt uden ildsted	Klokkemalm	-	-
Kangerlussuaq	Kvindegrav	Klokkemalm	-	-

(Mathiassen 1933, 1934, 1936; Gulløv & Jensen 1991; Felbo et al. 1993; Gulløv 1995; Gulløv & Lange 1987).

Fig. 22. Landskabet bag Illuluarsuk (lokaliteterne nr. 9–13) set mod vest. Foto: H. Kapel 1992, Nationalmuseet.

De fundne stykker klokkemalm er alle forsynede med ophængshul og har tjent som hængesmykker, mens stykket fra Kangerlussuaq har form som en flad, cirkulær perle. Herved adskiller de sig fra det fundne klokkemalm på vestkysten, der findes som uforarbejdede råemner, og fortæller os om handelen med dette norrøne metal, der i de forskellige vinterboliger på østkysten kun optræder i forarbejdet form, og som må antages at have været igennem flere forarbejdningsfaser eller egentlige mellemhandlere undervejs (Gulløv 2004: 321).

Det er indvandrerne sydfra, som bringer deres viden om det eksotiske materiale med sig, mens den egentlige handel først finder sted på et senere tidspunkt. Tenvægten fra Gammel Skjoldungen blev fundet i en ældre tomt af sydvestgrønlandsk oprindelse, hvori der også blev fundet en legetøjslampe i fedtsten med udskåren vægeliste – et træk, som først optræder på vestkysten i det 17. århundrede. Lamper med tilsvarende træk fandtes også i tomten på Qimisaa, hvori der bl.a. også fandtes barde og et hængesmykke af rødbrændt tegl – et materiale der ikke kendtes fra de norrøne bygder, men først optræder i trankogeriet ombord på de europæiske hvalfangerskibe i ovennævnte århundrede (Gulløv & Jensen 1991; Felbo et al. 1993; Gulløv 1995) (Fig. 23, 24, 25 og 26).

Det er antageligt i denne periode, at kontakten må være blevet etableret mellem befolkningerne i Sydøst- og Nordøstgrønland, og som på den sydøstlige kyst bl.a. viser sig med en ny arkitektur og nye genstandstyper (Gulløv 1995: 27, 1997: 448f, 462f, 466). Ved Ammassalik er boligformen endnu i brug i det 18. århundrede, da vestgrønlandske handelsvarer i form af glasperler her får deres nordligste udbredelse.

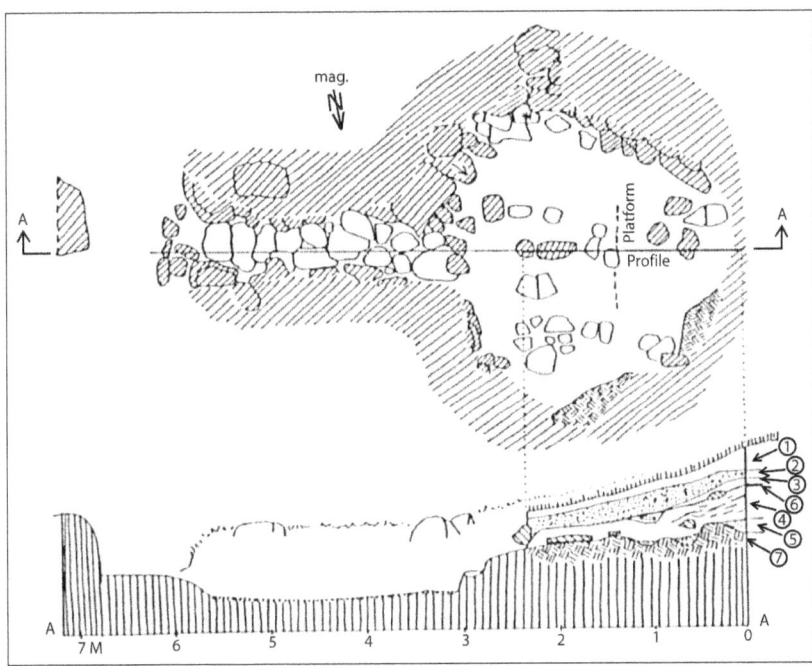

Fig. 23. Grundplan af boligtomt fra 1500-tallet på Skjoldungen (lokalitet nr. 7). Platformens kant er markeret med en stiplet linie. På gulvet lå en norrøn tenvægt af fedtsten (markeret med *). Profilens opbygning: 1. Vegetationsdække; 2. Affaldslag fra 1940'erne dateret ved amerikanske varer iblandet adskillige knogler og kakkelovnsaske; 3. Tørvehorisont med rødder og enkelte knogler; 4. Kulturlag til den oprindelige bolig. Langs bagvæggen ses tørvelinser (fra nedskredet vægtørv); 5. Smuldret klippe; 6. Linser af trækul mellem lag 3 og 4 (formentlig fra en senere afbrænding i bygdeperioden 1938–1950); 7. Grundfjeld.

Dateringer af boliger med ildsteder i nicher fra Sydøstgrønland.

Lokalitet	Boligform	Prøve nr.	Materiale	C14 år før 1950	Kalibreret datering
Qimisaa, Illuluarsuk, Bernstorffs Isfjord	Vinterbolig	K-6162	Vaccinium Uliginosum (fra ildsted i niche)	275	1400–2000
Suukkersit, Ammassalik Sermilik Fjord	Vinterbolig	KIA-16940	Rensdyrtak (fra niche)	344	1460–1530 (37,0 %), 1540–1640 (58,4 %)

K: Kulstof-14 Dateringslaboratoriet, Nationalmuseet; KIA: Christian-Albrechts-Universität, Kiel.

Kalibreret alder i følge OxCal v3.10 Bronk Ramsey, 2005. Qimisaa, hus 1, K-6162 med en standardafvigelse: 1470–1680 (57,5 %), 1760–1800 (7,9 %), 1930–60 (2,7 %) (Felbo et al. 1993); Suukkersit, hus 7, KIA-16940 med en standardafvigelse: 1490–1530 (26,6 %), 1550–1630 (41,6 %) (Mathiassen 1933: 38).

Fig. 24. Fra Skjoldungen, hvor sundet blot er 700 m bredt mellem de op til 2 km høje fjelde. Den stærke tidevandsstrøm skabte åbent vand om vinteren og gode muligheder for fiskeri. Foto: H. C. Gulløv 1991, Nationalmuseet.

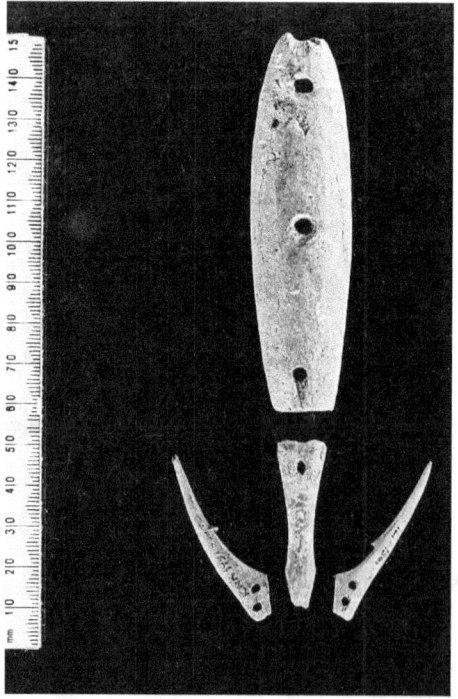

Fig. 25. Fiskeri spillede en stor rolle i den sydlige del af Grønland på såvel østkysten som på vestkysten, men hvalbarde til fiskelinier måtte hentes nordpå. Fiskeredskab sammensat af et synk af fedtsten, hvortil et mellemstykke af fodrodsknogle fra en sæl blev fastsurret og monteret med to modhager. Fra Skjoldungen i Sydøstgrønland. Synkets længde 9,2 cm. Foto: Nationalmuseet.

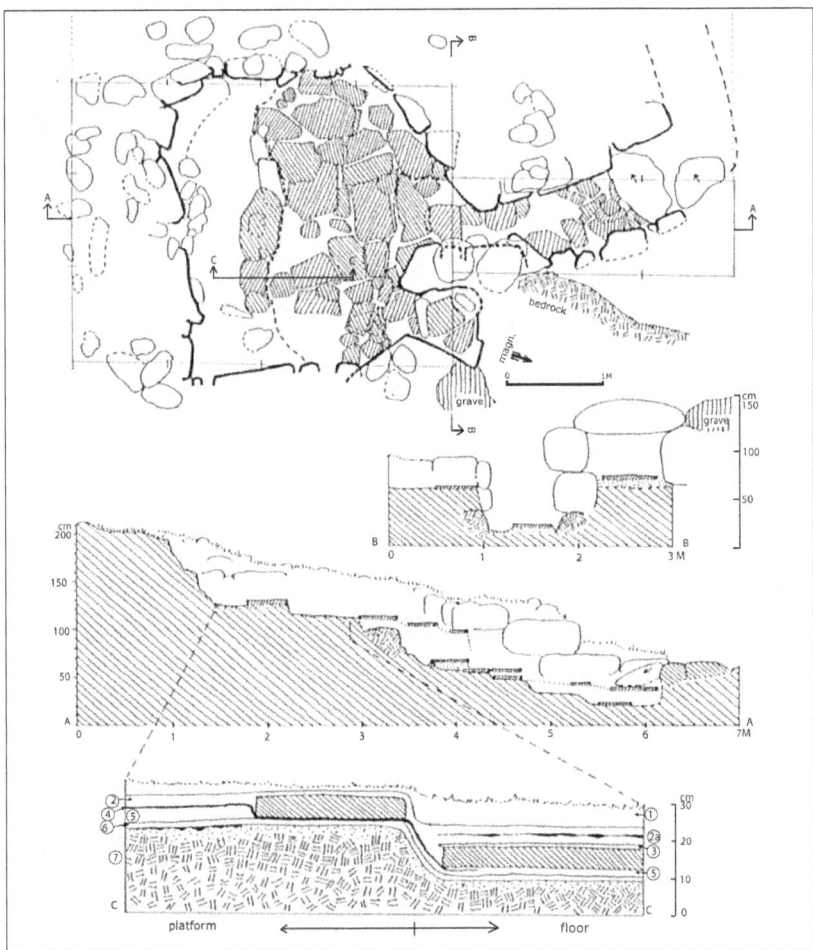

Fig. 26. Grundplan af boligtomt fra 1600-tallet på Qimisaa (lokalitet nr. 10). Platformens kant er markeret med en stiplet linje. Den lille køkkenniche til højre for indgangspartiet (sektion B-B) er et nordøstgrønlandsk træk. Blandt de fundne genstande var en lille skive rødbrændt tegl (fra et europæisk hvalfangerskib) med gennemboring og efterfølgende brugt som hængesmykke.

Profilens opbygning: 1. Vegetationsdække og nedskredet materiale fra væg; 2. Heterogen tørvemasse med enkelte knogler og kulturrester (legetøjslamper af fedtsten og slebne redskaber af skifer samt trækul); 2a. Linser af spækindsyltet tørv (seneste gulvflade); 3. Lag af plantedele med rødder, opløste og udtværede knogler samt spækindsyltet tørv (ældre gulvlag); 4. Lag bestående fortrinsvis af skindrester (briksens dække af skind, som fortsætter ud under det ældre gulvlag); 5. Mørkbrunt tørvelag uden rødder (ældste brikse- og gulvlag) med kulturrester (forarbejdede genstande af fedtsten); 6. Lysbrunt tørvelag med delvist omdannede plantedele, der kunne følges i hele tomtens indre (første byggefase), med kulturrester (forarbejdede genstande af fedtsten); 7. Groft grus fra den forvitrede klippe med lommer af sort, stærkt omdannet tørv, der har udgjort resterne af vegetationen på den oprindelige overflade.

I begyndelsen af det 18. århundrede eksisterede der en formaliseret handel mellem befolkningerne på hver side af Kap Farvel, hvor europæiske jernsager fra vestkysten blev udvekslet med skindprodukter fra østkysten. Om disse aktiviteter og dette vareudbud berettede en gammel kvinde, der havde fortsat rejsen nordpå langs vestkysten og i 1733 nåede den dansk-norske koloni på Nuuk. Hun fortalte også, at hun tidligere med sine rejseledsagere havde været ligeså langt mod nord på østkysten som kolonien på vestkysten, og at der deromme var folk nok at finde alle vegne (Egede 1925: 267; Gulløv 1995: 21) (Fig. 27).

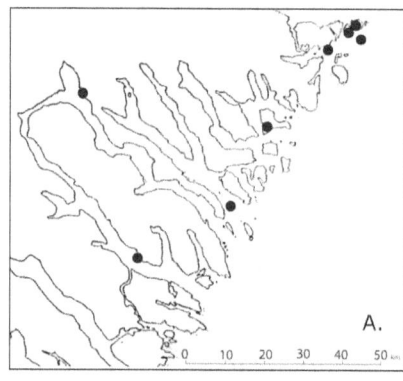

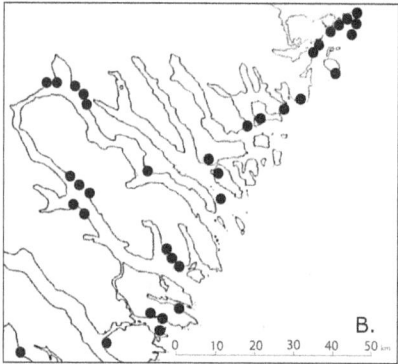

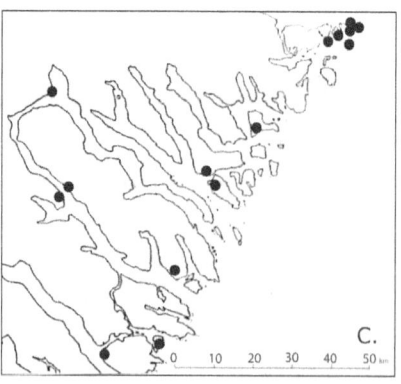

Fig. 27. Forekomsten af vinterbopladser gennem tre århundreder på den centrale del af Frederik VI's Kyst mellem Skjoldungen og Illuluarsuk. Kilde: Felbo et al. 1993.

Kort A: Bebyggelsen i 1500- og 1600-tallet (8 bopladser).

Kort B: Bebyggelsen i 1700-tallet, hvor der ifølge en efterretning fra 1733 "var folk nok at finde alle vegne" (36 bopladser).

Kort C: Bebyggelsen i 1800-tallet, hvor udvandringen til Vestgrønland tog fart, og den tilbageværende befolkning i Ammassalik i slutningen af århundredet indfandt sig i området (15 bopladser).

Denne egn, som beretningen refererer til, ligger 300 km syd for Ammassalik på den centrale del af Frederik VI's Kyst og omfatter regionen omkring den store ø Skjoldungen og nordpå til Illuluarsuk. Kyststrækningen, som i fugleflugtslinie er 80 km lang, har bosættelse fra alle perioder af forhistorien og udgør sammen med egnen omkring Uummannaq og Timmiarmiit ca. 50 km længere mod syd det eneste isfrie område mellem Ammassalik og Kap Farvel. De levende ressourcer er her repræsenteret med mange arter; især har fiskeriet i sundene omkring Skjoldungen været af et så betydeligt omfang, at bl.a. fedtet fra hellefisk i det 18. århundrede kunne erstatte sælernes spæk som brændstof i lamperne, som det oplyses i en samtidig kilde, der også noterer, at deres huse opføres på samme måde som vore grønlænderes, dvs. som de rektangulære huse på vestkysten (Gulløv 1995: 25).

Men det nævnes også, at isen i midten af århundredet ikke længere brød op om sommeren, hvilket skabte en alvorlig hindring for fangsten og ikke mindst for opretholdelsen af den tidligere handel, fordi partnerne på kystens sydligste del nu flyttede til Sydgrønland. For at skaffe sig de nødvendige jernvarer påbegyndte de sydgrønlændere, som boede længere oppe på kysten, nu selv disse farefulde rejser rundt om landet til vore grønlændere, som den samtidige kilde beretter om (Gulløv 1995: 25).

Således får vi i historiske glimt beskrevet en situation, som også kan dokumenteres i arkæologien. Her fremgår det, at de ældste rektangulære fælleshuse, hvis brug ophørte i midten af det 18. århundrede dateret ud fra de fundne europæiske genstande, i gennemsnit er 5 m lange med et indre boligrum, der ikke overstiger 15 m², mens de yngre fælleshuse kan have et boligrum på 35–40 m² (Gulløv 1995: 17–18). I løbet af århundredet ændrede størrelsen på fælleshusene sig med andre ord fra at være bolig for et par familier, der bosatte sig på skiftende pladser inden for en region, til at blive bolig for en hel boplads på rejse mellem regionerne. På den centrale sydøstkyst er det imidlertid først fra anden halvdel af det 19. århundrede, at genstande fra Ammassalik dominerer de store fælleshuse, men da havde den sydligere kyst længe været næsten affolket, så handelsrejserne til Kap Farvel blev på 800 km (ibid.).

En opgørelse over de 1142 registrerede neoeskimoiske anlæg fra den centrale sydøstkyst kan bl.a. dokumentere beretningen om, at der i det 18. århundrede var folk nok at finde alle vegne.

Type	17. årh.	18. årh.	19. årh.	20. årh.	Ikke tidsfæstet	I alt
Vinterhuse	23	68	28	5	-	124
	6 pladser	28 pladser	21 pladser	5 pladser[a]	42 pladser	
Teltfundamenter	?	97	155	55	-	307
Depoter	-	-	-	-	211	211
Grave[b]	-	-	-	-	273	273
Fælder	-	-	-	-	50	50
Øvrige anlæg[c]	-	-	-	-	177	177

a) Indtil 1938, da bygden Skjoldungen blev oprettet.

b) Langt de fleste grave synes at være gamle; men kilderne fra det 18. århundrede beretter samstemmende, at den døde sænkes i havet eller gravlægges på nøgent fjeld, hvilket kunne tyde på, at denne gravskik må være af relativ ny dato og bero på fænomener, der kan have fundet sted i det 18. århundrede og have haft indflydelse på gravskikken ind i det efterfølgende århundrede. Flere af de tillukkede grave var tomme og kunne tænkes opført til minde om en person, der ikke blev fundet.

c) Skindtørring, legepladser, skydeskjul, huler, fritliggende ildsteder, sæt af bådstøtter, varder samt ukendte anlæg. Anlæg fra den norske fangstperiode i 1930'erne og fra 1938–1965, da Skjoldungen var en registreret bygd, er ikke medtaget.

(Gulløv & Jensen 1991; Felbo et al. 1992; Felbo et al. 1993).

Fig. 28. Grønlands sydøstlige kyst set fra en varde ved Illuluarsuk mod Kap Moltke nord for Skjoldungen, hvor der i 1700-tallet "var folk nok at finde alle vegne". Foto: H. Kapel 1992, Nationalmuseet.

Affolkningen af Sydøstgrønland efterlod Ammassalik som den sidste beboede enklave, hvor de store fælleshuse hver rummede en boplads. Her kunne der omkring 1900 fortælles om dengang folk kom til denne egn fra både nord og syd, og vi har nu ganske god grund til at antage, at dette møde har fundet sted for omkring 400 år siden. Den kulturelle indflydelse nordfra i den efterfølgende periode vil være nærliggende at sætte i forbindelse med den gradvise affolkning af Nordøstgrønland, som dermed også bidrog til befolkningsforøgelsen i det 18. århundrede og til at give sydøstgrønlænderne det kulturelle særpræg, der adskilte dem så markant fra den vestgrønlandske befolkning (Gulløv 1995) (Fig. 28).

II. Sydgrønland i 1700-tallet
Kontakter og kolonisering

Sydgrønland blev som den sidste region omfattet af 1700-tallets kolonisering af Grønland. Hidtil havde skibene sejlet i en bue uden om landets sydligste spids og dermed også uden om storisen, der hvert år driver ned langs den grønlandske østkyst og rundt om Kap Farvel. Fra Sydgrønland var grupper af befolkningen dog gennem hele århundredet rejst nordpå for at handle, og ligeledes havde handels- og missionsfolk foretaget rejser sydpå for at undersøge forholdene der. Samtidige beretninger om disse kontakter vidner om, at Handelens og missionens folk fik et stadigt større kendskab til forholdene og befolkningen i Sydgrønland helt ned til landets sydligste område, Kap Farvel, og samtidig modtog man efterretninger om befolkningen i det fjerne Østgrønland.

Den nye viden afslørede, at der på østkysten boede en relativt stor befolkningsgruppe, og i slutningen af 1700-tallet blev handels- og missionsstationer etableret i Sydgrønland. Med udvidelsen mod syd blev også dette område underlagt det danske kolonisystem.

Koloniseringen af Vestgrønland

Den danske kolonisering[8] af Grønland blev grundlagt, da præsten Hans Egede i 1721 slog sig ned i landet og igangsatte arbejdet med at kristne landets befolkning. Initiativet blev taget med godkendelse af den danske konge, der samtidig havde udstedt privilegier til et privat handelskompagni, som via indtægterne fra hvalfangst og handel med grønlænderne skulle finansiere missionsarbejdet.

I de følgende år blev de danske interesser udstrakt til hele den vestgrønlandske kyst. På strategiske steder oprettedes bosættelser, eller kolonier, som de kaldtes, hvorfra mission og handel blev drevet. Med udvidelsen af de danske aktiviteter blev konkurrenter som fx hollandske hvalfangere lukket ude fra kontakt med grønlænderne, og efterhånden blev hele Vestgrønland underlagt dansk overhøjhed. Med anlæggelsen af de danske kolonier lagdes samtidig grunden til de fleste af byerne i nutidens Grønland.

Missionsarbejdet i Grønland blev i 1737 underlagt Missionskollegiet og dermed tilknyttet det danske centraladministrative apparat, der nu forestod ansættelsen og uddannelsen af missionærer og udarbejdede retningslinier for deres arbejde. Fra Danmark udsendtes missionærer, der fungerede i et varierende antal missionariater. I tilknytning til missionen iværksattes undervisning. De enkelte missionariater dækkede store geografiske områder, og da befolkningen samtidig boede spredt, var det i praksis umuligt for missionærerne at nå rundt til hele befolkningen inden for missionariatet. Missionærerne engagerede derfor hjælpere, de såkaldte kateketer, til især at bistå i arbejdet med undervisningen ude i distriktet. Missionæren forestod arbejdet ved kolonien og foretog derudover visitats-rejser i distriktet.

Tidligt i koloniseringsforløbet blev der åbnet for den tyske herrnhutiske mission,[9] der i 1733 etablerede deres egen missionsstation Neuherrnhut ganske tæt ved kolonien Godthåb, i dag Nuuk, hvortil Hans Egede i 1728 var flyttet med mission og handel. Herrnhuterne oprettede i løbet af 1700-tallet i den sydlige del af Grønland flere missionsstationer, der var placeret adskilt fra de danske kolonier, og hvis menigheder slog sig ned omkring stationerne og udgjorde mindre samfund. Herrnhuterne blev finansieret af deres egen organisation og modtog ikke midler fra hver-ken det danske missionskollegium eller Handelen. Herrnhuterne drev deres mission i Grønland indtil 1900, hvor de trak sig ud af landet, men fungerede indtil da ved siden af den danske mission og som en konkurrent til denne.

Handelen i Grønland skulle støtte missionen økonomisk og samtidig være rentabel. Det sidste lykkedes imidlertid dårligt, og flere private handelskompagnier afløste hinanden, indtil staten i 1774 overtog handelen, der fra 1776 blev drevet af Den Kongelige Grønlandske Handel (KGH), oftest blot kaldt Handelen.[10] Med *Instruxen af 1782* indførtes faste principper for handel og administration, og et struktureret kolonisystem var etableret. Grønland var delt i et antal kolonier med en kolonibestyrer, der havde ansvar for handel og administration. De overordnede politiske og praktiske beslutninger blev taget i København, hvor den øverste administrative instans var direktionen for KGH. Mellem disse to led oprettedes to inspektorater, et for Nordgrønland og et for Sydgrønland, med hver deres inspektør, hvis overordnede opgave var at kontrollere handelen og administrationen i landet.

Handelens rentabilitet var afhængig af de produkter, som de grønlandske fangere indhandlede, først og fremmest skind og spæk. Det var derfor Handelens politik, at grønlænderne skulle bo spredt og følge den traditionelle nomadiske levevis, så de mest effektivt kunne udnytte de naturgivne ressourcer. Missionen derimod foretrak en mere koncentreret og fastboende befolkning af hensyn til mulighederne for at sikre grønlændernes undervisning og tilknytning til kirken. Det blev hurtigt Handelens interesser, der kom til at danne grundlag for den fastsatte politik, men konflikten var latent, og interessemodsætningerne mellem Handel og mission slog igennem ved adskillige lejligheder (Gad 1969, 1976; Bro 1993).

Tidlige kontakter mellem kolonisatorer og befolkningen i Sydgrønland

Som følge af den sene kolonisering af Sydgrønland indeholder 1700-tallets skriftlige kilder kun relativt få og sporadiske oplysninger om denne del af landet; dog øges informationerne om området efter etablering af den første handelskoloni i 1775. Der tegner sig et billede af en egn og en befolkning med særlige karakteristika. Endvidere fremstår indtrykket af en mere lokal befolkningsgruppe i Kap Farvel-området med egne særtræk, som havde kontakt med befolkningsgrupper på såvel vestkysten som østkysten, og som fungerede som formidler mellem disse befolkningsgrupper (Fig. 29).

Kilderne fra 1700-tallet beretter, at der blandt grønlænderne om sommeren foregik en livlig rejseaktivitet i konebåd og kajak, ofte over lange afstande og over flere år. En del af denne rejseaktivitet kom "sønden fra", og enkelte år kom meget store, konvojlignende grupper rejsende forbi de tidlige kolonier på vej nordpå. I 1723 rapporteres om et møde mellem folk langt sydfra og den lokale befolkning ved Nipisat Sund ud for Nuuk Fjord, i 1730 passerede mere end 40 konebåde Nuuk, og i 1752 ankom "de ved denne Aarsens Tid sædvanlige nord efter farende Sørlændinger med 54 Konebaade" til Frederikshåb på vej nordpå (Egede 1925: 83, 237; Olsen & Petersen 1990: 5). Sådanne rejser har også fundet sted allerede før koloniseringen, hvor grupper af rejsende tog til Disko Bugt for at handle sig til hvalbarder og efter en overvintring eller to rejste tilbage sydpå. På tilbagevejen handlede de sig til drivtræ og fedtsten hos folk omkring Maniitsoq og Nuuk (Gulløv 1987: 81–82).

I 1733 bortrev en koppeepidemi næsten hele befolkningen ved Nuuk, hvorefter dele af området blev genbefolket af folk fra den sydligste del af Grønland, som især slog sig ned ved og blev optaget i den herrnhutiske menighed ved Neuherrnhut (Gulløv 1983). 1765–1766 var den herrnhutiske missionær Mathäus Stach i Sydgrønland, og fra denne rejse fortælles om flere møder med folk, der tidligere havde foretaget rejser nordpå. Stach og hans følge talte med familier til folk, der nu var bosat i Neuherrnhut eller Lichtenfels – endnu en hernhutisk missionsstation etableret 1758 syd for Nuuk. Stach beretter videre, at hans eget rejseselskab på hjemrejsen fulgtes med folk, der også var på rejse nordpå, og det blev efterhånden til en større karavane på omkring 40 konebåde (Cranz 1770: 208–235).

Det er således dokumenteret, at sydgrønlændernes rejseaktiviteter i tidlig historisk tid skabte kontakt mellem befolkningen i Sydgrønland og befolkningsgrupper, kolonier og missionsstationer længere oppe af vestkysten. Inden for samme periode foretog såvel missionærer som handelsfolk rejser til Sydgrønland, og europæernes kendskab til forholdene i det sydgrønlandske område som helhed blev øget.

Den sydgrønlandske befolkning adskilte sig fra folk længere oppe af vestkysten på sproget. I 1723 foretog Hans Egede en rejse til Sydgrønland og nåede til øen Sermersooq, der ligger lidt nord for Nanortalik, og han bemærkede, at "Folchenis Udtale saavelsom Sprog" forandrede sig (Egede 1925: 95). 1751–1753 foretog købmand Peter Olsen Walløe en rejse, der bragte ham helt om på østkysten. Da han var nået ned til Uunartoq Fjord kunne han konstatere, at "Sprog-Dialecten eller Udtalen er her noget

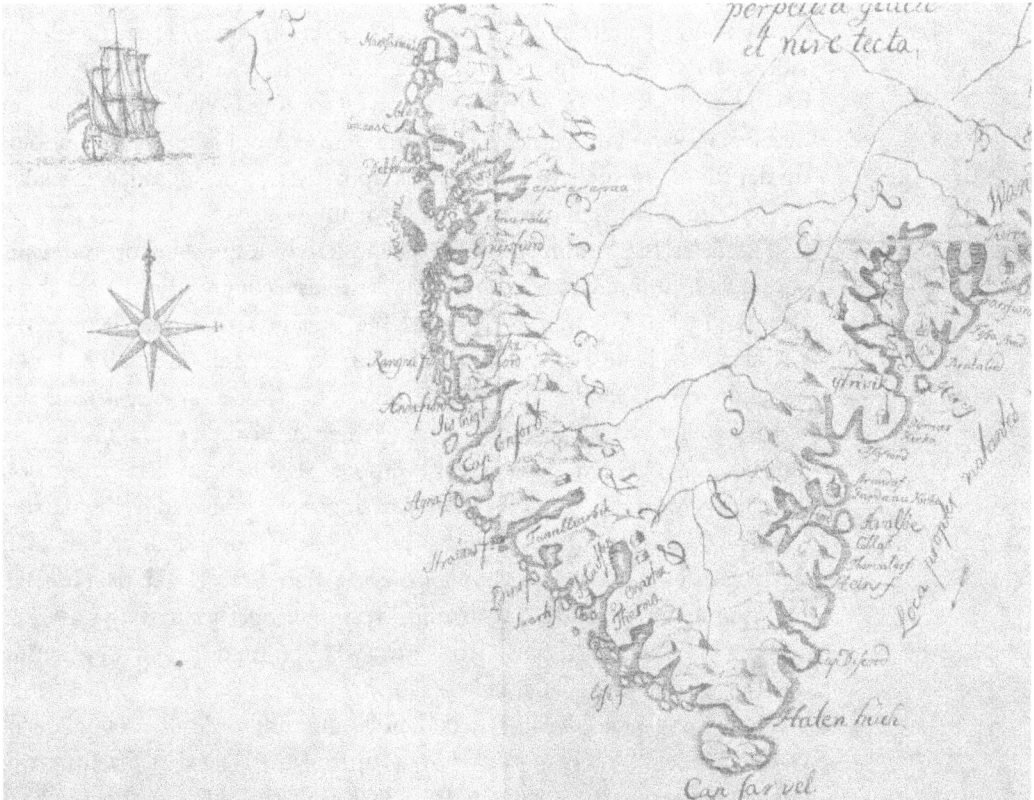

Fig. 29. Uddrag af kort over den sydlige del af Grønland trykt 1741 i Hans Egedes *Det gamle Grønlands Perlustration*. Kortet er udarbejdet ud fra ideen om, at den norrøne Østerbygd lå på den grønlandske østkyst. Det bemærkes, at Kap Farvel anvendes som betegnelse for landets sydspids og har erstattet det hollandske navn Statenhuk (her: Staten Huch), som er anbragt på østkysten. Nord herfor er angivet Cap Discord, som nævnes af Mørch, købmand i Julianehåb omkring år 1800.

forskellig fra den Norden for" (Walløe 1927: 90). Ud over den sproglige forskel giver det skriftlige materiale ikke mange oplysninger om særlige træk eller forhold hos denne befolkningsgruppe, men vi kan dog få et måske lidt kuriøst indtryk fra den tyske mineralog Giesecke, der i 1806 foretog undersøgelser i dette område. Han slog en dag lejr, hvor også en stor gruppe, alle hedninge, havde slået sig ned på vej tilbage fra klapmydsfangst, og blev modtaget med stor glæde og festivitas. Ud fra dette førstehåndsindtryk karakteriserede Giesecke folkene i syd som mere dannede, muntre og behagelige end dem i Vestgrønland, og de forekom ham mere uegennyttige end de kristne (Giesecke 1910: 22).[11]

I det sydgrønlandske område skiller Kap Farvel sig ud som et særligt distrikt. I 1777–1779 udsendtes fra Julianehåb en ekspedition, der skulle undersøge det sydligste område. Allerede da ekspeditionens deltagere nåede ned til området syd for Nanortalik, måtte deres kendtmænd, der kom fra Lichtenau lidt syd for Julianehåb, indse, at de ikke var tilstrækkeligt kendte med området. Ekspeditionen måtte derfor til den videre fart skaffe hjælp fra den lokale befolkning, der på dette tidspunkt befandt sig på Kitsissut, øgruppen nordvest for Kap Farvel. Det oplyses, at netop Kap Farvel-distriktets befolkning dele af året i længere tid opholdt sig der for at jage de store flokke af klapmydser og andre sæler, der kom drivende med storisen (Ostermann 1944: 40).

Handelens og administrationens kendskab til Kap Farvel-området var endnu ved slutningen af århundredet forholdsvis begrænset. I 1795 skrev købmand (dvs. kolonibestyrer) Mørch i Julianehåb til Den Kongelige Grønlandske Handels direktion, at "kun nogle Miile syden for Itiblik begyndte de saa kaldte Sydenlændere at boe". Året efter skrev han: "det sydenske eller længst bortliggende her langende Bostæd er 1 á 2 Miile paa hiin side Cap Diskord".[12] Det nævnte "Itiblik" er Itilleq på øen Sermersooq nord for Nanortalik, mens Cap Diskord ligger nord for Kangerlussuatsiaq (Lindenow Fjord) på øen Iluileq. Ud fra Mørchs oplysninger kan man slutte, at der på dette tidspunkt omkring Kap Farvel, i et område fra omkring det nuværende Narsarmijit i vest til Kangerlussuatsiaq i øst, har levet en befolkningsgruppe, Grønlands sydligste, med sprogligt særkende og et økonomisk og socialt fællesskab.

Kap Farvel-området og dets befolkning udgjorde i 1700-tallet et vigtigt bindeled mellem Vest- og Østgrønland. Da den ovennævnte undersøgelsesrejse i 1778 nåede frem til Kap Farvel, fik dets medlemmer oplysninger om, at der nord for Aluk boede en del mennesker, og at folk derfra kom rejsende til Aluk "for imod Ræve og andre Skind Vahre at tilhandle sig gamle Piile, Knive, Sye Naale, og saadant Snurrepiberi". Samme kilde oplyser, at folk fra området ved Kap Farvel tog til de danske kolonier for at handle. Sådanne rejser, hvad enten det var fra Østgrønland til Kap Farvel eller fra Kap Farvel og op ad vestkysten, foregik i farligt farvand og havde deres omkostninger. De "betales imellem med Baade, og Livs Tilsættelse; hvorpaa i Aar hørtes Beviis, da 2de Baade bleve udj Issen knusede, men Folkene bærget"(Ostermann 1944: 43). Flere eksempler tyder endvidere på, at det har været almindeligt at overvintre ved Kap Farvel, inden man tiltrådte rejsen tilbage (Walløe 1927: 78; Olsen & Petersen 1990).

Ovenstående eksempel står ikke alene. Under sin rejse rundt i området traf Giesecke "viele Südländer". Blandt disse var Ababelek, som ledsagede Giesecke frem til Aluk, hvor han dog måtte vende om, da det var for sent på året til at forsøge at komme længere. Giesecke skriver i sin dagbog, at folk i området foretog rejser til østkysten, og at der ligeledes kom folk

Fig. 30. Øen Qipingajaaq ligger mellem Kap Farvel og Aluk og passeres af rejsende mellem Østgrønland og Vestgrønland. Boligtomten dateres til 1800-tallet og ligger ud til et lille sund mellem Qipingajaaq og Christian IV's Ø. Bopladsen har således ligget i læ for stormene fra Atlanterhavet, der ligger åbent mod øst på den anden side af øen. På Qipingajaaq boede Ababelek, som den tyske geolog Giesecke mødte i 1806. Ababelek fungerede ifølge Gieseckes oplysninger som mellemmand mellem folk på østkysten og den danske handel, idet han fx købte varer af sine landsmænd og, hvis isforholdene tillod det, solgte dem videre til handelsstationen. Foto: E. L. Jensen 2004, Nationalmuseet.

rejsende fra østkysten. Om Ababelek fortæller han, at han boede på øen Keppingajak (Qipingajaaq), dvs. på østsiden af Kap Farvel. Han drev handel med folk fra østkysten, "den fernsten Ostländer", og videreforhandlede ind i mellem, når isforholdene tillod det, disse varer i Nanortalik (Giesecke 1910: 20–22) (Fig. 30).

I mødet mellem øst og vest indtog Aluk en central position. Fra de tidlige kilder nævnes det, at folk i stort tal forsamledes her og at der fandt handel sted (Walløe 1927: 97; Ostermann 1944: 35). I 1843 sejlede to herrnhutermissionærer Ihrer og Uellner rundt om Kap Farvel og nåede Aluk, hvor de mødte både ikke-døbte og døbte. De sidstnævnte har tilhørt missionærernes egen menighed på vestkysten. Missionær Brodbeck, hvorfra denne oplysning stammer, skriver i den forbindelse om Aluk, at den var kendt som årligt mødested med tuskhandel mellem

Fig. 31. Øen Aluk ligger nordøst for Kap Farvel og kendes fra både overleveringer og skriftlige kilder som det store sommermødested, *aasivik*, hvor folk fra Vestgrønland og Østgrønland fra tidlig tid mødtes for at handle, udveksle nyheder, blive gift m.m. Aluks højeste punkt er knap 500 m, og øen kan med sin karakteristiske form ses på lang afstand. Aluk har derfor stået som et pejlemærke, som rejsende i begge retninger har sat deres kurs efter. Foto: E. L. Jensen 2004, Nationalmuseet.

Øst- og Vestgrønland (Brodbeck 1882: 8, 50). På dette tidspunktet havde
Aluk imidlertid mistet sin betydning, og folk fra øst og vest samledes
ikke længere ved Aluk for at handle. I stedet tog østgrønlænderne til
handelsstationen Pamialluk på vestkysten (Brodbeck 1882: 50).[13]

Lokaliteten benævnes og kendes i dag normalt som Aluk, men burde
med den lokale i-dialekt egentlig hedde Alik, som det også nævnes i de
fleste tidlige kilder. Både Walløe og Mørch, sidstnævnte var grønlandsk
gift og talte grønlandsk, benytter udelukkende denne betegnelse (Walløe
1927: 92, 97, 102; Mørch 1942: 72), mens andre bruger begge navne
(Giesecke 1910: 20–21) eller kun den vestgrønlandske form (Ostermann
1944: 43). Navnet Aluk kan derfor højst sandsynligt betragtes som en
vestgrønlandsk tillempning af Alik (Fig. 31).

Hvor mange personer, der levede i Kap Farvel-området omkring år 1800,
findes der ikke præcise tal på. I de ovenfor citerede skrivelser fra købmand
Mørch oplyser denne i 1795, at der syd for Itilleq efter "Grønlændernes
Opregning" var 19 beboede steder og omkring 50 fangere. I 1796 skriver
han: "i Vinter har der ligeledes paa 19de Vinterbopladser boet 60 Fangere,
hvorover jeg nok kunne hoslægge en speciell Liste, men som kun vilde
være at bebyrde mine høie Herrer med en Hoben uforstaaelige Navne".
Ærgerligt at Mørch ikke ville bebyrde direktionens medlemmer – om ikke
andet kunne vi have haft nytte af de oplysninger i dag.

Mens Mørch således kun angiver antallet af fangere og dermed
potentielle producenter for Handelen, kom den herrnhutiske missionær
Conrad Kleinschmidt nogle år senere måske lidt nærmere en angivelse af den
samlede befolknings størrelse. Han var i sommeren 1821 på en ekspedition
til egnen omkring Kap Farvel, hvor han mødte mange folk. En enkelt gang
talte han ca. 24 telte og 300 mennesker, der var forsamlet på samme sted
(Kleinschmidt 1822). Med udgangspunkt i en estimeret gennemsnitlig
forsørgerbyrde pr. fanger på omkring 5 personer (Mikkelsen 1944: 24) samt
det forhold, at flere fangere rejste og boede sammen, som senere oplysninger
viser, synes Kleinschmidts angivelse af befolkningens størrelse umiddelbart
at stemme overens med Mørchs oplysninger om 50–60 fangere.

Kleinschmidt berettede endvidere: "Efter deres Yttring og de Iagt-
tagelser, jeg siden gjorde, kunde Antallet af de i denne Egn boende
Hedninger vel regnes for 500" (Kleinschmidt 1822: spalte 1008). Dette
tal må dog af flere grunde tages med megen forsigtighed. Kleinschmidt
oplyser selv, at nogle af disse folk var tilrejsende, der hørte til i egne
længere oppe af østkysten. Endvidere var hensigten med Kleinschmidts
rejse til området at undersøge mulighederne og dermed lægge grunden
for at anlægge en ny missionsstation, og for at skabe større bevågenhed
for sin sag kan han have haft en umiddelbar interesse i at overdrive
befolkningstallet.

Kontakt mellem østgrønlændere og vestgrønlændere

Fra 1700-tallets tidlige kontakter er der oplysninger om den befolkning, der boede i Østgrønland. I det foregående kapitel er allerede nævnt beretningen fra 1733 om en ældre kvinde, der ankom med et rejseselskab fra Sydgrønland til Nuuk, og som tidligere havde deltaget i en rejse til østkysten, på hvilken man var kommet til et område, der blev angivet som liggende på højde med Nuuk. Det var ifølge kvindens beretning almindeligt, både at vestgrønlændere tog til Østgrønland, og at østgrønlændere tog til Vestgrønland for at handle (Egede 1925: 267).

Fra flere sider kendes beretningen om Niveq, der i 1751 sammen med en større flok i to konebåde var kommet fra østkysten til området ved Kap Farvel og havde overvintret hos nogle familier dér. Niveq og hans følge returnerede det følgende år til østkysten, men fra ham viderebragte vinterens husfæller efterretninger om befolkningen og landets beskaffenhed (Ostermann 1935; Olsen & Petersen 1990).

Niveq og hans fæller stammede fra en egn langt oppe ad kysten, og de havde på rejsen sydpå mødt mange folk. Disse folk holdt ifølge Niveqs oplysninger sammen i større og mindre indbyrdes afgrænsede grupper med tilknytning til bestemte områder, der var adskilte ved vanskeligt passerbare dele af kysten, fx den frygtede isbræ Puisortoq (Ostermann 1935: 420). Der synes at have eksisteret sproglige skillelinier mellem disse befolkningsgrupper. Blandt sagn og sange indsamlet i midten af 1800-tallet findes en nidvise mellem to østgrønlændere, Savdlat og Pulangitsissok. Af Savdlats vise fremgår, at der var dialektale forskelle blandt befolkningen på den østgrønlandske kyst: "nogle snakke nordlandsk, andre sydlandsk", mens folk på den mellemste del af kysten tilsyneladende talte en blanding af disse to dialekter (Rink 1871: 143).

Der var således jævnlige kontakter mellem folk i Vest- og Østgrønland, men samtidig er der tilsyneladende modstridende opfattelser af, hvordan forholdet var mellem de respektive befolkningsgrupper. Da Hans Egede i 1723 kom til Sermersooq blev han af befolkningen dér advaret mod at fortsætte, fordi befolkningen længere sydpå skulle være "saa wilde og galne, at de slaae andre Folch ihjell og æder dem op" (Egede 1925: 98), og i 1752 blev Walløe fortalt, at der på østkysten levede folk, som var frygtede menneskeædere, som man skulle holde sig fra (Walløe 1927: 78). Og om Niveqs rejse ned af østkysten berettes, at han og hans rejseselskab på et tidspunkt traf en stor "Mængde Innuktorrormarsut", dvs. menneskeædere (Ostermann 1935: 420). I Vestgrønland synes frygten imidlertid at have været størst, jo længere man boede fra de omtalte folk. Således beretter Graah, som i 1828–1831 var leder af en ekspedition, der berejste den grønlandske østkyst, at ganske vist var befolkningen i den centrale del af

Vestgrønland bange for østgrønlænderne, men denne angst forsvandt, da han kom længere mod syd og fik kontakt med folk omkring Nanortalik og Friedrichsthal. De havde tværtimod kontakt med den østgrønlandske befolkning i forbindelse med handel og jagt (Graah 1932: 46).

Rygterne om menneskeædere og mord kommenteres af den tidligere nævnte købmand J. C. Mørch i Julianehåb, der bl.a. gav følgende forklaring: "Communicationen imellem vidt adskildte var yderst sielden. Man frygtede hinanden, tiltroede hinanden de allerværste Hensigter, ansaae hinanden for Kannibaler. Tusinde og tusinde Rygter om Folk af saadan Art, som her og der skulde findes kom i Omløb. De voxede iblandt det lettroende Folk, ved at forplantes fra Sted til Sted." Ukendskabet og frygten kunne medføre, at fremmede blev dræbt, hvorefter dette skulle hævnes og igen kunne medføre flere hævnmord. Denne situation var dog, ifølge Mørch, kun noget, der ramte de færreste, og "Europæernes Etableren i Landet" bevirkede en større kommunikation og ændrede dermed forholdene. Mørch slutter: "I sexten Aar har jeg været her ved Julianæhaab, i hvis sydlige District Grønlænderne kunne ansees næsten udenfor Europæernes Indflydelse; Men, i al denne Tid er ikke hørt et Mord, hverken blandt Sydlændingerne, d.e. dem, som boe omtrent 20 Mile Syden for Colonien og videre indtil Cap Discord, eller blandt Østlændingerne, som boe paa den anden Side af Landet. Jeg har lært at kende nogle af de Sidste, endog indtil Holsteinsborgs Høide. Disse, som forhen ansaaes for Kannibaler, vare de frommeste Folk, man kan tænke sig. Man ved at tale om Folk indtil Jakobshavns Høide, men har ingen synderlig Omgang med dem; og de staae derfor endnu i hiint Rygte" (Mørch 1831: 33–34).

Rygter om mord og endog kannibalisme blandt fremmede og fjerntboende folk er et generelt fænomen, der også kendes fra andre steder i Grønland. Eksempelvis levede omkring Melville Bugt polareskimoerne mod nord og Upernaviks befolkning mod syd i mange år adskilte med en gensidig frygt for hinanden og en gensidig overbevisning om, at de andre var menneskeædere. Først efter oprettelsen af kontakt mellem de to befolkningsgrupper kort efter 1900 fjernedes denne frygt, man begyndte at besøge hinanden og venskabs- og familiebånd blev etableret (Petersen 2001: 322; Ostermann 1935: 417; Bjørnum et al. 2002: 90).

Rygterne om drab og menneskeæderi i Østgrønland skal givetvis også ses i sammenhæng med tilbagevendende oplysninger om, at befolkningen i vinterperioderne ofte led mangel, der endog kunne udvikle sig til direkte hunger med deraf følgende kannibalisme (Ostermann 1935: 421; Walløe 1927: 100; Graah 1932: 73; Rosing 1993: 9). At noget sådant var en del af de ekstreme livsbetingelser i Østgrønland viser også nyere veldokumenterede beretninger fra sidste del af 1800-tallets Ammassalik

Distrikt, hvor hungeråret 1880–1881 afstedkom sultedød i hele distriktet, og hvor der er eksempler på, at nogle kun overlevede ved at spise af de afdøde husfæller (Rosing 1963: 107-161). I den udstrækning kannibalisme har fundet sted i Østgrønland, skyldtes det således ikke lyst til at dræbe men yderste nød.

Mens man i vore dage betragter Kap Farvel-området som en afsides og isoleret egn, var det således ikke tilfældet omkring år 1800. Her levede en efter tiden forholdsvis stor befolkning, som endnu var temmelig upåvirket af koloniseringen og kontakten med europæere på den nordligere del

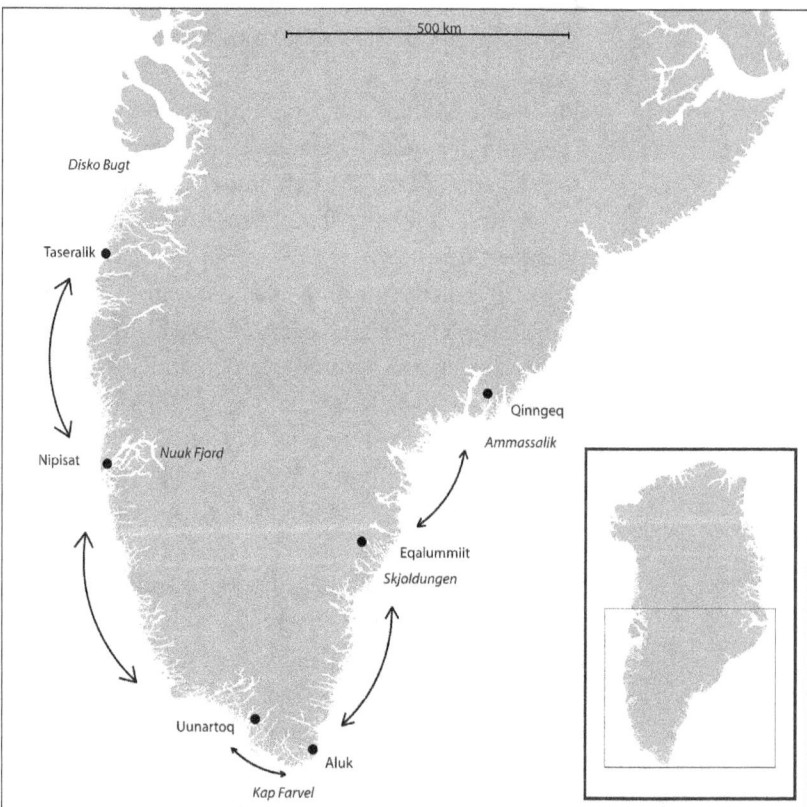

Fig. 32. Centrale sommermødesteder i den sydlige del af Vest- og Østgrønland. Grønlændernes handelsrejser skabte et løst, men sammenhængende handelssystem fra Østgrønland neden om Kap Farvel til Disko Bugt på vestkysten. Handelsrejserne kunne tage flere år, afhængigt af rejsemålet. Langs kysten lå mødesteder, *aasiviit* (ental *aasivik*), hvor man mødtes om sommeren og de lokale varer blev udvekslet med varer fra fjernere egne. Med anlæggelsen af europæernes handels- og missionsstationer fra 1700-tallet ophørte de lange handelsrejser efterhånden, og befolkningen blev bofast. Fra Østgrønland fortsatte handelsrejserne dog helt hen mod slutningen af 1800-tallet, men den traditionelle handelsplads Aluk blev erstattet af de danske handelspladser i Kap Farvel-området.

af vestkysten. Befolkningen levede udelukkende af udnyttelse af de eksisterende levende ressourcer, men havde jævnlige handelskontakter med andre grupper længere nordpå langs såvel vestkysten som østkysten (Fig. 32).

Kildematerialet fra 1700-tallet og begyndelsen af 1800-tallet vidner om, at der i 1700-tallet fandt jævnlige møder sted mellem folk fra Østgrønland og Vestgrønland, og en vigtig kontaktflade var handel, både med traditionelle eskimoiske produkter, men efterhånden også med europæiske varer. Kap Farvel-området og dets befolkning spillede en central rolle i dette billede. Sommerpladsen Aluk fungerede som center for denne handel, ligesom enkeltpersoner i området virkede som formidlere mellem dele af den østgrønlandske befolkning og den begyndende europæiske handel i Sydgrønland. På trods af disse forbindelser fortalte rygterne om mord og kannibalisme blandt østgrønlænderne; dog synes disse rygter at have været værre end virkeligheden. De fleste kilder peger da også på fredelige forbindelser i denne periode. Selv om det berettes, at østgrønlænderne måtte betale i dyre domme for de europæiske varer (Graah 1932: 93) betragtede de hinanden som "fredelige og gode venner" (Ostermann 1935: 420).

Handel og mission etableres i Sydgrønland

Oplysningerne fra de grupper, der var kommet rejsende sydfra til nogle af de første danske kolonier, og de danske undersøgelsesrejser sydpå tydede på en stor befolkning i den sydlige del af Grønland og dermed basis for en profitabel handel. Der blev da også arbejdet med planer om oprettelse af en koloni i Sydgrønland for dermed at inddrage dette område under Handelen, men myndighederne i Danmark var tøvende og længe om at beslutte sig, og først efter flere år blev den endelige beslutning taget. I første omgang blev der givet afslag med henvisning til de besværlige besejlingsforhold, og først fornyede initiativer og endnu en rekognosceringsrejse førte i sidste instans til anlæggelsen af kolonien Julianehåb i 1775 (Gad 1969: 389–390, 551–552).

Fra starten var handelsfolkene ved den nye koloni interesserede i at udvide deres aktiviteter endnu længere sydpå. Vinteren 1778–1779 overvintrede assistent Caspar Alsbach på øen Nanortalik, hvorfra han indsamlede skind og spæk hos folk i omegnen. Alsbach skulle egentlig have været til Upernavik i Nordgrønland for der at indtræde i Handelens tjeneste som assistent, men var strandet i Julianehåb og formodedes at kunne gøre bedst nytte som Handelens forpost på Nanortalik (Ostermann 1944: 37; Gad 1969: 576). I 1783 foretog Julianehåbs grundlægger, tidligere købmand Anders Olsen, på egen hånd en rejse til Kap Farvel og lidt op ad østkysten, dog uden den store handel, idet befolkningen i området var taget den modsatte vej og havde handlet med købmand Thomsen i nærheden af Nanortalik.[14]

Var disse initiativer om end lidt tilfældige og i hvert ikke led i en større planlagt strategi for udvidelse af handelen, så demonstrerede de dog, at i det mindste de lokale handelsfolk så gode muligheder for en forøgelse af indhandlingen i det sydlige distrikt, og der blev fremsat forslag om at etablere en handelsplads i dette område. Men igen trak planerne ud. En medvirkende grund hertil kan være en epidemi, som florerede i området i 1783–1785, og som synes at have bortrevet meget store dele af befolkningen.[15]

I mellemtiden fik Handelens folk et stadigt større kendskab til distriktet og et bedre overblik over befolkningens antal. Efterhånden fremkom der også mere konkrete planer om en udvidelse af handelen mod syd, og af korrespondancen med direktionen fremgår det, at man bl.a. diskuterede, hvor en ny handelsplads bedst kunne placeres, behovet for bygninger, hvilke krav der skulle stilles til kvalifikationerne hos den handelsmand, der skulle bestyre handelspladsen osv.[16] Med hensyn til placeringen foreslog assistent Heiberg: "kun dette alene vil jeg underdanigst erindre, at jo lengere dette Anlæg eller hvad jeg skal kalde det, kunde mod sønden blive anlagt, jo fordelagtigere ville det være i henseende til de Grønlændere som boe ved den østre Side af Landet, da disse som hidtil skal være temmelig vilde, eller frygtsomme for fangerne, kan de ogsaa ved denne Mulighed blive mere folkevante, og hvor ville da ikke Handelen profitere, naar ogsaa disse kunde blive tillokket at levere sine Wahre som vist er af større Betydenhed end mange forestiller sig".[17] Der er altså allerede på et tidligt tidspunkt forventninger om, at en sydligere handelsstation kunne skabe tættere kontakter ikke kun til befolkning ned mod Kap Farvel, men også med østkystens befolkning, og at ikke mindst den sidstnævnte befolkningsgruppe ville kunne bidrage til at øge handelen yderligere.

Endelig i 1797 grundlagdes logen Nanortalik ved Sissarissoq, hvorfra anlæggets handelsbygninger i 1830 blev flyttet til deres nuværende placering ved det nærliggende Ilivileq og i dag udgør den gamle bydel i Nanortalik. Købmand Mørch rapporterede året efter, at det første år var gået godt, angav tallene for indhandlingen og konkluderede, at den havde medvirket til at skabe det hidtil bedste år for kolonien Julianehåb (Bak 1981: 129) (Fig. 33).[18]

Handelssystemet i Grønland var som tidligere nævnt bygget op omkring kolonier, der blev bestyret af en købmand, også kaldet kolonibestyrer. Til de enkelte kolonier var tilknyttet mindre handelssteder, såkaldte udsteder, hvor ansvaret for handelen lå hos en udligger, der var underordnet kolonibestyreren. Nogle få handelsstationer, herunder Nanortalik, havde status som en loge, ofte også kaldet et anlæg, en mellemting mellem en koloni og et udsted. Logen blev bestyret af en assistent underordnet kolonibestyreren, som i dette tilfælde var købmanden i Julianehåb. Samtidig havde logen tilknyttet udsteder, hvis udliggere var underordnet logens bestyrer.

Med anlæggelsen af handelslogen Nanortalik på tærsklen til 1800-tallet stod Handel og mission klar til også at inddrage den allersydligste del af landet. Dette skulle samtidig vise sig at blive anledningen til en massiv indvandring af folk fra Sydøstgrønland. I det følgende århundrede domineres historien i Kap Farvel-området af kulturmødet mellem europæere og grønlændere, handel og mission og sidst men ikke mindst mellem europæere, den lokale befolkning og de tilrejsende sydøstgrønlændere. For såvel den i forvejen bosiddende befolkning som de tilrejsende østgrønlændere medførte de begivenheder, der nu skal berettes om, store forandringer i livsgrundlag og samfundsforhold.

Fig. 33. Nanortalik malet af Jacob Arøe, dateret 1846. Der er tale om det gamle Nanortalik opført ved lokaliteten Sissarissoq i 1797, hvorfra anlægget i 1830 blev flyttet til det nærliggende Ilivileq med bedre havneforhold. De to store bygninger tæt ved stranden er spækhuse, mens huset bagved er bestyrerens bolig. Omkring Handelens anlæg ses grønlandske vinterhuse og telte. Jacob Arøe var ansat i Den Kongelige Grønlandske Handel og var bl.a. bestyrer i Nanortalik, hvor han afløste sin far Emmanuel Arøe. Jacob Arøe udførte tegninger og akvareller fra flere grønlandske kolonier, en del efter hjemkomsten til Danmark i 1839. Etnografisk Samling, Nationalmuseet, L18.285.7.

III. Kulturmøder ved Kap Farvel i 1800-tallet

Kap Farvel-området var i 1800-tallet præget af mange påvirkninger og store forandringer. Fra Østgrønland kom stadigt flere rejsende til de nye handelsstationer. Grupper fra især den sydligste del af den østgrønlandske kyst besluttede ikke at vende tilbage, og ved århundredets slutning havde størstedelen af østkystens beboere slået sig ned og bosat sig i Kap Farvel-området (Jensen 2003). Disse aktiviteter og bevægelser og de kulturmøder, der fulgte i kølvandet på dem, medførte store ændringer i lokalområdets demografiske forhold og bosættelsesmønster og påvirkede fangersamfundets materielle og ideologiske kultur kraftigt.

Indvandringen fra Østgrønland skete i spændingsfeltet mellem Handelens og missionens interesser og i konkurrencen mellem den danske og tyske mission. Fra Vestgrønland udvidede den etablerede danske handel og mission deres interesser til også at omfatte Sydgrønland. For missionens vedkommende skete det i skarp konkurrence med den tyske herrnhutermission, der fik en dominerende rolle i Kap Farvel-området.

I det følgende gøres der rede for de europæiske aktører, deres interesser og tilsvarende modsætninger. Dermed gives en rekonstruktion af den kolonihistoriske ramme, hvori indvandringen fra Østgrønland fandt sted. Desuden gives en redegørelse for den østgrønlandske indvandring, dens udvikling og dynamik, samt en vurdering af, hvilke omstændigheder, der kan have medvirket til at motivere befolkningen i Sydøstgrønland til at flytte.

De europæiske aktører – Handelen

Nanortalik blev anlagt "for at indkiøbe Producterne af de tilgrændsende Grønlændere i Tersermiut, som forhen sieldnere besøgtes for den lange Fraliggenhed, og af Grønlænderne Østen for Stædet, som aldrig skal være blevne besøgte. Der haves grundet Formodning: at sidst omskrevne Grønlændere ere talrige; deres boestæder bekvemme. Derfor haves godt Haab: at Omkostningerne paa Nennortelik blive rigeligen erstattede" (Ostermann 1918: 8). Således beretter inspektør Bull i 1802 i en beskrivelse af forholdene i det sydlige inspektorat.

Forventningerne til handelen ved Nanortalik var således fra starten store, hvilket understreges af, at man endda overvejede mulighederne for at besejle Nanortalik med større skibe for at føre de indhandlede produkter direkte til København. Den tidligere assistent og bestyrer i Julianehåb Jens Mathiesen, der også havde deltaget i en ekspedition til Østkysten som tolk, havde følgende kommentar til dette: "Spørgsmaalet er ikke uvigtigt, da Anlægget Nennortelik og underliggende Udsteders Produktion vel allerede nu er større end mange Coloniers og kan forvente at tiltage i Forhold til som Østkystens Grønlændere flytte om paa Vestkysten eller Grønlænderne her i Egnen vænnes til Luxusvarer" (Mathiesen 1852: 31–32). Dog skete besejlingen i lang tid fremover fra Julianehåb, da besejlingsforholdene ved Nanortalik var vanskelige for datidens skibe.

Fra Nanortalik arbejdede Handelen sig gennem århundredet stadigt længere sydpå i retning mod Kap Farvel. Det skete ved at etablere udsteder, hvorfra handelen med den nærliggende befolkning og ikke mindst de tilrejsende østgrønlændere skulle foregå. I 1834 anlagdes udstedet Ikigaat (Østprøven), i 1848 Pamialluk og i 1893 Itilleq få kilometer nord for selve Kap Farvel. Hvert udsted blev bestyret af en udligger (senere: udstedsbestyrer), der som regel havde en uddannelse som håndværker, specielt bødker. En del var såkaldte blandinge, dvs. folk med en dansk far, der oftest var ansat i Handelen, og en grønlandsk mor. Udliggeren i Ikigaat, og senere i Pamialluk, forlagde i sommerperioden normalt aktiviteterne til øgruppen Kitsissut nordvest for Kap Farvel, hvor stort set hele den omliggende befolkning som led i den traditionelle fangstcyklus flyttede ud for at fange klapmydser, og hvor indhandlingen derfor måtte foregå (Rink 1857: 358). Udliggerne på de tre nævnte udsteder var underlagt bestyreren af Nanortalik, hvortil også de indhandlede produkter blev videresendt (Fig. 34).

Ikigaat var anlagt umiddelbart over for den herrnhutiske missionsstation Friedrichsthal, der efter etableringen i 1824 tiltrak en stadigt voksende befolkningsgruppe. Men også folk fra Østgrønland søgte hertil for at handle. 3. august 1846 skriver assistent Kauffeldt fra Nanortalik i sin dagbog, at "en Postmand ankom fra Østprøven [Ikigaat] for herfra at afhente endeel tiltrængende Handelsvarer, efterspurgte af en stor Deel til Østprøven tilreiste Hedninge".[19] På dette tidspunkt var hele befolkningen i området mellem Nanortalik og Kap Farvel kristnet, og de nævnte hedninge må således have været tilrejsende fra Østgrønland. Ikigaat blev dog efterhånden udkonkurreret af det sydligere beliggende Pamialluk og nedlagt som handelssted allerede 1877, men var indtil 1909 beboet af ganske få indbyggere (Kapel 2003: 9).

Handelen med tilrejsende østgrønlændere har tilsyneladende været lovende, og fra Handelens side har man i denne periode gjort forsøg på at udbygge handelsforbindelserne mod øst. I 1840 foretog den danske assistent Kielsen en rejse til den traditionelle grønlandske sommerboplads og handelsplads Aluk lige øst for Kap Farvel for med dette initiativ at

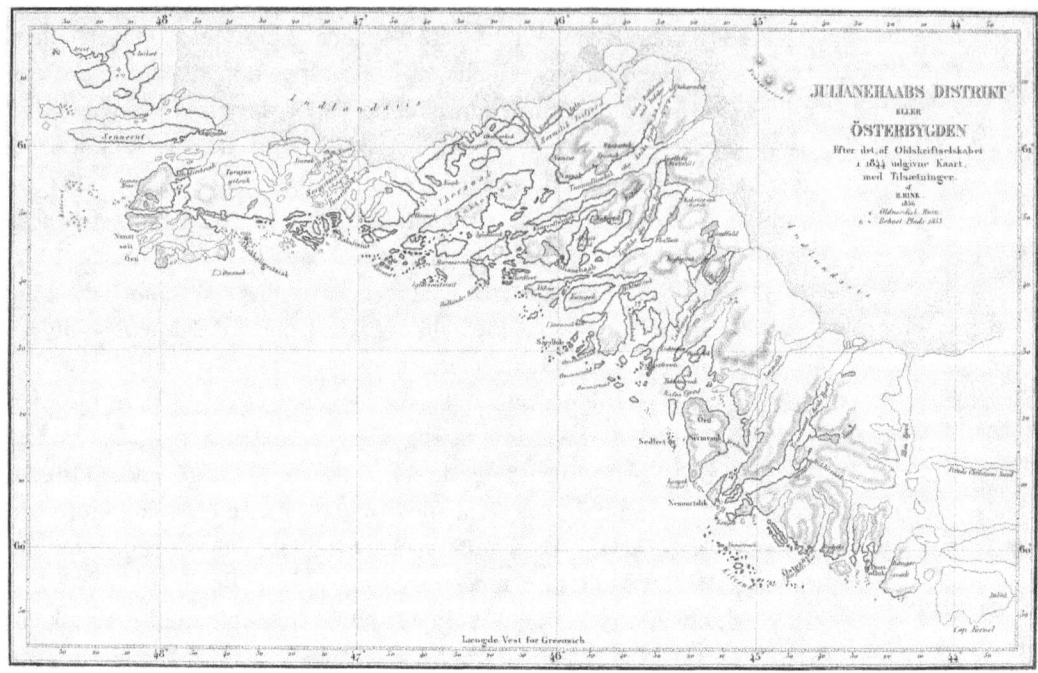

Fig. 34. Kort over Sydgrønland trykt 1857 i H. J. Rinks geografiske og statistiske beskrivelse af Grønland (Rink 1857). Som forlæg er anvendt et kort fra Oldskriftselskabet 1844, derfor anvendes ud over den samtidige betegnelse Julianehaab Distrikt også den norrøne betegnelse Østerbygden. Rink har foretaget tilføjelser til kortet, men kendskabet til Kap Farvel-regionen synes begrænset, og egnens topografi er kun angivet i grov skitseform. Det Kongelige Bibliotek, Rinks samling nr. 43.

opsøge de østgrønlandske fangere og forøge indhandlingen. Da han nåede frem var folk imidlertid væk, og rejsen førte ikke noget med sig.[20] Rejseforholdene viste sig endnu en gang at være meget besværlige, og da man alligevel ikke kunne være sikker på at træffe folk på stedet, foretrak man fremover i stedet at udvide handelsnettet i området ned mod Kap Farvel for derved at lade østgrønlænderne komme til sig.

Udstedet Pamialluk blev således anlagt i 1848 syd for Friedrichsthal med det formål først og fremmest at varetage handelen med tilrejsende østgrønlændere (Rink 1857: 359). I juli 1848 begav assistent Motzfeldt og den kommende udligger Jacob Lund sig sydpå i konebåd for at starte udstedet op, og i sin dagbog noterer Motzfeldt 28. juli følgende: "Først i dag naaede jeg Illoa,[21] og Storbåden ankom ogsaa; henimod Aften kom 2de Hedninge Baade og Mængde Kajakker. Konebaadene var lastede med Skind dog lidet Tran og Spæk havde de med, meget havde de efterladt eller smidt væk, da de formedelst Veiens besværlighed ikke kunde føre det med sig nemlig: Spæk og Tran. Henimod 100 Skind indhandlet" (Fig. 35).[22] Allerede fra sin oprettelse blev udstedet det centrale sted for

Fig. 35. Kortskitse over Kap Farvel-området udført i 1858 af Jacob Lund, der på dette tidspunkt havde været udstedsbestyrer og kateket i Pamialluk i 10 år. Skitsen er langt mere præcis end tidligere kort, dog synes der stadig at være usikkerhed om den allersydligste del, landet omkring selve Kap Farvel. Denne del har været sjældent besøgt. Den stiplede linie fra Pamialluk til Itilleq antyder, at trafikken er foregået i mere sikkert farvand inden om de sydligste øer. Der er på kortet angivet 16 beboede pladser, blandt disse er den sydligst beliggende Illukoq, der ikke er nævnt i folketællingerne eller de kendte mandtalslister. Det Kongelige Bibliotek, Rinks samling nr. 84.

kontakt og udveksling af varer med folk fra Østgrønland, og kilderne fra den følgende tid vidner da også om jævnlige besøg. Her skal gives nogle eksempler: 1857 indberettede den fungerende udligger: "I dag kom tvende Konebaade med Hedninger fra Østkysten og opslog deres telte ved Handelsstedet".[23] 1877 rapporterede kolonibestyreren i Julianehåb: "2 hedenske Konebaade fra Østkysten havde i Slutningen af August gjæstet Udstedet Ilua og der indleveret 5 Bjørneskind og c 300 Sælskind".[24] I 1881 afsluttede Carl Lytzen sin indberetning dateret 8. august således: "Efter private Meddelelser skulle 4 Hedningebaade fra Østkysten være ankommet til Pamiagdluk i de sidste Dage af forrige Maaned".[25]

I 1893 oprettedes en handelsplads ved Itilleq på Eggers Ø på grænsen til Østgrønland. Den direkte anledning var en voldsom øgning i den østgrønlandske indvandring årene forinden og det pres, der dermed blev lagt på især erhvervssituationen i området. Planen var at placere den nye handelsplads et lille skridt inde i Østgrønland i nærheden af Qernertoq, hvor østgrønlændere ofte på deres rejser til eller fra vestkysten overvintrede inden den fortsatte rejse mod deres hjemland længere oppe ad østkysten. En ekspedition med kolonibestyreren i spidsen drog af sted fra Julianehåb, men sejladsen blev vanskeliggjort og forsinket af isforholdene, og man nåede ikke længere end til bopladsen Itilleq. Da man allerede året forinden havde gjort et lignende forsøg på at komme til Qernertoq, men også da var blevet stoppet af isen, og man ikke ønskede at udsætte etableringen af den nye handelsplads yderligere, valgte kolonibestyreren at opføre bygningerne på stedet. Således blev landets sydligste handelsstation placeret i Itilleq (Fig. 36).

Myndighederne i København var stærkt utilfredse med placeringen af det nye udsted, idet man mente, det lå for tæt på Pamialluk til, at man kunne opnå det, der var hovedmålet, nemlig at stoppe østgrønlænderne

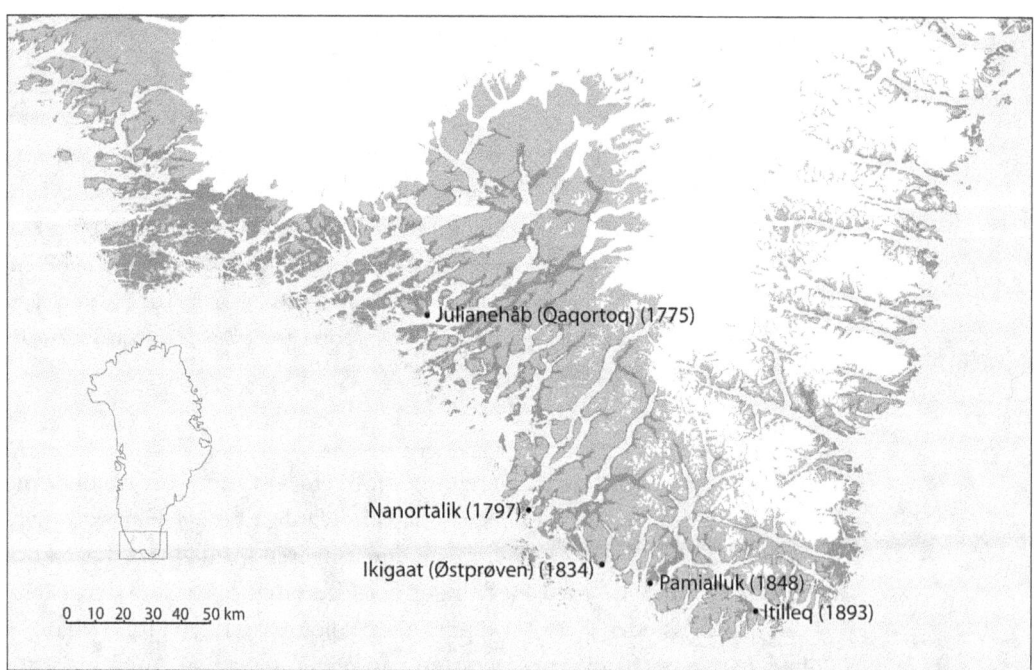

Fig. 36. Handelsstationer i Kap Farvel-området. Fra slutningen af 1700-tallet udvidede Den Kongelige Grønlandske Handel sine interesser til også at omfatte det sydligste Grønland. Årstallene angiver oprettelsen af de enkelte handelsstationer. Udstederne i Kap Farvel-området var underlagt anlægget Nanortalik, der til gengæld indgik som en del af kolonien Julianehåbs distrikt.

før de nåede til vestkysten. Man krævede derfor undersøgt, om man kunne flytte den nyoprettede handelsplads længere østpå, og helst endnu længere væk end Qernertoq, nemlig til Narsaq i Kangerlussuatsiaq eller til Aluk (Jensen 2002b: 40). En handelsplads ved grænsen til eller lidt inde i Østgrønland ville afkorte de handlendes rejse østfra og måske bevirke, at de blev boende i deres oprindelige områder, eller i det mindste, hvis de valgte at flytte, at de så slog sig ned omkring den nye handelsstation.

Året efter blev spørgsmålet om flytning af det nye handelssted imidlertid stillet i bero, da kolonibestyreren til direktoratet havde udtalt, at oprettelsen i 1894 af handels- og missionsstedet ved Ammassalik, hvor de nordligt boende østgrønlændere befandt sig, sikkert ville have til følge, at de resterende beboere på østkysten ville opgive at søge om til vestkysten. Dermed ville behovet for oprettelsen af et udsted på den sydlige del af Østkysten bortfalde. Indtil videre ønskede direktoratet dog det nye udsted besat, og handelspladsen blev foreløbig liggende ved Itilleq.[26]

Ved etableringen af handelen i Itilleq havde man fra centralt hold indført begrænsninger i både de varer, der kunne købes på stedet, og de varer, der kunne indhandles (Raahauge & Appelt 2002: 115). Vareudbuddet var indskrænket til stof, krudt, bly, tobak og forskellige isenkramvarer, mens det ikke var muligt at købe fx brød og kaffe. Desuden kunne spæk ikke indhandles. Det var et forsøg på at undgå, at østgrønlænderne anvendte en stor del af deres spæk og penge til indkøb i butikken og senere kom i nød deraf. Begrænsningerne virkede dog ikke, idet folk blot tog til Pamialluk for at handle (Meldorf 1902: 40). Udstedet Itilleq levede således tilsyneladende ikke op til sit formål om at agere stopklods for tilrejsende østgrønlændere.

Udstedet Pamialluk var fra 1848 målet for de tilrejsende østgrønlændere, der for skind og spæk ønskede at bytte sig til europæiske varer. Navnet *Pamialluk* blev med tiden nærmest synonymt for begrebet 'handelssted' for befolkningen fra Østgrønland. Det fortælles således i vore dage, at man anvendte betegnelserne *Pamialluk avannarleq* (det nordlige Pamialluk), *Pamialluk qiterleq* (det midterste Pamialluk) og *Pamialluk kujalleq* (det sydlige Pamialluk) om datidens handelssteder i Kap Farvel-området, nemlig henholdsvis Nanortalik, Pamialluk og Itilleq (Fig. 37 og 38).[27]

Den første tids rene byttehandel i Grønland blev med tiden afløst af et system, hvor fangerne enten fik penge eller værdien af deres varer blev skrevet op. Man kunne således købe kontant eller ved at trække på det indestående beløb, eller man kunne endda, hvis Handelens personale ville gå med til det, købe på kredit. Dette kunne lade sig gøre, fordi befolkningen efterhånden fik en fastere bosættelse, og forholdet har været det samme for de fastboende i Kap Farvel-distriktet. For de tilrejsende østgrønlændere var der imidlertid tale om ren byttehandel, og en nyankommen kateket i

Nanortalik bemærkede så sent som ved slutningen af århundredet, at de ikke kendte til brugen af penge.[28] De har således indhandlet deres varer til Handelen og byttet lige over med varer for en tilsvarende værdi. Når de varer, som var købt i butikken, på et eller andet tidspunkt slap op, og de igen ville foretage en handelsrejse til vestkysten, måtte de atter medbringe skind og spæk til dette formål.

De østgrønlandske handlende var først og fremmest interesserede i jernvarer som knive og nåle og sidst i århundredet nævnes derudover kårdeklinger, pilejern og uluer.[29] Derudover byttede man sig især til varer som tekstiler, perler, kaffe (i mindre grad) og ikke mindst tobak. Madvarer, fx brød, gryn, ærter, figner, svesker m.m., som så ud til at være meget populære hos den fastboende befolkning, men som af visse af Handelens folk blev betragtet som direkte skadelige "Luxusvarer", syntes derimod ikke at have den store interesse hos de østgrønlændere, der kom for at

PAMIÆDLUK, DEN SYDLIGSTE HANDELSPLADS I GRØNLAND

Fig. 37. Pamialluk malet 1853 af kolonibestyrer i Julianehåb, senere inspektør i Sydgrønland, H. J. Rink, der dette år foretog en inspektionsrejse i den sydligste del af Julianehåb Distrikt. Pamialluk var grundlagt 1848 og var på dette tidspunkt den sydligste handelsstation i Grønland. I forgrunden og til højre i billedet ses Handelens bygninger og et par enkelte grønlandske huse. De to store, hvide stenhuse er spækhuset (forrest) og udliggerens bolig, hvor loftet udgjorde butikken. Grønlændernes huse ligger placeret op ad en skråning på den anden side af et lille dalstrøg. Husene er udstyret med europæiske vinduer og kakkelovn, det ene endda tilsyneladende med to kakkelovne. Nogle familier har på dette tidspunkt stadig fulgt skikken med at bo i telt om sommeren og har fjernet taget fra vinterhuset, så vind og vejr har kunnet rense det blotlagte hus (Rink 1857).

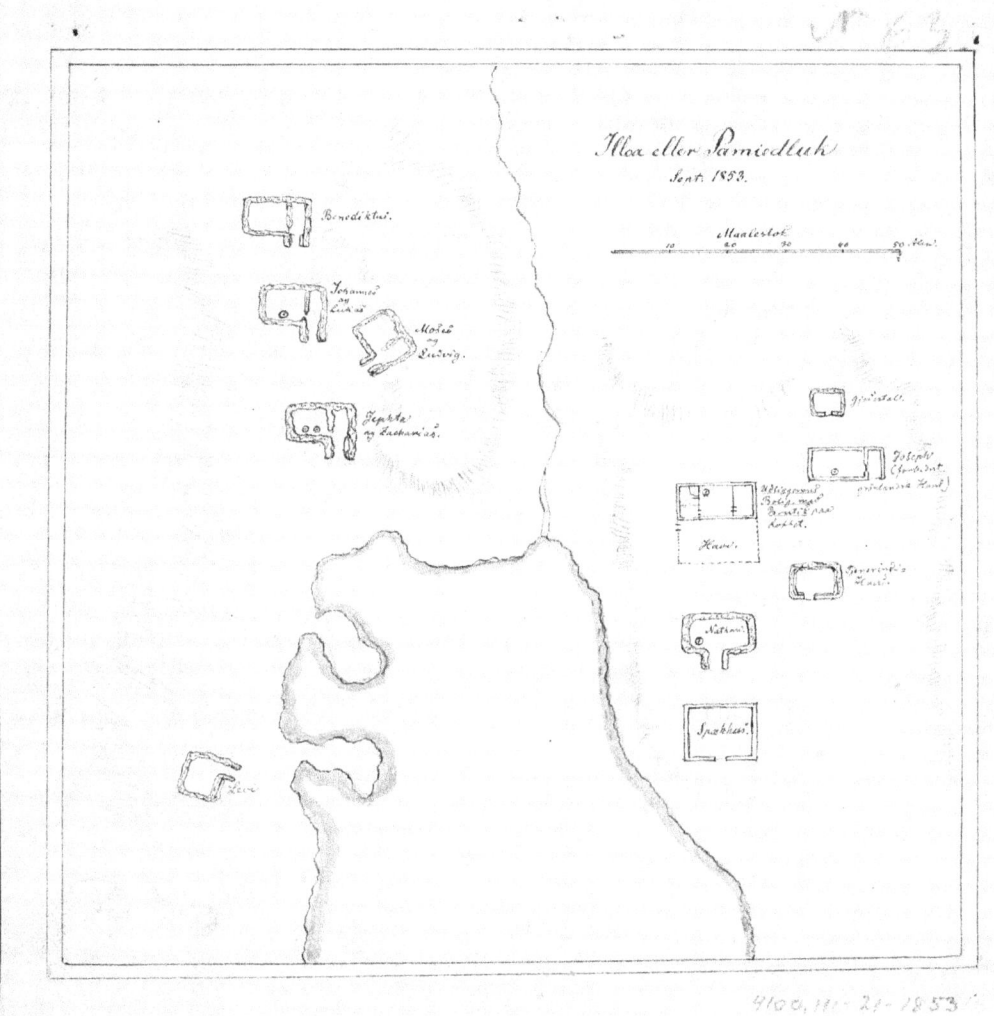

Fig. 38. H. J. Rink udførte i forbindelse med sit besøg i 1853 en plantegning over Pamialluk, i datiden også ofte betegnet Ilua (her Illoa). Tegningen angiver de enkelte huses placering og grundplan, samt deres anvendelse eller navnet på familiernes mandlige overhoved. Det bemærkes, at der bag Handelens bygninger ligger en gedestald. Det var på dette tidspunkt ikke ualmindeligt, at Handelens og missionens folk i den sydlige del af Grønland holdt geder til supplement af det forråd, der blev sendt op fra Danmark eller fanget lokalt. Det Kongelige Bibliotek, Rinks samling nr. 63.

handle (Olsen & Petersen 1990).[30] Henimod slutningen af århundredet begyndte østgrønlænderne også at købe rifler og ammuniton. Nansen nævner fra sit ophold på østkysten i 1888 netop disse våben som eksempler på, hvilke varer, der blev købt på handelsrejserne til Vestgrønland (Rink 1877: 320–321; Nansen 1890: 294–295). Indhandlingen bestod først og fremmest af spæk og skind. Hvad angår skind, gjorde der sig det særlige forhold gældende, at der i Pamialluk blev indhandlet en del af de kostbare isbjørneskind.

Rink nævner ved flere lejligheder, at indhandlingen ved Pamialluk var på højde med eller bedre end flere af kolonierne i landet (Rink 1877: 320).[31] Et enkelt eksempel kan demonstrere dette. I efteråret 1882 udarbejdede kolonibestyrer Carl Lytzen en "Produktionsliste for Kolonien Julianehaab" over indhandlingen af produkter i første halvdel af handelsåret 1882–1883 i Julianehåb Distrikt. Listen viser, at Nanortalik og Pamialluk tilsammen dette halvår leverede næsten halvdelen af alt spæk og alle sælskind i distriktet. Af de to indhandlingssteder var Pamialluk det mest produktive sted med omkring en fjerdedel af alt spæk og mellem en fjerdedel og en tredjedel af alle sælskind i distriktet. I Julianehåb Distrikt var desuden indhandlet 15 isbjørneskind, deraf tre i Nanortalik og syv i Pamialluk (Fig. 39).[32]

Tallene for disse sydligste indhandlingssteder skal ses i forhold til, at Julianehåb var det mest folkerige distrikt og i samtiden blev anset som den mest produktive og indbringende af kolonierne i Grønland (Mathiesen 1852: 19–20; Mørch 1942). Pamialluk havde således i sammenligning med datidens øvrige handelspladser i Grønland en relativt stor indhandling, og Handelens resultater i det sydligste Grønland som helhed levede

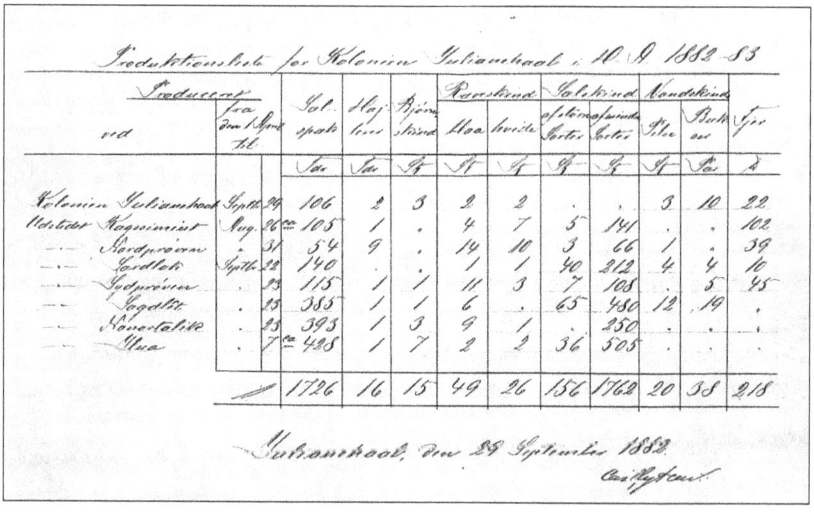

Produktionsliste for Kolonien Julianehaab i 1/2 Aar 1882–83

Producent ved	fra den 1 April til		Sælspæk	Hajlever	Bjørneskind	Ræveskind blaa	Ræveskind hvide	Sælskind af store Sorter	Sælskind af mindre Sorter	Vandskind Sæler	Vandskind Bukser	Fjer
			Tdr	Tdr	Stk	Stk	Stk	Stk	Stk	Stk	Par	℔
Kolonien Julianehaab	Septbr.	29	106	2	3	2	2	.	.	3	10	22
Udsteder Kagssimiut	Aug.	26	ca. 105	1	.	4	7	5	141	.	.	102
— Nordprøven	.	31	54	9	.	14	10	3	66	1	.	39
— Lichtenau	Septbr.	22	140	.	.	1	1	40	212	4	4	10
— Sydprøven	.	23	115	1	1	11	3	7	108	.	5	45
— Sagdlit	.	25	385	1	1	6	.	65	480	12	19	.
— Nanortalik	.	25	393	1	3	9	1	.	250	.	.	.
— Ilua	.	7	ca. 425	1	7	2	2	36	505	.	.	.
			1726	16	15	49	26	156	1762	20	38	218

Julianehaab, den 29 September 1882
Carl Lytzen

Fig. 39. Kolonibestyrer i Julianehåb Carl Lytzens indberetning vedrørende handelsåret 1882-1883 indeholdt et bilag med en samlet oversigt over produktionen for kolonien Julianehåb. Listen viser arten af indhandlede produkter og disses fordeling på indhandlingssteder i distriktet. Indhandlingen i Kap Farvel-området fremgår af tallene for udstedet Ilua, dvs. Pamialluk: op mod en fjerdedel af det indhandlede sælspæk, en tredjedel af sælskindene og halvdelen af de kostbare isbjørneskind kom fra denne del af kolonidistriktet. Rigsarkivet.

således til fulde op til de forventninger, der var blevet givet udtryk for ved århundredets begyndelse.

De gode resultater betød en udvidelse af handelsnettet mod syd og opførelse af handelsstationer i Kap Farvel-området, så også en kontinuerlig handel med befolkningen i Østgrønland blev sikret. Opførelsen af handelsstationer blandt den grønlandske fangerbefolkning var endvidere i overensstemmelse med Handelens generelle politik, der gik ud på, at befolkningen skulle bo spredt, og at Handelen i høj grad skulle opsøge befolkningen for at indhandle deres produkter. Således var Handelen tydeligvis ikke interesseret i, at østgrønlænderne på deres handelsrejser skulle komme længere end til Pamialluk, og opførelsen af det sidste udsted, Itilleq, viser, at man heller ikke var interesseret i, at den befolkning, der stadig levede i Østgrønland, skulle flytte til Vestgrønland, blot man kunne sikre den handelsmæssige forbindelse.

Deri lå en interessemodsætning og et konfliktstof til missionen, der samtidig med Handelen etablerede sig i området for at tiltrække

Fig. 40. Nanortalik 1899 set mod nord. Handelens anlæg er efter sædvanlig skik etableret i tæt tilknytning til en naturlig havn. I havnen ligger et fartøj, der har været anvendt til sejlads i distriktet, forsyning med varer til handelsstationernes butikker og afhentning af indhandlede varer. Hovedparten af bygningerne, af hvilke flere er bygget af sten, hører i dag til Nanortallip Katersugaasivia/Nanortalik Museum. Foto: Bohlmann/Arktisk Institut 48228.

østgrønlandske indvandrere og knytte dem tæt til sig også rent geografisk (Fig. 40).

De europæiske aktører – missionen

Med handelens ekspansion i Sydgrønland fulgte missionen. I anden halvdel af 1700-tallet og i dele af 1800-tallet led den danske mission stærkt af pengemangel, og i 1792 måtte Missionskollegiet trække en del af missionærerne i Grønland hjem, hvorefter der kun var fem missionærer til at dække hele Vestgrønland. Under krigen mod England 1807–1814 forværredes forholdene yderligere, da de resterende missionærer på nær en enkelt returnerede til Danmark. I årene efter krigen var de økonomiske forhold i Danmark i lang tid dårlige, hvilket også berørte missionen i Grønland med en langsom genbesættelse af pladserne til følge. Julianehåb Missionariat var uden missionær 1811–1817, og i tiden derefter måtte man i flere år dele missionær med det nordligere beliggende Frederikshåb Missionariat (Gad 1984: 168, 191, 205f; Madsen 1975: 96). Den danske mission var således fra begyndelsen svagt stillet i det folkerige Julianehåb Distrikt. Det skabte gunstige betingelser for den konkurrerende Brødre-mission.

Brødremissionen, herrnhuterne, udbredte efter oprettelsen af deres første missionsstation Neuherrnhut ved Godthåb i 1733 deres aktiviteter i Grønland med et antal missionsstationer, dog kun mod syd. Herrnhuterne kendte også til den store befolkningsgruppe i Sydgrønland, og de har ligeledes kendt til Handelens overvejelser om at oprette en handelsstation i området. Det ville give dem mulighed for at operere i området, og de har tilsyneladende ikke været så længe om at beslutte sig. I 1774 oprettede de missionsstationen Lichtenau ved Alluitsoq syd for den kommende koloni Julianehåb og rykkede således ned i Sydgrønland et år før den danske handel og mission (Christensen 1983; Kleivan 1983).

Fra Lichtenau kunne de herrnhutiske missionærer på nærmeste hold følge Handelens forsøg på at udstrække interesserne endnu længere sydpå. De har selv fået kendskab til og endda direkte kontakt med grupper i den store befolkning, der boede ved Kap Farvel og ikke mindst på østkysten. De har der set en mulighed for at opdyrke en ny missionsmark og udvide deres menighed i Grønland betragteligt. Men først skulle forholdene undersøges med egne øjne.

En dag i juli 1821 skrev bestyreren i Nanortalik Emmanuel Arøe i sin dagbog: "Om aftenen kom Hrr Kleinschmidt fra Lichtenau hertil, for at giøre en Undersøgelses Reise til Statenhuk i deres Missions Forretning", og tolv dage senere noterer han: "Om Eftermiddagen kom den Evangeliske

Lærer Hrr: Kleinschmidt tilbage fra Statenhuks Reisen og berettede: at
Landet var smukt dernede".[33] Bag disse lakoniske optegnelser ligger de
indledende praktiske skridt til etableringen af en missionsstation ved
Kap Farvel, nemlig den herrnhutiske missionær i Lichtenau Conrad
Kleinschmidts undersøgelsesrejse til området.

Allerede dagen efter at være returneret til Lichtenau skrev Klein-
schmidt en beretning, der kom til at ligge til grund for en ansøgning hos
kongen. Ansøgningen blev fremsendt af Brødremenighedens agent i
København, Johannes Reufs, der anmodede om tilladelse til at anlægge
en missionsstation ved Statenhuk. Han gengav Kleinschmidts vurdering
af, at der boede op mod 500 mennesker i området, og at der var fundet
en god plads til at anlægge en mission. Han slog desuden på det forhold,
at en medfølgende konsekvens ville være en forbedring af kontakten
med folk fra Østgrønland, af hvilke nogle tidligere havde overvintret i
Lichtenau og var interesserede i at blive kristnede, men var returneret.[34]
Ansøgningen blev behandlet i Missionskollegiet, og der blev i vurderingen
lagt vægt på, at det var tvivlsomt, om den danske handel, og dermed også
den danske mission, overhovedet ville udvide deres interesser længere
mod øst, og at herrnhuternes initiativ således ikke ville være til skade for
den danske mission.[35] I en efterfølgende kongelig resolution af 26. februar
1822 fik Brødremenigheden tilladelse til at oprette "en Missionspost blandt
de grønlandske Hedninger ved Statenhuk", men med den udtrykkelige
forudsætning, at man ikke bevægede sig ind på det danske missionsdistrikt.[36]

Der gik dog et par år, inden missionsstationen blev etableret, bl.a.
var Kleinschmidt 1823–1824 i Europa, hvor han i såvel Danmark som
blandt Brødremenigheden og dens ledelse i Tyskland var aktiv for at gøre
opmærksom på sig selv og sine planer (Wilhjelm 2001: 46). I foråret 1824
kunne Reufs imidlertid informere Missionskollegiet om, at Kleinschmidt
ville returnere til Grønland og ved Statenhuk anlægge en ny missionsstation,
der ville få navnet Friedrichsthal, opkaldt efter den danske konge Frederik VI.
Året efter kunne han meddele, at Friedrichsthal nu var anlagt, og vedlægge
en grundig beretning herom fra Kleinschmidt og to andre missionærer.[37]
Missionsstationen blev anlagt på lokaliteten Narsaq, der lokalt også
benævnes Narsarmijit, svarende til vestgrønlandsk Narsarmiut, og alle
disse betegnelser fremkommer i kildematerialet.[38] I en indberetning til
Missionskollegiet i 1826 kunne Reufs fra Friedrichsthal orientere om, at
bopladsen nu var beboet af mere end 300 indbyggere, og at der ville blive
opsendt materialer til Friedrichsthal til opførelse af en kirke (Fig. 41).[39]

Befolkningen i Kap Farvel-området og de østgrønlændere, som i
løbet af 1800-tallet indvandrede til vestkysten, og som for hovedpartens
vedkommende slog sig ned i netop dette område, blev døbt af de herrnhutiske
missionærer og blev dermed medlemmer af menigheden i Friedrichsthal.

Fig. 41. Herrnhutiske missionsstationer i Grønland. Brødremenighedens første missionsstation Neuherrnhut blev anlagt i 1733 i umiddelbar tilknytning til kolonien Godthåb. I de følgende år udvidede man aktiviteterne mod syd, så der efterhånden var i alt seks herrnhutiske missionsstationer i Grønland. De to sidst tilkomne stationer Uummannaq og Illorpaat fungerede som filialer under henholdsvis Neuherrnhut og Lichtenau.

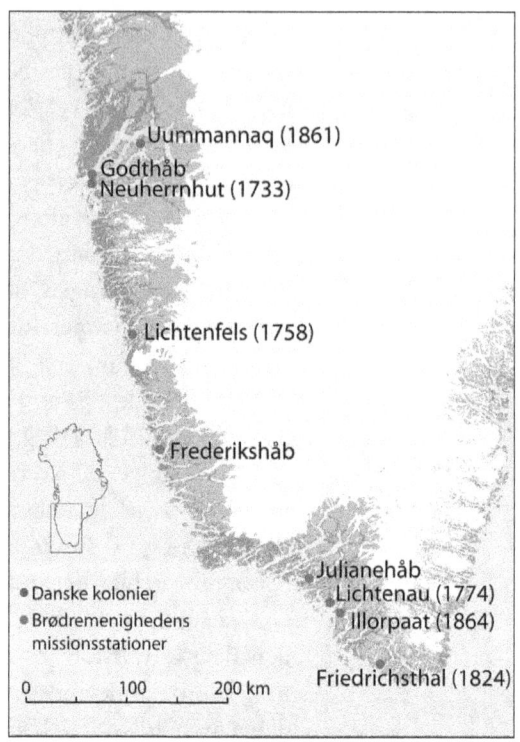

Den præcise betegnelse for den tyske menighed på grønlandsk er *Qatanngutigiinniat*, en afledning af Brødremenigheden, men den grønlandske betegnelse *noorliit* (dem yderst på næsset), som i daglig tale lokalt blev anvendt for missionsstationen Neuherrnhut ved Nuuk, blev efterhånden også almindelig som fællesbetegnelse for medlemmerne af de herrnhutiske menigheder andre steder i landet. I 1901 beskrev den grønlandske præst Jens Chemnitz oprindelsen og brugen af "noorliit" og det parallelle udtryk *avannarliit* (de nordligst boende), som blev anvendt om den danske menighed og dens medlemmer. Dette skete kort tid efter Brødremenighedens ophør i Grønland, og Chemnitz konkluderede, at denne deling af menighederne nu ikke længere var aktuel.[40] "Noorliit" anvendes dog stadig i en vis udstrækning, ikke alene som betegnelse for herrnhuterne, men også i den generelle betydning af tyskere (Berthelsen et al. 1990; Wilhjelm 2001: 117).

Herrnhuterne og missionen i Friedrichsthal

Brødremenigheden opstod, da en lille flok protestanter i 1722 flygtede fra Mähren og fik tilladelse til på et gods i det sydøstlige hjørne af Sachsen at oprette landsbyen Herrnhut. Der grundlagdes menigheden, og derfra udgik allerede fra 1732 Brødremenighedens missionsvirksomhed. Brødremenigheden står for en pietistisk-evangelistisk kristendomsopfattelse og havde i en kort periode i begyndelsen af 1700-tallet den pietistiske danske kong Christian VI's bevågenhed og tilgang fra kredse i bl.a. København. På grund af sin radikalisme kom menigheden allerede før udsendelsen af de første herrnhutiske missionærer til Grønland i 1733 under angreb fra kirkelige kredse og blev derefter kun lige akkurat tålt i Danmark, mens missionsarbejdet i de danske kolonier blev accepteret fra centralt hold. I Grønland var det oprindeligt hensigten, at Brødremenighedens missionærer skulle støtte den allerede etablerede danske mission, men fra starten etablerede de herrnhutiske missionærer sig for sig selv. På trods af dette og på trods af de eksisterende forskelle og de følgende års konflikter med ikke alene den danske mission men også med Handelen, bakkede den enevældige danske konge og efterfølgende Missionskollegiet op om herrnhuternes tilstedeværelse i de 167 år, de fungerede i Grønland.

Brødremenigheden havde ikke nogen egentlig teologi men var først og fremmest praktisk organiseret. Man gik i missionsarbejdet ikke ind for en langvarig undervisning og grundig læring af tekster og grundbegreber før dåben. Derimod lagde man vægt på, at den enkelte frem for tillært viden skulle følge sine følelser, og at indtræden i menigheden skulle føles som en personlig oplevelse. Det centrale var altså omvendelsen, hvorefter man skulle arbejde på at leve et kristent liv i overensstemmelse med menighedens gældende regler og moral. Oprindeligt var missionsarbejdet således lagt an på den enkeltes åndelige erkendelse og ikke masseomvendelser. Det sidste var imidlertid, hvad der rent faktisk skete i Grønland (Wilhjelm 2001: 30–31). Det var fx ved samlet dåb af familier eller store grupper, der havde slået sig ned ved missionsstationen, hvilket ikke mindst materialet fra Friedrichsthal viser, og de herrnhutiske missionærer døbte langt hurtigere end missionærer ved den danske mission. Missionærerne var som regel ikke teologer men lægfolk, fx håndværkere, og da de ofte var i landet i mange år, ikke ualmindeligt resten af livet, opnåede mange af dem en god beherskelse af det grønlandske sprog. Det styrkede dem i deres arbejde med den grønlandske befolkning (Bredsdorff 2003; Thuesen 2007).

Såvel i de danske som i de tyske missioner i Grønland var missionsarbejdet og undervisningen fra starten snævert forbundne, og de herrnhutiske missionærer stod således også for skolearbejdet i deres menigheder. På missionsstationer underviste missionærerne selv, men man benyttede sig også af grønlandske hjælpere. Specielt på bopladserne, der kun med store mellemrum blev besøgt af missionærerne, var det uomgængeligt nødvendigt med hjælpere og undervisere, der ofte var én og samme person, og indberetningerne oplyser jævnligt om arbejdet med disse: rekruttering og oplæring, møder i Friedrichsthal, inspektionsrejser, deres sociale forhold m.m.[41] På et tidspunkt udsendtes på grønlandsk en instruks for hjælperne og underviserne, hvori det bl.a. påpegedes, at hjælperne skulle træde i missionærernes sted og fx hver søndag læse teksten, stå for begravelser, meddele fødsler og formane dem, der ikke levede efter reglerne. Undervisernes hovedopgave var at lære børnene om kristendommen og lære dem at læse, så de selv kunne læse Guds ord. Regning og skrivning kunne eventuelt gennemføres for de dygtigste elever, for de øvrige var det lige meget.[42] Mens den danske mission efter oprettelser af seminarier i 1845 styrkede uddannelsen af kateketer, lykkedes dette trods flere forsøg aldrig for herrnhuterne i Grønland. Undervisernes faglige forudsætninger var oftest meget dårlige, og undervisningen i de herrnhutiske menigheder var da også jævnligt udsat for kritik fra dansk side.

De herrnhutiske samfund i Europa levede i vid udstrækning med en særegen organisering og ud fra egne regler, og menighedens medlemmer blev udsat for en streng kirketugt, hvis de forbrød sig. Missionærerne i Grønland forsøgte at indføre det herrnhutiske særpræg i deres menigheder men uden det store held. Fx forsøgte man i missionens første år at følge skikken i de europæiske menigheder med at overlade afgørelser om giftermål og navngivning til Herren, hvilket i praksis skete ved lodtrækning, men dette blev opgivet. Endvidere forsøgte man at indføre korordningen, ifølge hvilken medlemmerne bl.a. skulle bo i særlige huse for enker, ugifte mænd, ugifte kvinder, drenge, piger m.m., hvilket helt ville have ændret de grønlandske boligformer og samfundets sociale organisering. Det mislykkedes ligeledes og blev opgivet i 1783. Man bibeholdt dog ideen om særlige forsamlinger, og i korrespondancen fra missionærerne i Friedrichsthal berettes jævnligt om fx det fælles aftensmåltid ("Abendmahl") og forsamlinger med pigerne, drengene, kvinderne osv.

I de herrnhutiske menigheder blev der stillet strenge moralske krav, der var svære at leve op til, som forbud mod dans og seksuelt samvær før ægteskabet, og eksemplerne på kirketugt er mange. På nogle måder havde de herrnhutiske menigheder deres særlige præg, som smittede af på hele det grønlandske samfund. Mange traditioner fortsatte efter herrnhuternes tid i landet, fx den firstemmige sang og anvendelsen af blæseinstrumenter ved forsamlingerne, afsyngningen af salmer uden for husene ved juletid, *silatangiaaneq*, og kvindernes farvede bånd i hårtoppen til markering af hvilken gruppe de tilhørte, en reminiscens af forsøget på inddeling i kor.[43]

Brødremenighedens missionærer skulle i pricippet være selv-forsynende og skaffe midler til missionen og livets opretholdelse gennem egne erhvervsmæsige aktiviteter i det lokalsamfund, hvor de enkelte missionsstationer var etableret. I Labrador, hvor man blandt den derboende eskimoiske befolkning fra 1771 og frem oprettede en række missionsstationer, tildelte de koloniale myndigheder de enkelte missionsstationer retten over et bestemt område, hvor andre ikke måtte handle eller slå sig ned uden missionærernes tilladelse (Nowak 1999: 175; Brice-Bennett 2003). En sådan økonomisk sikring havde Brødremenigheden ikke i Grønland, og missionærerne undlod da heller ikke at sammenlige med kollegernes gunstigere kår i Labrador.[44] Men i Grønland var al handel forbeholdt det danske handelsmonopol. Alternativet, helt at leve af fangst og fiskeri, var udelukket, så eneste reelle mulighed var finansiering udefra.

Når herrnhuterne derfor i den grad kunne tage konkurrencen op med den danske mission og i Julianehåb Distrikt i flere tilfælde så at sige være foran denne, skyldtes det ikke kun den danske missions svaghed, men i nok så høj grad et levende engagement fra herrnhuternes menigheder i Europa og endog fra deres missionsstationer i andre dele af verden. Der er eksempler på, at de har modtaget hjælp fra menigheder i Vestindien og Surinam. Der kunne være tale om økonomiske midler, men også skolemateriale, tøj, blæseinstrumenter og andet, der kunne indgå i missionsarbejdet, være til gavn for missionærerne og deres familier eller anvendes som betaling til menighedens medlemmer for tjenesteydelser.[45] Den åndelige og økonomiske støtte, de herrnhutiske missioner i Grønland modtog i form af bl.a. forsyninger og gaver, stillede dem tilsyneladende gennemgående økonomisk stærkere end den danske mission. Således var såvel Lichtenau som Friedrichsthal missionsstation i hele perioden 1824–1900 normalt besat med tre missionærer, mens der i Julianehåb kun var en enkelt dansk missionær til at dække hele den øvrige del af Sydgrønland (Christensen 1983: 243; Kleivan 1983: 225–226; Gad 1984: 208) (Fig. 42 og 43).

Alligevel præges breve og indberetninger fra Friedrichsthal fra især sidste del af 1800-tallet af, at det har været stadigt vanskeligere at skaffe midler til at drive missionen, og missionærerne blev udsat for økonomiske stramninger. På et tidspunkt har økonomien været så stram, at det blev besluttet at opfordre menighedens medlemmer i Friedrichsthal til at yde kontante bidrag til missionens drift, men det var en fiasko. I stedet diskuteredes senere et forslag om, at menighedens medlemmer selv skulle betale for fortæring ved forsamlingerne. Missionærerne gav som forklaring på det manglende engagement fra menighedens medlemmer, at folk var fattige, og oplyste, at nogle gerne ville støtte med naturalier, fx spæk, men ikke med penge.[46] Trods disse økonomiske problemer valgte man alligevel i første omgang at fortsætte tilstedeværelsen i landet, og det lykkedes endda at skaffe midler til også at opføre kapeller i Friedrichsthals distrikt til brug for forsamlinger og undervisning i forbindelse med missionærernes arbejde ude i distriktet. Det første af disse stod færdigt til anvendelse i Pamialluk i 1859, hvor også danske missionærer havde ytret ønske om opførelse af et hus til brug i missionens arbejde, men aldrig kom igennem med dette.[47] Det andet kapel opførte herrnhuterne på bopladsen Illukasik, hvor arbejdet igangsattes så sent som i 1899.[48]

Det var dog ikke kun økonomiske problemer, der gjorde situationen usikker for missionærerne og deres familier. Det har som udgangspunkt været svært at vænne sig til livet i de for dem så uvante omgivelser. I en dagbogsfortegnelse fra 1830 beskriver missionær de Fries isolationen og ensomheden i det kolde land med den skarpe nordenvind, hvor ravnene var hundrede gange flere end menneskene.[49] Endvidere indeholder breve og indberetninger gennem hele perioden oplysninger kombineret med magtesløshed over menighedens sociale forhold og fattigdommen, over befolkningens overdrevne salg af skind og spæk, køb af luksusvarer som kaffe og tobak, samt de hyppige epidemier og deraf følgende dødsfald. Missionærerne kunne ikke gøre meget ved den situation bortset fra, at de i de værste situationer støttede med bl.a. mad og tøj, ligesom der er eksempler på, at de gav hjælp til indkøb af materialer til kajakker.[50]

De fleste frustrationer og det største mismod finder man dog, når talen kommer på resultaterne af selve missionsarbejdet. Dåbsarbejdet gik for så vidt glimrende, og menigheden voksede støt. Men missionærerne havde ikke nogen forståelse for grønlændernes grundlæggende livsopfattelse af hele tilværelsen, det materielle og det åndelige, som en samlet helhed, og overgangen til kristendommen som et ud af flere midler til overlevelse. De så den manglende interesse for kristendommen og negligeringen af de krav til livsførelsen, som var en del af budskabet, som udtryk for en ren materialistisk holdning og ligegyldighed over for åndelige forhold (Wilhjelm 2001: 31–32). Menighedens medlemmer hang ifølge missionærerne ved, hvad de kaldte hedenskabet, overtroen og tryllerierne, og alle forsøg på at føre den enkelte på rette vej syntes frugtesløse. Ind i mellem udtryktes der nogenlunde tilfredshed ved tilstanden omkring selve missionsstationen, mens forholdene på bopladserne, følte man, var så ukristelige, at missionærerne endog måtte påkalde sig Herrens hjælp: "Herr Hilf uns!".[51] At missionærerne har reflekteret over de mulige forskelle i grønlandsk og tysk livsopfattelse fremgår af en artikel i et herrnhutisk missionsblad, hvor missionær Zucher citeres for i en indberetning at have skrevet følgende overvejelse om den manglende forståelse af et andet folk: "Herren vil vistnok maale Grønlænderne med et heelt andet Maal end vi Europæere saa let ere tilbøielige til, for saa bagefter alt for ofte at maatte erkjende, at vi havde taget Feil".[52]

De herrnhutiske missionærers situation i Grønland var også præget af forholdet til danskerne. På centralt plan var man afhængigt af forståelse

Fig. 42. Akvarel af Friedrichsthal udført i 1846 af Jakob Arøe. Der findes flere forlæg til dette billede, bl.a. fra 1834. I midten af billedet ses Brødremenighedens missionsbygninger med kirken, missionærernes bolig, gedestald og depot, samt den indhegnede have. Missionsstationen lå på en lille slette, der ligger til grund for de lokalt anvendte grønlandske navne Narsaq og Narsarmijit (sletten og slettens beboere). Til højre elven Narsap Kuua, af herrnhuterne betegnet Königsbach. Grønlændernes boliger ses bag fjeldet til venstre, samt i billedets højre side tæt ved bugten. Ved bugten ses endvidere nogle konebåde og en række telte, der kan have været beboet enten af folk på stedet, der er rykket ud af vinterboligerne, eller tilrejsende, fx fra Østgrønland. Etnografisk Samling, Nationalmuseet, L18.285.8.

og gode relationer til Missionskollegiet og KGH, og som det senere vil fremgå, eksisterede der i løbet af herrnhuternes tilstedeværelse i Grønland nogle mere principielle modsætningsforhold til specielt Handelen, der med mellemrum kom i udbrud også i Kap Farvel-området og skabte konflikter. På lokalt plan var det ofte et spørgsmål om, hvordan de lokale folk i Handelen og de to missioner fungerede sammen, og her synes forholdet generelt at have været godt.

De danske myndigheder prioriterede en politik, der tilgodeså Handelen og dennes økonomiske interesser. Det førte til gentagne konflikter mellem Handelen og de herrnhutiske missionærer, der bl.a. måtte indrette sig under kravet om, at den grønlandske befolkning af hensyn til udnyttelse af ressourcerne skulle bo spredt, og at man de steder, hvor der allerede var

Friedrichsthal in Grönland.

Fig. 43. Billede af Friedrichsthal af ukendt kunstner, men trykt i Niesky i Sachsen. Det er tydeligt, at kunstneren ikke har været i Grønland og set forholdene ved selvsyn, idet formerne på grønlændernes huse, telte og konebådene, der ligger på stranden med bunden i vejret, er forkerte. Forlægget kan være Arøes billede, se fig. 42, der er malet fra helt samme vinkel, dog ses på dette billede også en klokke opstillet ud for kirken. Mellem haven og bugten er desuden en flok geder og en gedehyrde. Unitätsarchiv der Evangelischen Brüder-Unität, TS Mp 122 04.

sket en koncentration af befolkningen, skulle arbejde for, at folk flyttede ud i distriktet. På et tidspunkt forbød Handelen missionærerne at handle med den lokale befolkning og i øvrigt yde hjælp til denne af frygt for, at dette ville fastholde folk på stedet. Det fremgår tydeligt af missionærernes breve til Herrnhut, at de følte sig chikaneret af Handelens krav. Da der til sidst blev nedlagt forbud mod, at yderligere indvandrere måtte slå sig ned ved missionsstationen, og da der endog fremkom planer om at oprette en handelsstation nærmere østkysten til at opsuge de sidste indvandrere, frygtede man, at der så ikke ville være flere at forkynde budskabet til.[53]

Endelig skal det ikke glemmes, at samtidens dansk-tyske forhold næppe kunne undgå at have en ikke ringe indflydelse på forholdet mellem danskerne og tyskerne i Grønland. I disse år var på den ene side Danmark og på den anden side Preussen og Østrig, begge medlemmer af Det tyske Forbund, i åben krig i forbindelse med de slesvigske krige i 1848–1850 og i 1864. Danmark måtte ved nederlaget i den sidste krig afstå Slesvig-

Friedrichsthal

Fig. 44. Friedrichsthal tegnet 1868 af Carl Julius Spindler, der var missionær på stedet fra 1864 til 1868. Missionsstationen ses i midten af billedet, grønlændernes boliger til højre. Mellem disse ses en mindre træbygning, der kan være tjenerindernes bolig. Bag missionsstationen ses en dal, hvorfra kraftige føhnvinde med mellemrum blæser ned mod havet. Neden for denne opførte missionærerne det første hus, et jordhus, men allerede den anden vinter blev det beskadiget i et stormvejr, og det besluttedes at opføre de efterfølgende træbygninger, så de lå i læ for de stærke vinde. Unitätsarchiv der Evangelischen Brüder-Unität, TS BD 21 007a.

Holsten til Preussen og Østrig. Det skabte i den danske befolkning et spændt forhold til de tyske naboer, og det har i Grønland smittet af på holdningen til herrnhuterne og forstærket den danske kritik af dem og deres tilstedeværelse. Det er derfor forståeligt, at de tyske missionærer i perioder har følt, at deres tilstedeværelse i landet kun lige akkurat var tålt, og i nogle tilfælde endda har givet udtryk for, at der fra dansk side blev udvist en direkte fjendtlig holdning.[54]

Den herrnhutiske missions periodevist vanskelige situation i forhold til danskerne og de danske myndigheder betød dog ikke, at de herrnhutiske missionærer og deres menigheder blev isoleret i forhold til det øvrige samfund, eller at der skabtes modsætningsforhold mellem de lokale befolkningsgrupper. Tværtimod blev såvel herrnhutiske missionærer som repræsentanter fra de herrnhutiske menigheder medlemmer af forstanderskaberne, som fra midten af 1800-tallet blev indført med henblik på at skabe en samlet samfundsmæssig forståelse og inddrage grønlænderne som deltagere i udviklingen i Grønland. Grønlænderne udgjorde således ét samfund, men der eksisterede i samfundet to missioner (Fig. 44).

I 1900 forlod de herrnhutiske missionærer Grønland efter en årelang intern diskussion i Brødremenighedens organer og blandt missionærerne i Grønland, en diskussion som også i perioder satte sit præg på brevene fra eksempelvis Friedrichsthal. Begrundelsen var angiveligt, at missionens egentlige mål, arbejdet i missionsmarken blandt hedningene, var tilendebragt, da nu alle grønlændere efterhånden var kristnede eller underlagt en kristen menighed. Der har dog givet også være et økonomisk incitament, da det blev stadigt sværere at skaffe midler til missionen i Grønland. De herrnhutiske menigheder og deres hjælpere og læsere overgik til den danske mission, der også overtog herrnhuternes bygninger (Kleivan 1983: 232; Wilhjelm 2001: 29–39; Kjærgaard & Kjærgaard 2003: 39–56).

Med Brødremenighedens tilbagetrækning afsluttedes et kapitel i den grønlandske historie, som har sat sine tydelige præg. Dette gælder ikke mindst i Kap Farvel-området. Missionsstationen Friedrichsthal blev anlagt midt på handelsruten mellem Vest- og Østgrønland. Målet for de herrnhutiske missionærer var at kristne de tilrejsende østgrønlændere, lade dem bosætte sig omkring missionsstation og dermed skabe deres egen menighed, hvilket også lykkedes.

Indvandringen fra Østgrønland

Kap Farvel-områdets historie er i 1800-tallet domineret af kontakten til Østgrønland og de østgrønlandske indvandrere, der bosatte sig i området. De skriftlige kilder for de første år er få og oplysningerne tilsvarende sporadiske, men efterhånden giver indberetninger og breve fra Handelen og den tyske og danske mission et stadigt tydeligere billede af begivenheder og udvikling i 1800-tallet. Det er således muligt at skabe sig et skøn over omfanget af indvandringen, af hvilke faser og perioder den især fandt sted i, samt nogle forklaringer på, hvorfor folk valgte at flytte fra Østgrønland og slå sig ned i Kap Farvel-området.

Nanortaliks første udligger, David Kleist, førte tilsyneladende ikke dagbog, eller den er ikke bevaret, og i dagbøgerne fra den samtidige, tidligere nævnte købmand ved Julianehåb, Johan Chr. Mørch, forekommer kun enkelte generelle oplysninger om indhandling, fangst, sundhedsforhold m.m. fra det sydlige anlæg. Som tidligere vist gav handelen ved Nanortalik gode resultater de første år, og forventningerne til anlægget var store. Englandskrigene 1807–1814 medførte imidlertid store forsyningsproblemer for de danske kolonier i Grønland, og dette gik også i høj grad ud over handelen med grønlænderne. I 1810 skrev Mørch, at "de sydre Grønl: komme saare sielden til Anlægget, da ingen Tobak er at faa".[55] At grundlaget for en indbringende handel i det sydlige område ellers syntes at være til stede, fremgår af Mørchs oplysning om, at der i den nordlige del af Julianehåb Distrikt var 33 fangere, mens der i det sydlige distrikt var mere end det dobbelte.[56]

I 1817 blev David Kleist afløst af Immanuel Arøe,[57] og fra hans hånd foreligger en række dagbøger fra Nanortalik op til slutningen af 1820'erne. Arøe har i sine dagbøger kortfattet og uden mange detaljer noteret en lang række begivenheder og udførelser af praktiske opgaver for Handelen ved Nanortalik. Han noterer bl.a. når han har handlet med befolkningen, fx "handlet med nogle Hedninger" og "blev handlet med Christne og Hedninger". 29. marts 1819 kom "nogle Hedninger Syd fra med en Konebaad med Spæk, hvilket blev indhandlet og betalt", og 15. september 1820 var der "Handel med Hedninger og Østbøggder". 3. maj 1822 var der "Handel med nogle Østbøggdere, som reiste strax Telte". Dagen efter sendte Arøe to grønlændere til Julianehåb efter tobak, som der var opstået mangel på, og "Østbøggden Kutuk fulgte med for at see Kolonien". Ud for 29.–31. juli 1823 er at læse: "handlet med Grønlændere; samt Østbøggder, som leverede Spæk og gode Skind". 3. juni 1824 sendte Arøe bud til Julianehåb "med den døbte Theophilus og 2 Østbøggder, nemlig Husmesteren Kakalak og den meget høje Enernek". 26. april 1827 var der handel hele dagen med "Syd-, Nordlændere og KapFarveller" mens der 19. juli samme år var "god Handel med Østbøggder" (Fig. 45).[58]

Arøes dagbøger er fyldt med disse korte oplysninger om handels-aktiviteterne ved Nanortalik. Alt tyder således på, at der igen er kommet gang i handelen efter de magre år under krigen mod England. Disse udpluk viser også, at Nanortalik tidligt har dækket et stort område, idet handelen ikke kun er foregået med den lokale befolkning. Folk er kommet helt fra Kap Farvel-området i syd, og der var også "Handel med tydske Grønlændere",[59] dvs. folk fra den herrnhutiske menighed i Lichtenau nord for anlægget. Dette forhold kunne tyde på en del rejseaktivitet i området. Ekstraordinær megen rejseaktivitet ligger der dog bag de næsten årlige oplysninger om handel med "Østbøggder", altså folk fra Østgrønland. De fleste af disse østgrønlændere synes at være ankommet til Nanortalik i løbet af sommeren, hvor betingelserne for at rejse langs østkysten og omkring Kap Farvel er bedst, og de er som regel sandsynligvis kommet rejsende direkte fra Østkysten. Det tidlige tidspunkt i 1822, 3. maj, indikerer derimod, at dette rejseselskab må have overvintret i Kap Farvel-området, før det er kommet frem til handelsstationen.

Om egentlige indvandringer fra Østgrønland er de første kilder mere sparsomme på oplysninger. Købmand Mørch omtaler fjorten fangere fra Østgrønland, der allerede i sommeren 1798 skulle have slået sig ned syd for Nanortalik (Mørch 1942: 130), og i 1803 beretter inspektør Myhlenport, at efter Nanortaliks oprettelse som handelsanlæg "samlede Østbøygderne sig mere og mere deromkring" (Ostermann 1918: 8, note 3). Det kan dog konstateres, at indvandringer og bosættelser har fundet sted lige efter anlæggelsen af Nanortalik og i årene derefter, men noget generelt billede kan ikke gives for dette tidlige tidspunkt.

1824 etablerede Brødremenigheden imidlertid missionsstationen Friedrichsthal syd for Nanortalik, og som en direkte følge heraf er resten af dette århundrede karakteriseret af dels en stadig, til tider kraftig, indvandring af østgrønlændere, som slog sig ned i og omkring missionsstationen, dels et betydeligt større skriftligt kildemateriale til belysning af såvel denne indvandring som kulturmøderne i Kap Farvel-området som helhed.

Fig. 45. Udsigten fra Aluk mod nordøst langs den østgrønlandske kyst en dag i august. Storisen ligger tæt og gør enhver sejlads yderst besværlig, i værste fald umulig. For rejser til og fra Østgrønland kunne sådanne forhold betyde langvarige forsinkelser, og i nogle tilfælde blev det nødvendigt at overvintre på stedet. Forsøgte man alligevel at komme videre, risikerede man, at konebådens skind blev flået i stykker af isen. Foto: E. L. Jensen 2004, Nationalmuseet.

Fig. 46a og b. Opslag i Friedrichsthals kirkebog. Hvert af menighedens medlemmer er indført med nummer samt en række oplysninger, som, når de stykkes sammen, bidrager til at give et billede af den pågældende person. Kirkebogens rubrikker indeholder læst fra venstre: nummer i kirkebogen, døbenavn og for de indvandrede østgrønlændere tillige det tidligere navn. Så følger oplysninger om familiære relationer angivet med referencer til andre numre i kirkebogen. Derefter kommer fødselsdag, dag og år for dåben samt navnet på den missionær, der har udført dåben. Dernæst dato for det såkaldte aftensmåltid ("Abendmahl"), som kan sidestilles med konfirmation. Næste rubrik oplyser med hvem, vedkommende er blevet gift, og refererer med et nummer til en mere udførlig liste over alle vielser ved missionsstationen. Den følgende rubrik indeholder oplysning om dødsdato og ofte også om dødsårsag. Endelig forekommer rubrikken "Chor-Name", der tager udgangspunkt i den herrnhutiske skik med inddeling af menigheden i kor, dvs. en form for civilstatus, som her angiver, hvorvidt den pågældende på tidspunktet var barn eller voksen, ugift, gift, enke osv. Som eksempel kan tages den først anførte person på den gengivne side, nr. 354 Salomon. Han hed oprindeligt Niaqonaq og var ved dåben en stor dreng ("grosser Knabe"). Han blev døbt den 6. januar af Conrad Kleinschmidt og deltog i sit første aftensmåltid 28. marts 1839. Hans mor er anført i kirkebogen som nr. 212. Salomon blev gift med Christiane, og de fik seks børn, der alle er angivet ved deres nummer i kirkebogen. Salomon afgik ved døden 7. januar 1855, og som dødsårsag angives eftervirkningerne af en influenza (NKA 1824-1900). Nunatta Katersugaasivia Allagaateqarfialu / Grønlands Nationalmuseum & Arkiv.

En central kilde er kirkebogen for Brødremenigheden i Friedrichsthal, der dækker hele perioden for missionsstationens eksistens, nemlig 1824–1900. I kirkebogen indførtes alle de personer, der blev døbt i Friedrichsthal og tilhørende bopladser af de herrnhutiske missionærer og deres hjælpere og dermed kom under Brødremenigheden. Hvor der har været tale om dåb af hedninge, har man ved siden af det kristne dåbsnavn noteret den nydøbtes oprindelige navn ("voriger Name"), og der er altså her tale om folk, der er flyttet til missionsstationen. Ved simpelthen at tælle disse hedenske navne kan man blandt andet danne sig et billede af indvandringens størrelse og hastighed (NKA 1824-1900).

Kirkebogen tæller 688 personer ud for hvem det oprindelige grønlandske navn er nævnt, dvs. personer der er indvandret fra Østgrønland og har slået sig ned ved missionsstationen (Fig. 46a og b). Dertil skal lægges de 38 personer, der som de sidste i 1900 slog sig ned ved Friedrichsthal, men som først blev døbt året efter. De er derfor indført i Julianehåb Ministerialbog af den danske missionær, der havde erstattet de herrnhutiske missionærer, da disse i 1900 forlod Grønland (Palaseqarfik Nanortalik 1900–1913). Det giver i alt 726 personer,[60] der ifølge det historiske materiale kom rejsende fra Østgrønland, tilknyttede sig den herrnhutiske menighed i Friedrichsthal og dermed slog sig ned i den sydligste del af Vestgrønland. Af disse er de første 38 døbt i Lichtenau og indført i kirkebogen for Friedrichsthal i et særligt afsnit for tilflyttende personer, som allerede var døbt. Nummereringen af disse personer indleder imidlertid kirkebogens fortløbende nummerering af døbte i Friedrichsthal (de udgør nr. 1–38), og samtlige er desuden angivet med tidligere navne. I 1822 orienterede købmand Monrad i Julianehåb i et brev til direktionen om Conrad J. C. Kleinschmidts "Reise mod Hukken" året før, og det fremgår bl.a., at en del familier var fulgt med til Lichtenau og havde overvintret der.[61] I et senere brev fra de tyske missionærer fremgår det, at disse 38 personer netop var folk, der i 1821 var fulgt med Kleinschmidt fra hans undersøgelsesrejse ved Statenhuk til Lichtenau og derefter var returneret i forbindelse med oprettelsen af missionsstationen Friedrichsthal i 1824.[62]

Nogle få indvandrede østgrønlændere slog sig ned i Nanortalik eller på omkringliggende bopladser og blev således tilknyttet den danske menighed og døbt af den danske missionær, og de er indført i kirkebogen for Julianehåb Missionariat. Fra de danske kirkebøger kender vi 57 personer, om hvem det direkte nævnes, at de er flyttet til fra østkysten, og deres tidligere navne samt for de flestes vedkommende også familietilhørsfold er angivet. Blandt disse er Ernineq og Sillit, som ledsagede Graah på dennes ekspedition op ad østkysten 1828–1829 (NKA 1827-1861; Bak, 1981; 155).

Som nævnt ovenfor indberettede både købmand Mørch og inspektør Myhlenport allerede før 1824, at indvandrende grupper kom fra øst og slog sig ned i området ved Nanortalik. Der er ikke angivet noget præcist tal, dog melder Mørch om 14 fangere, og med den tidligere nævnte estimerede forsørgerbyrde på gennemsnitligt omkring fem personer pr. fanger, giver det en befolkningstilvækst på knap hundrede personer.

Tabel 1

Indvandrere fra Østgrønland døbt i Friedrichsthal 1824–1900.

		1841	2	1861	10	1881	2
1822	8	1842	0	1862	10	1882	12
1823	9	1843	1	1863	4	1883	0
1824	68	1844	0	1864	1	1884	0
1825	75	1845	2	1865	4	1885	0
1826	48	1846	4	1866	3	1886	0
1827	22	1847	4	1867	2	1887	8
1828	19	1848	19	1868	2	1888	48
1829	19	1849	12	1869	0	1889	1
1830	38	1850	4	1870	9	1890	0
1831	29	1851	3	1871	1	1891	0
1832	23	1852	16	1872	10	1892	3
1833	20	1853	3	1873	0	1893	6
1834	16	1854	0	1874	2	1894	8
1835	15	1855	1	1875	0	1895	1
1836	8	1856	1	1876	0	1896	0
1837	2	1857	2	1877	0	1897	0
1838	5	1858	10	1878	1	1898	0
1839	0	1859	17	1879	0	1899	2
1840	3	1860	10	1880	0	1900	0

Kilde: 1824–1900 Kirchen-Buch der Gemeine in Friedrichsthal vom ersten Anfangen 1824.

Endelig er det sandsynligt, at der også er folk, der har slået sig ned i området uden at blive døbt og derfor ikke er registreret i hverken den ene eller den anden menighed, enten fordi de ikke ville døbes, eller fordi de er døde forinden. I en beretning til Missionsdepartementet i Herrnhut oplyser missionærerne således fra et af de første år i Friedrichsthal, at der blandt årets døde er to personer, der ikke var døbt.[63] De er altså ikke registreret i kirkebogen eller andre steder, men må regnes med ved beregningen af den samlede indvandring.

Det er ikke muligt at give et præcist tal for antallet af østgrønlændere, der i perioden fra o. 1800 til 1900 indvandrede til Sydvestgrønland og slog sig fast ned der. Det foreliggende materiale giver dog en mulighed for forsigtigt at skønne, at lige i underkanten af 1000 personer i løbet af århundredet flyttede fra deres oprindelige regioner og slog sig ned på eller i nærheden af handelsstederne og missionens stationer i den allersydligste del af Vestgrønland. En del af disse personer syntes at omfatte folk, der i forvejen boede i Kap Farvel-området eller i tæt tilknytning til det, og således er de kun flyttet lidt nordligere eller vestligere, men den egentlige østgrønlandske indvandring har udgjort langt den største del og kan med et forsigtigt skøn anslås at udgøre mellem 700 og 800 personer. Dette tal skal ses i relation til dels det samlede befolkningstal i Grønland (6.165 i 1800 og 11.935 i 1900), dels det registrerede befolkningstal i hele Julianehåb Distrikt i samme periode (henholdsvis 1.797 og 2.855 personer) (Amdrup 1921; Gulløv 2000). Den østgrønlandske indvandring betød en markant forøgelse af befolkningen i Vestgrønlands i forvejen folkerigeste område, Julianehåb Distrikt, og disse indvandrere og deres efterkommere har udgjort et stort og dominerende islæt i den sydlige del af distriktet.

Indvandringens forskellige faser

Historien om den østgrønlandske indvandring til Sydvestgrønland i 1800-tallet viser, at indvandringen i begyndelsen af århundredet var lille, og at det eksisterende kildemateriale fra denne tid er meget sparsomt. Etableringen af den herrnhutiske missionsstation Friedrichsthal i 1824 fik en afgørende betydning for det senere forløb, og der er for denne periode også et langt mere fyldigt skriftligt kildemateriale.

Med udgangspunkt i det eksisterende talmateriale, som er fremlagt ovenfor, kan man inddele indvandringen fra Østgrønland i perioden 1824–1900 i tre faser, som adskiller sig fra hinanden ved omfanget og intensiteten af indvandringen inden for de enkelte faser. En sådan inddeling kan endvidere bidrage til en vurdering af, hvorfor store dele af den sydøstgrønlandske befolkning valgte at slå sig ned i Sydvestgrønland. Livsbetingelserne for den østgrønlandske befolkning synes at have skiftet i løbet af 1800-tallet, og der har i de enkelte faser været forskellige motiver til at flytte.

Tabel 1 viser ikke, hvor mange folk, der slog sig ned i Friedrichsthal i de enkelte år, men hvor mange nytilkomne personer, der blev døbt i disse år. De fleste østgrønlændere kom faktisk til området i det mindste året før, de blev døbt og indskrevet i kirkebogen. Det fremgår fx af kirkebogen, at der er døbt indvandrede østgrønlændere i årene 1832–1835, men den herrnhutiske missionær Müller oplyser i en indberetning fra 1835, at der i fire år ikke var kommet folk til stedet fra Østgrønland.[64] De personer, der er døbt i årene 1832–1835 er således kommet til området senest 1831. Det betyder, at den første korte indvandringsfase kan tidsfæstes til årene 1824–1831. Denne første fase er karakteriseret ved en meget hurtig og talmæssigt stor indvandring, der medførte store ændringer i beboelsesmønsteret omkring Kap Farvel og etablering i og omkring den herrnhutiske missionsstation Friedrichsthal. Efter den korte pause i indvandringen fulgte en ny og længere fase på ca. 50 år med en mere jævn indvandring, hvis konsekvens var en støt og glidende forøgelse af antallet af indvandrede personer. Endelig en kortere, afsluttende fase fra 1887–1900 med en kraftig men ujævn indvandring, hvorefter Sydøstgrønland syd for Ammassalik var affolket (Fig. 47).

Under den første korte fase slog omkring 450 personer sig ned i Sydvest-grønland, under den anden lange fase var der tale om omkring 250 personer, og i den sidste fase kan antallet mere præcist fastsættes til 115 personer. I de nævnte tal for de tre faser er inkluderet 95 personer, der blev døbt af de danske missionærer, nemlig 57 personer nogenlunde ligeligt fordelt på de første to indvandringsfaser og de sidst indvandrede 38 personer, som i 1900 egentlig slog sig ned ved Brødremenigheden i Friedrichsthal, men som året efter blev døbt af stedets danske missionær efter den danske missions overtagelse af de herrnhutiske missionsstationer i 1900.

Der var i de første år efter etableringen af Brødremenighedens nye missionsstation Friederichsthal en stor tilstrømning af folk. I 1824 berettede assistent J. Mathiesen fra et efterårstogt til Nanortalik bl.a.: "Allerede har et stort Antal Mennesker taget Bopæl ved Friedrichsthal, fornemlig henflyttet hertil fra Egnen om Statenhuk, og uden tvivl vil i Tiiden, efter Dhrr: mæhriske Brødres Forventning, endnu Flere drage derhen. At der blandt de nu ved Stedet sig opholdende Grønlændere, er mange gode Fangere, beviser disses, efter grønlandsk Maade, særdeles gode Forfatning, men endnu mere dette: at jeg ikke talte mindre end 21 Konebaade liggende paa Landet".[65] Mathiesen fik ret i sin forudsigelse. Oplysninger for de følgende år viser, at der i oktober 1825 var 144 døbte og 112 udøbte personer bosat ved Friedrichsthal, og blot fem år senere var befolkningstallet ved Friedrichsthal steget til 394 personer, deraf 283 døbte og 111 udøbte.[66]

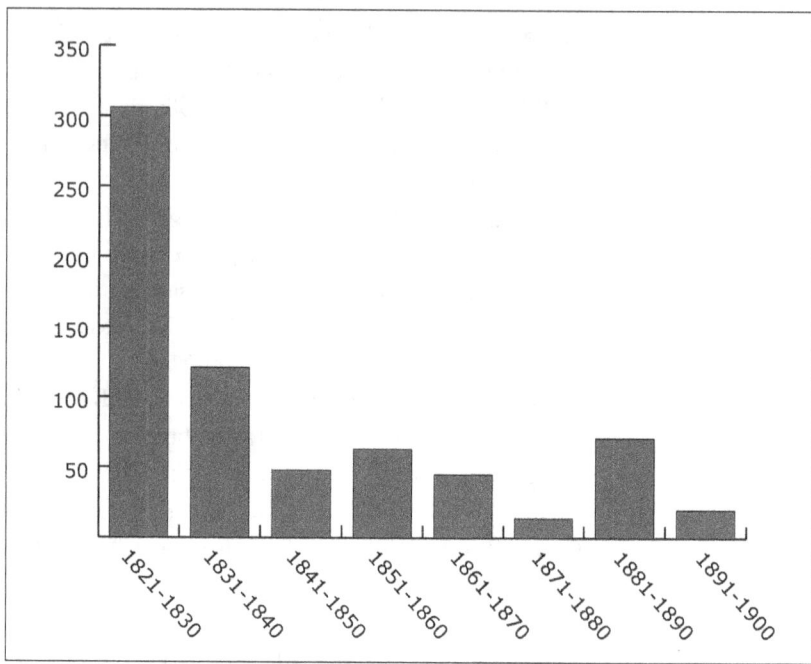

Fig. 47. Figuren viser fordelingen af antallet af indvandrere fra Østgrønland døbt i Friedrichsthal 1824–1900, samt de sidste 38 indvandrere, der kom til missionsstationen i 1900, men først blev døbt året efter af den danske missionær. Antallet af indvandrede er fordelt på årtier. I løbet af ganske få år skete en hurtig indvandring og tilslutning til den herrnhutiske menighed, hvorefter indvandringstakten faldt brat og lå stabilt lavt i omkring et halvt århundrede. I de sidste årtier kan konstateres en stigning i indvandringen, hvorefter indvandringen stoppede. Kilder: NKA 1824-1900; NKA 1900-1913.

Det viser en voldsom koncentration omkring den nye missionsstation. Og det viser, at selv om Brødremenigheden i hvert fald af nogen er betegnet som hurtigtdøbende, har de herrnhutiske missionærer i årene umiddelbart efter missionsstationens oprettelse anvendt nogen tid på at undervise og forberede de nye menighedsmedlemmer til dåben. I 1835 var man dog tæt på at få alle døbt, og førnævnte missionær Müller kan oplyse, at menigheden nu bestod af 367 døbte og 24 udøbte, altså i alt 391 personer.[67]

I den ovennævnte beretning fra 1824 oplyser Mathiesen også, at de tilflyttende folk kom fra området omkring Statenhuk. En del af den befolkningsgruppe, som de herrnhutiske missionærer først havde kontakt med, og som må formodes at være de første, der blev optaget i menigheden og samlede sig ved Friedrichsthal, kom altså fra Kap Farvel-området, der geografisk danner overgangen mellem Øst- og Vestgrønland, og hvis befolkning havde kontakter til både øst og vest. Dette bekræftes af oplysninger fra Graah, der i 1828–1830 var i området og 1829–1830 overvintrede syd for Ammassalik. Ved ankomsten til Kikkertak (Qeqertaq) ved mundingen af Prins Christian Sund skriver han bl.a.: "Her forefandt vi nogle grønlandske Huusmure, Tælttepladse og Grave, Beviis for at øen har været beboet, men siden Friedrichsthals Anlæg er denne Øe, som mange andre steder i Egnen, forladt af de Indfødte, der alle ere dragne til hiint Sted, for at nyde Undervisning af de derboende evangeliske Brødre" (Graah 1932: 77).

Han beretter desuden, at omkring 120 personer fra bopladsen ved Narsaq i Kangerlussuatsiaq (Lindenow Fjord) og andre sydligere steder allerede er flyttet til Friedrichsthal og Nanortalik (ibid.: 126). Hele Kap Farvel-områdets befolkning er således i løbet af få år optaget i herrnhuternes menighed og har slået sig ned omkring missionsstationen. Den østlige del af området synes at være helt affolket.

Ud over denne store gruppe bestod indvandringen i den første fase også af folk fra egnene længere oppe ad østkysten, og i indberetningen til missionskollegiet for 1830 vedrørende de herrnhutiske menigheder i Grønland oplyses, at "fra Østkysten kom 80 Hedninger til Stedet til henimod 100 Mile fra".[68] Dette var ikke mindst en direkte eftervirkning af Graahs ophold i Østgrønland, idet han, eller nok i højere grad hans vestgrønlandske roersker og kajakmænd, har været medvirkende årsag til, at i hvert fald dele af befolkningen har taget beslutningen om at flytte til Sydvestgrønland. Han fortæller således, at roerskerne havde fortalt "vidunderlige ting om Kablunakkernes Land",[69] og til rejsen tilbage til vestkysten engagerede han folk, som angiveligt ville til Nanortalik og tage bopæl der, bl.a. en person ved navn Kamik og dennes fem børn, hvis navne han også anfører (Graah 1932: 142–143). På tilbagerejsen fik han af folk ved forskellige lokaliteter besked om, at dele af befolkningen fra disse områder allerede var draget til Friedrichsthal og Nanortalik, og ved "Asiouit", dvs. Aasiviit, mødte han 80 personer, hvoraf de fleste fortalte, at de agtede at drage til vestkysten det efterfølgende år. Graah vurderede ud fra sine oplysninger, at hele østkystens befolkning efterhånden ville nedsætte sig i egnene omkring Friedrichsthal (Graah 1932: 151, 154) (Fig. 48a og b).

Da de første beboere i Friedrichsthal stammede fra både Kap Farvel-området og området nord for Kangerlussuatsiaq, kan man med sikkerhed sige, at et hedensk navn i kirkebogen fra tiden efter omkring 1830 stammer fra en person indvandret fra Østgrønland.

Graah måtte på sin østgrønlandsekspedition i 1830 vende om, før han nåede helt op til Ammassalik-området, og han opgjorde det samlede befolkningstal på den del af den sydøstgrønlandske kyst, som han havde berejst, til omkring 600 personer (Graah 1932: 126). Samme år skrev Brødremenighedens agent i København, Reufs: "Nach Aussage von

Figs. 48a og b. Ifølge nutidens mundtlige overlevering var det skik, at folk, der kom fra Østgrønland og havde besluttet sig for at blive i Sydvestgrønland, dagen før ankomsten til handelsstationen eller missionsstationen smed det gamle tøj væk og iførte sig nye klæder. Påklædningen og det bare stykke på kvindens lår viser, at parret er østgrønlændere, og de kan altså netop være ankommet til Friedrichsthal for at slå sig ned på stedet. Unitätsarchiv der Evangelischen Brüder-Unität, LBS 662 og LBS 663.

Heiden, die im Sommer 1829 Friedrichsthal besucht haben, hatten diese noch viele Landsleute, aber Weit oben in Osten, wo, wie sie behaupteten, die Menschen sehr zahlreich seyen" (Efter udsagn fra hedninge, der i sommeren 1829 besøgte Friedrichsthal, er der mange landsmænd til dem, men langt væk mod øst, hvor menneskene, som de hævdede, er meget talrige.).[70] Der var derfor naturligt nok forventninger om yderligere betragtelige indvandringer fra østkysten.

Den anden indvandringsfase, som strækker sig fra omkring 1836 til 1882, skulle imidlertid ikke blive nær så intensiv. Tabellen viser en jævn og beskeden indvandring over hele perioden, dog med lidt mere markante indvandringer i årene omkring 1850, 1860 og 1870, og med en faldende tendens hen imod slutningen af perioden. I en del år fandt der slet ingen indvandring sted, og det samlede antal indvandrere i den anden fase var klart mindre end det tilsvarende antal for den foregående korte fase.

Det er dog ikke ensbetydende med, at der var en aftagende eller svag kontakt med den østgrønlandske befolkning. Tværtimod indeholder kilderne fra denne periode jævnlige udsagn om folk fra Østgrønland, der kom sejlende til de danske anlæg på vestkysten for at handle spæk og skind for europæiske varer. Men kilderne fortæller samtidig, at de tilrejsende efter overstået handel normalt returnerede til østkysten, ofte efter få dages ophold, på grund af risikoen for, at tilbagerejsen skulle blive generet eller måske ligefrem afbrudt af storisen eller dårligt vejr. Det fremgår således af en skrivelse fra 1852, i hvilken den danske missionær Janssen bl.a. oplyser: "Hedningene komme som oftest temmelig tidligt paa Sommeren, savne et opholdssted til længere Forbliven, og maae ile tilbage, for om muligt et eller andet Sted at finde Vinterquarter".[71] Og for 1877 skrev inspektør Stephensen om dette års besøgende ved Pamialluk: "efter et kort Ophold, tiltraadte de alle Tilbagereisen til Østkysten, hvorfra de meldte at et talrigt Besøg kunde ventes adaare".[72]

P. Nissen, der havde afløst Janssen som missionær i Julianehåb, indsendte i 1854 en længere indberetning til Missionskollegiet, hvor han også kom ind på de tilrejsende østgrønlændere. Indberetningen er en af de få kilder i det samlede materiale, der ikke blot konstaterer tilstedeværelsen af tilrejsende østgrønlændere, men som giver en grundigere redegørelse af forholdene. Nissen skrev bl.a.: "Ved Pamiædluk traf jeg tvende Konebaade med Hedninge fra Østkysten, som iaar have gjæstet os for at handle. Da jeg ved Østprøven [Ikigaat] hørte om deres Nærværelse sendte jeg en Kajak til dem med Anmodning om at [varsko] mit Komme. Det skal have hændt sig, M[enne]sker fra Østkystens Nordland – altsaa meget langveis fra – maaske paa samme Bredegrad som Jacobshavn i Nordgrønland - have gjæstet os Sydpaa og til deres Reise brugt o. 3 aar. – Dette er imidlertid ikke sædvanligt. Det sædvanlige er, at de nærmeste, de som bo hen ved en 9 Dagsreiser fra Pamiædluk, komme dertil engang om Aaret, sædvanligt i Slutn. af Juli eller i August – de blive der i 1 el. 2 eller 3 Dage – men have altid stort Hastværk, da de sagtens er bange for at blive afskaaren ved Isen eller Efteraarsstormene – og maaske ogsaa haste for at komme tilbage med deres tiltuskede Varer, som de saa alle [ulæseligt] til deres Landsmen, som i dette Nordfra komme til dem eller deres Bopæl. Der synes ikke at være nogen Trang hos dem til at modtage [ulæseligt] Oplysning, men desto større at være i Handelsvarer, især Tobak – og naar jeg spurgte dem, naar de kom igjen, syntes de at falde i Forundring over dette Spørgsmaal. De svarede: naar tobakken begynder at mindske, og med et Udtryk som [ulæseligt], at det var en naturlig Sag, at de kom [ulæseligt] naar de begynder at mangle Tobak og kun da".[73]

Det er værd at bemærke, at de folk på østkysten, der boede nærmest de vestgrønlandske beboelser, ifølge Nissens oplysninger lå ni dagsrejser fra Pamialluk. De nærmeste østgrønlandske befolkningsgrupper boede nu længere væk fra Kap Farvel end tidligere i århundredet, og det er et tydeligt tegn på den igangværende udtynding af befolkningen i Sydøstgrønland. Dermed var forbindelseslinjerne mellem øst og vest blevet mere skrøbelige, kontakten mellem de forskellige befolkningsgrupper mere besværlig og forudsætningerne for det oprindelige handelssystem nedbrudt.

Folkene fra Østgrønland kom altså til Sydvestgrønland for at handle med hensigten om at vende tilbage til Østgrønland. Men beretninger fra denne periode viser, at det ikke altid gik som planlagt. I 1872 indberettede den nye udligger i Pamialluk: "Ved min Ankomst til Syddistriktet var Sygdommen endnu ikke ophørt, men var dog i Aftagende, og er den nu ophørt. Besætningen paa en Hedningebaad fra Østkysten, som var kommen til Pamiagdluk for at handle, var bleven smittet af Sygdommen,

Fig. 49. Konebåd fra Østgrønland er ankommet til Kap Farvel-området for at handle. Billedet er taget i 1897 af den herrnhutiske missionær ved Friedrichsthal, Ernst Bohlmann, og viser en gruppe af den fåtallige flok, der på dette tidspunkt endnu beboede den sydøstgrønlandske kyst, men som for hovedpartens vedkommende i 1900 som de sidste indvandrede til Sydvestgrønland. Bohlmann 1897, Unitätsarchiv der Evangelischen Brüder-Unität, LBS 579.

og næsten uddød, da Underassistent Holm, (der skulle aflevere mig Udstedet)[74] og jeg ankom til Stedet. De Døde laa rundt omkring paa Marken, og 2 paa Brixen mellem de endnu levende, thi der var ingen til at begrave dem førend vi kom. 11 Personer var døde og ikkun 2 voxne Fruentimmer og 4 Børn bleve tilbage".[75]

Året efter berettede kolonibestyreren fra Julianehåb: "Udstedet Ilua har i Sommer været besøgt af et Selskab af 6 Konebaade med Østgrønlændere som der have afsat 9 Bjørneskind og omtrent 600 Stk diverse Sælskind. Desværre bleve disse Grønlændere alt under deres Ophold her i Distriktet [ulæseligt] af Sygdom og inden de havde begivet dem paa Hjemreisen døde 8 Individer, mens 2 Konebaadsbesætninger kun naaede 1 Dags Reise fra Østkysten, hvor de fandtes døde henliggende paa Marken af nogle af Iluas Grønlændere som vare tagen dertil paa Fangst".[76] Epidemiske sygdomme var et stort problem i datidens Grønland, og samtidig var lægevæsenet i hvert fald i perioder i Julianehåb Distrikt tilsyneladende dårligt fungerende og udsat for kritik også af sine egne folk (Rønsager 2002).[77] Sygdommene kom udefra, og befolkningens manglende modstandskraft over for disse sygdomme kostede mange dødsfald, og som de ovennævnte og andre eksempler viser, ramte det også nogle af de tilrejsende østgrønlændere, der således ikke nåede at vende tilbage til deres hjemegn.

I slutningen af 1800-tallet var befolkningssituationen på den sydligste del af østkysten radikalt ændret i forhold til begyndelsen af århundredet. På Holms konebådsekspedition 1884–1885 til Ammassalik optalte man befolkningen i området mellem Kap Farvel og Ammassalik til 135 personer (Hansen 1888). I løbet af perioden 1887–1900 ændrede situationen sig yderligere, idet hovedparten af den tilbageværende del af befolkningen på den tidligere så folkerige kyst flyttede til Friedrichsthal. Og af øjenvidners beretninger fremgår det, at i hvert fald én familie i samme periode var flyttet nordpå og havde slået sig ned i Ammassalik-området (Rasmussen 1906: 114, 121–133).

Denne sidste korte fase er karakteriseret ved, at relativt store grupper i enkelte år er flyttet til Sydvestgrønland, således 50 personer i 1887 og den sidste gruppe på 38 personer i 1900. For disse grupper eksisterer et kildemateriale, der gør det muligt i langt højere grad end for det ældre materiales vedkommende at komme tættere på nogle af de enkelte personer, deres livsform og samfundets struktur. Samtidig omhandles dramatiske begivenheder, der fortæller om de vanskelige forhold, disse grupper har levet under, og som kan bidrage til at forklare, hvorfor de i sidste ende valgte at bryde op fra Sydøstgrønland (Lund 1887; Meldorf 1902; Rasmussen 1906; Gulløv 2000; Jensen 2002b) (Fig. 49 og 50).

Sammenfattende betød etableringen af missionsstationen Friedrichsthal i 1824 en øjeblikkelig, massiv tilflytning af såvel befolkningen fra hele Kap

Fig. 50. Nogle af de tilrejsende østgrønlændere i 1897 uden for teltet, som var den traditionelle bolig under sommerrejserne. Bohlmann, Unitätsarchiv der Evangelischen Brüder-Unität, LBS 578.

Farvel-området som af grupper fra egne længere oppe af østkysten. Der var tale om store grupper, formodentlig hele familier eller bopladser, der nu bosatte sig ved den nyetablerede missionsstation. I den efterfølgende tid ekspanderede den danske handel langsomt sydpå og etablerede nye handelsstationer, og der var jævnligt besøg af østgrønlændere, der foretog lange rejser for at handle med danskerne, men de tilrejsende rejste som hovedregel hurtigt tilbage, dvs. allerede samme sommer, som de ankom. Vi kender ikke meget til de enkelte tilrejsende, men dog nok til at kunne sige, at flere af disse foretog adskillige rejser til Sydvestgrønland. Skønt de således i udgangspunktet først og fremmest ønskede at handle og derefter vende tilbage til deres eget land, foregik der i denne periode en kontinuerlig indvandring, ofte af ganske små grupper eller ligefrem enkeltpersoner, der blev tilknyttet den herrnhutiske mission. Allersidst i århundredet forlod de sidst indvandrede personer Sydøstgrønland i en hast, der tyder på en kollektiv beslutning om at forlade området, og langt hovedparten af disse slog sig ned i Friedrichsthal. Herefter var den sydøstgrønlandske kyst syd for Ammassalik folketom.

Tilbage på østkysten var nu kun ammassalikerne, befolkningen i området omkring Ammassalik Fjord. Også de var involveret i handelen og berørt af ændringerne i kontakten med Vestgrønland. En kort overgang var de lige ved at følge de sydligere østgrønlænderes eksempel og flytte, men på grund af særlige omstændigheder blev de boende i området. De danner grundlaget for den nuværende befolkning i Østgrønland.

Ammassalikerne

Befolkningen omkring Ammassalik, ammassalikerne (som Gustav Holm benævnte dem), udgjorde i størstedelen af 1800-tallet den nordligste befolkningsgruppe i Østgrønland. Ammassalikerne havde kontakt med folk på den sydligere dele af kysten, men i den tidligere nævnte beskrivelse af den danske missionær Nissen fra 1854 oplyser denne, at disse nordligst boende østgrønlændere sædvanligvis ikke kom så langt som til de danske handelsstationer. De skaffede sig derfor oftest europæiske varer, der var videreforhandlet af folk, der havde været i Sydvestgrønland, altså det samme mønster som kendtes fra tiden før anlæggelsen af handelsstationer i det sydlige Grønland. Lokaliteter som Aluk, Anoritooq og Timmiarmiit var knudepunkter i denne handel (Gessain & Robert-Lamblin 1974).

Det fremgår dog også af Nissens beretning, at der en sjælden gang fandt besøg sted af folk helt fra Ammassalik-området, og han fortæller, at disse måtte foretage en rejse på mindst tre år, før de var hjemme igen. Det øvrige materiale indeholder da også enkelte vidnesbyrd om sådanne besøg. I august 1849 døbtes i Friederichsthal en mand, der fik navnet Simeon. Det anføres i kirkebogen, at han ved dåben var syg, og han døde da også allerede i september samme år. Samme sted angives hans grønlandske navn som Angmagsalingmio, dvs. manden fra Ammassalik, et navn, som må hentyde til hans hjemstavn og identitet, og som han sandsynligvis har fået af den lokale befolkning. Man må antage, at han er kommet med en konebåd på handelsrejse fra Ammassalik-området, men på grund af sin sygdomstilstand er han blevet ladt tilbage på missionsstationen af sine rejsefæller, da disse er returneret (NKA 1824-1900).

I de følgende årtier er der sporadiske informationer om besøg fra Ammassalik-området, således omkring 1860, hvor missionær Nissen omtaler besøg af folk fra Ammassalik.[78] Men som både Nissen og den herrnhutiske missionær Brodbeck understreger, så var besøgene fra de nordligst beboede østgrønlændere sjældne (Brodbeck 1882: 24). Fra midten af 1880'erne blev besøgene dog hyppigere, og der var endda tale om relativt talrige grupper. I 1887 var to bådehold fra Ammassalik i Pamialluk (Jensen 2003), og i 1892 meldes om besøg af ikke mindre end 7 bådehold, der stammede fra Sermilik og havde overvintret i Kangerlussuatsiaq (Lindenow Fjord), før de den efterfølgende sommer var taget til Pamialluk.[79]

Disse efterhånden hyppigere besøg fra Ammassalik tyder på, at befolkningen dér har ønsket at skaffe sig europæiske varer. Det bekræfter samtidig den antagelse, at befolkningen i Sydøstgrønland efterhånden var tyndet så meget ud, at det oprindelige system med videreforhandling op ad kysten ikke længere fungerede. Ammassalik-egnens beboere har derfor sidst i 1800-tallet set sig nødsaget til selv at tage hele vejen sydpå og rundt om Kap Farvel for at handle.

Disse nu hyppigere rejser til Sydvestgrønland indgik senere som dele af ammassalikernes mundtlige overleveringer og er for nogles vedkommende nedskrevet. I historien om den frygtede drabsmand Îsímardik fortælles det således, at han sammen med sin familie, heriblandt broderen Sanimuinnaq, tog på handelsbesøg til Vestgrønland. Sanimuinnaq kendes yderligere fra en samtidig skriftlig beretning om et besøg i Pamialluk i 1887 (Jensen 2002b), hvor Îsímardik med stor sandsynlighed også kan have været med. Îsímardik begik på østkysten en række umotiverede drab og spredte så meget frygt i det lille samfund, at en gruppe mænd besluttede sig for at anvende den ultimative form for samfundsmæssig nødværge, nemlig at slå ham ihjel. Blandt de medsammensvorne var en mand ved navn Kunnak, der også flere gange havde været på vestkysten og der havde købt et gevær. Îsímardik blev dræbt med dette gevær i 1892 (Rosing 1960, 1993).

For de tilrejsende ammassalikere ser vi det kendte mønster, at de efter et kort ophold ved den vestlige handelsstation normalt vender tilbage til Østgrønland, men at enkelte grupper beslutter at slå sig ned i Sydvestgrønland. Dette skabte bekymring hos en personkreds i Danmark, der fra ekspeditionsrejser eller på anden vis kendte til befolkningen og situationen i Østgrønland. Fra midten af 1880'erne og et årti frem affødte det bl.a. en række artikler i *Geografisk Tidsskrift* med løbende underretninger om udviklingen og en deraf følgende diskussion af, hvad der kunne og burde gøres i denne anledning. Der blev viderebragt oplysninger om, at dele af den østgrønlandske befolkning tilsyneladende bosatte sig sydligere for at være tættere på vestkysten, og man forudså og advarede mod, at selv om de nu vendte tilbage til østkysten fra deres handelsrejser, så ville deres "Modstandskraft" efterhånden brydes, og de ville slå sig ned ved de overbefolkede missionspladser i Sydvestgrønland, hvor "Fangsten i Forvejen er slet, saa de kun gaa Armod og Sygdom i møde." Målet måtte således være at "forhindre, at Østlændingerne kom alt for hovedkulds ind i Civilisationen og den frie Handel" (Holm 1885/86; Garde 1887/88, 1889/90, 1891/92; Ryberg 1893/94).

Blandt forslagene om initiativer til at afbøde en for kraftig europæisk påvirkning var oprettelsen af en handels- og missionsstation blandt ammassalikerne. Denne blev anlagt i 1894. At en vis ydre europæisk påvirkning allerede da havde fundet sted blandt befolkningen, fremgår af missionær Rüttels dagbogsnotater. Ved ankomsten til det sted, hvor den nye koloni skulle anlægges, bemærker han tydeligvis skuffet, at befolkningen ikke "mødte frem som det uberørte Folk, vi havde haabet at finde" (Rüttel 1917: 6). Strategien med oprettelse af en koloni i Østgrønland virkede. Inden for de seneste år havde flere familier forladt området for at bevæge sig mod syd. Efter 1894 stoppede denne afvandring imidlertid, og i de følgende år vendte i hvert nogle af disse grupper tilbage til deres oprindelige område (Gessain & Robert-Lamblin 1974). Der kan derfor ikke være nogen tvivl om, at en affolkning af Ammassalik-området var i gang mod slutningen af 1800-tallet, og at kun etableringen af den nye handels- og missionsstation forhindrede, at også ammassalikerne flyttede til Sydvestgrønland. Hvis det var sket, ville hele den østgrønlandske kyst i løbet af 1800-tallet have været affolket.

Årsager til østgrønlændernes udvandring til Vestgrønland

Indvandringen fra Sydøstgrønland til Sydvestgrønland i perioden 1824 til 1900 fandt ikke sted i en jævn strøm men med varierende styrke i forskellige perioder, og undersøgelserne indikerer, at det er forskellige og skiftende faktorer i de tre faser af indvandringen, der har ligget til grund for, at folk valgte at slå sig ned i Vestgrønland.

Kildematerialet giver ingen direkte årsagsforklaringer fra de indvandrede folk selv, men det sekundære kildemateriale og andre informationer yder et tilstrækkeligt grundlag til at opstille såvel nogle ydre faktorer som egne motivationer, der kan have ligget til grund for, at den sydøstgrønlandske befolkning valgte at flytte. Disse forklaringer vil indbefatte den europæiske tilstedeværelse i Sydvestgrønland, forandringer i klima og ressourcer i Sydøstgrønland samt forskydninger i indvandrernes sociale relationer i såvel Sydøst- som Sydvestgrønland.

Den østgrønlandske befolkning havde i det oprindelige samfund til stadighed kontakt med befolkningen i Vestgrønland gennem handel, enten via mellemmænd eller ved egne handelsrejser. Kildematerialet lader endvidere ingen tvivl om, at den østgrønlandske befolkning også har været interesseret i at handle sig til europæiske varer, da disse fra 1600- og 1700-tallet dukkede op i Vestgrønland, og etableringen af handelsstationer i Sydgrønland i 1800-tallet har givetvis øget antallet af handelsrejser fra øst. Normalt vendte disse handelsrejsende tilbage til østkysten efter ganske kort tids ophold på og ved handelsstationen, men i løbet af 1800-tallet ændrede dette mønster sig. Stadigt flere blev i Sydvestgrønland og slog sig ned i Kap Farvel-området, og ved slutningen af århundredet var hele den sydøstgrønlandske kyst affolket syd for Ammassalik.

I den første fase efter etableringen af den herrnhutiske missionsstation Friedrichsthal i 1824 fandt i løbet af ganske få år en indvandring sted, der omfattede omkring halvdelen af den samlede indvandring i hele århundredet. Netop i disse år gennemførte som tidligere nævnt Graah en ekspedition til Østgrønland og kom allerede på øen Qeqertaq ved mundingen af Ikerasassuaq (Prins Christian Sund) til nyligt affolkede bopladser, hvis beboere nu var flyttet til Friedrichsthal. Ved hans ankomst til den lidt nordligere beliggende boplads Narsaq i Kangerlussuatsiaq (Lindenow Fjord) fortalte befolkningen der, at også de havde planer om at flytte vestpå (Graah 1932: 77, 81). I forbindelse med den samlede opgørelse over befolkningstallet på sydøstkysten, som han foretog sidst på ekspeditionen, konkluderede han, at omkring 120 personer fra Narsaq og andre sydligere steder allerede var flyttet vestpå (ibid.: 126). Bosættelsesmønsteret i Kap Farvel blev således totalt ændret, idet områdets egen befolkning allerede i denne korte fase koncentrerede sig omkring den nye missionsstation, mens resten af Kap Farvel-området nu for en periode kom til at ligge stort set affolket hen.

Blandt dem, der nu slog sig ned ved Friedrichsthal, var dog også folk fra områder længere oppe ad Østkysten. Fra sin vej tilbage til Vestgrønland beretter Graah gentagne gange om møder med folk, der fortalte, at de var på vej eller planlagde senere at flytte vestpå, og det var hans opfattelse, at hele østkystens befolkning efterhånden ville slå sig ned ved Friedrichsthal (ibid.: 142–55).

Graahs beretning indeholder også oplysninger, der kan løfte sløret for, hvorfor disse folk valgte at flytte og slå sig ned i Vestgrønland. Da han før ekpeditionens start engagerede roersker til konebådene, funderede han over, hvorfor disse kvinder havde valgt at deltage, og han kom bl.a. til den konklusion, at de lod sig lokke af forventningerne "Om den Misundelse, deres glimrende Haarbaand, kostbare perler og prægtige Halstørklæder vilde opvække hos deres fattige Landsmændinder paa østkysten" (ibid.: 71–72). På ekspeditionen møder han angakkoq'en Kamik, der var meget interesseret i at se "Kablunakkernes Land, hvorom han af mine Roerskers Fortælling havde hørt vidunderlige Ting" (ibid.: 142–43). "Kablunakkernes Land" skal her forstås som de danske kolonier på vestkysten, og denne udtalelse viser, at i hvert fald dele af befolkningen i Kap Farvel-området og i Østgrønland har fundet det tillokkende at komme i kontakt med europæerne og deres varer. Det er således nærliggende at slutte, at den massive indvandring i årene umiddelbart efter 1824 var direkte foranlediget af etableringen af missionsstationen Friedrichsthal og skyldes en tiltrækning fra den europæiske tilstedeværelse og de deraf afledte muligheder for først og fremmest at få tættere handelsrelationer.

Efter den første nærmest eksplosive indvandring opstod en lille pause, før folk igen begyndte at slå sig ned ved Friedrichsthal, men nu efter et andet mønster. I denne anden fase skete indvandringen meget langsomt. Det betyder ikke, at der ikke kom østgrønlændere til Sydvestgrønland, tværtimod. Næsten årligt berettes om bådehold, der kom til handelsstationen. Men normalt opholdt de sig kun i området ganske få dage, solgte deres medbragte spæk og skind, købte de ønskede varer, og returnerede derefter mod østkysten for ikke at blive fanget af isen. De fleste år har der enten ikke været nogen indvandring overhovedet eller det drejer sig i det mindste om ganske få personer, mens der så i enkelte år er tale om større grupper. Årsagerne hertil kan være flere.

Fra kontakten med østgrønlændere allerede i 1700-tallet berettes om særdeles hårde betingelser for overlevelse. Der berettes om mange fangstdyr, men de klimatiske forhold med megen is og sne og storme gjorde udnyttelsen af ressourcerne så vanskelig, at østgrønlænderne tilsyneladende har betragtet vestkysten som et "Kanaan Land" (Olsen & Petersen: 5). Der meldes om perioder med decideret hunger, og om situationer, hvor de sultende måtte spise menneskekød for at overleve (Olsen & Petersen 1990; Ostermann 1935; Robert-Lamblin 2006). Fra den nogle år forinden etablerede missionsstation Friedrichsthal skriver den herrnhutiske missionær Müller i 1835 om situationen på stedet, at ingen har lidt nød i den foregående vinter, men at "de, der boede dem nærmest, skulle efter Grønlændernes Udsagn alle være sultede ihjel!".[80] Andre meldinger fra 1800-tallet beretter om hungerperioder blandt befolkningen i Østgrønland. Den danske missionær Nissen skrev omkring 1860 om østgrønlænderne og deres livsbetingelser bl.a.: "ogsaa synes de at være mere haardføre og dygtige i Fangst end Vestkystens Grønlændere er nu – alligevel er Østkysten neppe særdeles rig paa grønlandske Producter, thi i afvigte Vinter skal Hungersnøden have været saa stor, at de have et Sted fortæret [...] Lig af Personer som først var sultede ihjel".[81] Netop i disse år fandt en forholdsvis stor indvandring sted, jf. tabel 1. I 1887 valgte en samlet gruppe på ikke mindre end 50 personer at slå sig ned i Vestgrønland, og det fremgår af en samtidig beretning, at de har lidt stor nød, og at grunden til deres flytning var hungersnød (Jensen 2002b).[82]

Ændringer i klimaet kan have vanskeliggjort de i forvejen svære livsbetingelser i Østgrønland. I løbet af 1800-tallet blev klimaet dels koldere, dels mere ustabilt med mange vintre, der var enten varmere eller koldere end en normal gennemsnitsvinter. Der findes sågar beretninger om to vintre, der gik over i hinanden uden en mellemliggende sommer, så det blev umuligt at samle vinterforråd og store dele af befolkningen døde af sult (Rosing 1963). Problemet var ikke kulden, men for fangerne og deres familier har de jævnlige klimasvingninger betydet, at fangstbetingelserne var uforudsigelige fra år til år, og dette har givet haft en negativ indflydelse på den enkeltes mulighed for at overleve (Appelt 2003: 58–62) (Fig. 51).

I denne periode ses desuden en påvirkning fra en helt anden side. I anden halvdel af 1800-tallet drev europæiske, dvs. norske, sælfangere en intensiv fangst af sæler i Danmark Strædet, ofte i drivisen ud for den østgrønlandske kyst, hvor de skød hundredtusindvis af klapmydser og sortsider. De udnyttede kun skindet og spækket og lod kødet ligge. Fra befolkningen i Ammassalik kendes beretninger om, at der er blevet fundet mængder af sælkroppe på isflagerne under land, og at netop disse to sælarter aftog i tal i slutningen af 1800-tallet. Disse kæmpemæssige fangster har selvsagt haft en katastrofal konsekvens for det ressourcegrundlag, som inuit i hele Østgrønland og i Kap Farvel-området skulle opretholde deres eksistens på. Følgen har været flere og længere perioder med svigtende fangst, og som helhed må befolkningen have set deres eksistensgrundlag svinde væk (Petersen 1957: 61–62, 111).

Under perioder med dårlig fangst og deraf medfølgende trangstider for befolkningen i den koloniserede del af Grønland var det almindeligt, at både missionens og Handelens folk ved de danske kolonier uddelte mad til særligt hårdt trængende, skønt det bestemt ikke var velset i direktionen. Det samme gjaldt ved de herrnhutiske missionsstationer, og der er flere vidnesbyrd om, at missionærerne i Friedrichsthal har hjulpet de hårdest ramte ved missionsstationen.[83]

Fra midten af 1800-tallet indførtes i Grønland de såkaldte forstander-skaber, en slags lokale råd med inddragelse af repræsentanter for de lokale fangere. Forstanderskaberne kan også betragtes som den første spæde

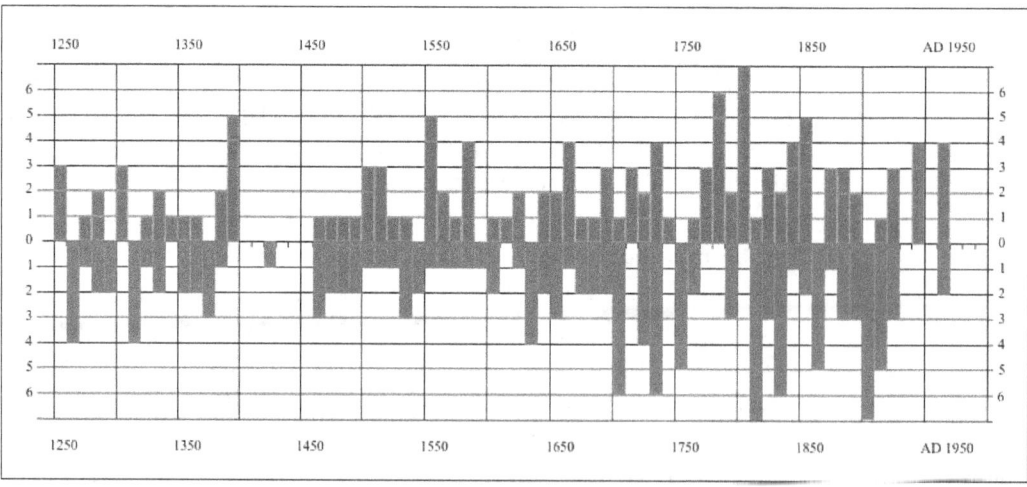

Fig. 51. Figuren viser muligheden for at forudsige klimaet. Længden af søjler viser antallet af vintre, der afviger mere end én grad celsius fra gennemsnittet af det enkelte årti. Histogrammet er baseret på oplysninger fra syv iskerner (Vinther et al. 2003; modificeret efter Appelt 2003, fig. 18).

start på en egentlig socialforsorg, hvor nødlidende i sultperioder havde
ret til at modtage hjælp, dog med midlertidigt tab af andre rettigheder.
Efter oprettelsen af forstanderskaberne opstod således fastere regler
for en egentlig fattighjælp (Forchhammer 2004). Indberetningerne fra
forstanderskaberne i det sydligste Grønland melder bl.a. om, at der er
uddelt støtte til nyligt tilflyttede østgrønlændere (Jensen 2003). Disse
forhold har selvfølgelig ikke været ukendte for den sydøstgrønlandske
befolkning, for hvem det i perioder med svigtende fangst og truslen om
hungersnød hængende over hovedet kunne være en nærliggende årsag
til at søge mod vest. Muligheden for i trangstider at få hjælp til at undgå
sultedøden kunne således være en medvirkende årsag til at vælge at flytte.

Der var imidlertid også mere akutte nødsituationer, der kunne ligge
til grund for, at enkeltpersoner eller mindre grupper ikke tog med tilbage
til Østgrønland. Når en gruppe valgte at slå sig ned ved Friedrichsthal,
drejede det sig ofte om et helt rejsehold, altså en hel konebådsbesætning.
Men i kirkebogen for Friedrichsthal forekommer der ikke desto mindre
også jævnligt registreringer af enkeltpersoner eller mindre grupper af
folk fra Østgrønland, der er blevet døbt.[84] Det er oftest kvinder og børn.
I 1845 blev således enken Kaursalik døbt (699) Elisabeth. Hun var syg
og døde da også allerede dagen efter af tæring ("Auszehrung"). I 1849
døbtes den tidligere omtalte enkemand (808) Angmagssalingmio, men
også han var syg og døde en månedstid senere "nach langen Siechtum",
altså tilsyneladende efter at have været syg ikke blot under opholdet ved
Friedrichsthal, men også før den tid. De nævnte personer blev døbt i
henholdsvis august og september og må være kommet til Friedrichsthal
samme sommer, som de er døbt. De har da sandsynligvis været døende
og er blevet efterladt på stedet af den hjemrejsende konebådsbesætning.
Begge de omtalte personer var ledsaget af børn, men disse har først skullet
gennemgå den normale undervisning og er derfor døbt senere. Kaursaliks
tre børn (nr. 770, 778 og 885), der ved moderens død var mellem otte og
nitten år, blev døbt i 1848 og 1852, og Angmagssalingmios søn Tullimaq
i 1851. De efterladte børn er kommet i pleje hos familier i menigheden.

Med udgangspunkt i kirkebogen kan også identificeres børn eller unge
mennesker, der synes at være efterladt alene. Her følger et par eksempler.
I 1864 døbtes den 15-årige pige Uunarojuk (1132 Margretha), der
tilsyneladende er forældreløs, idet hun angives at være plejedatter hos sin
slægtning (1066) Salome, der blev døbt allerede i 1861. I 1868 døbtes den
ca. 16-årige dreng Aitsiko (1204 Jako), og som hans nærmeste slægtninge
er noteret en onkel, (1021) Josias, der med sin kone og barn blev døbt i
1859.

En anden type eksempel er familier, der har mistet deres forsørger. I
1882 blev en gruppe på 12 personer fra Østgrønland døbt i Friedrichsthal

(NKA 1824-1900: nr. 1408–1419). Dåben fandt sted i april, og gruppen må således være kommet til Friedrichsthal året før. Gruppen var centreret om to kvinder, Tinupassalik og Amautilik, på ca. 31 og 26 år, der ifølge kirkebogen var enker. Derudover var der ti børn og unge, hvoraf den ældste var 22 år. De to enker var selv mødre til tilsammen fem af børnene, og de øvrige betegnes som henholdsvis bror, fætter, niece og stedbror, mens en enkelt ikke er angivet med nogen familiemæssig tilknytning til den øvrige del af gruppen. Ud fra kirkebogens oplysninger synes de to kvinder at have været medhustruer og altså gift med den samme mand, der imidlertid nu var død. Enkerne og den store flok børn og unge har dermed stået uden forsørger og har valgt at slå sig ned ved missionsstationen, eller de kan have været presset til det af deres rejsefæller, som ikke har kunnet eller villet påtage sig forsørgerbyrden over så stor en gruppe (Fig. 52).

Disse og en række andre eksempler viser, at dødssyge mennesker, forældreløse eller familier uden forsørgere, altså de normalt udsatte grupper, i mange tilfælde er blevet efterladt i Friedrichsthal, når konebåden vendte tilbage til Østgrønland efter sommerens handelsrejse. I det oprindelige samfund ville andre have overtaget forsørgelsen af disse

Fig. 52."Ostländer Heidin mit Sohn (im juli 1898 angekommen)" står der skrevet bag på dette billede. Billedet er taget af missionær Bohlmann. Af breve og andre oplysninger, der er sendt til Herrnhut, fremgår det, at der er tale om enken Pangaqarfik og hendes søn Pîtanâ, der i 1898 slog sig ned ved missionsstationen og året efter blev døbt Hedvig og Tobias. De flyttede derefter fra Friedrichsthal for at bo ved hendes bror Noa i Qernertoq (UA R.15.J.b.VI.12b; NKA 1824-1900). Bohlmann 1898, Unitätsarchiv der Evangelischen Brüder-Unität, LBS 928.

personer, og hvis der ikke var ressourcer til dette, ville de være blevet overladt til sig selv – og dermed døden – for ikke at lægge det samlede samfund til byrde. Efter etableringen af handels- og missionsstationer i det sydligste Grønland havde den sydøstgrønlandske befolkning nu tæt kontakt til et samfund, der kunne trække på flere ressourcer til nødstedte og udsatte grupper. Ved at efterlade dem i fx Friedrichsthal var der en chance for, at der ville blive taget hånd om dem.

I Sydøstgrønland boede i slutningen af århundredet efterhånden kun en lille restgruppe, som i 1884 havde kontakt med Konebådsekspeditionen under ledelse af Gustav Holm, der var på vej til Ammassalik. Ekspeditionen talte de folk, de mødte på deres vej, og befolkningen i den sydlige del af Sydøstgrønland kan på dette tidspunkt opgøres til 135 personer (Hansen 1888).

De udgør hovedparten af de folk, der i tredje og sidste fase flyttede til Vestgrønland. Det er i andre sammenhænge vurderet, at det for grupper på under 500 individer vil være svært at skaffe ægtefæller, hvilket på længere sigt ville kunne true gruppens eksistens (Anderson & Gilliam 2001). Det kunne være en grund til at flytte til mere befolkede egne. På den anden side havde de pågældende jo stadig kontakt med både befolkningen i Ammassalik-området og i Kap Farvel-området og ville kunne finde deres ægtefolk der. Og det leder til en anden mulig forklaring.

Med den stadige affolkning af sydøstkysten var familie og andet socialt netværk efterhånden forsvundet til de nævnte områder, og den tilbageværende befolkning udgjorde et stadigt svindende og mere sårbart mindretal i forhold til den del af tidligere sydøstgrønlændere, der nu boede i Sydvestgrønland. Et eksempel kan illustrere dette: I et brev fra 1898 fra en af de tyske missionærer i Friedrichsthal berettes, at to bådehold var kommet til Pamialluk for at handle. Med dem havde været en kvinde, en enke, og hendes 8-årige søn, som nu havde slået sig ned ved missionsstationen for at modtage dåbsundervisning. De to skulle så, underforstået, efter dåben bo hos hendes bror Noa, der efter at være blevet døbt i 1888 nu var en del af den herrnhutiske menighed og var bosat i Qernertoq.[85] Den sociale referenceramme var flyttet, og de sidste beboere flyttede med.

For den allersidste befolkningsgruppe i Sydøstgrønland skal yderligere nævnes et særligt forhold, som kan have givet grund til at flytte. Fra de sidste år er der overleveret beretninger om drab, selvmord og udsættelser af børn, dramatiske begivenheder, der var centreret om den samme mand, Aaddaaridaad, og som skabte usikkerhed og ustabilitet i det lille samfund. Aaddaaridaads bopladsfæller, der for størstedelen bestod af hans brødre og deres familier, pressede på for at de skulle flytte til Vestgrønland, men han ville ikke (Rasmussen 1906). Der kan for denne situation trækkes en parallel til den tidligere berørte beretning fra Ammassalik om den samtidige og også historisk kendte drabsmand Îsímardik. Også han foretog en række drab, og han blev til sidst så stor en trussel for det øvrige samfund, at en gruppe fangere besluttede at tage ham af dage (Rosing 1960, 1993).

Îsímardik og historien om hans drab har også været kendt af befolkningen i Sydøstgrønland, der bl.a. overleverede beretningen kort efter, at de havde slået sig ned i Sydvestgrønland (Rasmussen 1906). Hans endeligt kan have mindet Aaddaaridaad om, hvad konsekvensen af hans gerninger kunne blive for ham selv. Det har naturligvis heller ikke været ukendt, at missionærerne og de danskstyrede samfund i det hele taget forbød drab og hævndrab. Ønsket om at komme i sikkerhed kan således have været en medvirkende årsag til, at Aaddaaridaad skiftede mening, hvorefter han og hans fæller i 1900 flyttede til Vestgrønland.

Andre studier over folkebevægelser i det arktiske område viser, at man sammenfattende kan anskue de årsager og omstændigheder, der må have ligget til grund for disse bevægelser under en fælles synsvinkel, nemlig hvorvidt befolkningen enten blev presset ud af det gamle område, eller hvorvidt de blev fristet til at slå sig ned i det nye område (Rowley 1985), de såkaldte push-and-pull faktorer. Der er i det foregående gjort rede for en række faktorer, der i forskellige perioder og under varierende omstændigheder må anses for at have været medvirkende til, at størstedelen af den sydøstgrønlandske befolkning i løbet af 1800-tallet valgte at flytte til Sydvestgrønland. Sættes disse faktorer i relation til ovennævnte synsvinkel, kunne de følgende faktorer i Sydvestgrønland være attraktive og altså medvirkende til at trække folk til området: øgede muligheder for handel, social sikkerhed i perioder med trangstid, social sikkerhed for særligt udsatte grupper, tilstedeværelsen af familie og andet netværk, samt sikkerhed mod fjender. Følgende forhold i Sydøstgrønland kunne være medvirkende til at presse folk ud af området: ændringer i klimaet, nedgang i ressourcegrundlaget, svigtende befolkningsgrundlag og endelig social ustabilitet med mange mord.

Visse af de skriftlige kilder nævner direkte en omstændighed, som ikke tidligere er behandlet her, nemlig at den sydøstgrønlandske befolkning flyttede til Vestgrønland med det formål at blive døbt (Graah 1932: 50).[86] Men man må spørge, om det er troværdigt, at befolkningen ville flytte af religiøse grunde, og hvad de på det tidspunkt, hvor de tog beslutningen om at flytte, overhovedet kendte til kristendommen.

I breve og rapporter fra de herrnhutiske missionærer berettes om store moralske problemer med adskillige medlemmer af menigheden, og missionærerne var ofte ude af sig selv på grund af den efter deres mening manglende interesse og entusiasme for troen. Andre beretninger fortæller da også, at en overgang til kristendommen ikke var tillokkende for alle. I 1865 lykkedes det to missionærer fra Friedrichsthal på en rejse østpå at nå 18 mil op ad kysten. Der stødte man på to telte, hvis beboere var østgrønlændere, altså hedninge. Missionærerne begyndte nu at fortælle om kristendommen og opfordrede deres tilhørere til at flytte til Friedrichsthal. Kvinderne i det ene telt, hvoraf den ene tidligere havde været ved missionsstationen, var villige til at "leve iblandt de Kristne", men manden ville ikke flytte. Også kvinden i det andet telt ville angiveligt gerne kristnes, men manden truede hende med en kniv. Mens kvinderne således syntes at kunne lade sig bevæge, var dette ikke tilfældet for mændene, hvoraf den ene bl.a. svarede missionæren: "Naar jeg har Tobak, er jeg tilfreds. Jeg behøver ingen Omvendelse".[87]

Missionærerne indså vel også selv, at det ikke var kristendommen, der trak de østgrønlandske indvandrere til missionsstationen, men mere materielle betragtninger, eller udsigten til "ydre fordele" ("aussere Vortheile"), som missionær Riegel i 1888 desillusioneret udtrykker det i et brev til Herrnhut.[88] Og denne vurdering byggede jo på flere års erfaring og kontakt med nytilkomne medlemmer af menigheden.

At de indvandrede sandsynligvis har haft andre motiver end blot ønsket om at blive døbt, fremgår endvidere af en samtidig beretning fra den vestgrønlandske kateket Pavia Lynge, som i forbindelse med den danske missions overtagelse af de herrnhutiske missionsstationer i 1900 var blevet forflyttet til Lichtenau. Det første år overvintrede han dog i Frederiksdal, som stedet nu hed på dansk, og deltog her i arbejdet med at undervise den netop indvandrede sidste gruppe sydøstgrønlændere. Lynge skriver bl.a. om deres motiver, at de udelukkende var kommet til vestkysten af hensyn til handelen (Fig. 53).[89]

Man kan så spørge, hvorfor så godt som alle sydøstgrønlændere, der flyttede til Vestgrønland, så alligevel slog sig ned ved Friedrichsthal og lod sig døbe. En forklaring herpå kan udledes af den tidligere omtalte beretning fra netop den sommer i 1824, hvor missionsstationen blev etableret. Nogen tid efter de herrnhutiske missionærers ankomst til Narsaq (Narsarmijit), havde hundreder af grønlændere efterhånden indfundet sig på stedet og slået deres telte op. Missionærerne afholdt dagligt såkaldte aftensamlinger, hvor der blev talt om det kristne budskab. På en af disse samlinger talte lederen Conrad Kleinschmidt til forsamlingen og opfordrede de tilstedeværende til at slå sig ned ved den kommende missionsstation, men han slog samtidig fast, at det var et krav, at de lod sig døbe, ellers måtte de forlade stedet.[90] Og de lod sig døbe. Mønsteret i resten af århundredet var, at de tilrejsende østgrønlændere, når de have besluttet sig for at slå sig ned i området, søgte til og i hvert fald i første omgang bosatte sig ved den herrnhutiske missionsstation, hvor de i løbet

Fig. 53. Dele af de oprindelige handelsbygninger i Nanortalik fra 1800-tallet. I baggrunden anes mod syd den tidligere havn. Bygningerne er i dag en del af Nanortalik Museum. Foto: E. L. Jensen 2004, Nationalmuseet.

af den første vinter som hovedregel modtog undervisning og blev døbt, hvorefter de kunne overveje at flytte ud i distriktet. Men så var de blevet optaget i menigheden.

Netop behovet for at være en del af et større samfund kan altså være en væsentlig forklaring på, at de indvandrende østgrønlændere ikke uafhængigt af missionsstationen blot slog sig ned i det nye område, udøvede deres erhverv og handlede ved den nærmeste handelsstation, men også lod sig døbe. Denne formodning støttes af en bemærkning af Arøe, der som tidligere nævnt var bestyrer af handelen i Nanortalik, og på samme tid som Kleinschmidt var engageret med oprettelsen af en missionsstation i Kap Farvel-området: "de fleste Hedninger har nu forlangt at indlemmes deels i Brødre Menigheden deels i den danske Missions Samfund".[91]

Det kan således sandsynliggøres, at den sydøstgrønlandske befolkning i løbet af 1800-tallet ikke flyttede til Vestgrønland af religiøse grunde, men at den slog sig ned ved den herrnhutiske missionsstation Friederichsthal og lod sig optage i dennes menighed for ad den vej at blive en integreret del af det omgivende samfund.

Årsagerne til den samlede indvandring skal findes i jordnære forhold, hvor de klimatiske, ressourcemæssige og sociale faktorer i såvel øst som vest var udslagsgivende. I denne sammenhæng kan man definere de europæiske handels- og missionsstationer og de deraf afledte aktiviteter som en ressource (Thuesen 2007: 61). Ved etablering af sådanne stationer i det allersydligste Grønland fik den østgrønlandske befolkning udvidet de eksisterende ressourcemuligheder.

Betragter man forklaringerne på, hvorfor sydøstgrønlænderne i 1800-tallet i stort tal slog sig ned i Sydvestgrønland, så er det uanset hvilke faktorer, der kan have været udslagsgivende i de enkelte indvandringsfaser, et gennemgående træk, at der i hvert enkelt tilfælde må have været tale om et valg. Ikke sådan at hvert enkelt individ kunne træffe dette valg, men vel som oftest den eller de dominerende fangere på en gruppes eller på enkeltpersoners vegne. Et valg, der afgjorde, om man skulle blive i sit oprindelige område, om man skulle flytte vestpå, eller som for en mindre dels vedkommende flytte nordpå og slå sig ned blandt befolkningen i Ammassalik-området. Valget, om man skulle slå sig ned ved de nye stationer eller blive i sit eget område og via mellemhandlere eller ved egne handelsrejser til Sydvestgrønland skulle skaffe sig adgang til europæiske varer, måtte blive et led i de samlede strategiske overvejelser for at overleve.

Gennem det meste af 1800-tallet havde folk fra Sydøstgrønland valgt at slå sig ned ved Friedrichsthal. De skulle ikke alene tilpasse tilværelsen til nye geografiske omgivelser og ressourcemæssige betingelser, men var nu også indbyggere i et område, som var underlagt den danske kolonimyndighed. De blev på flere måder led i et spil mellem de europæiske aktører, der var i området. Det drejede sig om konkurrence mellem den danske og den tyske mission om nye medlemmer til de respektive menigheder, og det drejede sig om de danske koloniale myndigheders ønske om specielt af hensyn til handelen at håndhæve sin myndighed og imod missionens interesser at gennemtrumfe den fastsatte overordnede politik.

IV. Kampen om de østgrønlandske indvandrere

Fra slutningen af 1700-tallet ekspanderede den danske kolonisering af Grønland mod syd, og med etableringen af anlæggene Julianehåb og Nanortalik blev i princippet hele Sydgrønland helt ned til Kap Farvel lagt ind under dansk styre. Befolkningen i Sydgrønland udgjorde et oplagt marked for handelen og en lige så oplagt missionsmark for missionen i Sydgrønland. Dette gjaldt også de befolkningsgrupper, der kom rejsende til området fra Østgrønland og ikke mindst de østgrønlændere, der i løbet af 1800-tallet valgte at slå sig ned i Kap Farvel-området.

Handel og mission havde fra koloniseringens begyndelse i Grønland forskellige modstridende interesser og indbyrdes stridigheder, som de østgrønlandske indvandrere nu blev involveret i, ikke som hovedpersoner, men ofte som stridens kerne og i hvert fald med konsekvenser for deres situation. Med Brødremenighedens dominerende tilstedeværelse i Kap Farvel-distriktet udspillede denne efterhånden klassiske konflikt sig her mellem den danske handel og den tyske mission. Med tilstedeværelsen af to missioner i området, den danske og den tyske, gav situationen endvidere anledning til konkurrence mellem disse om de nye potentielle menighedsmedlemmer.

Striden mellem Handelen og Brødremenigheden

Brødremenigheden havde arbejdet i Grønland siden 1733, men det var ikke uden problemer, og med mellemrum opstod der konflikter med Handelen eller den danske mission. De danske embedsmænd var gennemgående meget kritiske over for Brødremenigheden og denne utilfredshed grundede sig tilbage fra 1700-tallet, hvor herrnhuterne etablerede missionsstationer i Neuherrnhut (1733) og Lichtenfels (1758) samt Lichtenau (1774). Efter Lichtenaus anlæggelse klagede Missionskollegiet over, at Brødremenigheden egenhændigt havde udvidet deres interesser, og på foranledning heraf udstedte den danske stat gennem Danske Cancelli i 1777 et dekret om, at Brødremenigheden fremover ikke måtte etablere flere anlæg i landet uden først at have indhentet godkendelse dertil, samt at Handelens folk skulle holde øje med og have indseende med herrnhuternes aktiviteter (Bobé 1936: 352).

Den overordnede interessemodsætning mellem handel og den tyske såvel som den danske mission drejede sig først og fremmest om den grønlandske befolknings bosættelse. Missionen ønskede, at befolkningen skulle bosætte sig ved eller tæt ved de danske kolonier og udsteder, hvilket ville lette undervisningen og forberedelsen til dåben med folk, der skulle døbes, samt kontakten til og det fortsatte arbejde blandt dem, der var gået over til den kristne tro. For Handelen var det imidlertid nærmest en forudsætning, at befolkningen boede spredt. Dette ville give en bedre udnyttelse af ressourcerne, altså fangstdyrene, og dermed større indhandling af skind, spæk m.m. og i sidste instans et bedre økonomisk udbytte for handelen.

Det blev ret hurtigt Handelens interesser, der slog igennem, og den danske mission indordnede sig under en bosættelsespolitik, der var underlagt Handelens økonomiske interesser. Derimod udviste herrnhuternes en mere vedvarende tendens til at ville koncentrere mange personer på deres missionsstationer. Ressourcegrundlaget i de nævnte områder kunne ikke bære befolkningskoncentrationen, befolkningens erhvervsevne blev efterhånden forringet, og der opstod ofte nød. De danske myndigheder krævede med mellemrum en udflytning fra missionsstation til distrikt og forsøgte også på forskellig vis at motivere fangerfamilierne til at flytte ud og bo mere spredt og i mindre bopladser rundt om missionsstationerne. Dette lykkedes dog kun i en vis udstrækning. De herrnhutiske menigheder blev betragtet som fattigere end de danske, og deres fangere som dårligere forsørgere (Gad 1969: 440–470; Sveistrup & Dalgaard 1945: 135–145; Sveistrup & Ibsen 1942: 135–141; Mørch 1942: 116–118; Ostermann 1918: 8).

Ved etableringen af Friedrichsthal i 1824 var de danske myndigheder fra starten på vagt over for dette problem, og da missionsstationen straks tiltrak et stort antal tilflyttere, udløste det mellem Sydgrønlands inspektør Holbøll og den på stedet ledende missionær Conrad Kleinschmidt en langvarig korrespondance med gensidige beskyldninger.

Samme sommer som Friedrichsthal blev anlagt, og måske også foranlediget heraf, foretog Holbøll en inspektionsrejse til Julianehåb Distrikt og gjorde i sin indberetning til direktionen bl.a. rede for forholdene ved Lichtenau og Friedrichsthal. Han slutter denne del således: "Kraftige Forholdsregler ere især nødvendige med Hensyn til Frederiksthal, hvor Sammenhobningen er for stor og alene foraarsaget ved Missionairerne især Hr. Kleinschmidt." Missionærerne syntes at have vist forståelse for inspektørens ønsker om udflytning, "undtagen Hr Kleinschmidt, som har besvaret Inspts: brev med Grovheder."[92]

Befolkningen ved Friedrichsthal steg trods inspektørens advarsler og henstillinger kraftigt de følgende år, og i 1830 rettede Holbøll en usædvanligt kraftig henvendelse til Kleinschmidt. Han anklagede ham for imod bedre vidende at gå imod regeringens politik og beskyldte ham for i forbindelse med ansøgningen om oprettelse af missionsstationen at have talt usandt om sine intentioner. Han foreholdt ham, at hans pligt var at rejse ud blandt hedningene for at missionere og ikke samle disse omkring missionsstationen. Han krævede derfor, at Kleinschmidt skulle bruge sin indflydelse til at få den herrnhutiske menigheds medlemmer til at flytte fra missionsstationen ud til bopladser med gode fangstmuligheder.[93] Det fik imidlertid ikke Kleinschmidt til at bøje sig, tværtimod sendte han hurtigt et svar, der blot trak fronterne endnu skarpere op. Han forsikrede Holbøll om: "... at vi, der er missionærer, udsendt med kongelig tilladelse, gerne overlader handelsaffærerne til de ærede herrer handelsbetjente som det sømmer sig for os, og ved at *vi* må forkynde Guds ord for de grønlændere der som et frit folk vil høre os for derved at lede dem til en kristelig opførsel; det er det, som vi *kan* og *vil* gøre" (citeret efter Wilhjelm 2001: 48-49). Konflikten syntes nu at være gået fuldstændig i hårdknude. Samme år indstillede inspektør Holbøll til direktionen, at man tog stærkere midler i anvendelse, og ønskede, at Kleinschmidt blev sendt ud af Grønland (ibid.: 49-50).

Året efter rapporterede Holbøll på ny om bestræbelserne på i forskellige dele af inspektoratet at motivere folk til at flytte ud. Der var rent faktisk sket resultater, men "Ved Friedrichsthal er Folkemængden voxet og ingen er udflyttet". Han foreslog derfor direktionen, at når man ikke kunne tvinge folk til at flytte ud, så burde man give inspektøren mulighed for at indføre sanktioner over for dem, der ikke ville følge henstillingerne. Det kunne være forbud mod køb af kaffe og proviant, eller ligefrem at udelukke de mest genstridige fra at handle i butikkerne. Det var dog mere, end direktionen ville gå med til. Dens svar er tilføjet i marginen af Holbølls skrivelse, og holdningen er, at der ikke kan gøres yderligere, når missionens folk og Handelens betjente ellers følger reglerne i direktionens brev af 28. marts 1831, hvori direktionen havde godkendt Holbølls forslag om støtte til udflyttere i tilfælde af trang, fx ved lån af spæk og ved uddeling af klæder til enker og børn. "Tvangsmidler kunde Directionen aldrig tilvende, og den kan derfor heller ikke bifalde at de tydske Grønlændere nægtes de Ting for Handelen med deres Producter som var tilstaaede Grønlænderne under den danske Mission" (Sveistrup & Ibsen 1942: 139).[94]

I 1832 døde Kleinschmidt imidlertid, og modstanden mod koloni-myndighedernes pres for at få flyttet dele af befolkningen væk fra missionsstationen lettede noget blandt missionærerne i Friedrichsthal. Samtidig var der i nogle år en pause i indvandringen fra Østgrønland, og i årene derefter fandt en mere moderat indvandring sted, hvorved befolkningspresset faldt. Handelen holdt dog stadig øje med forholdene, og som de følgende to eksempler viser, så er der løbende vidnesbyrd om, at Handelen vedblivende nøje fulgte situationen og pressede på for at få folk til at flytte ud fra Friedrichsthal. I 1845 fik således fangeren Josephus fra Danmark opsendt et hus, som han havde købt for 7 rigsdaler. Han påbegyndte opførslen af huset ved Friedrichsthal, men da dette kom bestyreren i Julianehåb for øre, foranledigede denne ikke alene, at huset skulle flyttes til bopladsen Pamialluk, hvor Josephus tidligere havde boet, men for at sikre sig, at det virkelig skete, blev bestyreren i Nanortalik pålagt at sørge for, at der blev ydet hjælp til at bygge huset og indsamle tørv til tørvemuren.[95] I 1848 skrev udligger Jacob Lund fra Pamialluk, der samme år var etableret som handelsstation, bl.a.: "Jeg skal da efter Evne søge at opfylde Handelens Interesse med at faa saa mange som muligt friedrichsthalske Grønlændere udflyttede til mig og andre bedre Fangststeder; thi der er en sand Overbeviisning som de nu staae sammenpakkede ved Friedrichsthal er en stor Skade baade for Handelen og selve Nationen" (Fig. 54, 55 og 56).[96]

Inspektør Holbøll var dog stadig ikke tilfreds med situationen og sendte flere skrivelser til direktionen med forslag om, at der burde ske ændringer i herrnhuternes tildelte rettigheder. Direktionen syntes efterhånden at være villig til at følge Holbølls forslag og sendte forslagene videre til Indenrigsministeriet, der imidlertid ikke tog nogen endelig beslutning, men dog ville overveje sagen. I 1850 skrev Holbøll igen: "Jeg har tilskrevet den kongelige Handelsdirektion, hvad jeg troede der endnu bør foranstaltes for at fremme denne Udflytning, kun maatte jeg her tilføie, at jeg antager det ville være rigtigt aldeles at forbyde Missionairerne ved Friedrichsthal at optage tilreisende Hedninger i deres Menighed, hvilket Forbud ikke strider mod deres Bevilling, ifølge hvilken de ingen Hindring maa gjøre den danske Mission, men dette vil nu skee, naar Friedrichsthal optager reisende Hedninger, da der syden for dette Sted er ansat en Katechet, som i Dygtighed og Oplysning dristig kan maale sig med Brødremissionairerne, og er Sproget fuldkommen mægtig, da han er indfødt, men uddannet i Danmark".[97] Nu blev sagen imidlertid sendt i kommission, hvorefter det blev indstillet at understrege over for missionærernes foresatte, at disse skulle indskærpe missionærerne, at ønskerne om udflytning skulle følges, og at regeringen i modsat fald ville skride ind (Sveistrup & Ibsen 1942: 144–145).

Det fremgår af det foregående, at de embedsmænd, der var place-ret i Grønland og dermed havde forholdene tæt inde på livet, var konstant foruroligede og ønskede strenge sanktioner eller vidtgående muligheder for at skride ind mod den koncentrerede bosættelse ved de herrnhutiske missionsstationer. Men myndighederne i Danmark tøvede eller ønskede at løse problemet gennem henstillinger og en dialog med Brødremenigheden. Efterhånden syntes der da også endelig ad den vej at komme skred i udflytningen fra Friedrichsthal. I 1853 foretog H. J. Rink, på

Fig. 54. Kuuaqqat ligger øst for Friedrichsthal men på samme halvø, og var beboet i de første år efter missionsstationens etablering. Boligtomten ses forrest i billedet som en græsklædt plet lige over kystniveau. I nærheden havde beboerne og besøgende gode pladser, hvor de kunne lægge til med kajak og konebåd. Mod øst anes Pamialluk Ø indpakket i tågedække. Foto: B. Grønnow 2004, Nationalmuseet.

dette tidspunkt bestyrer ved Julianehåb, en inspektionsrejse i den sydlige del af distriktet og nåede også til Friedrichsthal, hvor han har "… søgt at forklare Missionairerne Nødvendigheden af at Grønlænderne flytte ud, hvortil de ved deres Indflydelse kunne bidrage meget, ligesom de ogsaa paa den anden Side var i stand til at modarbeide det. For øvrigt har Udflytningen i de senere Aar tiltaget, og saavidt mig bekjendt, ville endnu i indeværende Aar et Par Familier flytte fra Friedrichsthal."[98] Dette bekræftes af det statistiske materiale. I 1834 bestod den herrnhutiske menighed ved Friedrichsthal således af 391 personer, der boede fordelt på seks bopladser, hvoraf Friedrichstal med 255 indbyggere var langt den største. I 1855 bestod menigheden af 470 medlemmer fordelt på fjorten bopladser og med 173 indbyggere i Friedrichsthal. I 1833 lå de seks bopladser i den nordlige del af Kap Farvel-distriktet, mens de beboede steder i 1855 lå spredt ud i hele området ned til selve Kap Farvel (RA: Folketællinger i Grønland).

Fig. 55. Uukkat ligger ganske få kilometer øst for den tidligere handelsplads Pamialluk og var beboet i størstedelen af første del af 1800-tallet. På stedet ses en karakteristisk boligtomt fra 1800-tallet med tydelige vægkonstruktioner i op til en halv meters højde og bevokset med kraftigt grønt marehalm. Foto: E. L. Jensen 2004, Nationalmuseet.

Fig. 56. Illussat er en tidligere boplads beliggende i sundet Torsukattak med de karakteristiske høje og takkede fjelde, der sine steder stiger lige op af havet i over en kilometers højde. Den oprindelige bolig er placeret i læ af klipperne og ved et naturligt anløbssted for kajakker og konebåde. Foto: B. Grønnow 2004, Nationalmuseet.

Der var nu opnået en vis spredning af befolkningen i Kap Farvel-distriktet på flere bopladser, og da indvandringen fra Østgrønland de følgende årtier var begrænset, synes situationen at have været tilfredsstillende for myndighederne. Men i 1887 var den gal igen. Dette år slog ikke mindre end 50 østgrønlændere sig ned ved Friedrichsthal, og på forårsmødet den 1. maj 1888 i Julianehåb Forstanderskab blev den store indvandring og dens konsekvenser diskuteret. Diskussionen var foranlediget af, at der i løbet af vinteren var uddelt fattighjælp til "tvende Hedninge, Fangere ved Frederiksdal", og forstanderskabet fandt det meget uheldigt, at "de mange Hedninger [...] vare blevne sammenhobede paa et sted som Frederiksdal, der om Vinteren er en daarlig Fangstplads, hvilket havde haft meget Nød til følge, ogsaa blandt den der boende Befolkning."[99]

For at undgå en gentagelse vedtog man, at når der herefter ankom tilrejsende til distriktet, skulle forstanderskabets grønlandske medlemmer (*paarsisut*) efter samråd med beboerne på stedet foretage indstilling om, hvor de tilrejsende kunne bosætte sig, hvorefter forstanderskabet ville tage den endelige beslutning herom. Man bad nu inspektoratet i Nuuk om en godkendelse af denne fremgangsmåde.[100] Forslaget tager i øvrigt udgangspunkt i den traditionelle skik omkring brugsretten til et område, hvor brugeren af en lokalitet eller et givet område har førsteretten til dette, så længe en udnyttelse af det finder sted (Petersen 1965).

Året efter modtog Julianehåb Forstanderskab inspektoratets godkendelse, og forstanderskabet havde således nu formel bemyndigelse til at regulere bosættelser og flytninger i distriktet. Samtidig sendte inspektoratet skrivelser til de herrnhutiske missionærer i Julianehåb Distrikt med orientering om denne beslutning. Der blev i skrivelsen gjort udtrykkeligt opmærksom på, at hensigten var at "forhindre en Gjentagelse af det i 1887 forekomne uheldige Forhold, at de fra Østkysten s.A. ankomne Hedninge bleve sammenhobede ved Frederiksdal".[101]

Nogle få år senere etablerede Handelen en ny handelsstation i den allersydligste del af Kap Farvel-området for at møde de østgrønlandske handelsrejsende så tidligt som muligt og dermed undgå, at disse kom til det allerede beboede område og slog sig ned der. Planen var oprindeligt, at det nye anlæg skulle ligge ved Qernertoq lidt inde i Østgrønland, men som tidligere nævnt afgjorde tilfældigheder, at man endte med at anlægge det ved Itilleq. Allerede mens overvejelserne om det nye handelsanlæg fandt sted, så Julianehåb Forstanderskab det som yderligere en mulighed til at sikre en spredning af befolkningen og foreslog derfor, at fremtidige indvandrere skulle tvinges til at bo ved den nye handelsstation eller i omegnen af denne. På forstanderskabets forslag herom svarede inspektøren: "Det billiges, som foreslaaet af Forstanderskabet, at de til Frederiksdal fra Østkysten ankomne Grønlændere, betydes, at de kun interimistisk forbliver ved nævnte Plads, men at de, naar Qernertoq er oprettet, helst tage Boplads dersteds. Ligeledes approberes det, at en Forstander vælges, naar Qernertoq er besat".[102] Forstanderskabets intention blev altså godkendt, men med vendingen "helst tage Boplads" var elementet af tvang dog fjernet. Man skulle altså overtale fremtidige tilrejsende til at slå sig ned ved det nye handelsanlæg. Med den sidste bemærkning om valg af forstander sikredes det endvidere, at den kommende boplads og dens befolkning blev en del af kolonien Julianehåb og dennes jurisdiktion (Fig. 57).

Det fremgår af det foregående, at den østgrønlandske indvandring til Kap Farvel-området pustede til den konflikt, som latent eksisterede som følge af Handelens og missionens grundlæggende forskellige ønsker i forhold til den grønlandske befolknings bosættelsesstruktur, og specielt i tiden omkring og lige efter missionsstationen Friedrichsthals etablering og den første store indvandring var forholdet mellem den danske handel og den lokale tyske mission yderst konfliktfyldt. Handelens ønske om

Fig. 57. Qernertoq var det sidste sted, de østgrønlandske rejsende passerede, inden de kom til Sydvestgrønland, og i nogle tilfælde har de rejsende overvintret på stedet. I sidste del af 1800-tallet lå her en boplads, hvis befolkning var del af den herrnhutiske menighed. Bopladsen lå på den jævne skråning i midten af billedet, hvor konturerne af huse fra flere perioder anes. I forgrunden til højre ses konebådsstøtter. Mod nord på den anden side af sundet ses Christian den IV's Ø. Foto: B. Grønnow 2004, Nationalmuseet.

en spredning af befolkningen blev i sidste ende tilgodeset, men det er samtidig tydeligt, at man fra centralt hold i Danmark i vid udstrækning har holdt hånden over Brødremenigheden og bl.a. ikke har villet acceptere skrappere repressalier over for de tyske missionærer, da dette på et tidspunkt blev foreslået af inspektør Holbøll i Nuuk. Mod slutningen af 1800-tallet øgedes indvandringen igen med efterfølgende stigning af befolkningstallet i selve Friedrichsthal, og det deraf affødte problem med svigtende ressourcegrundlag i nærområdet blev atter aktuelt. Igen greb de verdslige myndigheder ind med reguleringer i forholdene omkring bosættelsen i distriktet. Som noget nyt var den lokale befolkning nu inddraget i processen via medlemskab og diskussionerne i det lokale råd, forstanderskabet, om problemerne og deres løsning. Men det var stadig de centrale myndigheder, der havde den endelige afgørelse.

Konkurrencen mellem den danske mission og Brødremenigheden

Etableringen af handelsanlægget Nanortalik i 1797 betød også en udvidelse af opgaverne for den danske mission i Julianehåb Missionariat sydpå mod Kap Farvel. Ud over distriktets egen befolkning kom tilrejsende østgrønlændere til vestkysten, hvoraf nogle blev i området og blev døbt. Det blev endda foreslået at oprette et selvstændigt missionariat i Nanortalik (Bak 1981: 131–139), men etableringen i 1824 af Brødremenighedens missionsstation i Friedrichsthal gjorde dette uaktuelt. I en skrivelse til Missionskollegiet omhandlende den resolution, hvori kongen gav Brødremenigheden tilladelse til at oprette missionsstationen, er anført, at det skal ske "saaledes at det danske Missionsdistrict derved bliver uberørt".[103] Der skulle således være en klar geografisk adskillelse mellem de to menigheder. Denne skillelinje gik i praksis mellem den danske handels udsted Ikigaat og Brødremenighedens missionsstation Friedrichsthal.

De første år var forholdet mellem den danske missionær og missionærerne i Friedrichsthal dårligt og nok også noget præget af striden mellem inspektør Holbøll og missionær Kleinschmidt om bosættelsen omkring missionsstationen. Den danske missionær Esmann synes i sin egenskab som udsendt dansk missionær i Julianehåb Missionariat at have fået eller påtaget sig en rolle som myndighed eller kontrollant i forhold til missionen i Friedrichsthal. Han var meget kritisk over for herrnhuternes aktiviteter og pålagde i en til tider grov tone Kleinschmidt at besvare spørgsmål om forholdene ved Friedrichsthal, anklagede ham for imod den kongelige resolutions bestemmelser at ville lokke personer, der gik til dåbsforberedelse i den danske menighed, til at tilslutte sig Brødremenigheden og truede med at ville indberette herom til Missionskollegiet. Kleinschmidt forsvarede sig og benægtede Esmanns anklager. Gensidigt anklagede de to missionærer hinanden for at ødelægge det gode forhold, der i næsten hundrede år havde hersket mellem den danske og den tyske mission.[104]

Den negative holdning i disse år kan også søges i Esmanns forventninger om til den danske menighed selv at kunne vinde nogle af de indvandrende østgrønlændere, som jo var herrnhuternes målgruppe. I 1829 havde han entusiastisk indberettet til Missionskollegiet: "Til Anlægget Nennortelik kan jeg vente circa 40re Hedninge endnu fra Østerbøigden. Dhrr. Mathiesen og Vahl[105] er nemlig tilbagevendte og have bragt mig denne Efterretning, at omtrent en 80ne M:sker attraaede Daaben, men Halvparten gik nok til den tydske Menighed. Det glæder mig, at jeg har fremme Lærere ved Tuapeit, ved hvilket sidste Sted Mængden nok vil fæste Bolig. – Naar i dette Efteraar mine Reiser nordpaa ere endte, begiver jeg mig strax til Nennortelik, hvor min Nærværelse vist vil være meget fornøden".[106]

Det var vanskeligt at komme rundt i alle dele af det store missionariat og i praksis umuligt for de skiftende missionærer ved Julianehåb at besøge hele menigheden i løbet af et år. I Nanortalik havde Esmann måttet overgive de løbende opgaver til kateketen, og for at styrke missionsarbejdet i dette område foreslog han opførelsen af et hus ved Nanortalik, men der var ingen støtte at hente fra Missionskollegiet i dette eller andre ønsker.[107] Heller ikke overvejelser om at indføre begrænsninger i Brødremenighedens aktiviteter ved forbud fik støtte, og i en kommentar til Esmanns officielle dagbog hedder det fra Missionskollegiets konsulent: "Da det aller naadigst er tilladt Brødre-Unitetet at oprette en Missionsplads ved Friedrichsthal, kan det vel neppe forbydes dem at indlemme ved Daabens [ulæseligt] Hedninger i deres Menighed, skjøndt det vist nok baade for Handelens Tarv og for den sande oplysnings Skyld er ønskeligt, at det kunne naas".[108]

De angivne citater er meget dækkende for den mangel på støtte, som de danske missionærer i Julianehåb mødte i resten af århundredet fra myndighederne i Danmark, når de forsøgte at få hjælp eller opbakning til at tage konkurrencen op med de herrnhutiske missionærer i området. Imidlertid viser breve og indberetninger, at de danske missionærer med mellemrum igennem det meste af 1800-tallet fortsat forsøgte at knytte nogle af de folk til sig, der kom fra øst, og som endnu ikke havde slået sig ned i den ene eller i den anden menighed.

I sommeren 1848 var handelsstedet Pamialluk etableret syd for Friedrichsthal og placeret på den traditionelle rute fra østkysten til de europæiske etablissementer. Pamialluks første udligger var Jacob Lund, der ud over arbejdet med handelen også skulle varetage funktionen som

Fig. 58. Jacob Lund fotograferet omkring 1890 af John Møller fra Nuuk. Jacob Lund var oprindeligt seminarieuddannet, men blev fra etableringen af handelspladsen Pamialluk ansat som udligger på stedet. Efter planen skulle han dog også forsøge at tiltrække nogle af de indvandrende østgrønlændere til den danske menighed, men det lykkedes aldrig. Foto: John Møller/Det Kongelige Bibliotek 6529.

kateket for de få folk på stedet, der tilhørte den danske menighed (Fig. 58). Han var som noget helt usædvanligt for en grønlænder på denne tid uddannet i Danmark, på Skårup Seminarium, og det var håbet, at han med sine særlige kvalifikationer og som grønlandsktalende skulle kunne trække nogle af de tilrejsende østgrønlændere til den danske menighed. Allerede det første efterår ankom en gruppe på 46 personer, som "har lovet ved Daaben at gaae over til Christendommen, og ønske at vorde indlemmede i den danske Menighed". Da missionær Vesterboe i Julianehåb fik nys om dette, ilede han til Pamialluk, men kunne ved sin ankomst blot konstatere, at "Hedningene" befandt sig en dagsrejse syd for udstedet. Da vejret blev dårligt og isen begyndte at pakke omkring Pamialluk, måtte han efter nogle få dage returnere med uforrettet sag.[109]

I efteråret 1849 var Vesterboe igen i Pamialluk, men kunne nok engang blot konstatere, at de folk, som han var interesseret i, befandt sig længere sydpå, og at en storm forhindrede ham i at opsøge dem. Han pålagde derfor Jacob Lund "at reise ned til Hedningene og hjemmedøbe Hedningebørnene samt holde Bøn for og læse med de voxne Hedninger, saa at jeg, naar jeg til Foraaret kom her end kunde bekræfte Hjemmedaaben paa Børnene og døbe de Voxne" Som årsag hertil angiver han "at dels

Fig. 59. Handelspladsen Pamialluk var placeret i bunden af en snæver bugt, til venstre uden for billedet, hvilket har givet god læ for dårligt vejr. I forgrunden ses nogle af gravene, der ligger umiddelbart vest for den tidligere boplads. I baggrund mod sydøst ses den sydligste del af øen Toornaarsuk med næsset Kangeq. Foto: B. Grønnow 2004, Nationalmuseet.

Forældrene blive villigere til at antage Christendommen naar deres Børn ere døbte, som jo kan skee uden Underviisning med Umyndige, dels at de Herrnhuttiske Brødre fra den i Nærheden ikkun ½ Dags Reise Norden for Katechet Lund beliggende Brødremission Friedrichsthal, da ikke, som de gjerne ville, kan overtale Hedningerne, der først have lovet Katechet Lund efter hans lange Overtalelse og efter at han ifølge mit indstændige Paalæg har mange Gange holdt Bøn for dem, medens de stode ved Pladsen, hvor han boe, at afsværge Hedenskabet og indgaae i den dansk-grønlandske christne Menighed" (Fig. 59).[110]

Igen i 1850 var Vesterboe i Pamialluk og stadig optaget af at sikre sig de indvandrede østgrønlændere for den danske menighed. Han nedskrev detaljeret i sin dagbog om det til tider hektiske forløb:

5. okt.   Da jeg har erfaret at nogle af Hedninger, som have boet ved Pamiædluk og der underviste af Catechet Lund i Sommer og afvigte Vinter, under hans Ophold ved Nennortalik var overtalte til at flytte til Friedrichsthal, lod jeg strax Catechet Lund gaae over i min Konebaad til Friedrichsthal for at

	finde disse Hedninger, og han vendte tilbage Kl. 12½, men medbragte den Efterretning at Hedningerne i Morges vare reiste Syd efter igjen. Jeg lod da strax mit Tøi bringe i Baaden og reiste med Catechet Lund med Familie fra Ikigeit Kl. 1 og kom dels seilende dels roende til Pamiædluk Kl. 6 Aften igjennem en deel iisstumper.
6. okt.	Holdt jeg grønlandsk Gudstjeneste for alle herværende Grønlændere saavel af den danske som tydske Menighed.
7. og 8. okt.	Nordenkuling som forhindrer Hedningerne i at komme hertil.......Kom den Post[111] tilbage som jeg havde sendt Syd paa til Hedningerne, men disse kunde endnu ikke roe op mod Nordenvinden.
9. okt.	Roede jeg med Catechet Lund Syd efter for at komme til Hedningerne ved Komiut [Kuummiut] og vi naaede dem paa Halvveien hvorfor vi vendte om og kom til Pamiædluk Kl. 1½ Eftermiddag, men ½ Time efter styrede Hedningernes Baad ligeforbi, og strax lod jeg Catecheten gaae ud med Missionsbaaden til dem for at faae dem hertil som de lovede i Formiddags da vi mødte dem, men den ene af Roerskerne, som [ulæseligt] deres Baad vilde ikke og tvang ved Overtalelse de øvrige at gaae til Friedrichsthal hvor hun har hjemme.
10.–11. okt.	Indførte jeg Hedningernes Navne i Ministerialbogen efter Catechet Lunds Opgivende.
12. okt.	[Tager til Friedrichsthal] hvor jeg endelig traf Hedningerne og med Forstander Ihrers[112] Tilladelse, som jeg venskabeligst udbad mig, bekræftede jeg den af Catechet Lund forrettede Hdaab [hjemmedåb] paa disse 2 Børn i Friedrichsthals Kirke i Overværelse af en deel Grønlændere saavel af den danske som Tydske Menighed.[113]

Dagbogsudsnittet viser noget om missionærens vanskelige arbejds-betingelser: rejserne i det udstrakte missionariat, afhængigheden af vejret og konkurrencen med Brødremenigheden. Selv om de tyske missionærer givetvis også har presset på for at få de indvandrede østgrønlændere til at slå sig ned ved Friedrichsthal og dermed indgå i den tyske menighed, så fremgår det med tydelighed af Vesterboes dagbogsnotater, at en del af problemet med at tiltrække de tilrejsende til den danske mission i høj grad har bundet i disses eget ønske om at slå sig ned blandt familie og venner, som jo netop var bosat ved den tyske missionsstation.

Vesterboe fik ikke noget ud af sine bestræbelser i forhold til de tilrejsende østgrønlændere, men hans efterfølger missionær Janssen fortsatte i hans spor. I 1852 fremsatte således også han til Missionskollegiet et begrundet forslag, der skulle styrke den danske missions position i det centralt placerede Pamialluk: "Jeg traf ved Nenortalik den tidligere saavel af Collegiet som af Handelsdirectionen ansatte Katechet og Handelsbetjent Jakob Lund: han havde i det forløbne Aar intet Samquem haft med Hedningene, og saaledes ikke udøvet nogen Virksomhed i denne Retning. Til ubestemte Tider komme Hedningene, ofte flere Baade Ifølge fra Landets Østkyst, for at drive Handel: naar nævnte Jakob Lund da havde en Menighed, med hvilken han kunde holde Gudstjeneste i Hedningenes Overværelse, da ville disse visseligen langt snarere og lettere kunde paavirkes; men han er aldeles uden Menighed: Hedningene komme som oftest temmelig tidligt paa Sommeren, savne et opholdssted til længere Forbliven, og maae ile tilbage, for om muligt et eller andet Sted at finde Vinterquarter: jeg vover derfor underdanigst, efter at have raadført mig med den ved Nennortalik ansatte Læge og Handelsbetjent, Hr: Lytzen, at foreslaae det høie Collegium Opførelsen af et eller tvende Grønlænderhuse, der under nævnte Jakob Lunds Opsigt kunde henstaae til Hedningenes Modtagelse; det er da at haabe, at én eller flere Familier maatte finde Lyst til at fæste Boe dersteds; der vilde da dannes en Menighed, og der fandtes da bosiddende Folk, hos hvem Efterfølgende kunde finde Tilhold, medens de opførte sig vinterboliger og samlede Træværk dertil. Udgifterne ved et saadant Huses Opførelse ville omtrent beløbe sig til 59 rbdl 15 sk, som vedlagte Overslag udviser".[114] Men heller ikke Janssen fik Missionskollegiets opbakning i denne sag.

Året efter forsøgte Janssen endog at rejse til Østkysten, men måtte vende om på grund af storisen. Han foreslog derefter, at der blev sendt en kateket til Østgrønland for at missionere, hvorefter de omvendte kunne tage til Nanortalik og blive døbt der.[115] Nogle år senere gentog endnu en ny missionær i Julianehåb, Nissen, forslaget om at oprette et selvstændigt missionariat i Nanortalik, hvis missionær skulle "have sin Opmærksomhed særdeles henvendt på Østerlændingerne", hvorefter man kunne forvente en betragtelig udvidelse af det eksisterende distrikt.[116] Ingen af delene blev imidlertid sat i værk.[117]

De danske missionærer forsøgte altså at tage konkurrencen op for at få nogle af de østgrønlandske indvandrere til at tilslutte sig den danske menighed – og de herrnhutiske missionærer har været helt klar over dette. I 1887 kom fem konebåde til Pamialluk, hvoraf folkene i de tre konebåde, i alt 50 personer, havde besluttet, at de ikke ville returnere til Østgrønland men slå sig ned på vestkysten. Fra Nanortalik blev overkateket Isak Lund, en søn til Jacob Lund, sendt til Pamialluk, hvor han skulle tage kontakt til de omtalte personer. På grundlag af samtaler med dem udarbejdede Isak Lund en rapport, der bl.a. indeholdt oplysninger om aktuelle forhold i Østgrønland, og som også indeholdt en komplet liste over de 50 personer og deres indbyrdes tilknytningsforhold (Jensen 2003). Det var den herrnhutiske missionær Zuchers indtryk, at man fra dansk side forsøgte at kapre de 50 indvandrede personer til den danske menighed, og at Isak Lund var sendt sydpå under dække af at skulle spørge til forholdene på Østkysten. Det var ikke lykkedes Lund at komme til Pamialluk i første forsøg, og Zucher konstaterer, ikke uden skadefryd: "Wir waren aber recht froh, als wir Tags darauf hörten, dass jene 2 Männer wegen Eis nicht nach Pamiagdluk hatten kommen können, sondern halbwegs hatten umkehren müssen – doch in Grund genommen ist das ein unnäher Kummer, denn wenn der Herr wird wollen, so wird es kommen" (Vi var dog ret glade, da vi den følgende dag hørte, at de to mænd ikke havde kunnet komme frem til Pamialluk på grund af is, men havde måttet vende om halvvejs – i bund og grund er det dog en unødig bekymring, thi når Herren vil, så sker det) (Fig. 60).[118]

De 50 nytilkomne fra Østgrønland slog sig ned ved Friederichsthal, og i det hele taget vandt herrnhuterne den ublodige kamp om de østgrønlandske sjæle. Der kan være flere forklaringer på dette. Som

Fig. 60. Anlægget Nanortalik malet af Isak Lund i 1888. Med anlægget forstås her helt tydeligt Handelens bygninger og ikke den lokale befolknings boplads. Isak Lund var søn af Jacob Lund og overkateket i Nanortalik. Det var samme Isak Lund, der året forinden havde været i Pamialluk for at tale med en stor gruppe nyligt indvandrede østgrønlændere og havde udarbejdet en rapport, der bl.a. indeholdt oplysninger om aktuelle forhold i Østgrønland samt en liste over samtlige 50 personer. Arktisk Institut AI 50546.

tidligere nævnt havde den danske mission i begyndelsen af 1800-tallet ikke mindst i den sydlige del af Grønland store ressourcemæssige problemer, der i praksis udelukkede muligheden for aktivt at forsøge at få de indvandrede østgrønlændere ind i den danske menighed. Modsat dette havde Brødremenigheden ressourcer til en ekspansiv politik, illustreret ved oprettelsen af Friedrichsthal i 1824, hvis missionærer til stadighed forsøgte at overtale tilrejsende østgrønlændere til at blive og indgå i den herrnhutiske menighed. Dertil har det givet været af betydning, at de herrnhutiske missionærer blev i landet i mange år, for nogles vedkommende resten af livet, og lærte sig sproget, mens de danske missionærer var i landet i en begrænset periode og for manges vedkommende aldrig lærte ordentligt grønlandsk.[119]

En medvirkende årsag kan også findes i nogle af de holdninger, der bliver givet udtryk for i de danske missionærers bagland, først og fremmest Missionskollegiet. Allerede før herrnhuternes etablering af missionsstationen Friedrichsthal i 1824 havde den daværende missionær Wanning i et brev til Missionskollegiet meddelt sine bekymringer over Brødremenighedens aktiviteter og planer i området. Svarskrivelsen fra Missionskollegiet var ikke til megen trøst: "Man indser hvor ubehagelig enhver Kollision med Brødre Missionairerne maa være; men man tvivler ikke paa, at disse jo holde dem indenfor de dem foreskrevne Grændser. Til fornøden Efterretning tjener, at det ikke bør formenes Grønlænderne fra det nye District, som Brødrene have besat, endag at træde over til de tydske Missioner, naar de frivilligen attraae det".[120]

Senere i århundredet skrev Martensen, biskop og tilforordnet for Missionskollegiet, i forbindelse med en fremsat kritik af Brødremenighedens metoder og indflydelse bl.a.: "Det maa formentlig erkiendes, at enhver af de tvende Methoder – den omreisende og den coloniserende – har sine Fortrin og Mangler, ligesom det for øvrigt ogsaa bør erkiendes, at forskiellige locale Forhold her i betydelig Grad kunne komme til at udøve en modificerende Indflydelse. Men hvor ikke den mest trængende Nødvendighed maatte være tilstede, hvad her ikke paa nogen Maade sees at være Tilfældet, vilde det formentligen være Saare urigtigt, dersom man vilde skride ind og forhindre et fremmed Missionariat, som dog har virket til ikke ringe Velsignelse".[121]

Missionskollegiet ønskede åbenbart ikke en kollision med herrnhuterne, hvis missionærer jo med tilsyneladende succes var i fuld gang med at udføre en del af missionens hovedopgave, nemlig at kristne befolkningen i Grønland. Det skete oven i købet for midler, som det hårdt trængte danske missionsarbejde ikke selv skulle skaffe. Denne positive holdning til Brødremenighedens indsats i Grønland kom bl.a. frem i 1868 i en henvendelse fra Det danske Missionsselskab til ministeriet. Anledningen var planer eller overvejelser i ministeriet om at ophæve Brødremenighedens tilladelse til at drive missionsvirksomhed i Grønland og sende de herrnhutiske missionærer hjem. Skrivelsen er et støttebrev for Brødremenigheden, hvori Missionsselskabet opregner en række faglige, politiske og økonomiske punkter til forsvar for bibeholdelse af Brødremenigheden i landet. Bl.a. opgjorde man, at udgifterne til herrnhuternes aktiviteter i Grønland for året 1866 svarede til 5479 rigsdaler, et beløb som den i forvejen trængte danske mission selv skulle skaffe, hvis den skulle overtage Brødremenighedens stationer (Fig. 61).[122]

Spørgsmålet om økonomi var bestemt ikke uvæsentligt. Da missionær Nissen som tidligere nævnt foreslog oprettelse af et selvstændigt missionariat i Nanortalik, havde den grønlandske lektor[123] Wandall følgende kommentar: "Hr Nissen har gjort det Forslag, at det for Kolonien fjernt liggende, folkerige Udsted Nennortalik maatte blive oprettet til et eget Missionariat. Men hvor ønskeligt dette end i sig maatte være, især med Hensyn til de i Nærheden boende Hedninger, der have en temmelig stadig Handelsforbindelse med dette Sted, og hvor nødvendigt det end til sidst maa blive, at Julianehaabs alt for vidtløftige [dvs. udstrakte]

Fig. 61. Utoqqarmiut få kilometer øst for Pamialluk med en velbevaret boligtomt fra kolonitiden. Foto: B. Grønnow 2004, Nationalmuseet.

Missionariat deles, skal jeg dog her ikke indlade mig paa at gøre dette Forslag til mit, da der vel for Tiden ikke kan være Udsigt til at faa en saa kostbar Foranstaltning imødeseet".[124] Man fornemmer tydeligt, at uanset hvor relevant et forslag måtte være, kunne man lige så godt opgive det på forhånd: Der var nemlig ikke penge til at udføre det!

Danske missionærer gjorde som påvist gennem hele århundredet forsøg på at få nogle af de indvandrende østgrønlændere til at tilslutte sig den danske menighed. På trods af dette synes der efter de første skarpe sammenstød mellem Esmann og Kleinschmidt at have eksisteret et rimeligt personligt forhold mellem missionærerne fra de to menigheder. Det illustrerer en beretning af missionær Vesterboe, der kort efter sin tiltræden i Julianehåb foretog en rundrejse i den sydlige del af sit distrikt og herunder kom til Ikigaat, "det sydligste Punkt i mit Missionariat", hvor der ikke havde været besøg af en dansk præst i ni år. Da han nu var i området, benyttede han sig af lejligheden til at besøge den nærliggende brødremenighed for at diskutere et tjenstligt anliggende. Da konebåden, som han rejste i, både trængte til reparation og til at blive tørret, måtte han blive et par dage i Friedrichsthal, hvor han med sine egne oplysninger havde fået en meget venlig modtagelse. Her overværede han en bønholdelse, der blev arrangeret for hans skyld, og fik mulighed for at tale med de tyske missionærer om "fælles Anliggende her i Landet". Han slutter sin beretning fra opholdet således: "Imorges Kl. 6 gik jeg herfra, men Brødrene havde ladet bringe 3 Geder i min Konebaad som en Foræring og Beviis paa stor Velvillie mod mig".[125]

I et dagbogsnotat fra 5. maj 1845 skriver missionær Vesterboe: "Kom der en anden Hedning fra Østkysten til mig, en høi smuk velvoxen Mand med store Knebelsbarter og en Skjorte syet af Sælhundetarme, men da han har opholdt sig i Vinter med Familie ved Friedrichsthal og Brødremissionen altsaa have i sinde at døbe denne Familie, talte jeg ikke til ham om at gaae over til min Menighed, for ikke at modarbejde ovennævnte Missionærer".[126] Vesterboe har således ikke villet gå på strandhugst i herrnhuternes menighed.

De to menigheder har fra starten administrativt set fungeret som to adskilte systemer, og det har ikke været tilladt for Brødremenigheden at optage folk, der kom fra den danske menighed.[127] Til gengæld har det været tilladt den danske menighed at optage medlemmer af den herrnhutiske menighed, og der er, omend få, så dog eksempler på, at dette har fundet sted.[128] I 1855 blev der imidlertid udsendt underretning til herrnhutiske missionsstationer om, at Missionskollegiet nu bifaldt, at personer fra de to menigheder kunne indgå ægteskab med hinanden, og at disse selv kunne bestemme, i hvilken menighed de ville bo. Desuden blev det tilladt, at forældre, hvis børn var døbt af den danske missionær, kunne lade sig døbe af herrnhutiske missionærer.[129] Den sidste bestemmelse drejer sig helt klart om indvandrede østgrønlændere, der i sidste ende ønskede at slå sig ned i Friedrichsthal eller de dertil tilknyttede bopladser.

De nye regler om ægteskab mellem personer fra de to menigheder og efterfølgende valg af, hvilken menighed, de pågældende ville være tilknyttet, var med til at ændre forholdet mellem missionærerne fra de to menigheder. Der forekommer flere eksempler på sådanne ægteskaber, men mest bemærkelsesværdigt er eksempler på, at danske missionærer med tiden af praktiske grunde selv foreslog den administrative og formelle overflytning af nogle medlemmer fra deres egen menighed til Brødremenigheden, hvor disse allerede rent fysisk var flyttet.[130] Det bidrager til billedet af, at de to menigheder i sidste del af 1800-tallet trods konkurrencen om de nytilkomne efterhånden er indgået i et normaliseret forhold.

De herrnhutiske missionærer havde foretaget et strategisk set særdeles godt træk, da de i 1824 etablerede missionsstationen Friedrichsthal. Missionsstationen lå lige på den rute, som de tilrejsende østgrønlændere

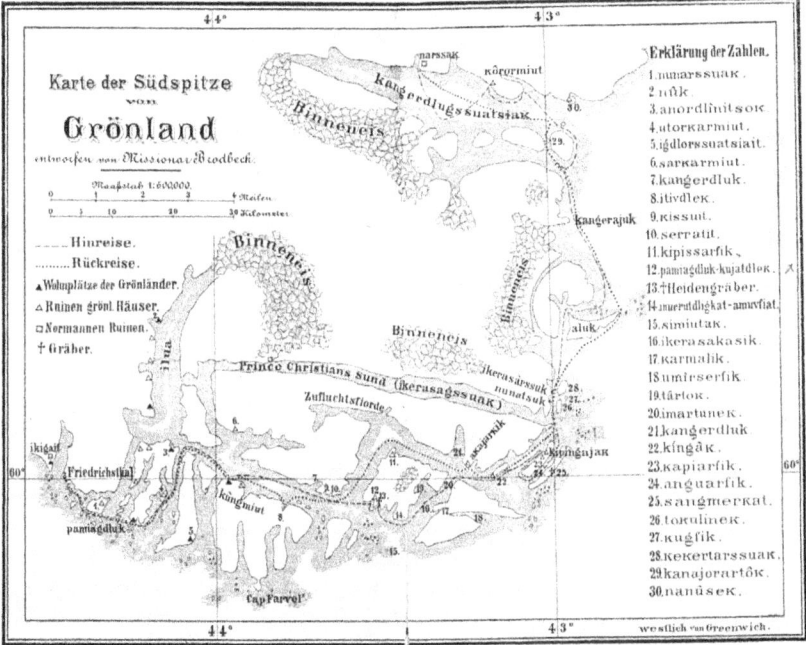

Fig. 62. Missionær Jacob Brodbeck fra missionsstationen Friedrichsthal foretog i august måned 1881 en rejse til Sydøstgrønland, hvor han nåede frem til Narsaq i Kangerlussuatsiaq (Lindenow Fjord). Han udgav en bog om rejsen, hvorfra dette kort stammer (Brodbeck 1882). På kortet er angivet Brodbecks rejserute, og såvel de beboede pladser som pladser med levn efter eskimoisk og norrøn beboelse samt andre vigtige lokaliteter.

fulgte til den nærmeste handelsstation, først Nanortalik og senere Pamialluk, der fra 1848 blev centrum for handelen mellem øst og vest. Fra Pamialluk var der for de rejsevante østgrønlændere kun et kort smut videre til Friedrichsthal. I årene efter 1824 skabtes hurtigt en menighed, der havde en stadig tilgang af tilrejsende fra Østgrønland. Den danske mission forsøgte at tage konkurrencen op og tilknytte nogle af de tilrejsende, men havde kun ringe held med det. Langt hovedparten af de indvandrede østgrønlændere blev døbt af Brødremenighedens missionærer og blev en del af den herrnhutiske menighed. De slog sig ned ved Friedrichsthal eller i bopladser deromkring og indgik som en del af befolkningen i Kap Farvel-distriktet, og kom derved under indflydelse af modsatrettede interesser fra danske myndigheder og hernhutiske missionærer.

Fra indvandrerne selv er der stort set intet historisk materiale, men beretninger, kirkebøger og statistisk materiale fra denne periode indeholder en række informationer, der kan belyse den østgrønlandske indvandring som helhed, de skiftende demografiske forhold i Kap Farvel-distriktet og de omstændigheder, som de tilrejsende levede under (Fig. 62).

V. Kunstfærdighed, misfangst og kulturkrise på østkysten

I dette kapitel skal vi se nærmere på situationen i 1800-tallets Østgrønland, hvorfra den markante indvandring til Kap Farvel-regionen fandt sted. Her var der i slutningen af århundredet endnu få beboede pladser tilbage langs kysten, og disse var især koncentreret længst mod nord, men "hunger ravaged their community, and many starved to death, while the survivors would have emigrated to the coast of Southwest Greenland, unless Gustav Holm had come to them in 1884 and had promised that a settlement with a store and the necessary commodities would be established" (Mikkelsen og Sveistrup 1944: 79).

Set i historiens lys er denne årsagsforklaring alment accepteret, idet der henvises til den dokumenterede industrielle fangst af klapmydser i isen ud for østkysten, som siden 1870'erne var blevet voldsomt intensiveret med et årligt gennemsnit på 100.000 nedlagte dyr (ibid.). Resultatet af dette kunne også iagttages i Ammassalik, hvor mængden af klapmydser og grønlandssæler "siger man, er aftaget meget. Undertiden finder man om foråret døde sæler på isen med skind og spæk aftaget" (Holm 1887: 52).

Sultperioder var som oftest et resultat af svigtende fangst, men blandt beboerne i det berørte samfund blev dette forklaret med manglende overholdelse af tabu. "Da klapmydserne senere blev meget sparsomme, blev denne mand ugleset af de andre, fordi han ved sin adfærd havde bevirket, at sælerne var blevet vrede og derfor var gået bort fra kysten" (Holm 1887: 76).

Vi vil nu se nærmere på, hvad der under disse omstændigheder førte til, at netop denne tilbageværende østgrønlandske gruppe fremstod som det "most artistic Eskimo community" (Thalbitzer 1912: 732), idet der med denne karakteristik henvises til den rigt ornamenterede materielle kultur, som mødte de første europæere ved ankomsten til Ammassalik i 1884, og som ikke kendtes fra andre egne og andre perioder i det østlige Arktis, hvor svigtende fangst havde ført til kriser og sult.

Vi må bemærke, at den ekstravagante brug af udsmykkede genstande fandt sted på et tidspunkt, hvor den aktive mission i Kap Farvel-distriktet længe havde været rettet mod de tilrejsende østgrønlændere, hvis handelsrejser nu også involverede kystens nordligste beboere. Om dette forhold også kan sættes i forbindelse med de omtalte ændringer i den materielle kultur, vil vi se på i det følgende. Samtidig vil vi give en fortolkning af betydningen af de benyttede udskæringer. Vi befinder os her med andre ord på tærsklen mellem forhistorien og historien (Fig. 63).

Fig. 63. Tre kvinder og en mand foran sommerteltet på Kujánilik i Ammassalik Fjord i 1885. Den vestgrønlandske kateket Hansêrak skriver i juni dette år i sin dagbog: "De brugte ikke den vestgrønlandske skik at øse fisken op fra konebåden, men mændene går ud om natten og øser op fra kajakkerne, idet så konebåden dagen efter henter fangstudbyttet. Derefter sætter de båden op på en slæde og kører den op til tørrepladsen, hvor ammassætterne udbredes på klipperne. De har øser af træ med et fletværk af kobberemme. Jeg talte til mange efter deres opfordring og spørgsmål om de kristnes tro. Vi blev derinde to dage over; der var koldt, og det blæste stadigt ind ad fjorden" (Hansêrak 1933: 169). Foto: H. Knutsen / Arktisk Institut 08626.

Det 'isolerede' Ammassalik i 1800-tallet

Den tætte bosættelse af 1600- og 1700-tallets Sydøstgrønland, som arkæologien i kapitel I kunne påvise, bekræfter det gamle udsagn om, at der var folk nok at finde alle vegne. Norrønt klokkemalm forarbejdet til hængesmykker og nederlandske glasperler havde gennem byttehandel fundet vej nordpå fra den sydlige vestkyst, og forbindelsen til Nordøstgrønland eksisterede endnu i denne periode (Mathiassen 1933: 66, 107; Robert-Lamblin 1986: 9; Gulløv 1995: 27).

Men i begyndelsen af 1800-tallet syntes demografien at have ændret sig. Afvandringen havde medført en betragtelig befolkningsforøgelse i Sydgrønland, og antallet af beboere langs den 600 km lange og tidligere folkerige kyststrækning var nu reduceret til godt 500 individer (Graah 1932: 126). Kontakten til sydøstkystens nordligste gruppe ved Ammassalik havde da længe været afbrudt, og fra året 1830 har vi oplysning om, at det

Fig. 64. En boplads i Ammassalik-regionen bestod i 1800-tallet ofte af ét stort fælleshus, der rummede op til 50 beboere. Fotografiet er taget ca. 1900 og viser en enkelt families plads af de mange langs briksen adskilt ved en loftstøtte, *sukaq*. En mand, to kvinder og børn i husdragt sidder på briksen. En metalgryde hænger over fedtstenslampen, som er anbragt på sin trebenede lampestol. Kamikkerne anes på tørrerammen under loftet. Fotografen er Johan Petersen, der deltog som tolk i Konebådsekspeditionen og i 1894 blev den første bestyrer af den nyoprettede koloni i Ammassalik. Foto: Nationalmuseet L.129a.

var en generation siden, en mand fra Umiivik sidst havde været deroppe (ibid.: 146) (Fig. 64).

Denne tilsyneladende isolation, som befolkningen ved Ammassalik hermed befandt sig i, må antages at have haft indflydelse på gruppens overlevelse, da en lav fødselsrate kunne blive fatal (Robert-Lamblin 1986: 19; Mikkelsen & Sveistrup 1944: 34). Således medførte den øgede affolkning af sydøstkysten, at befolkningen i Ammassalik-området, *ammassalimmiut*, ikke længere havde det tidligere handelsnetværk til rådighed, men måtte rejse helt til Kap Farvel-distriktet i det såkaldte Dansk Vestgrønland. Dette blev første gang registreret i 1849, da to genstande derfra blev bragt til kolonibestyrer Kielsen i Julianehåb.

Den ene genstand er en stor oval træspand samlet af stave men uden bånd. Stavene er foroven holdt sammen af en rand af benstykker, der er fastgjort til stavene med nagler af barde. Som hank er et stykke træ anbragt tværsover. Den anden genstand er en vandøse, der også tjener som drikkebeholder, udført i træ af form som en flaske. Håndtaget er ligeledes af træ og hult, så man kan suge vandet op, og for enden er det forsynet med en benknap. Det bemærkes i Nationalmuseets protokol, at "disse to stykker (Lc 267 og Lc 268), hvortil ingen grønlændere havde set mage, var bragt til Julianehåb af en familie, som kom fra Ammassalik, et sted på østkysten, der angives at være meget nordligere, end kaptajn Graah var". Der er ingen yderligere dekoration på de omtalte genstande, som det senere blev iagttaget, da Gustav Holm på sin konebådsekspedition 35 år efter nåede op til Ammassalik (Thalbitzer 1912: 547 (fig. 273), 551 (fig. 280c)) (Fig. 65).

I de efterfølgende årtier fik handelspladserne i Kap Farvel-distriktet sporadisk besøg fra Ammassalik, hvorom det blev oplyst, at der boede mange mennesker (Holm & Petersen 1921: 655); og da Holm nåede derop i 1884, noterede han, at "disse mennesker aldrig tidligere havde set europæere iblandt sig" (Holm 1887: 168). Dette betød dog ikke, at de ikke kunne have mødt dem andre steder, da "nogle foretager endog længere rejser til Illuluarsuk [Bernstorffs Isfjord] og Akorninarmiut [Skjoldungen] for at komme i handelsforbindelse med de sydligere boende østlændinge" (ibid : 56).

På sådanne rejser blev der indgået handelspartnerskaber mellem enkelt-personer, som også kunne omfatte handelsfolk i Vestgrønland. Om en sådan relation fortalte åndemaneren Avgo fra Sermiligaaq og præciserede, at *"han var i slægt med Jakob* (dvs. assistent Lund) i Sydprøven. Den gang Jakob, efter at have været i Danmark, var kateket i Pamialluk, havde *hans far (Maja) som en slægtning af ham* handlet med ham flere gange, når han var omme på vestkysten; det havde han (faderen) ofte fortalt om. Men det var, før han selv blev født [ca. 1844], at hans far drog om at handle … Han bød mig

Fig. 65. Genstande fra østkysten indsamlet i Sydgrønland inden Gustav Holm i 1884-85 overvintrede i Ammassalik. Vandspand af drivtømmer (1) og en drikkebeholder af drivtømmer (2) bragt til Julianehåb (Qaqortoq) i 1849 af en familie fra Ammassalik, og et kastetræ af drivtømmer (3) foræret den svenske geolog og opdagelsesrejsende Nordenskiöld af kolonibestyrer Lytzen i 1873.

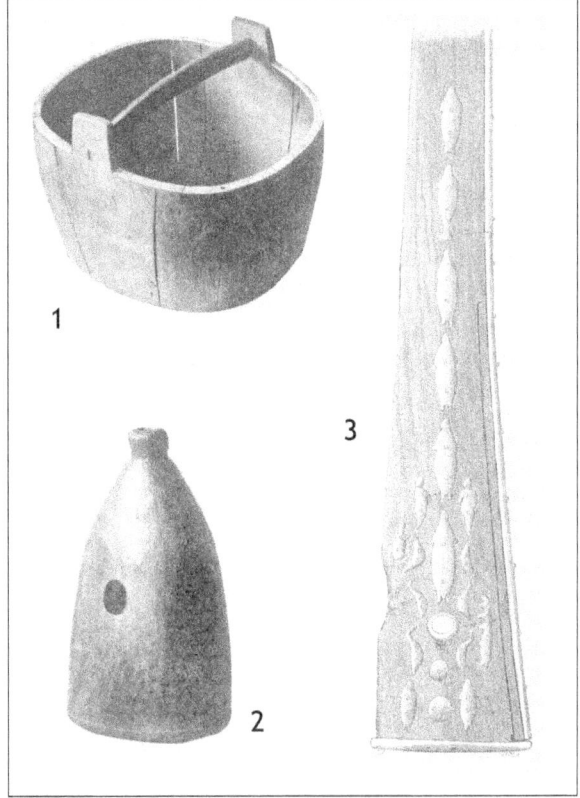

hilse Jakob med tilføjelse: at han gerne ville have sendt ham i foræring et stykke bjørneskind til at sidde på, hvis han havde haft et" (Hansêrak 1933: 138, vor kursivering).

De havde med andre ord i længere tid orienteret deres rejseaktiviteter mod syd, hvorfra påvirkninger havde fundet vej til Ammassalik. Glemt var fortidens kontakter til de nordligere egne (Mathiassen 1933: 66), der i 1884 nu ikke befandt sig længere væk end Kangerlussuaq på 68° nord, som da var det nordligst kendte punkt og benævnt *nuna isua* (*nunap isua*) dvs. landets yderste (Holm 1887: 145).

Konebådsekspeditionens første møde med *ammassalimmiut* i september 1884 affødte en noget negativ omtale af deres materielle kultur, idet "deres fangstredskaber er ikke kønne, kun deres kajakårer er smukke", hvis man sammenlignede deres redskaber med vestgrønlændernes (Hansêrak 1933: 62). Men i løbet af det følgende år blev dette første indtryk dog ændret, da de overvintrende europæere blev præsenteret for smukt dekorerede genstande, og "sammenholdes angmagsalikernes kunstsans med vestgrønlændernes, vil man se, at disse står langt tilbage for hine" (Holm 1887: 151). Disse genstande skal vi nu se nærmere på, idet vi først må

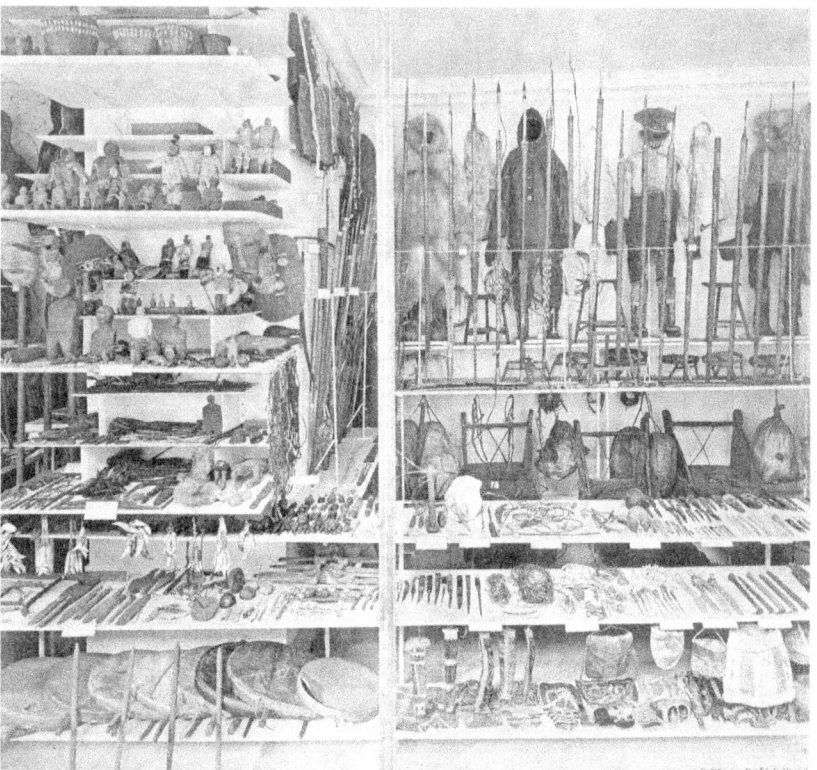

Fig. 66. Gustav Holms hjembragte etnografiske samling fra Ammassalik opstillet på Nationalmuseet. Foto: Nationalmuseet, 1917.

have fastslået, hvornår den særegne ornamentik vandt indpas, da den ikke optræder i det arkæologiske materiale (Mathiassen 1933: 125) (Fig. 66).

"…former, som skal forestille sæler"

Ikke et eneste sted i det tilgængelige kildemateriale nævnes formålet med de figurer, der fremstår i form af ornamenter, som "udskæres som lidt ophøjede relieffigurer af tand og ben og hæftes med bennagler på fangstredskaber, øjenskærme, skygger og bødkerarbejde. På nogle genstande ses fuldstændig udskårne sæler, narhvaler, bjørne, fugle, fisk, mennesker og kajakker. Det overvejende antal figurer er imidlertid sæler" (Holm 1887: 150). Efterligninger af sælens bagluffer optræder også ofte på fangstudstyr og husgeråd, hvilket dog ikke adskiller dem fra vestkysten, hvor lignende optræder i den sene Thulekultur (Holm 1887: 76, 149; Mathiassen 1930: pl.23(6), 1931: pl.7(20); Porsild 1914: fig.64; Gulløv 1997: 178). Udskæringer i form af sælens bagluffer findes også i

Nordøstgrønland, hvor vi desuden finder de små sæler af ben med huller til nagler (Larsen 1934: pl.7(6&12), pl.10(2); Thalbitzer 1909: fig. 70) (Fig. 67).

De omtalte relieffigurer er således sporadisk kendt fra store dele af østkysten og har deres sydligste udbredelse ved Ammassalik. Herfra stammer et kastetræ med påhæftning af udskårne benstykker, som formentlig i 1873 var blevet foræret til A. E. Nordenskiöld af kolonibestyrer Lytzen, der i 1873–1874 opholdt sig i København (Holm 1887: 152; Nordenskiöld 1885: 481), og fra Nuuaalik længere mod nord fandtes et lignende kastetræ i et hus fra overvintringen 1882–1883, hvor 30 *ammassalimmiut* havde fundet døden (Holm 1887: 56; Thalbitzer 1912: 442; Amdrup 1902: 105).

Vi må nu på dette kildemæssige grundlag påpege det tidsmæssige sammenfald mellem de udsmykkede genstande ved Ammassalik, som

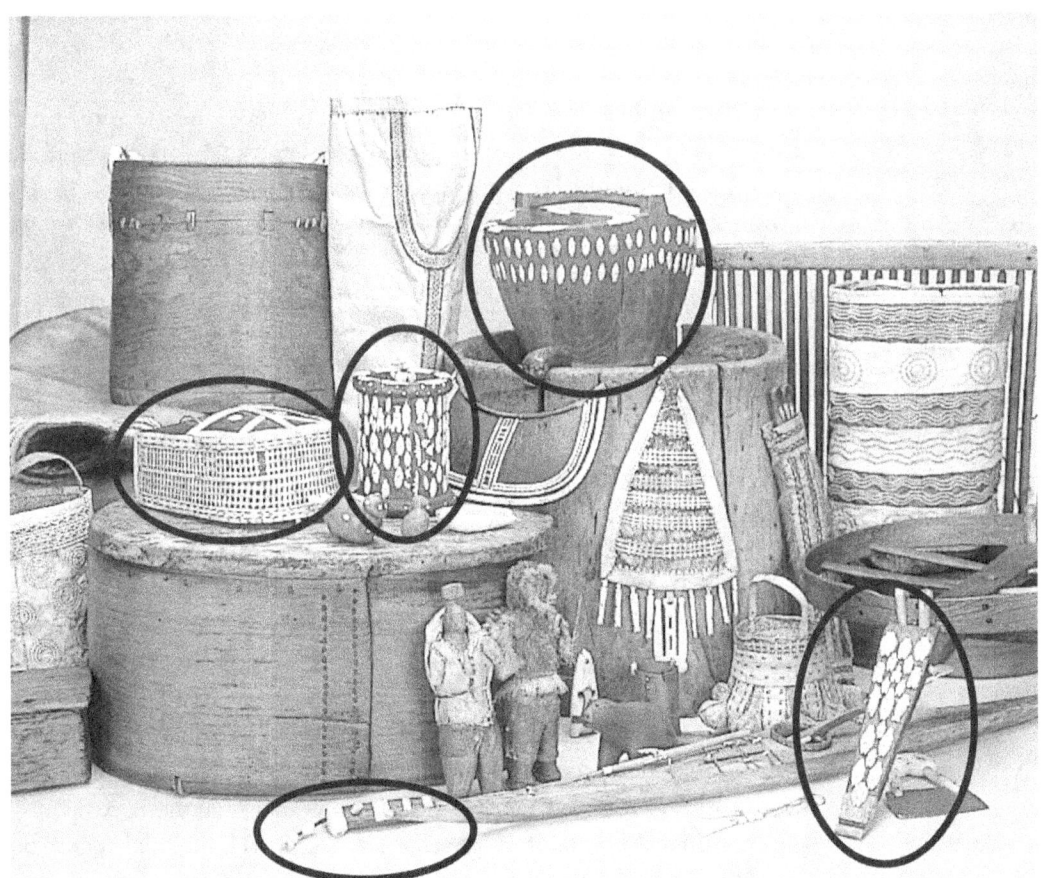

Fig. 67. Udvalgte genstande fra Gustav Holms samling 1884–85. Genstande med relieffigurer er vist med cirkler og diskuteres i teksten. Foto: Nationalmuseet.

opstod omkring 1870, og den ovenfor nævnte intensive europæiske sælfangst i isen ud for Østgrønlands kyst. Om denne bemærkede kolonibestyrer Johan Petersen i 1900, at "hvis de nationer, som driver sælfangst, ikke snart sætter en grænse for deres hensynsløse jagt på de, for de polare folk så vigtige sælarter, ville det vist ikke vare hundrede år, førend klapmydsen og sortsiden vil være en sjældenhed hér. Efter alle østlændinges udsagn har disse to sælarter aftaget meget i den sidste menneskealder, og det har for en væsentlig del været skyld i de af Gustav Holm omtalte hungersår her i distriktet" (Petersen 1957: 61).

Der var med andre ord tale om en krise i et samfund, som omkring 1870 valgte at udsmykke deres fangstredskaber – som ifølge vestgrønlænderen Hansêrak ikke var kønne – med relieffigurer, der også blev nittet på bødkerarbejder. Om dette oplyste Holm, at det forekom "på nogle genstande", hvilket senere blev formuleret som, at "mændenes kajakudstyr som kastetræ, kajakstol, skygger og øjenskærme er *ofte* prydet med mange, små, flade relieffigurer [...] vandkar og bægre *kan være* pålagt relieffigurer ligesom de ovennævnte på kajakudstyr" (Holm & Petersen 1921: 631, vor kursivering).

Af den samlede mængde indsamlede genstande fra overvintringen i Ammassalik 1884–1885, som udgør 645 numre, er 25 forsynet med de beskrevne relieffigurer, dvs. to stykker kastetræ (Lb.366.b og Lb.367.b), to modeller af kastetræ (Lb.594 og Oslo nr. 6484), en kajakstol (Lb.379), tre fangstknive (Lb.409.2, Lb.409.4 og Oslo nr. 6494), to bægre hvoraf det ene har tjent som spækbeholder (Lc.955 og Lc.976.1), en model af urinbalje (Lc.958), to modeller af vandbaljer (Lc.959.2 og Lc.959.3), otte øjenskærme (Ld.70.1-7 og Oslo nr. 6537) og fire øjenskygger (Ld.71.1-3 og Ld.72) (Gustav Holm Samlingen 1985). Fra dødehuset på Nuuaalik udgør de indsamlede genstande 466 numre, hvoraf to er forsynet med relieffigurer, dvs. et kastetræ (L.6244) og en øjenskærm (L.6515) (Thalbitzer 1912: 442, 595).

Det er således blot en relativt beskeden del af de indsamlede genstande, der har været forsynet med de pågældende figurer; men ikke desto mindre fylder de meget i den etnografiske litteratur om Ammassalik. Vi må derfor antage, at deres brug var udtryk for en ganske bestemt tankegang hos nogle bestemte personer, som vi nu skal udpege, idet vi retter opmærksomheden imod samfundets åndemanere, hvis virke var at sikre fangsten: "En af dem, en angakkoq ved navn Ingmâlukutsuk, havde [...sin] egen hekseånd [...] Arrûssaq, der er en i havet levende vingesnegl (clione borealis), og som de kalder *den hvide troldånd* (toornaarsuk). [...H]ans med-angakkoq [...] Sanimuinnaq's hoved-ånd er Arrûssaq (vingesneglen), som fordum havde været ånd for en kvindelig angakkoq, efter hvem han havde arvet den [...]" (Hansêrak 1933: 87–89).

Fig. 68. Shamanen (*angakkoq*) Sanimuinnaq (1) og hans kastetræ (2) med relieffigurer af sæler og hans hjælpeånder (i cirklen). Han lavede en tegning til Gustav Holm af sin hovedhjælpeånd, Arruusaq (3), som var vingesneglen (*clione borealis*) (4). Foto af 1: H. Knutsen, Ammassalik 1885 / Arktisk Institut 08617; af 4: E. L. Jensen, Cape Farewell 2004, Nationalmuseet. Øvrige illustrationer er fra Holm (1887).

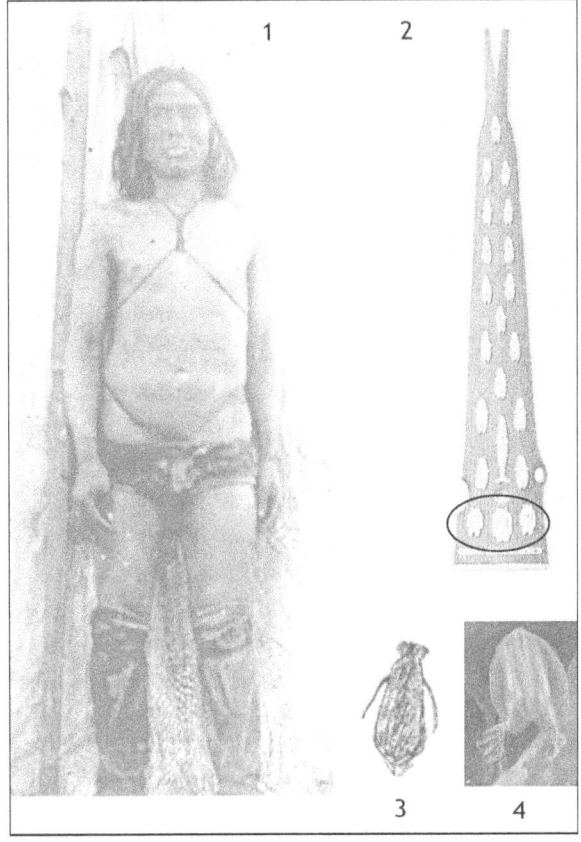

Til dette kunne Holm bemærke, at "hver angakkoq har sin toornaarsuk og aperketeq [hjælpeånd], der også fungerer som hans ånder" (Holm 1887: 122), og det er netop disse væsener, der mellem havets dyr og fugle samt mennesker og kajakker findes afbildet som relieffigurer på såvel kastetræ som kajakstol (ibid.: 150) (Fig. 68).

Således får vi oplyst, at der blandt den udbredte brug af ornamenter (ibid.: 151), findes bestemte udskæringer af hjælpeånder, som især optræder på åndemanernes fangstudstyr. Men derudover får vi ingen forklaring på formålet, som fortaber sig i undvigende forklaringer, hvor den omtalte hvide troldånd blev antaget for ikke at være "god, fordi, sagde han, den var i slægt med ham, som de kristne kalder toornaarsuk (dvs. djævelen) [...] Han skulle netop til at fortælle noget om angakkoqerne i det hele taget, men [...] holdt inde, og da han blev spurgt, ville han ikke sige mere. Jeg bad ham også på et lille stykke papir at aftegne sin troldånd Arrûssaq (den omtalte vingesnegl), men han ville ikke tegne den, fordi han havde medlidenhed med den, da den jo dog var hans troldånd, sagde han" (Hansêrak 1933: 87–88).

Også åndemaneren Avgo: "nægtede rent ud at være angakkoq og ville slet ikke kende noget til toornaarsuk (troldåndernes øverste). Da fremtog jeg de bibelske billeder og viste ham det om Frelserens fristelse, og forklarede ham, at det var den samme djævel, der havde gjort alle mennesker onde, og den samme djævel (toornaarsuk) [...] har også fået dig til at nægte og lade, som om du ikke er angakkoq, for at du ikke skulle tale om ham selv. Dette gjorde indtryk på ham, og han troede det: han erklærede at være angakkoq og at have en lille alk (dværgalk) til ånd [...] Da han havde forstået og opfattet det rigtigt, sagde han, at når han så mulighed derfor, ville han komme om til vestkysten og omvende sig – men det var vist ikke hans alvor" (Hansêrak 1933: 137).

De vedholdende inkvisitoriske spørgsmål om *toornaarsuk*, som den vestgrønlandske kateket Hansêrak gang på gang stiller, syntes imidlertid ikke at være blevet forstået, og brugen af ordet på østkysten synes da også at være af nyere oprindelse og optræder formentlig for første gang i ovennævnte forbindelse (Sonne 1986: 212, 215). De forventede svar blev derfor, at de adspurgte åndemanere snakkede Hansêrak efter munden og lod de omtalte væsner fremstå som symboler i en kristen sprogdragt.

På denne måde optrådte fortolkeren nu som den kristne vestgrønlænder, mens den egentlige betydning af symbolerne – det være sig ånder eller relieffigurer – fortsat var åndemanernes egen hemmelighed, hvilket blev udtrykt på følgende måde: "En angakkoq, som Hansêrak havde talt indtrængende til, sagde, at han følte sin uvidenhed, troede på Vorherre og havde megen lyst til at blive døbt. Da Hansêrak foreholdt ham, at hvis han troede, måtte han holde op med de hedenske skikke og angakkoq-væsenet, svarede hedningen: 'Da jeg er vant til det, kan jeg ikke slippe det'. Hansêrak sagde, at når han ikke ophørte dermed, var han ikke troende, thi en troende måtte slippe alle urigtige vaner. Herpå svarede hedningen: 'Ja, når jeg efterhånden kommer til at forstå Dig noget bedre, vil jeg vel også komme til at slippe dem' (Holm 1887: 148).

Kravet om at slippe alle urigtige vaner var et ultimatum og måtte som sådan opfattes som en trussel mod samfundets integritet, hvis hele eksistensberettigelse var et anliggende for åndemanerne at sikre. Selv om de ofte udførte deres "kunster for fornøjelse", som Holm skrev, så måtte man "dog forbinde den tanke dermed, at de bringer god fangst til huset" (ibid.: 130). God fangst kunne først og fremmest sikres ved overholdelse af ritualer og tilhørende tabu, der bl.a. blev udtrykt ved, at en nedlagt klapmyds ikke måtte spises eller endog i visse tilfælde tages ind i huset før efter tre dage, selv om folkene led af hunger, da sælerne ellers ville holde sig borte fra kysten (Holm 1887: 76; Hansêrak 1933: 157).

Vi skal nu se nærmere på den antydede sammenhæng mellem fangsten og brugen af relieffigurer på udvalgte genstande, hvoraf nogle tilhørte åndemanere og var forsynet med deres hjælpeånd, vingesneglen, idet vi fremhæver de alment kendte ritualer, som i store dele af inuitområdet knytter sig til omgangen med det nedlagte dyr. Genstandene omfatter fangstudstyr og bødkerarbejder, som er de eneste grupper med pånittede relieffigurer, og som således billedligt talt illustrerer handlingssekvensen fra fangststed til bolig, hvis forløb blandt andre jæger- og fangstfolk også var forbundet med riter og tabu (jf. Tanner 1979: 153). I Ammassalik blev det udsmykkede fangstudstyr imidlertid fastholdt som en tradition længe efter 1921, hvor den sidste østgrønlænder var blevet døbt (jf. Victor & Robert-Lamblin 1993: pl. 8).

Rituelle relationer mellem fanger og bytte

Sælerne var det afgørende grundlag for samfundets eksistens, og dem skulle man vise den yderste respekt. "Man mener nemlig, at fangstdyrenes sjæle atter bliver til sæler, når knoglerne tidligst tre dage efter at sælens kød er fortæret, bliver bragt ud og kastet i havet" (Rosing 1946: 67), og det var derfor under fangsten også vigtigt at vise sælen hensyn med et præcist harpunkast, så respekten kunne gengældes. For at sikre dette og opholdet på havet havde man amuletter anbragt i kajakken, i en udhulning på harpunskaftet og fæstnet til remme på krop og arme, usynlige for andre end fangeren selv (ibid.: 68f).

Skulle sælen trods alle de tagne forholdsregler alligevel ikke have vist sig gennem længere tid, kunne fangeren synge en tryllesang, som med udsøgt brug af et smigrende og yndefuldt ordvalg omtalte den sæl, han ønskede at fange (ibid.: 78). Hermed rettes fokus nu mod sælen, bort fra fangerens afværgende men usynlige amuletter, for at tækkes de følsomme dyr, som man antog ville finde behag i denne opmærksomhed, der også omfattede det synlige og smukt dekorerede fangstudstyr, som vi finder det på kastetræet, kajakstolen, øjenskærmen, øjenskyggen og fangstkniven (Victor og Robert-Lamblin 1993: 14).

Men mens amuletternes betydning blev åbenbaret ved overgangen til kristendommen, da missionæren fik dem udleveret (Rosing 1994), så får vi aldrig oplyst betydningen af det dekorerede udstyr, som vi i det østlige Arktis kun finder i Ammassalik.

Siden den tidligste kolonitid i Grønland har vi oplysninger, som fortæller os, at havets dyr har været behandlet med særlig respekt, som også havde et æstetisk udtryk. Således ved vi fra vestkysten, at hvalen yndede smukke ting og klæder, men afskyede urenlighed (Egede 1925: 354). Et lignende forhold berettedes der om af åndemaneren Angitinguaq, som fortalte om en person, at han plejede at tage sit nye tøj på, "hver gang der tages en

sæl ind i huset for at flænses" (Holm 1888: 308). At vise byttet respekt er
et alment udbredt hensyn, der i andre egne uden for Grønland udtrykkes
som, at "it is thus generally assumed that seals will allow themselves to be
killed by good hunters who observe their taboos, in fact, that they even
call it 'going home' when they go to a breathing hole to let themselves be
stabbed" (Rasmussen 1930: 43).

Når sælen var bragt ind til land, ventede der en renselsesceremoni
med urin, som det er beskrevet fra Ammassalik, da "Utuaq kom hjem
og havde fanget, dyppede han sine fingre ned i urinbaljen og smurte sit
fangne dyr med urin på hovedet" (Hansêrak 1933: 124). Det nedlagte dyr
fik endvidere dryppet ferskvand fra vandbaljen på sin snude, så dets sjæl
ikke skulle tørste efter opholdet i det salte hav. En sådan skik observerede
Clavering også i Nordøstgrønland, da han i 1823 så eskimoerne dér øse
vand på de nedlagte sæler og hvalrosser (Clavering 1830; Mikkelsen og
Sveistrup 1944: 19).

Det er således en almindeligt udbredt skik, at den påpasselige fanger
altid lader sælen drikke, fordi "it is said that seals are always thirsty, and
that they often let themselves be killed just to get a drink of water [...] and
all seals know where killed animals are usually treated well, and therefore
they always make their way to such people" (Rasmussen 1931: 166).

Dyrets sjæl, som midlertidigt opholdt sig i fangerens harpunspids,
fulgte nu med helt ind i huset sammen med andre sager, der havde været i
brug under jagten: "Vor ven Ajukutôq fortalte mig i dag, at når de heroppe
fangede en sælhund, tog de altid deres kastetræ ind i huset, for at sælerne
ikke skulle blive fortørnede. Hovederne af de dræbte fangstdyr, hvad enten
det nu er bjørn eller sæl, kunne ikke koges og spises førend den tredje dag
efter at dyrene er dræbt. Så snart dyret er flænset, tages hovedet ind i huset
og lægges ved siden af lampen, hvor det får lov at ligge, indtil det skal i
gryden. Ved siden af bjørnehovederne [eller sælhovederne] lægger man
forskellige kostbarheder såsom perler, harpunspidser og knive, men disse
får ejermændene tilbage, når hovedet er spist" (Petersen 1957: 36; Rosing
1946: 28).

Her genkendes en tradition, der er almindeligt udbredt også udenfor
Grønland, og som siger, at "when it was flensed, the soul came out, and
thus it came into the house through the harpoon head [...] when the soul
of the seal leaves the body, it spends the night with the harpoon head that
killed it. The harpoon is therefore always put into a special place so that
the soul of the seal may have quiet" (Rasmussen 1930: 44).

Men som vi har set, er det imidlertid kun i Ammassalik, at udskæringer
af fangstdyrene optræder på fangstudstyret og på kajakkens aptering,
hvor benknapper ofte er "udskåret i former, som skal forestille sæler [...]
Håndtag og tværstykker på alle slags remme til at binde det fangne dyr med,

Fig. 69. Sælens og hjælpeåndens *inua* kan følges fra fangststedet ude på havet ind til boligen. Relieffigurer optræder kun på kajakstolens ben (1 eksempel), på øjenskærme og øjenskygger (12 eksempler), på kastetræer (4 eksempler), på fangstknive (3 eksempler), og inde i boligen på vandspande, urinbaljer og spækbeholdere (5 eksempler). Kastetræet tages med ind i huset sammen med harpunens hoved. Illustrationer fra Holm (1887).

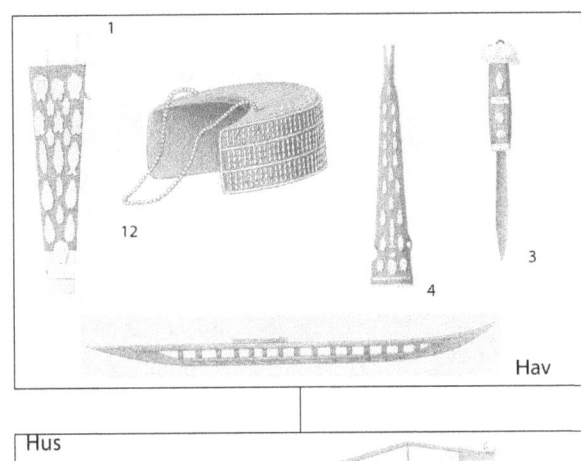

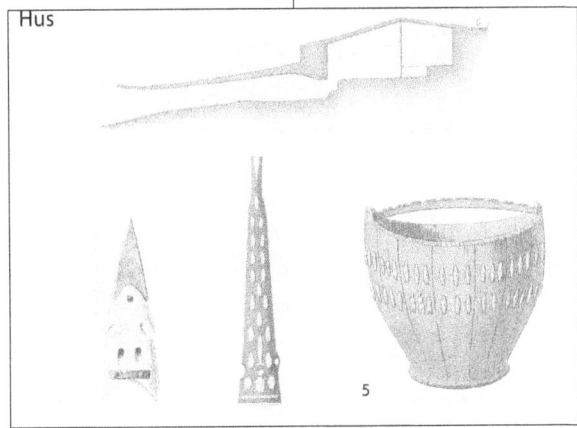

og hvori det slæbes, er udskåret i form af sæler" (Holm 1887: 76). På land var det genstande, som var direkte forbundet med fangstritualerne, der var forsynet med pånittede udskæringer, dvs. urinbaljen og vandspanden, men også bægeret eller spækbeholderen. Hverken harpunens spids eller kvindekniven er imidlertid dekoreret. Spidsen har i denne sammenhæng sin egen funktion, som bolig for dyrets sjæl, der har indfundet sig i spidsen, inden flænsningen begyndes, mens kvindekniven befinder sig uden for de rituelle relationer mellem fangeren og byttet (Fig. 69).

Symbolerne og kulturmødet

Påvisningen af en direkte sammenhæng mellem de dekorerede genstande og de beskrevne rituelle relationer udgør nu vort grundlag for en fortolkning af de benyttede relieffigurer. Vi må imidlertid først have afklaret, hvem de egentlig er udført til glæde for, da de jo i modsætning til de skjulte amuletter kan ses af alle.

Som fænomen betragtet har de en intention, hvis mening ligger i de valgte figurer, som til overflod repræsenterer havets dyr, især sælerne. Der er med andre ord tale om en form for kommunikation, hvor afsender og modtager defineres af de fremhævede rituelle relationer, og hvis betydning også i æstetisk henseende skal søges i de valgte figurer eller tegn (jf. Bateson 1972: 130, 141).

Betydningen af et tegn er imidlertid afhængig af fortolkeren, der i dette enten genkendte et billede af noget velkendt, som de dyr og mennesker, Holm umiddelbart så fremstillet, eller som en indikation på et fænomen, hvilket han udtrykker med en æstetisk vurdering af figurerne, eller tegnet var et symbol på noget, som Holm ikke så og som åndemanerne ikke fortalte om. I denne semiotiske fortolkning læses tegnet som ikon (figuren), indeks (æstetikken) og symbol (her: det ukendte), og udtrykker en logik, som er grundlæggende for al kommunikation. Det er imidlertid evnen til forståelse af tegnets symbol, der fremhæves som det særegne ved mennesket, som herved adskiller sig fra andre levende væsener (Deacon 1998: 70ff).

Denne evne er kulturelt bestemt, og den havde Holms og Hansêraks informanter. De levede i en animistisk verden, som var struktureret væsensforskelligt fra europæernes, og i denne havde alle fænomener deres egen beboer eller sjæl, deres *inua*, som man kunne kommunikere med, men som det imidlertid kun var "angakokkens sag at se" (Holm 1887: 130).

Hvad man ville vise med de smukt udskårne relieffigurer syntes netop at være symbolet på dyrenes og tingenes *inua*, som til glæde for byttet kunne ses og forstås af dette hele vejen fra fangststedet til boligen. For "disse sjæle er adskilte fra den grovere materie og består af noget finere, umærkeligt for vore øjne, hænder og øvrige sanser, dog af samme form som de legemer, de er udgået af, så at sjælen af et menneske ligner et menneske, sjælen af en hund en hund, af en pil en pil". Således beskriver missionær Glahn *inua* i 1700-tallets Vestgrønland og antyder hermed begrebets universelle indhold blandt inuit (Glahn 1771: 347).

En sådan kommunikation var vigtig i slutningen af 1800-tallet, hvor mængden af sæler var stærkt aftagende, og med symbolet på deres *inua*, der optrådte så talrigt på fangstudstyr og bødkerarbejder, var der skabt en direkte forbindelse til de rituelle relationer mellem fangeren og byttet. Heri ligger også forklaringen på, hvorfor europæerne ikke fik mere at vide, end det de med egne øjne kunne se, og det var, at fangstredskaberne ikke var særligt kønne, og at "enhver selv udfører ornamenterne på sine genstande" (Holm 1887: 151), hvorefter der tilsyneladende ikke var mere at spørge om.

Også på missionspladserne i Sydgrønland i 1800-tallet, og "særlig i omegnen af Kap Farvel", opretholdt de nytilkomne skikken med at vise byttet respekt, når det var bragt ind i huset (Petersen 1957: 36). Men dette indblik i en østgrønlandsk mental verden rejser for os spørgsmålet, hvorfor den generelle krisesituation i Sydøstgrønland lige netop i Ammassalik affødte de unikke materielle vidnesbyrd.

Svaret skal næppe søges i stedets relative isolation, som var resultatet af den øgede affolkning af egnene syd herfor, for den blev der hurtigt kompenseret for med længere handelsrejser, hvor man havde muligheden for at slå sig ned på sydvestkysten. Vi vil snarere betragte opretholdelsen af samfundet som udtryk for et valg, en kulturel strategi, der styrkede den institution, som kunne fastholde de rituelle relationer, nemlig shamanismen. For selv om denne institution ved europæernes ankomst tilsyneladende ikke blev agtet, så "tror man dog på dem [dvs. shamanerne] af frygt for den skade, som de kunne gøre ved deres kunster" (Holm 1887: 129). Netop denne institution syntes at være blevet styrket med de pånittede relieffigurer af sæler og hjælpeånder, der tjente som et særligt billedsprog eller kommunikationsmiddel for samfundets reelle magthavere, åndemanerne. Det var deres redskaber, som først blev udsmykket for at sikre samfundets eksistens, og som derefter blev udbredt til at omfatte hele samfundet i en egentlig enkulturationsproces, hvor såvel "drenge som piger på tretten til femten års alderen kunne udføre disse arbejder" (Holm 1887: 151).

Samfundet befandt sig med andre ord i en situation, hvor muligheden for at komme ud af krisen var under pres af forhold påført ude fra. Den svigtende fangst havde de imidlertid rituelle midler til at imødegå, og det er endvidere kendt fra perioder i landets forhistorie, at eksterne påvirkninger af et samfund kan sættes i forbindelse med en øget forekomst af kunstfærdigt udskårne figurer, som hermed "bliver til pædagogiske redskaber for shamanen, som ved hjælp af disse kan illustrere sine teknikker og oplevelser under udøvelse af sin gerning", hvilket især den sene Dorsetkultur viser eksempler på (Appelt 2004: 183).

Det syntes dog at være europæerne i Kap Farvel-distriktet, som med deres ganske fremmedartede relationer til ressourcerne og deres brug af et ikonografisk sprog blev den største udfordring for det østgrønlandske samfund. Den gamle Qingajaq, som engang i 1880'erne kom til vestkysten og blev døbt Susanne, fortalte om sin far, Ingersia, at han engang overvejede at rejse sydpå for at lade sig døbe, men blev frarådet af sine sønner, fordi: "du kan ikke stå dig ved at blive døbt; det vil blot gå dig ilde. For *ingnerssuit* har fortalt os, at når han, som de døbte kalder Jesus, viser sig ved Verdens undergang for at holde dom over døbte og hedninger, så vil *timersit*, store indlandsboer, og *ingnerssuit* og *akilinermiut* slå sig sammen i kamp mod denne Jesus og dræbe ham; og da skal de døbte blive efterladt i kløfter og afgrunde, mens hedningerne selv vil bane sig vej op til himlen. – Og Ingersia bestemte sig derfor til ikke at lade sig døbe" (Rasmussen 1906: 173, vor kursivering).

Vi ser nu en klassisk kulturmødesituation, hvor den ene part vælger side, som det i 1884 blev udtrykt om de gældende skikke og åndemanerens rolle i Ammassalik, "da jeg er vant til det, kan jeg ikke slippe det" (Holm 1887: 148). Her styrkedes den kulturelle tradition, og det fandt i dette tilfælde sted gennem en revitalisering af egen religion og en dæmonisering af den anden. I denne religiøse enkulturationsproces var det åndemanerne, der konsoliderede samfundet med valg af et billedsprog, der betjente sig af en udstrakt brug af relieffigurer, som på denne måde endnu en tid kunne sikre den kulturelle og sociale integritet i Ammassalik. Fangstredskabernes formål bliver i denne situation kort sagt at åbne naturens spisekammer i stedet for blot at kontrollere og dominere det (jf. Ingold 2000: 290).

Den eneste samtidige parallel til at "anbringe udskårne figurer af dyr så godt som på alt, hvor der er en passende plads til dem" fandt Holm i Alaska (1887: 152–153). Her var det symbolerne i den russisk-ortodokse gudstjeneste, der blev stillet op mod den eskimoiske tradition: "when they saw the Russian priests in embroidered robes performing the complicated offices of the church it was believed that they were witnessing the white man's method of celebrating a mask festival similar to their own" (Nelson 1899: 422). Men betydningen af de figurer, Holm refererer til, får vi dog heller ikke her nogen forklaring på.

Vi kan konkludere, at vi med vort fokus på misfangst og kulturkrise, som samfundets institutioner trods alt intet kunne stille op imod, og som blev årsagen til affolkningen af Grønlands østkyst i 1800-tallet, har fået indsigt i det mentale univers, som mange blandt de tilflyttede østgrønlændere i Kap Farvel-distriktet befandt sig i endnu efter deres dåb. Deres nye tilværelse i den sydligste del af det såkaldte Dansk Vestgrønland skal vi nu se nærmere på i det følgende.

VI. Demografi og mobilitet i Kap Farvel-området 1824–1900

Er befolkningstallet i Kap Farvel-området i begyndelsen af 1800-tallet usikkert, er der til gengæld helt styr på statistikkerne i den resterende og største del af århundredet. De herrnhutiske missionærer udarbejdede med udgangspunkt i kirkebøgerne oversigter over deres menigheder og sendte mandtalslister eller designationslister til såvel de danske myndigheder i København som til Brødremenighedens ledelse i Herrnhut. I 1834 blev endvidere afholdt den første af en række folketællinger i Grønland.

Folketællingerne og mandtalslisterne / designationslisterne giver et glimrende overblik over befolkningsudviklingen i Friedrichsthal Distrikt som helhed, samt i udviklingen i befolkningens fordeling på missionsstationen og omliggende bopladser. Derudover indeholder materialet en lang række andre oplysninger. De forskellige lister nævner som hovedregel hvert individ ved navn og, med forskellige variationer, oplysninger om alder, civilstand, familierelationer, fordeling i husstande og erhverv. I visse tilfælde er der også angivelse af, hvem der var husejer, om huset havde kakkelovn, om den enkelte fanger ejede kajak, konebåd og telt, samt eventuelle andre supplerende bemærkninger. Disse oplysninger danner et solidt materiale til også at belyse en række andre demografiske forhold som familiestørrelser, relationen mellem familierne, familiernes boforhold og mobilitet, samt se på eventuelle forandringer af disse i løbet af århundredet. Der føres hermed udbyggende oplysninger til den demografiske undersøgelse fra Friedrichsthal, som Heinz Israel (1978) har udført, og som primært behandler tiden omkring 1890.

Folketællingerne for Grønland skelner mellem grønlændere (dvs. "virkelige grønlændere") og blandinger, dvs. efterkommere af blandede ægteskaber, samt europæere. Blandingerne var ofte ansat under Handelen, senere også under kirke- og skolevæsenet, men i retlige forhold blev de betragtet som grønlændere (Gad 1976: 23–24, 29–30). Selv om medlemmerne i den herrnhutiske menighed til dagligt på fangstrejser, besøg ved handelsstationerne m.v. havde kontakt med andre grønlændere, så var det som tidligere påvist ikke normalt, at man giftede sig med folk uden for menigheden. Der var endvidere ingen blandede ægteskaber i de herrnhutiske menigheder, og der optræder altså ingen blandinger i optællingslisterne fra Friedrichsthal.

Med Handelens udbygning (Ikigaat 1834, Pamialluk 1848 og Itilleq 1893) er også folk tilhørende den danske menighed flyttet til de nævnte steder, men kun i et meget begrænset antal. Der har oftest kun været tale om udliggeren og dennes familie og tjenestefolk, som alle har tilhørt den danske menighed. Ved folketællingerne og i mandtalslister optræder de under den danske menighed.

Missionærerne og deres familier indgår i materialet fra Friedrichsthal, men som en særskilt gruppe, og de er udeladt i det følgende. Behandlingen af befolkningen og dens sammensætning omhandler derfor udelukkende den grønlandske menighed under Friedrichsthal missionsstation.

Befolkningstallet i Friedrichsthal

Fra 1834 til 1901 steg befolkningstallet i Friedrichsthal Distrikt fra 391 personer til 581 personer, altså en samlet stigning på 48 %. I samme periode steg befolkningstallet i hele Vestgrønland med 42 %. Med det ekstra befolkningstilskud, der i denne periode kom til Friedrichsthal Distrikt med indvandringerne fra Østgrønland, kunne man have forventet en mere markant stigning i forhold til den øvrige del af landet. Men dels er der store variationer i stigningerne i befolkningstallet i de enkelte områder i Grønland, dels er der enkelte steder ligefrem et fald, hvilket gør tallene svært sammenlignelige (Grønlands Styrelse 1942: 418, tabel 22).

Tabel 2
Befolkningstallet i Friedrichsthal Distrikt 1834–1901.

	Friedrichsthal	Bopladser	I alt
1834	255	136	391
1840	242	152	394
1845	259	170	429
1855	173	297	470
1860	277	228	505
1870	164	308	472
1901	160	421	581

Kilde: RA: Folketællinger i Grønland.

I 1901 udgjorde distriktets samlede befolkning 581 personer. Året før havde Brødremenigheden forladt Grønland, og distriktet indgik nu helt på lige fod med andre områder i den danske administration, handel og mission, hvilket dog ikke har nogen mærkbar indvirkning på det aktuelle befolkningstal. På dette tidspunkt udgjorde således de indvandrede østgrønlændere og deres efterkommere i den tidligere herrnhutiske menighed 20 % af befolkningen i Julianehåb Distrikt (2.979 personer) og lige godt 5 % af den samlede befolkning i hele Vestgrønland (11.190 personer) (Grønlands Styrelse 1942: 418, tabel 18). Kap Farvel-området var således omkring år 1900 set med grønlandsk målestok et område med en relativt stor befolkning.

Stigningen i befolkningstallet i Friedrichsthal Distrikt fra missions-stationens oprettelse i 1824 til nedlæggelsen i 1900 skete ujævnt. I den første korte periode efter missionsstationens grundlæggelse skete en stor tilflytning fra den omliggende befolkning samt folk fra den nærmere del af østkysten, hvorefter der i tiden op til omkring 1840 var en stagnering i befolkningstallet. Fra midten af 1800-tallet fandt en jævn stigning sted afløst af et fald i befolkningstallet omkring 1870. Denne nedgangsperiode afløses igen i de sidste år af århundredet af en kraftig befolkningsforøgelse,

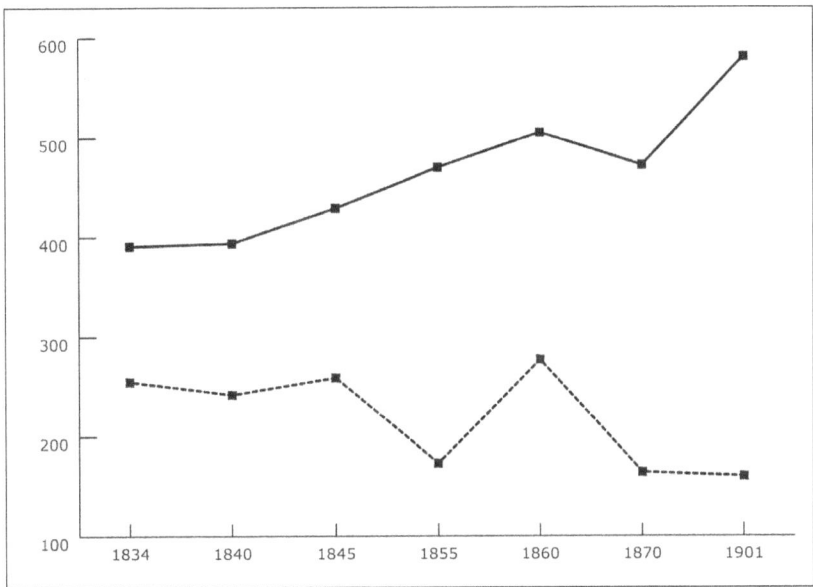

Fig. 70. Befolkningstallet i Friedrichsthal Distrikt 1834–1901.

Figurens øverste graf viser det samlede befolkningstal i Friedrichsthal menighed fra 1834 til 1901, mens den nederste graf viser, hvor stor en del af befolkningen, der i samme peri-ode boede ved selve missionsstationen. Forskellen angiver antallet af personer bosat på bo-pladser uden for missionsstationen. Efter etableringen af missionsstationen i 1824 og den første massive tilvækst steg menigheden fra 1834 støt hen imod slutningen af århundredet, dog afbrudt af en mindre nedgang i det samlede befolkningstal i årene omkring 1870. De første år boede op mod to tredjedele af menigheden ved missionsstationen. Denne ten-dens ændres fra midten af århundredet, og i resten af perioden skete befolkningstilvæk-sten ved bopladserne, mens befolkningen ved Friedrichsthal udgjorde en stadigt mindre del af den samlede befolkning. Kilde: RA Folketællinger i Grønland.

hvorefter befolkningen når sit maksimum med næsten 600 personer i år 1901. Den sidste stigning er bl.a. en følge af en intensiveret indvandring fra midten af 1880'erne.

Generelt er befolkningstallet altså stigende set over hele århundredet, og dog er der i perioder en stagnation eller et direkte fald i befolkningstallet. Udsving i befolkningstallet forklares af Israel (1978: 133–134) som konsekvenser af koncentrationen af befolkningen med fødselsoverskud i gode år og stor dødelighed i mangelår. Dertil må føjes indvandring fra Østgrønland (Fig. 70).

Stagnation eller ligefrem nedgang i befolkningstallet kan altså forklares med stor dødelighed i mangelår. En anden grund kan være kulturelt betingede ændringer i fertiliteten. Det er påvist, at et ekstremt stort kvindeoverskud kombineret med nye ægteskabsformer og den seksualmoral, som den herrnhutiske menighed havde indført i området, medførte et børnetal, der lå langt under, hvad det gjorde i det øvrige Grønland (Marquardt 2002). Som det senere vil fremgå, så var både de indvandrede grupper og samfundet i Kap Farvel-området karakteriseret ved et stort kvindeoverskud, ligesom flerkoneriet blev afskaffet og indvandrerne blev underlagt en ny moral på det seksuelle område.

Tabellen viser yderligere, at befolkningsudviklingen bortset fra de første år hovedsageligt er sket uden for Friedrichsthal, mens antallet af beboere ved selve missionsstationen over hele perioden er faldende. Dette er særlig tydeligt mellem 1845 og 1855. Det må ses som en konsekvens af de tidligere omhandlede kraftige danske bestræbelser på at modarbejde tendensen til at koncentrere menigheden omkring missionsstationen, herunder oprettelsen af handelsstationen Pamialluk i 1848. Antallet af bopladser og dermed det samlede bosættelsesmønster varierer over hele perioden, og dette forhold behandles i et senere afsnit.

Afstamning og fødested

Som den eneste indeholder folketællingen fra 1845 supplerende oplysninger om indbyggernes fødested, og fordelingen heraf fremgår af tabel 3.

Tabel 3

Friedrichsthals befolkning i 1845, fordelt på fødested

Østgrønland	203
Friedrichsthal	147
Bopladser ved Friedrichsthal	77
Ikigaat (Østprøven)	2
I alt	429

Kilde: RA: Folketællinger i Grønland.

20 år efter anlæggelsen af missionsstationen Friedrichsthal og koncentrationen af befolkningen i og omkring denne udgjorde de personer, der var født i Østgrønland eller "Østbygden", som er den anvendte betegnelse i originalmaterialet, omkring halvdelen af menigheden. Disse folk udgjorde samtidig langt hovedparten af den voksne del af befolkningen. Der er tale om de grupper, der i 1824 og i de efterfølgende år slog sig ned i området og blev optaget i den herrnhutiske menighed.

Til gengæld var de unge og børnene i 1845 typisk født i Friedrichsthal eller i en af de omliggende bopladser, en tendens som givet må være blevet forstærket i tiden derefter. Når så stor en del af børnene er født i selve Friedrichsthal og en mindre del på bopladserne, er det udtryk for den stærke koncentrationen af befolkningen ved missionsstationen de første år. 147 personer er født ved missionsstationen, mens 77 personer er født i "Frederiksdal sogn", som området uden for missionsstationen og dermed også bopladserne benævnes i den pågældende folketælling, men dette kan også dække tilfælde, hvor forældre fra Friedrichsthal har været på sommerfangstplads, fx på Kitsissut.[131] Disse oplysninger er således en konsekvens og en bekræftelse af de første års stærke koncentration af den indvandrede befolkning ved missionsstationen.

Befolkningens fordeling på køn og alder

Materialet fra den første folketælling i Grønland i 1834 indeholder ud over selve listen over befolkningen også en tabel, der med udgangspunkt i folketællingens tal bl.a. viser fordelingen på alder og køn i hele Julianehåb Distrikt, fordelt på henholdsvis Colonien (dvs. Julianehåb med udsteder), Lichtenau Missionariat og Friedrichsthal Missionariat. Her skiller Friedrichsthal sig markant ud fra de to øvrige distrikter.

Tabel 4

Befolkningens fordeling efter alder og køn i Friedrichsthal menighed 1834

Alder	Mænd	Kvinder	Andel i %	Lichtenau (%)	Julianehåb (%)
0–10	63	43	28	28	27
11–20	64	56	31	24	23
21–30	38	47	22	20	18
31–40	21	25	12	13	14
41–50	6	12	5	9	12
51–60	1	7	2	4	5
61–	0	0	0	2	1
I alt	193	190	100	100	100

Kilde: RA: Folketællinger i Grønland.

De otte tjenerinder, der i listen fra Friedrichthal er anført for sig selv, er ikke medtaget i den oprindelige tabel. Deraf divergensen på det samlede antal beboere i denne tabel (383) i forhold til tabel 2 (391). Vi kender ikke alderen på dem, og det er derfor ikke muligt at placere dem i de respektive kvindegrupper.

Tallene i tabellen taler deres tydelige sprog. Ikke mindre end 59 % af befolkningen i Friedrichsthal og omliggende bopladser var i 1834 børn og unge mellem 0 og 20 år. Til sammenligning er medtaget de tilsvarende procenttal for Lichtenau og Julianehåb, der er henholdsvis 52 % og 50 %.

Et andet bemærkelsesværdigt forhold er, at der blandt børn og unge ved Friedrichsthal var langt flere drenge end piger (127 mod 99), og denne forskel viser sig mest markant i den yngste gruppe (0–10 år), hvor der er 63 drenge mod kun 43 piger. En sådan forskel manifesterer sig ikke i tallene for Lichtenau og Julianehåb.

Til gengæld udgjorde kvinderne langt hovedparten af den voksne del af befolkningen i Friedrichsthal i 1834, idet der var 91 kvinder og 66 mænd over 20 år. Dertil kommer otte kvinder, der er registreret som tjenerinder, jf. noten til tabel 4. Af kvinderne var 27 (30 %) enker. Af den samlede befolkning var kun 26 personer (7 %) over 40 år. Blandt disse var der tre enkemænd og 15 enker. Der var således en del enker, men nogle af disse kan have været andenkone for en fanger før tilslutningen til den herrnhutiske menighed, hvor polygami ikke var tilladt. Israel dokumenterer (1969: 25) i en undersøgelse af de sociale og erhvervsmæssige forandringer i den grønlandske menighed ved Neuherrnhut i 1700-tallet, at mændene med flere koner godt måtte beholde disse efter dåben. I materialet, der ligger til grund for indeværende undersøgelse, er der ingen eksempler på, at en fanger ved Friedrichsthal er noteret med flere koner. Til gengæld er en del angivet som forsørgere for enker og deres eventuelle børn, og det kan dække over en tidligere andenkone.

De 66 mænd over 20 år udgjorde 17 % af befolkningen og hele forsørgerpligten har ligget på denne gruppe. Det svarer til de oplysninger, der tidligere er refereret til, hvor det angives, at hver fanger i gennemsnit skal skaffe føde, skind m.m. til 5–6 personer (Fig. 71).

De nøgne tal vidner om en befolkning, der har levet en hård og risikofyldt tilværelse med en meget høj dødelighed. Sundhedstilstanden har været dårlig, og fangererhvervet har medført mange dødsulykker. Mange fangere er omkommet på fangsttur, og de efterladte enker og børn har været afhængige af, at andre i samfundet har kunnet overtage forsørgerbyrden. I perioder med dårlig fangst var der en høj risiko for hungerdød, og i sådanne situationer lå det i det oprindelige samfund lige for, at enker eller forældreløse børn blev dræbt eller efterladt og dermed overladt til døden (Robert-Lamblin 2006). Det er derfor nærliggende at slutte, at den konkrete påviste skæve fordeling mellem drenge og piger i Friedrichsthal i 1834 er en følge af, at befolkningen eller dele af den i årene op til indvandringen til Vestgrønland har oplevet trangstider, og at nyfødte eller mindreårige piger er sat ud. Overleveringerne indeholder da

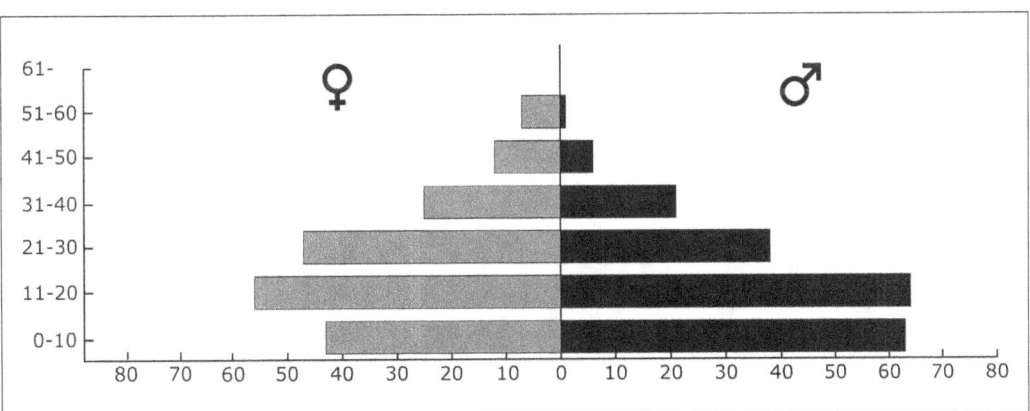

Fig. 71. Befolkningen i Friedrichsthal menighed 1834 fordelt på alder og køn.

Befolkningspyramiden for 1834 må formodes at give et billede af befolkningssammensætningen, der er tæt på forholdene, som de så ud i inuitsamfundet før en europæisk påvirkning. Børn og unge udgjorde langt over halvdelen af befolkningen, og kun en lille del blev mere end 50 år. Drengene var i klart overtal, hvilket kan være en konsekvens af, at piger i krisetider blev forladt eller sat ud i kulden. Til gengæld har risikoen ved fangererhvervet betydet, at mange fangere er omkommet, og der har været et overskud af voksne kvinder i forhold til mænd, så der var balance i det samlede antal af drenge/mænd og piger/kvinder. Kilde: RA Folketællinger i Grønland.

også fortællinger om udsættelse af børn eller hele familier, hvilket også er berettet fra Sydøstgrønland (Rasmussen 1906).

De nævnte tal viser befolkningssituationen i 1834, altså ganske få år efter etableringen af missionsstationen i Kap Farvel-området og en indvandring, der frem til 1831 år for år forøgede befolkningstallet. Man må formode, at der på dette tidspunkt endnu ikke er sket nogen nævneværdig påvirkning som følge af indvandringen til Vestgrønland hvad angår befolkningssammensætningen. Det er derfor nærliggende at slutte, at det billede, der her tegner sig af distriktets befolkning i tiden umiddelbart før indvandringen, samtidig afspejler forholdene i det Sydøstgrønland, som den tilvandrende befolkning kom fra – altså det oprindelige, eskimoiske samfund.

Livet under nye forhold synes dog efterhånden at have indvirket på befolkningssammensætningen, i hvert fald på et enkelt område. Som for 1834 forefindes i Brødremenighedens arkiv en tabel for 1840, der viser fordelingen på køn og alder i Friedrichsthal menighed.[132] I årene 1834–1840 havde der kun været tale om en meget beskeden indvandring, og det samlede folketal uden europæere er da også stort set uforandret (394 i 1840 mod 383 i 1834), men der er nu i modsætning til seks år tidligere flere kvinder end mænd, nemlig henholdsvis 201 og 193. Hele denne forskydning kan indkredses til forandringer inden for en enkelt aldersgruppe, nemlig 0–10 år, hvor der i 1840 var præcis lige mange drenge og piger, 50 af hver, mens der i 1834 i denne aldersgruppe var langt flere drenge end piger. Det kan i dette tilfælde kun have én forklaring: efter tilslutningen til Brødremenigheden er skikken med at udsætte eller ombringe pigebørn ophørt.

En samlet og bredere tolkning af oplysningerne om befolkningen fra folketællingen i 1834 kan afprøves ved en sammenligning med oplysninger om tilsvarende forhold i en senere periode. Nedenstående tabel indeholder tal fra folketællingen i 1901, og igen vises fordelingen efter alder og køn i distriktet, der nu, efter at herrnhuterne er rejst, og missionen er overgået til den danske mission, hedder Frederiksdal. Denne gang er tallene fra Kap Farvel-området sammenlignet med tal fra hele Vestgrønland.

Tabel 5

Befolkningens fordeling efter alder og køn i Frederiksdal Distrikt 1901

Alder	Mænd	Kvinder	Andel i %	Vestgrønland i %
0–10	64	78	24	27
11–20	63	80	25	21
21–30	46	53	17	18
31–40	32	38	12	13
41–50	29	34	11	10
51–60	17	33	9	7
61–69	3	11	2	3
70–	0	0	0	1
Total	254	327	100	100

Kilde: RA: Folketællinger i Grønland; Grønlands Styrelse 1942: tabel 22.

Efter Friedrichsthal menigheds overgang til den danske mission anvendes nu betegnelsen "Frederiksdal". På for-siden af optællingslisten for 1901 er påført følgende anmærkning: "De Personer, ved hvis Alder er sat et Spørgs-maalstegn, ere alle forhenværende Hedninger fra Østkysten". Der er dog angivet alder ud for alle de pågældende personer, og skulle der være enkelte gange, hvor den skønnede alder er forkert, påvirker det dog ikke det samlede billede. Optællingslisten omfatter også den på det tidspunkt i Frederiksdal placerede overkateket Jens Chemnitz og familie (i alt otte personer), der dog er holdt uden for tallene i nærværende tabel.

Tallene i tabellen viser, at i 1901 var fordelingen mellem på den ene side gruppen af børn og unge og på den anden side gruppen af voksne stort set ens i henholdsvis Frederiksdal og i hele Vestgrønland. Det samme gælder fordelingen af mænd og kvinder. Der var på grund af det risikable fangererhverv stadig stor forskel på antallet af mænd og kvinder: Frederiksdal 254 mænd (44 %) og 327 kvinder (56 %), Vestgrønland 5.198 mænd (47 %) og 5.976 kvinder (53 %), men der var ikke længere den store fordelingsmæssige forskel i de to områder. Den markante forskel mellem 1834 og 1901 i Friedrichsthal ses i forholdet mellem drenge og piger: hvor der i 1834 var klart flest drenge, er der i 1901 et overskud af piger. Denne udvikling bekræfter antagelsen om, at den sydøstgrønlandske befolkning efter at have slået sig ned i Vestgrønland ikke længere i trangstid slog piger ihjel eller satte dem ud, enten på grund af forbud mod dette eller fordi der i det nye samfund var andre muligheder for at undgå sultedøden (Fig. 72).

På et enkelt væsentligt punkt adskiller forholdene i Kap Farvel-området

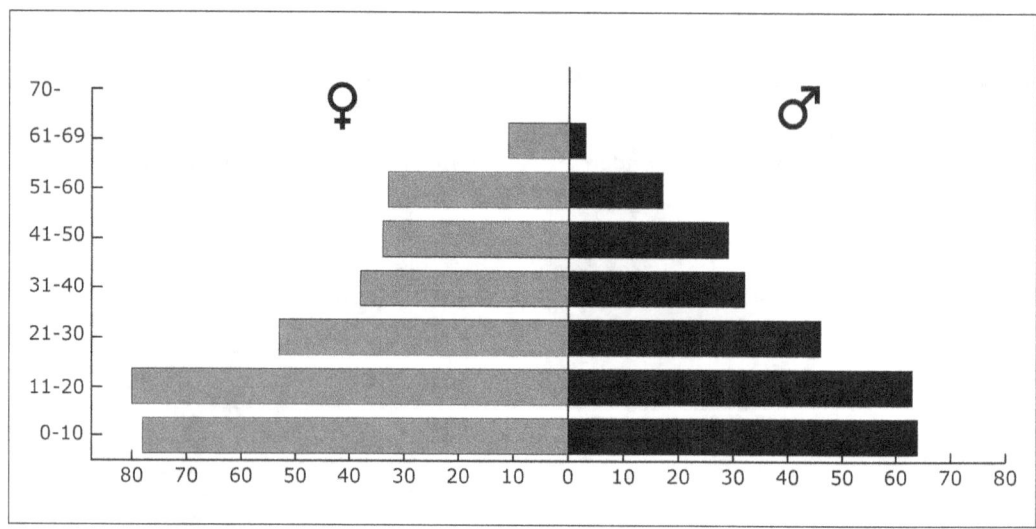

Fig. 72. Befolkningen i Frederiksdal Distrikt 1901 fordelt på alder og køn.

Figuren viser fordelingen på køn og alder iblandt befolkningen i Frederiksdal i 1901, året efter at de herrnhutiske missionærer forlod Grønland. I forhold til 1834 ses nogle markante ændringer: Der var nu lige mange drenge og piger, og da der stadig var mange dødsulykker blandt fangerne, opstod et samlet stort overskud af kvinder. Børn og unge udgjorde nu en mindre del end i 1834, ca. halvdelen, mens der var flere ældre. Kilde: RA Folketællinger i Grønland.

sig stadig fra forholdene i det samlede Vestgrønland, nemlig hvad angår folks levealder. Mens omkring 1 % af befolkningen i Vestgrønland som helhed i 1901 var 70 år eller derover, var der slet ingen personer i Kap Farvel området i denne aldersgruppe. Af materialet, der ligger til grund for tabellen, fremgår, at i 1901 var fire personer, én mand og tre kvinder, i Vestgrønland 80 år eller derover, mens de tre ældste personer i Frederiksdal alle var 67 år: Renatus bosat i Illorsuatsiaat, Rosine bosat i Illukasik og Henriette bosat i Anorliuitsoq.

Uanset de påviste forskelle er det gennemgående træk dog, at befolkningen i Friedrichsthal, fra de første østgrønlandske indvandrere i 1824 til de sidste indvandrere i 1900 slog sig ned ved missionsstationen, har været udsat for en påvirkning og en udvikling, som førte til, at sammensætningen af befolkningen derefter i vid udstrækning svarer til resten af den koloniserede del af Grønland.

Befolkningens fordeling på bopladser

Mandtalslister og designationslister fra Brødremenigheden og folketællingerne fra de danske myndigheder giver ud over oplysninger om befolkningens størrelse, fordeling på køn og alder m.v. over hele perioden også præcise informationer om, hvor i distriktet befolkningen boede i de år, hvor op-tællingerne er foretaget. Med udgangspunkt i tallene, der fremgår af bilag 1, foretages nu tre nedslag, der viser befolkningens fordeling på bopladser i Kap Farvel-området i tre udvalgte år, nemlig 1834, 1855 og 1901. Derved sigtes på at skabe et overblik over den samlede mobilitet i området i den del af 1800-tallet, hvor den pågældende befolkning hørte ind under den herrnhutiske menighed.

Materialet fra Brødremenighedens lister og de danske folketællinger indeholder omkring 25 identificerbare lokaliteter, der i den omhandlede periode var beboet i kortere eller længere tid (se bilag 1). Der kan imidlertid derudover have været steder, der kun har været bosat i meget kort tid og i år, hvorfra vi ikke har oplysninger. Det er fx tilfældet med Illukoq syd for Itilleq (Gulløv et al. 2005: 12). Derudover er der enkelte tilfælde, hvor nogle af Brødremenighedens medlemmer boede på en boplads, hvis øvrige beboere hørte under den danske menighed, fx Papikitsoq, hvilket vil sige uden for Kap Farvel-området.

Kortet over distriktets beboede pladser i 1834 viser en stærk koncen-tration af menigheden i Friedrichsthal og nogle få bopladser i umiddelbar nærhed af missionsstationen (Fig. 73). Den stærke koncentration accen-tueres af, at hovedparten af befolkningen boede i selve Friedrichsthal, hvor befolkningstallet i den efterfølgende periode steg støt og omkring 1850 var på mere end 300 personer. I perioden 1833–1850 udgjorde befolkningen

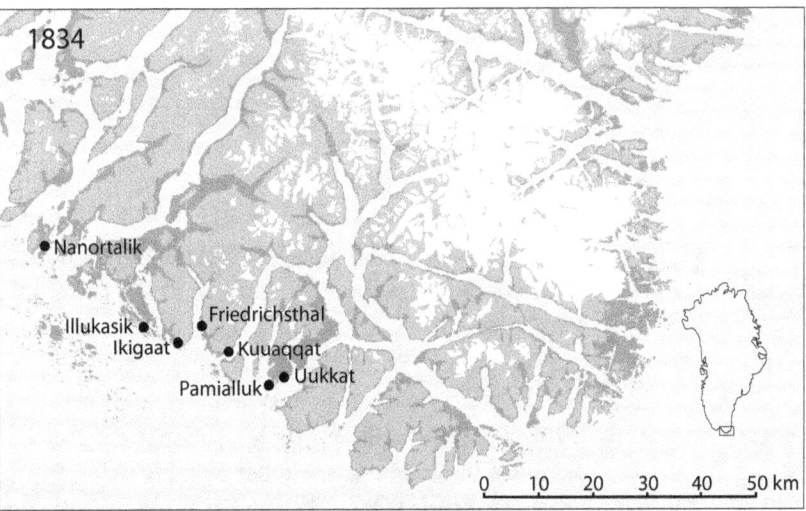

Fig. 73. Beboede pladser i Friedrichsthal Distrikt 1834.

I de første år efter etableringen af missionsstationen Friedrichsthal var den herrnhutiske menighed bosat ved selve missionsstationen eller på et mindre antal bopladser tæt ved denne. Kilde: RA Folketællinger i Grønland.

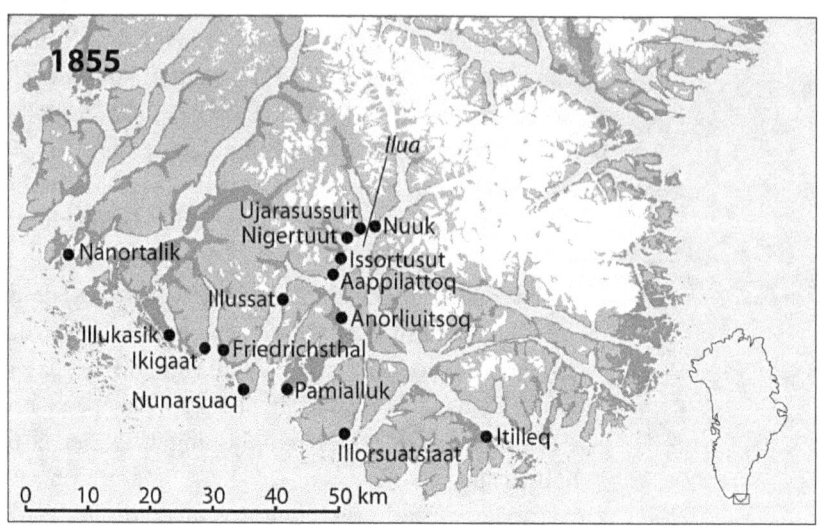

Fig. 74. Beboede pladser i Friedrichsthal Distrikt 1855.

I midten af århundredet var befolkningen i den herrnhutiske menighed under Friedrichs-thal spredt ud på et større antal bopladser og dækkede en større del af distriktet, herunder Ilua, området bag de store øer, der ligger ud mod det åbne hav. Dette var ikke mindst et resultat af de danske myndigheders stærke pres mod de herrnhutiske missionærers øn-ske om at koncentrere menigheden omkring missionsstationen, samt oprettelsen af han-delsstationen ved Pamialluk i 1848. Kilde: RA Folketællinger i Grønland.

på missionsstationen mellem 56 % og 70 % af det samlede registrerede befolkningstal i distriktet.

Problematikken omkring den stærke befolkningskoncentration og de danske myndigheders bestræbelser på at overtale eller tvinge de herrnhutiske missionærer til at sprede menigheden er tidligere beskrevet. Fra midten af århundredet skete en forskydning af befolkningens bosættelse mod syd, og der var i 1855 14 beboede pladser mod seks i 1834 (Fig. 74). En stor del af befolkningen var nu bosat ved den nyoprettede danske handelsstation Pamialluk og på bopladser i Ilua, fjordsystemet bag Pamialluk Ø. Selv om antallet af beboere ved missionsstationen var faldet mærkbart, var Friedrichsthal stadig den talmæssigt største bebyggelse i Kap Farvel-området. Det blev den ved med at være århundredet ud, men samtidig steg befolkningstallet i Pamialluk støt henimod 1880, og der skete en stabilisering af antallet af beboede pladser i Ilua-området.

I de sidste 15 år af 1800-tallet skete en yderligere forskydning mod syd, og en stigende del af menigheden boede på bopladser tæt ved Kap Farvel (Fig. 75). Dette falder sammen med indvandringen af de sidste store grupper i perioden 1887–1900. Det er tidligere nævnt, at oprettelsen af udstedet Itilleq i 1893 mod forventning ikke kunne forhindre, at de

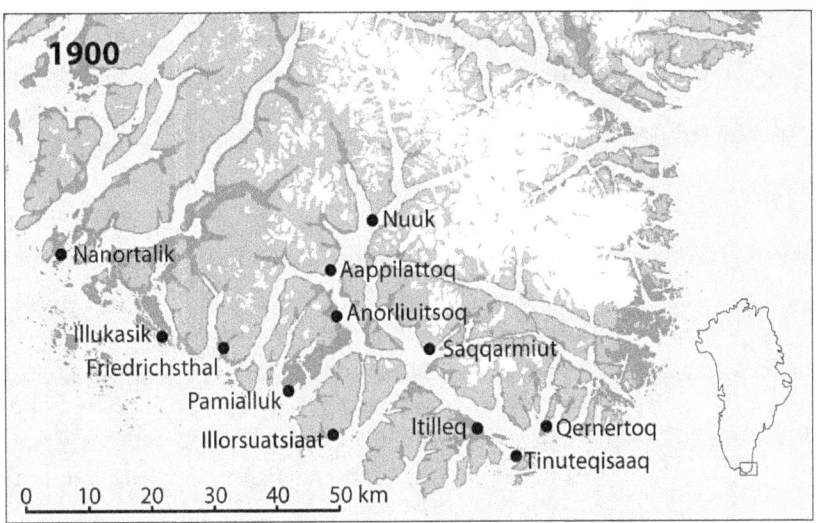

Fig. 75. Beboede pladser i Friedrichsthal Distrikt 1900.

I 1893 etablerede Handelen et udsted ved Itilleq, og de danske myndigheders bestræbelser på en spredning af befolkningen var nu slået helt igennem. Ved Brødremenighedens afrejse fra Grønland i 1900 var menigheden i Friedrichsthal ud over selve missionsstationen således bosat på ti bopladser jævnt fordelt over hele den vestlige del af Kap Farvel-området. Kilde: RA Folketællinger i Grønland.

sidste folk i Sydøstgrønland slog sig ned ved missionsstationen. Ved efterårsmødet 25. september 1895 besluttede Julianehåb Forstanderskab derfor at fremsende en anmodning til inspektøren om tilladelse til at åbne for fri handel med alle handelsvarer ved Itilleq med følgende begrundelse: "Anlæget Itivdleq er vel oprindelig anlagt særlig med Hedningene for Øje, men Omegnen er faktisk kun beboet af Vesterlændinge der er vant til europæiske Fødemidler".[133] Det kan imidlertid påvises, at nogle af de 50 personer, der i 1887 slog sig ned ved Friedrichsthal, efterhånden sivede ud og bosatte sig på bopladserne, bl.a. i området omkring Itilleq (Jensen 2002b). Selv om oprettelsen af det pågældende udsted på dette tidspunkt ikke opfyldte intentionen om at stoppe indvandringen fra Østgrønland, så synes udstedet i det mindste for nogle grupper af regionens befolkning at have medvirket til at fremme udflytningen til den allersydligste del af området.

Under et viser disse eksempler på befolkningsfordelingen i Kap Farvel-området, at store ændringer fandt sted i bosættelsesmønsteret i løbet af en forholdsvis kort periode. En grund hertil er givetvis myndighedernes pres for at få befolkningen til at bo spredt. Rent tidsmæssigt falder bevægelserne i bosættelsesmønstret sammen med de tre indvandringsperioder, der tidligere er påvist. Den første hurtige periode med stærk koncentration ved og omkring missionsstationen. Dernæst en afmatning med en mindre indvandring, men til gengæld med en udflytning til området omkring Pamialluk og Ilua. Endelig, efter midten af 1880'erne, en sidste kraftig indvandring over en kort årrække samtidig med en udflytning til den allersydligste del af Kap Farvel-området.

Både i midten og i slutningen af århundredet boede udflytterne først meget spredt på mange bopladser, hvorefter nogle af de nye bopladser igen er fraflyttet og det samlede antal bopladser dermed reduceret. Enkelte bopladser, fx Qeqertasussuk, er beboet i så kort en overgang, at de ikke er nævnt i folketællingerne, men kun i en enkelt mandtalsliste fra Brødremenigheden. Det er muligt, at andre beboede pladser end den tidligere nævnte Illukoq syd for Itilleq slet ikke er nævnt i materialet. Ud fra folketællinger og mandtalslister kan det imidlertid dokumenteres, at der i 1855 var ni bopladser i Ilua-området, inklusive Pamialluk, i 1870 fem

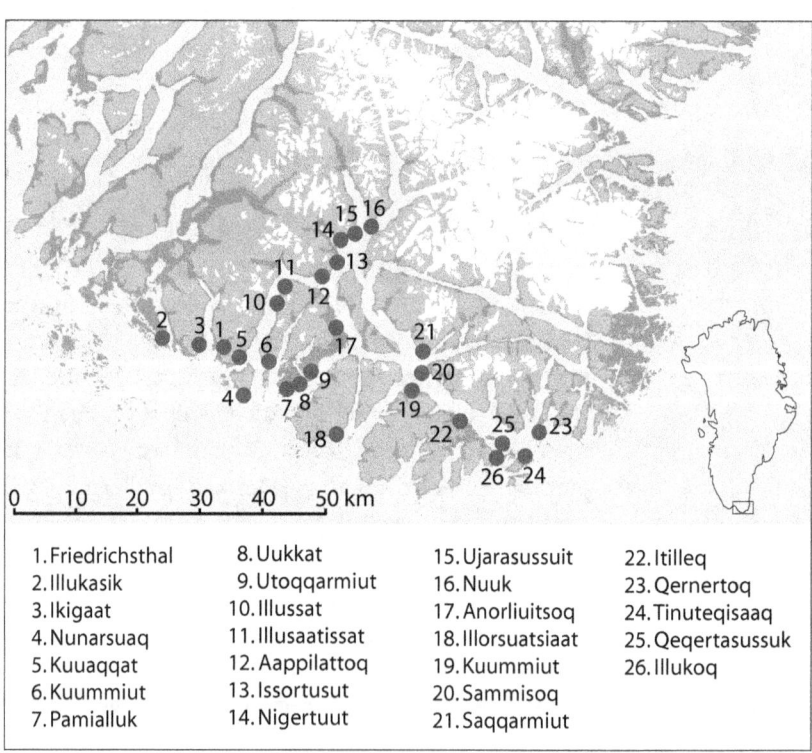

1. Friedrichsthal	8. Uukkat	15. Ujarasussuit	22. Itilleq
2. Illukasik	9. Utoqqarmiut	16. Nuuk	23. Qernertoq
3. Ikigaat	10. Illussat	17. Anorliuitsoq	24. Tinuteqisaaq
4. Nunarsuaq	11. Illusaatissat	18. Illorsuatsiaat	25. Qeqertasussuk
5. Kuuaqqat	12. Aappilattoq	19. Kuummiut	26. Illukoq
6. Kuummiut	13. Issortusut	20. Sammisoq	
7. Pamialluk	14. Nigertuut	21. Saqqarmiut	

Fig. 76. Kortet viser samtlige kendte bopladser, som i perioden 1824–1900 i kortere eller længere tid har været bosat af folk, der var medlemmer af den herrnhutiske menighed i Friedrichsthal. Hovedparten optræder i folketællingerne 1834–1901 og i de herrnhutiske mandtalslister, mens enkelte kendes fra andet materiale. Enkelte bopladser nævnt i folketællingerne (Ippimmiut, Ikerasak og Qeqertatsiaq) er ikke identificeret, mens andre bopladser kan have været beboet i perioder uden at være nævnt i det historiske materiale.

bopladser. I 1896 var der fem bopladser i området ved Itilleq, i 1901 fire.[134]

En sådan udflytning til et større antal bopladser med en efterfølgende stabilisering på færre pladser er også påvist af Robert-Jamblin i Ammassalik-området i årene efter oprettelsen af handelsstationen dér i 1894 (Robert-Jamblin 1986: 77–79). Denne demografiske bevægelse synes således at være en almindelig tendens i denne type samfund, når udefrakommende aktører i længere tid slår sig ned i eller tæt ved den derboende befolkning.

Ved udgangen af århundredet, efter den sidste indvandring fra Øst-grønland og efter at Brødremenigheden havde forladt landet, var der i Kap Farvel-området 11 beboede pladser fordelt jævnt over hele regionen (Fig. 76).

Familierne

Som hovedregel er personerne i folketællingerne og mandtalslisterne angivet familievis. Som den første nævnes familiens overhoved, hvilket i hvert fald i begyndelsen og midten af århundredet altid var familiens forsørger, altså fangeren, derefter dennes nærmeste familie og endelig de øvrige personer, der var tilknyttet familien. Den familie fra Friedrichsthal, der i folketællingen fra 1834 er nævnt allerførst i mandtalslisten, er et typisk eksempel:[135]

Navn	Alder	Stand	Bemærkning
1. Joh. Michael	50x	gift	
2. Mar. Sophie	48x	gift	hans kone
3. Johanna Elisabeth	24x	ugift	deres datter
4. Samuel	14	ugift	antagen
5. Antonia	46x	enke	
6. Zephta	22	ugift	
7. Louise	18	ugift	enkens børn
8. Nathaniel	12	ugift	

Familien bestod altså af et par, deres barn og en plejesøn. Dertil kommer en enke og hendes børn, som fangeren også forsørgede. Denne familie repræsenterer en ganske normal familietype gennem hele århundredet. I nogle af listerne oplyses det også explicit, hvem der underholdes af hvem, og i nogle tilfælde også deres eventuelle familierelationer. Det kan fx være forsørgerens eller konens forældre (oftest moderen) eller søskende, eller der kan blot være angivet, at der er tale om en enke og dennes eventuelle børn. Det skal her erindres, at hvor det er angivet, en kvinde er enke, kan der være tale om fangerens tidligere andenkone. Men der er ingen hjælp at hente i materialet, der ikke oplyser om sådanne tilfælde, eller om der rent faktisk er tale om, at den pågældendes mand er død.

I 1834 var der i menigheden ved Friedrichsthal 50 familier med 383 personer. Det giver en gennemsnitsstørrelse på 7,7 personer pr. familie i hele distriktet. For missionsstationen og distriktets bopladser særskilt er tallene henholdsvis 7,5 og 8 personer. I løbet af århundredet blev der gennemsnitligt færre medlemmer i de enkelte familier. Der var dog ikke tale om store ændringer, og det var i sidste del af 1800-tallet stadig almindeligt, at der til en familie kunne være knyttet forskellige personer, som fangeren ud over sin egen nære familie også skulle forsørge.

I flere af listerne opregnes, hvilke familier, der boede sammen. Dermed får vi oplysninger om antallet af huse, og hvor mange personer, der boede i hvert hus. Husene kunne i de første år rumme mange personer. 1840 boede hele menighedens 394 indbyggere (60 familier) i 19 huse, svarende til 21 personer (tre familier) fordelt på hvert hus. Der var dog store forskelle på husstørrelserne fra sted til sted, fx boede der i 1845 i Utoqqarmiut 42 personer i bopladsens eneste hus, mens der i et enkelt hus i Illussat boede 10 personer.[136]

Mens der i løbet af århundredet ikke skete de store ændringer i den normale families sammensætning og størrelse, så opstod der til gengæld store forandringer i forhold til, hvordan familierne boede. I første del af 1800-tallet var boligen fælleshuset, mens boligformen i slutningen af århundredet helt overgik til små enkeltfamiliehuse. I 1901 boede der én familie pr. hus mod tidligere tre i hvert hus, og det gennemsnitlige antal beboere pr. hus var faldet til 6,8. Husstørrelserne på de større og mindre beboede steder udviser mindre forskelle, og de opstillede eksempler peger på, at gennemsnitsfamilierne er mindst på de større beboede pladser, missionsstationen og den centrale handelsstation, og størst på bopladserne ude i distriktet:

Tabel 6
Fordeling af personer pr. hus i Frederiksdal og distrikt i 1901

1. eksempel:	Frederiksdal	6,7
	Resten af distriktet	6,9
2. eksempel:	Frederiksdal,	6,7
	Pamialluk, Illukasik	5,6
	Resten af distriktet	8,0

RA: Folketællinger i Grønland.

Fig. 77. Tjenerinderne i Friedrichsthal fotograferet uden for deres hus. Missionærerne havde tilknyttet et antal kvinder, der hjalp til med eksempelvis den daglige husholdning og i forbindelse med forberedelser til forsamlingerne i kirken. Der var tale om enker og unge kvinder, der dermed tjente til en del af livets ophold. Fra i hvert fald midten af 1800-tallet boede disse kvinder i deres eget hus. Bohlmann 1900, Unitätsarchiv der Evangelischen Brüder-Unität, LBS 910.

Der kan være flere forklaringer på det nye boligmønster. I første del af 1800-tallet har boligen været det traditionelle fælleshus, som bl.a. har været anvendt af større grupper, der hyppigt skiftede vinterboplads (Gulløv 1986). Den første tid efter missionsstationens oprettelse har befolkningen bibeholdt fælleshuset. Efter etableringen af Friedrichsthal og i løbet af århundredet også nogle faste bopladser i distriktet er mobiliteten faldet, og befolkningen er gennemgående blevet mere stationær.

Ændringen i boligmønsteret kan også forklares som en følge af en stigning i indtægten ved indhandling af skind og spæk. Fordeling af fangst krævede et meget solidarisk system, mens et system med flere pengeindtægter kunne påvirke erhvervene til at tænke mere individuelt og dermed i mindre og selvstændige boliger (Petersen 1965). Samtidig er udviklingen hen imod mindre huse til enkelte familieenheder med al sandsynlighed styrket af de tiltag, der fra de danske myndigheders side er gjort for at forbedre boligforholdene. Der er givet lån til opførelse af nye boliger til nogle af de driftige fangere, bl.a. i forbindelse med bestræbelserne på at sprede befolkningen. Tendensen er da også tydeligst i Pamialluk og Illukasik, der tog imod en stor del af udflytningen.

I Brødremenighedens materiale nævnes ofte særskilt en gruppe kvinder, enten enker eller ugifte, der arbejdede for missionens folk. Det fremgår i de første mandtalslister oftest ikke, om disse tjenestefolk boede for sig eller rundt om i de enkelte familier. Først i mandtalslisten fra 1870 fremgår det tydeligt, at de otte kvinder, der var "i Tieneste ved Missionen", boede i deres eget hus.[137] På denne måde synes de ikke at være tilknyttet en familie med fast forsørgerpligt. Etableringen af et selvstændigt hus for de pågældende kvinder kan i øvrigt virke som et enkelt levn fra det herrnhutiske system med inddeling af befolkningen i kor, der boede særskilt (Fig. 77).

Ændringen i familie- og boligformer var mærkbar for en del øvrige kvinder, især enker, og deres børn. I slutningen af århundredet forefindes eksempler på, at ikke en fanger men en kvinde var anført først i en familie, dvs. som familiens overhoved. Som eksempel skal nævnes Benigne, født i 1846. Omend hendes situation ikke skal tages som typisk, så kan det dog som eksempel stå som kontrast til den første familie, som indledte dette afsnit. Benigne boede i 1890 i Friedrichsthal sammen med sin mand Isak og deres to børn i hus nr. 16. Sammen med dem boede Isaks bror, dennes kone og deres to børn. Men i 1896 fremgår det af den sidste mandtalsliste over menighedens befolkning, som vi har fra Brødremenigheden, var Isak død, og broderen David var med sin familie flyttet til Illukasik, hvor de havde fået deres eget hus. Benigne er anført som enke og husejer og boede nu alene i huset sammen med sine to børn. Det fremgår ikke, hvordan Benigne skaffede sig til dagens udkomme.[138]

Det oprindelige eskimoiske samfund var bygget op om familierne. Flytningen til Vestgrønland og etableringen i det europæisk styrede samfund medførte for de indvandrede østgrønlændere de første ændringer i familiemønster og boligform. De store bofællesskaber splittedes i mindre enheder baseret på den enkelte familie, hvilket må have betydet et svagere socialt netværk for de i forvejen dårligt stillede. Det sociale ansvar, der lå i det traditionelle slægtsskabssystem, blev svækket. Til gengæld indførtes gradvist en vis grad af hjælp fra det offentlige.

Mobiliteten i Friedrichsthal Distrikt i 1800-tallet
En case om Tittus, Brigitte, Matthæus, Augusta og deres efterkommere

Med folketællinger og mandtalslister som primære kilder er der i det foregående opregnet en række oplysninger af først og fremmest statistisk art om befolkningen i 1800-tallets Friedrichsthal Distrikt, der giver et samlet billede af udviklingen i befolkningstallet, fordelingen mellem køn og alder, familiernes størrelser og sammensætning, bosættelses- og boligmønstret, migrationer inden for distriktet m.m.

I dette afsnit vil der blive set på tilsvarende forhold, men ud fra informationer med baggrund i hvilke vi kan følge nogle udvalgte familier igennem den samme periode. Frem for alt vil det give mulighed for at komme tættere på nogle af områdets beboere og ganske vist uden billeder at "få sat ansigt" på disse. Fra at være dele af statistikker vil de kunne fremtræde som enkeltindivider, og oplysningerne om dem vil bidrage til at skabe indblik i deres liv og livsbetingelser.

Udgangspunktet er et nedslag i 1845 i bopladsen Kuummiut på den vestlige del af Pamialluk Ø ikke langt fra det sted, hvor den danske handelsstation Pamialluk blev etableret tre år senere. I det tilgængelige kildemateriale fra denne periode er det første gang, Kuummiut er registreret som boplads. Der var i det anførte år kun et enkelt hus, og i dette boede to familier, i alt 25 personer. Hvem var disse beboere, hvor kom de fra, hvorfor boede netop de sammen i Kuummiut i 1845, hvor boede de og deres efterkommere i resten af århundredet, og giver materialet andre udsagn om deres liv og livsbetingelser (Fig. 78)?

Fig. 78. Kuummiut ligger mellem Friedrichsthal og Pamialluk og var i løbet af 1800-tallet beboet i flere perioder, bl.a. i 1845, hvor familien Tittus og Brigitte og familien Matthæus og Augusta boede i bopladsens eneste hus. I forgrunden ses en boligtomt fra kolonitiden, hvor resterne af tagets trækonstruktion anes. Foto: E. L. Jensen 2004, Nationalmuseet.

Der er ikke overleveret noget skriftligt kildemateriale fra eller specifikt om disse familier, men deres blotte tilstedeværelse har alligevel sat sig spor i de benyttede kilder. Ved at følge disse spor både tilbage til tidspunktet omkring etableringen af den herrnhutiske menighed i Kap Farvel-regionen og frem mod slutningen af århundredet kan de enkelte løsrevne informationer stykkes sammen til et samlet overblik over nogle af de hændelser og begivenheder, som har præget familierne. På den måde kan der i det mindste konstrueres en ramme, inden for hvilken deres liv har udspillet sig.

Kildematerialet er som udgangspunkt folketællingerne. Fra den første i 1834 frem til 1901 giver disse os oplysninger om, hvor de udvalgte familier boede, familiernes størrelse, skiftende bofæller m.v. Dertil kommer Friedrichsthals kirkebog for perioden 1824–1900, der indeholder en række supplerende informationer om menighedens medlemmer. Kirkebogen nævner i kronologisk rækkefølge alle de personer, der er blevet døbt i Friedrichsthal af Brødremenigheden. Derudover er noteret døbenavn og dåbsdato, og for dem, der er flyttet til fra Østgrønland, også det oprindelige grønlandske navn. Hvor dette nævnes, gengives det i kirkebogens anvendte stavemåde. Endelig er der i en del tilfælde også oplysninger omkring familierelationer, ægteskab, dato for død og dødsårsag. Personerne er ofte anført, dvs. blevet døbt, familievis, men der er også flere eksempler på, at personer er døbt på andre tidspunkter end den øvrige familie (NKA 1824–1900). Endelig kan Brødremenighedens optællingslister i visse tilfælde give enkelte supplerende oplysninger, som kan bidrage med mere detaljeret viden om enkeltpersoner. Navnene forekommer ofte med forskellige stavemåder, men for at undgå forvekslinger vælges her i de konkrete tilfælde at anvende én stavemåde.

I folketællingen for 1845[139] er der i Kuummiut registreret nedenstående to familier, der boede i alt 25 personer sammen i et fælleshus. De enkelte personer er anført med navn, alder, civilstand og indbyrdes familierelationer. Specielt for denne folketælling angives også de enkelte personers fødested, og der skelnes mellem Østgrønland, Friedrichsthal og Friedrichsthal Distrikt, i sidste tilfælde uden angivelse af hvilken boplads, vedkommende er født på.

Første familie:
  Tittus, fanger (33, Østgrønland)
  Brigitte, hans kone, (32, Østgrønland)
  Deres børn:
  Elisa (9, Friedrichsthal)
  Esra (5, distriktet)
  Josua (2, distriktet)

Mandens søskende;
    Friedrica, ugift (27, Østgrønland)
    Heinrich, ugift (24, Østgrønland)

Mandens slægtninge:
    Elisabeth, enke (41, Østgrønland) og hendes 3 børn
    Maria (18, Friedrichsthal)
    Amalia (8, Friedrichsthal)
    Pauline (5, Friedrichsthal)

Desuden:
    David, ugift fanger (19, Friedrichsthal) og hans to søskende
    Theresia, ugift (24, Friedrichsthal)
    Micha (14, Friedrichsthal).

Anden familie:
    Matthæus, fanger (43, Østgrønland)
    Augusta, hans kone (38, Østgrønland)
    Deres børn:
    Tabea (16, distriktet)
    Erdmuth (13, distriktet)
    Blandina (7, Friedrichsthal)
    Enoch (4, distriktet)
    Abia (17, distriktet), deres plejesøn

Mandens slægtninge:
    Phoebe (46, Østgrønland), ugift, mandens søster
    Marianne (31, Østgrønland), ugift, mandens søster
    Joab (30, Østgrønland), ugift fanger
    Daniel (23, Østgrønland), ugift fanger.

De to familier, der boede sammen i Kuummiut i 1845 var bygget op om de to forsørgere Tittus og Matthæus og deres koner Brigitte og Augusta. Foruden koner og børn var der til familierne tilknyttet slægtninge til de to fangere, fx ugifte kvinder, en enke og hendes børn, men dog også voksne fangere, der kunne bidrage til fangsten. Børnene og de unge er født i området som en del af menigheden, nogle i Friedrichsthal, andre i distriktet, hvilket tyder på en del mobilitet blandt de pårørende. Derimod er de voksne født i Østgrønland og er indvandret til området, hvor de har tilsluttet sig den herrnhutiske menighed og er blevet døbt. Man vil derfor kunne finde dem i kirkebogen blandt de mange, der blev døbt i årene lige efter etableringen af missionsstationen.

Kirkebogen oplyser, at (174) Tittus, der oprindelig hed Auamio, blev døbt 15. januar 1826. Han var på det tidspunkt tolv år gammel. Allerede i december 1824, altså som nogle af de allerførste i Friedrichsthal, var hans forældre (59) Abia (Oqāraq) og (60) Benigne (Tarte) og fire yngre søskende blevet døbt. Det fremgår ikke, hvorfor Tittus ikke er blevet døbt sammen med sine forældre og søskende. Tittus' forældre døde allerede i 1826 og 1828, dødsårsagen er ikke angivet.

(133) Brigittes (Tupernaqe) forældre var (65) Elisa (Ussuena)[140] og (66) Bibiana, der ligesom Tittus' mor også oprindeligt hed Tarte. De blev døbt og indført i kirkebogen samtidig med Tittus' forældre. Elisa døde i 1833 og efterlod Bibiana som enke med fire børn. Året efter blev Tittus og Brigitte gift.

Den anden fanger fra Kuummiut i 1845 var Matthæus. Hans oprindelige navn var Kappaq og han blev døbt i marts 1827 omkring 25 år gammel og indført i kirkebogen som nummer 238. Blandt kirkebogens oplysninger fremgår det, at Matthæus var bror til den tidligere nævnte Elisa, Brigittes far. I 1828 blev Matthæus gift med (108) Blandine. Matthæus og Blandine fik derefter to børn, (293) Tabea og (376) Erdmuth, men sidstnævnte døde i 1832 kun et år gammel. Da parret året efter fik endnu en pige, blev hun efter god gammel grønlandsk skik opkaldt efter sin afdøde søster og døbt (448) Erdmuth.

I 1834 var Tittus og Brigitte altså et ganske ungt og nygift par, på omkring henholdsvis 21 og 23 år, og Tittus er i folketællingen, der blev udført samme år, opført som forsørger for folketællingens 30. familie i Friedrichsthal. De har ikke selv nogen børn, men ikke desto mindre en stor forsørgerbyrde. Hos dem bor nemlig hans søskende Augusta, Friedrica, Heinrich og Benjamin på henholdsvis 23, 15, 13 og 11 år, samt Brigittes mor Bibiana (enke, 42 år) og Brigittes søskende Cornelia, Simon, Amos, Sem og Pauline på mellem 15 og 1 år. Denne folketælling lister blot familierne op og oplyser ikke, hvilke familier, der bor sammen i husene. Vi ved således ikke, hvem Tittus, Brigitte og deres familier eventuelt bor sammen med.

Samme år finder vi parret Matthæus og Blandine og deres to døtre på bopladsen Uukkat på Pamialluk Ø. Sammen med dem bor Matthæus' tre søstre Julia (enke, 40 år), Phoebe (ugift, 37 år) og Marianne (ugift, 19 år) og to 18-årige drenge Tobia, der er Blandines bror, og Joab, der er "antagen", dvs. taget til familien.[141]

Ved den næste folketælling, som fandt sted i 1840,[142] boede Tittus og Brigitte stadig i Friedrichsthal. I forbindelse med registreringen er de enkelte huse nu nummererede, og deres hus er benævnt "hus 12". Ifølge folketællingen har de to børn, Elisa (3 år) og Marthe (1 år), og på dette punkt giver kirkebogen en del supplerende oplysninger. Parret har i juni

1835 fået deres første barn, en dreng, der bliver døbt (512) Elisa efter Brigittes afdøde far, men barnet dør allerede i februar 1836. Året efter får de endnu en søn, der også bliver døbt (544) Elisa. Det er ham, der optræder i folketællingen. I 1839 får de igen en søn, der samme dag, som han blev født, bliver døbt (596) Esra. Den hurtige dåbshandling tyder på, at drengen har været svagelig, og han dør da også kort tid efter, kun ni dage gammel. Den nævnte Marthe er ikke deres barn, og det er usikkert, hvem hendes forældre er. Parret har altså inden for godt fire år fået tre børn, hvoraf kun det ene har overlevet, men har til gengæld taget et spædbarn til sig.

Som tilknyttet deres familie er nu kun anført Tittus' tre søskende Friedrica, Heinrich, der som 18-årig har status af fanger, og Benjamin. Brigittes søster Cornelia (22 år) er nemlig i mellemtiden blevet gift med og flyttet hen til Otto (26 år), som bor på bopladsen Kuuaqqat sammen med to brødre på henholdsvis 24 og 16 år. Otto er fanger, men det angives også, at han er "Skolelærer" og Cornelia er "Læserinde". Hos dem bor også Bibiana, Cornelias mor, der altså er flyttet med fra Friedrichsthal sammen med tre andre af hendes børn. Af disse er Simon (18 år) "sindssvag". Om Bibiana oplyses: "Underholdes med Sine af Familien og Nationen". Ved udtrykket "underholdes af nationen" skal forstås, at man fik til livets opretholdelse af fangerne på stedet. I forhold til 1834 mangler sønnen (69) Amos, der døde i 1835 omkring 11 år gammel.

I folketællingens hus nummer 12 i Friedrichsthal bor nu også Matthæus. Han og Blandine har siden 1834 fået to døtre, (509) Pauline og (547) Pauline, men begge er døde inden de er fyldt et år, og i september 1837 dør også Blandine. Allerede i november samme år bliver Matthæus gift med (87) Augusta, som er Tittus' ældste søster, og de får året efter en datter, døbt (582) Pauline efter sine to afdøde halvsøstre, men efter et halvt år er også hun død. Endnu en datter, (608) Blandine, født i 1840 og navngivet efter Matthæus' første kone, optræder i folketællingen. Sammen med sine børn fra første ægteskab er han nu flyttet til Friedrichsthal og bor sammen med sin nye svoger Tittus og dennes familie. Med til Friedrichsthal er flyttet to af hans søstre, Phoebe og Marianne, mens den tredje søster (227) Julia, der var enke allerede ved tilslutningen til Brødremenigheden, nu også selv er død uden tilsyneladende at have efterladt sig nogen børn. Som en del af familien er desuden opgivet drengen Paulus (13 år), der betegnes som "Fostersøn".

I samme hus som Tittus' og Matthæus' familier boede i 1840 endvidere parret Andreas og Elisabeth og deres to børn, den ugifte Benigne (24 år), samt det helt unge par Justus og Karitas, der på dette tidspunkt ikke havde nogen børn.

Efter 1840 har de to svogre Matthæus og Tittus med familier forladt Friedrichsthal og har slået sig ned i Kuummiut, hvor de var bosat ved folketællingen i 1845. Tittus og Brigitte har fået yderligere to drenge, (621)

Esra og (670) Josua. Til gengæld er adoptiv- eller plejedatteren Marthe ikke nævnt, og det forekommer ikke umiddelbart klart, hvad hendes videre skæbne er. I Friedrichsthal boede i 1840 Elisabeth og hendes mand Andreas med Tittus og Matthæus, men i mellemtiden var Andreas død, og Elisabeth og hendes børn er fulgt med til Kuummiut, hvor de forsørges af Tittus, der er hendes slægtning. Til familien er desuden kommet den unge fanger David og dennes to søstre.

Matthæus og Augusta har fået en søn og desuden er en plejesøn knyttet til familien. Men deres datter (608) Blandine er død to år gammel. Den syvårige Blandine, der optræder i folketællingen, kan således ikke være deres datter, men hendes tilhørsforhold fremgår ikke klart af materialet. Matthæus' ugifte søstre bor stadig hos dem, og tre nye personer er kommet til, nemlig hans slægtninge Joab og Daniel og en plejesøn Abia.

Til gengæld er det unge par, der i 1840 boede sammen med de øvrige i "hus 12", Justus og Karitas, i 1845 stadig bosat i Friedrichsthal, hvor vi finder dem i folketællingens sidste hus. De har nu to drenge på 5 og 2 år, og bor bl.a. sammen med hans bror Lucas på 18 år og hendes søster Filipina på 21 år. I samme hus bor for øvrigt også Otto og Cornelia og sidstnævntes mor og søster, som vi tidligere så sammen med Tittus og Brigitte. De boede i 1840 i Kuuaqqat, men er flyttet tilbage til Friedrichsthal. Hos dem bor desuden Benjamin (22 år), "Mandens Paarørende". Det er Tittus' lillebror, som altså har valgt ikke at følge broderen til Kuummiut.

Vi har indtil nu fulgt de to par Tittus og Brigitte og Matthæus og Augusta fra deres indvandring fra Østgrønland til Friedrichsthal, til de bor sammen i Kuummiut i 1845. De var veletablerede fangere. De havde stiftet familie og havde samtidig, som skik var, påtaget sig forsørgerpligten over for andre personer. Det fremgår tydeligt, at disse forpligtelser og dermed fællesskabet bygger på tætte familierelationer. Relationen går i dette konkrete tilfælde ikke kun gennem Matthæus' ægteskab med Tittus' søster. Tittus' kone Brigitte er Matthæus' niece. De to par udgør gruppens kerne, der også forsørger mødre, der er blevet enker, og mindreårige og/eller ugifte søskende. Dertil kommer nogle yngre par.

Ved folkeoptællingen 1855[143] er de to familier ikke alene flyttet fra Kuummiut, der nu er ubeboet, men de er også bosiddende hver deres sted. Tittus og Brigitte er med deres nu seks børn flyttet tilbage til Friedrichsthal. Sammen med dem bor stadig Tittus' søster Friedrica. Desuden er under deres familie opført Renata (43 år), der betegnes som "Tienerinde".

Matthæus og Augusta samt sønnerne Enoch og Paulus og Matthæus' søster Phoebe er flyttet til bopladsen Anorliuitsoq i Ilua Fjord (Fig. 79). Også søsteren Mariane er fulgt med til Anorliuitsoq, men hun er nu gift med Joab, som har boet med familien længe, og de har nu en datter på tre år. Endvidere bor den unge mand Daniel med familien.

Fig. 79. Anorliuitsoq med rester af bolig fra kolonitiden i forgrunden. Mod nordøst ses øen Annikitsoq med det store fjeldmassiv. Foto: E. L. Jensen 2004, Nationalmuseet.

Brødremenighedens liste over befolkningen for samme år[144] indeholder lidt supplerende oplysninger. Det viser sig bl.a., at Daniel er bror til Joab, hvilket forklarer, at disse to har holdt sammen. Endelig bor også parret Justus og Theresia med tre børn igen hos Matthæus og dennes familie. Phoebe er nu den eneste af Matthæus' søstre, der er helt afhængig af broderen. I Brødremenighedens designationsliste er bemærket, at hun halter, og det kan være en forklaring på, at hun aldrig er blevet gift.

Fem år senere, ved folketællingen i 1860,[145] skal vi tilbage til Friedrichsthal for at finde de to familier. Denne folketælling oplyser ikke, hvem der bor sammen i de enkelte huse, men de to familier er ikke oplistet i forlængelse af hinanden, og det er derfor nærliggende at formode, at de ikke længere bor sammen. Tittus og Brigitte er blevet henholdsvis 47 og 46 år og har seks børn, fem drenge og en pige:

Elisa, (23 år, fanger)
Esra (19 år, fuglejæger og fisker)
Josua (16 år, for tiden uden kajak)
Lucas (14 år, uden kajak)
Amos (11 år, uden kajak)
Christiana (8 år, legemssvag).

I 1860 er Augusta enke, idet Matthæus er død i 1856. Hos hende bor de yngste børn Enoch (18 år) og Paulus (10 år). Enoch har trods sin unge alder overtaget forsørgelsen af sin mor og mindreårige bror og betegnes som "Fanger og Familieforsørger". Af de to ældre døtre er (448) Erdmuth i 1857 død 24 år gammel, hun var gift og mor til en dreng (967) Matthæus, der var knap et år gammel ved moderens død. Familiens ældste datter (293) Tabea blev i 1855 gift med (205) Sem, der imidlertid døde i 1859, hvorefter Tabea i 1861 blev gift med (379) Aron. Brødremenighedens designationslister for henholdsvis 1855 og 1866 viser, at hun oprindeligt var flyttet med Sem til bopladsen Nigertuut, men med sin anden mand, Aron, er hun vendt tilbage i 1866 til Friedrichsthal, hvor de bor i deres eget hus.[146]

Ved den næste folketælling, som finder sted i 1870,[147] er også Tittus død, mens Brigitte stadig lever, 56 år gammel. Sammen med alle sine børn, der nu er oppe på syv (Joab på 9 år er den sidst tilkomne), bor hun nu på bopladsen Nuuk inderst i Ilua. Hun bor med de tre yngste børn i et hus for sig. De fire ældste drenge er nu gift og har fået børn og bor sammen i alt 14 personer i et andet af bopladsens huse. De fire ældste forsørger den samlede familie, der også omfatter den umyndige søster til en af drengenes koner.

Dette år lever til gengæld Augusta ikke længere. Hun døde i 1864, og i 1868 døde hendes yngste søn Paulus. Kun to af hendes og Matthæus' børn lever stadig, nemlig Tabea og Enoch. De bor i Friedrichsthal, Tabea med sin mand Aron og Enoch med sin kone (989) Qetura. Qetura er indvandret fra Østgrønland, hed oprindeligt Allianangitsoq og blev døbt 1858, 14 år gammel. Hendes storebror blev døbt året før, og allerede i 1852 var deres mor, enken (874) Benedicta, blevet døbt sammen med to sønner, hvoraf den ene var yngre og den anden ældre end Qetura. Det fremgår ikke, hvorfor de ikke alle er døbt sammen, eller om familien overhovedet er indvandret samtidig. Også Enoch og Qetura oplevede dødsfald blandt børnene, idet deres førstefødte (1149) Matthæus døde i 1866 kun et år gammel. I 1870 har de to sønner (1180) Matthæus og (1227) Paulus.

Den næste folketælling blev gennemført i 1901.[148] Det er ikke hensigten her at identificere hver enkelt af Tittus, Brigitte, Matthæus og Augustas efterkommere i den forløbne menneskealder, men blot give en form for status og overblik. Af Tittus og Brigittes store børneflok nåede

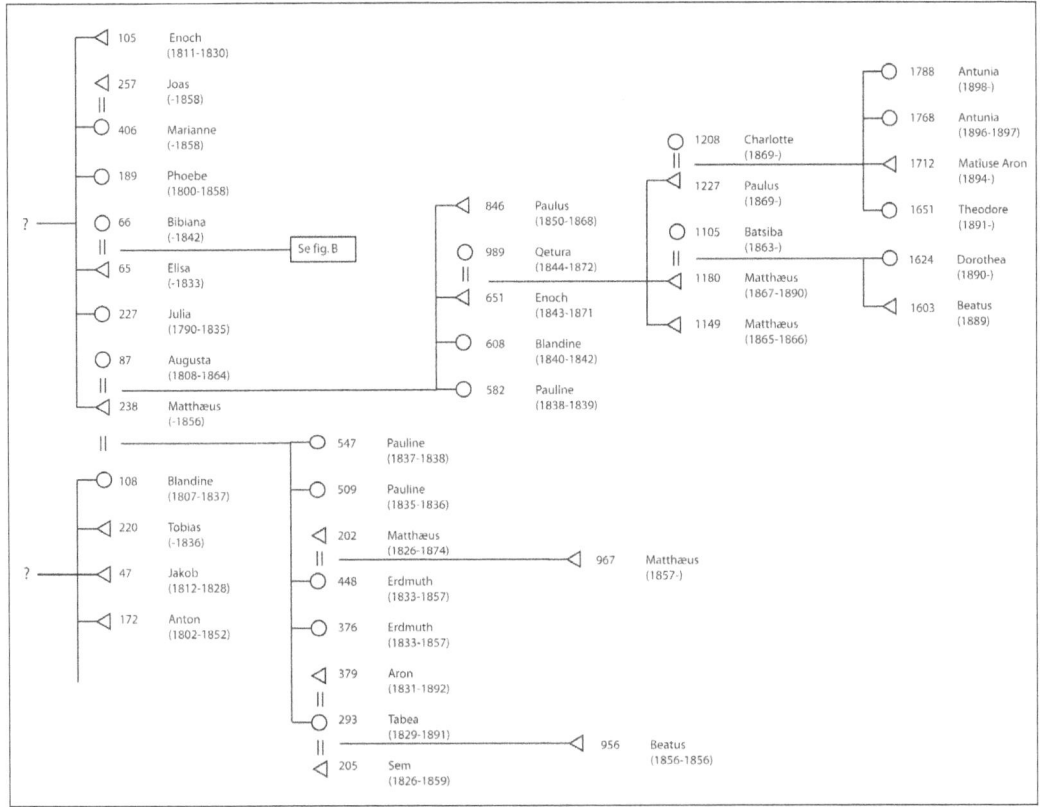

Fig. 80a. Dette skema giver sammen med figurerne 80b, c og d en samlet oversigt over familieforholdene for familien Matthæus og Augusta og familien Tittus og Brigitte, der i 1845 boede sammen i fælleshuset i Kuummiut, samt deres efterkommere. Alle oplysninger stammer fra kirkebogen for den herrnhutiske menighed i Friedrichsthal, dvs. fra de første blev døbt i 1824 til den sidste dåb i 1900 kort før de herrnhutiske missionærer forlod Grønland og menighederne blev overtaget af den danske mission. Hver enkelt person er angivet med sit nummer i kirkebogen, og hvor dette er angivet desuden fødeår og dødsår. Forældrene til de første voksne indvandrere kendes ikke, og denne generation er derfor angivet med spørgsmålstegn (NKA 1824-1900).

I dette skema er Matthæus, hans koner Blandine og Augusta samt deres efterkommere i fokus. Børnedødeligheden i datidens samfund var høj. Kun en mindre del af Matthæus og Augustas efterkommere blev voksne og fik selv børn. Antallet af deres efterkommere, der levede år i 1900, var derfor lavt.

hovedparten at blive voksne, blive gift og få børn. Tre af sønnerne levede stadig i 1901 og boede som i 1870 på bopladsen Nuuk, men nu i hvert deres hus. Familien holdt altså sammen gennem hele århundredet (Fig. 80a, b, c og d).

Anderledes er det gået Matthæus og Augustas børn. Mange er døde som børn eller unge, og kun to overlevede moderen. Sønnen Enoch døde i 1871. Året efter døde også hans kone Qetura og efterlod sig parrets to drenge på henholdsvis fem og tre år. Hvem, der har taget dem til sig,

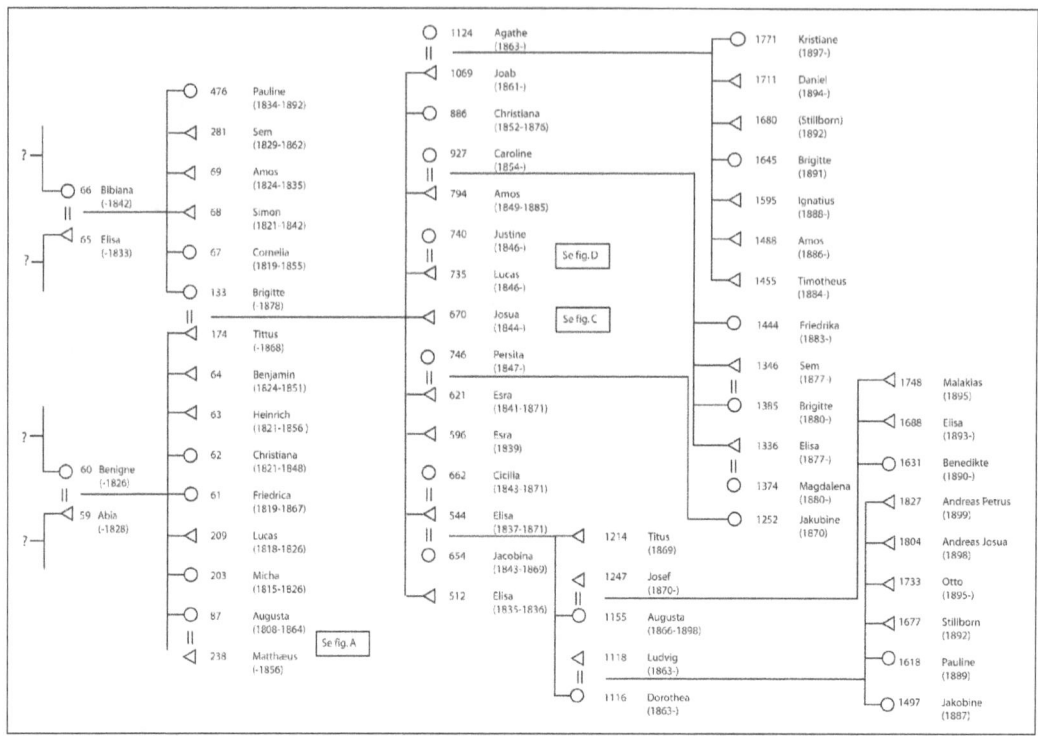

Fig. 80b. Dette skema omhandler Tittus og Brigitte og deres efterkommere, der er langt mere mangfoldige end Matthæus' efterkommere, jf. fig. 80a. Af pladsmæssige grunde er en del derfor gengivet i fig. 80c og d. Et stor del af deres børnebørn og oldebørn overlevede, og deres efterkommere igen kan med sikkerhed findes i den nuværende befolkning i Sydgrønland.

fremgår ikke, men det kunne være drengenes faster, Tabea, og hendes mand Aron, hos hvem den yngste søn, Paulus, boede i 1890.[149] Af Enoch og Qeturas drenge blev Matthæus gift med (1105) Batsiba og fik i 1890 en datter men døde samme år, hvorefter enken nogle år senere giftede sig med en enkemand med to børn. Paulus blev i 1889 gift med (1208) Charlotte (også kaldt Sâruta), og de boede i 1901 sammen med deres fire børn i Friedrichsthal. Tabea, som Paulus boede hos i 1890, døde senere samme år, tilsyneladende barnløs. I modsætningen til hovedtendensen blandt Tittus og Brigittes efterkommere er de relativt få efterkommere af Matthæus og Augusta ikke samlet, men lever spredt ud i flere andre familier, som de er gift ind i eller på anden vis har relationer til.

Casen om Tittus, Brigitta, Matthæus, Augusta og deres familier indeholder trods kildematerialets relativt beskedne omfang mange og detaljerede oplysninger om de implicerede familier og en del af familiernes medlemmer. Denne del af undersøgelsen har bevæget sig på, hvad man kan kalde et mikroplan, altså på niveau med den enkelte person og dennes

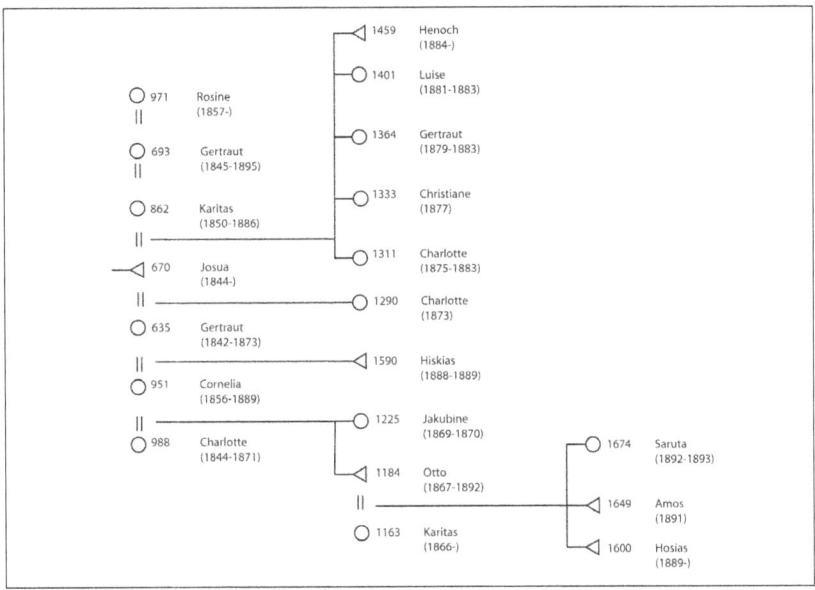

Fig. 80c. Tittus og Brigittes søn Josua blev en efter datidens forhold gammel mand og var gift ikke mindre end seks gange. Alligevel fik han ikke mange børn, og flertallet af disse døde tidligt, nogle allerede i det samme år, som de blev født.

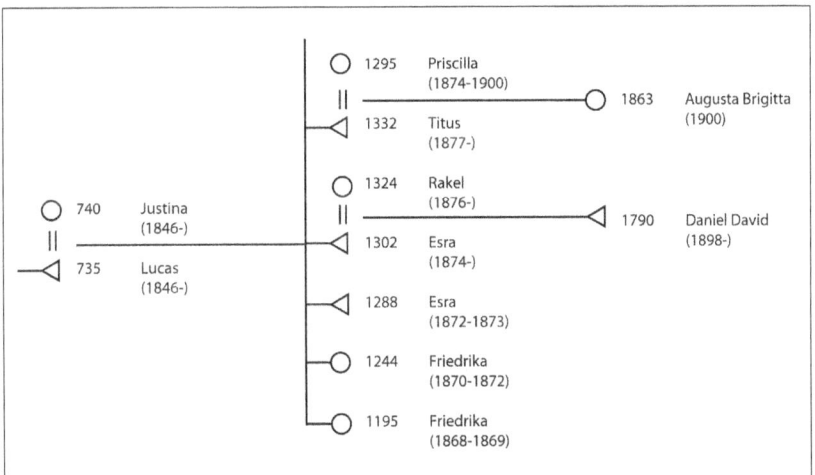

Fig. 80d. Også Lucas, en anden af Tittus og Brigittes sønner, overlevede flere af sine børn. Han selv, to af hans sønner og et barnebarn levede dog stadig ved menighedens overgang til den danske mission i 1900.

familie. Men når man ser disse oplysninger samlet og i sammenhæng med, hvad der i øvrigt eksisterer af oplysninger med relevans for det behandlede emne, belyser de en række overordnede forhold, der gjorde sig gældende i datidens samfund ved Kap Farvel.

På trods af det fælles udgangspunkt viser casen to meget forskellige forløb for de valgte familier. Men den demonstrerer samtidig, at hele samfundet var organiseret omkring familien eller familierne, og at folk, der boede sammen, som hovedregel var knyttet til hinanden gennem familiebånd. Bærende i samfundet var kernefamilierne med forsørgerne, og til disse var knyttet forskellige familiemedlemmer såsom enker og eventuelt deres børn, forældreløse børn, yngre søskende og andre, der var afhængige af familien for at overleve. Til disse kom ofte unge par, der endnu ikke havde etableret sig for sig selv.

En anden ting, der springer i øjnene, er den store dødelighed, ikke mindst blandt børnene, hvoraf mange døde inden for det første år. Men også blandt voksne var dødeligheden stor, og mange kvinder måtte gifte sig anden gang for at få børnene forsørget, eller mænd for at få en partner til at tage sig af det nødvendige arbejde med behandling af fangsten og opdragelse af børnene.

Endelig viser casen, at der i 1800-tallets samfund ved Kap Farvel var tale om stor mobilitet. En vigtig årsag hertil er den traditionelle grønlandske levevis, hvor en fanger i sit liv normalt boede på mange bopladser. Dertil kommer myndighedernes bestræbelser i midten af 1800-tallet på at fremme en udflytning fra Friedrichsthal til området omkring Pamialluk og Ilua, og senere til Itilleq og andre bopladser omkring selve Kap Farvel.

Medvirkende til den store mobilitet var imidlertid også både organiseringen omkring familier og den store dødelighed. Blev fx en ung kvinde gift, flyttede hun som hovedregel til mandens familie, der meget vel kunne bo på en anden boplads, og døde manden, flyttede hun tilbage til sin familie. Blev enken gift på ny, måtte hun igen flytte, denne gang til den nye mand osv. Den store mobilitet var en følge af livsbetingelserne og samfundsorganiseringen, og den var et led i kampen for at overleve.

De østgrønlandske indvandrere og deres efterkommere levede i og var ofte afhængige af et familiefællesskab, som også kendes fra det oprindelige samfund. Imidlertid betød indvandringen til Vestgrønland og påvirkningen fra de nye samfundsmæssige forhold, at der i løbet af 1800-tallet skete ændringer i befolkningssammensætningen, bosætningsmønstrene og de familiære relationer. Men også på områder som det erhvervsmæssige, det sociale og det åndelige medførte indvandringen til Vestgrønland mærkbare forandringer for samfundet som helhed såvel som for den enkelte. I det følgende redegøres for nogle af de nye omgivelser, som de tilrejsende skulle leve i, samt for nogle eksempler på, hvad det betød for østgrønlænderne at skulle tilpasse sig de nye forhold.

VII. Østgrønlænderne under nye forhold

Ved indvandringen til Vestgrønland blev de østgrønlandske indvandrere både beboere i den danske koloni og medlemmer af herrnhuternes menighed. De bosatte sig således ikke kun i et område med anderledes fysiske og erhvervsmæssige forudsætninger, men underlagde sig i praksis to myndigheder eller øvrigheder, hvis regler og foranstaltninger fik indflydelse på deres og deres efterkommeres liv. Wilhjelm (2001: 374) har behandlet denne problemstilling og konkluderer, at missionens initiativer bidrog til en passivisering af befolkningen.

Heinz Israel (1969) har undersøgt forandringer i forhold omkring beboelse og erhverv hos befolkningen i Neuherrnhut i 1700-tallet under indflydelse af den herrnhutiske brødremission. Selv om indvandringen fra Sydøstgrønland og bosættelsen omkring herrnhuternes missionsstation i Friedrichsthal fandt sted i det efterfølgende århundrede, så peger Israels analyser også på en række generelle og sammenlignelige forhold. Udsagnene fra 1800-tallets kildemateriale fra det sydligste Grønland viser mange fællestræk i udviklingen i de to samfund.

Et andet arbejde af Heinz Israel (1978) indeholder en demografisk undersøgelse af Frederiksdal (han anvender det danske navn) i 1890, der berører de sociale og økonomiske forhold for det enkelte menneske i Frederiksdal og omegn i slutningen af 1800-tallet, en undersøgelse, som også inddrages her.

Medlemmer af herrnhuternes menighed

Når enkeltpersoner eller grupper fra Østgrønland slog sig ned i Vestgrønland, bosatte de sig for hovedpartens vedkommende i Friedrichsthal, hvor de straks blev medlemmer af den herrnhutiske menighed (Fig. 81). Der fulgte de over fx en vinter missionærernes undervisning og blev derefter døbt, hvorved de skiftede det gamle navn ud med et europæisk, ofte bibelsk, navn. Men dermed var forandringerne ikke forbi. I menigheden eksisterede en rækker regler, som medlemmerne måtte følge, ellers risikerede de sanktioner. Kontrol og uddeling af sanktioner i forhold til menighedens regler blev udført af missionærerne, der således optrådte som øvrighed over for grønlænderne. Det var en helt ny situation.

En række af de gamle skikke og tabuer blev afskaffet omkring fødsel, navngivning, indgåelse af ægteskaber, død og begravelser. Skilsmisser blev

Fig. 81. Menigheden i Friedrichsthal forsamlet foran kirken. De afbildede missionærer var placeret ved flere af Brødremenighedens missionsstationer i det sydligste Grønland og er fra venstre Hinz fra Lichtenau, Riegel fra Illorpaat, Schärf og yderst til højre Bohlmann, begge fra Friedrichsthal (Bugge 1969: 336). Fotoet er dateret 1897, mens Bugge nævner Schärf som fotograf 1899. Unitätsarchiv der Evangelischen Brüder-Unität, LBS 667.

tidligere effektueret uden formaliteter, men kunne principielt ikke finde sted hos herrnhuterne, dog blev der åbnet for kompromisløsninger. Død og begravelse havde tidligere været noget, der kun angik de allernærmeste, men det blev nu et anliggende for hele menigheden (Israel 1969: 29–33).

Blandt Brødremenighedens karakteristiske træk var inddelingen af menigheden i kor og princippet om anvendelse af lodtrækning til afgørelse af beslutninger omkring valg af navn, tilladelse til ægteskab m.m. Disse principper havde dog ikke langvarig virkning i Grønland og slet ingen indflydelse i Friedrichsthal (Israel 1969: 46–49; Wilhjelm 2001: 35–36). Ved optagelsen i menigheden accepteredes eksisterende ægteskaber, dog var det ikke tilladt at have flere koner. Havde en mand flere koner, blev den, han først var blevet gift med, betragtet som hans lovformelige kone, og eventuelle andre koner blev betragtet som enker. Manden havde ikke længere noget formelt ansvar for sine tidligere koner, og i nogle tilfælde vides, at deres sociale situation er blevet stærkt forringet (Jensen 2003; Rasmussen 1906).[150]

Børnene skulle nu til at gå i skole og blev undervist i de for herrnhuterne mest basale fag såsom læsning, skrivning og religionsundervisning. I 1832 hedder det i en indberetning fra Friedrichsthal, at skolen har været

besøgt af "omtrent 60 Drengebørn og 80 Pigebørn". Drengene har
således ikke besøgt skolen så flittigt, og det forklares med følgende: "Fordi
Grønlændernes Erhverv og de fornødne Øvelser i at fare med Kajak lægger
nogen Hindring i Veien for Drengebørnene, saa er deres Skole mindre
besøgt end Pigebørnenes".[151] Man skal dog også lægge mærke til, at der
tales om "deres Skole", altså synes drenge og piger helt efter herrnhutisk
princip at være blevet undervist hver for sig (Fig. 82).

Nyt for indvandrerne var også forsamlinger, hvor man mødtes og ofte
spiste sammen, og hvor kristendommen blev forkyndt, samt indførelsen
af højtider som påske, pinse og jul, og de ritualer, som blev afviklet i
forskellige sammenhænge. I forbindelse med forsamlingerne kunne
også foretages praktiske ting. Der synes at have været god tilslutning
til aktiviteter omkring håndarbejde eller syskole ("Nähschule"), som
missionærernes koner stod for.[152]

Et særligt element var musikken. Allerede ved anlæggelsen af mis-
sionsstationen i 1824 introduceredes valdhornet for de højst sandsynligt
forbavsede tilhørere,[153] og siden var musik en del af indholdet ved
forsamlingerne på stedet. En af de danske missionærer skriver i sin dagbog:

"Grønlænderne have af Naturen et afgjort musikalsk medfødt Talent,
hvilket ogsaa mine Venner de evangeliske Brødre ved Lichtenau og

Fig. 82. Skoleelever i Friedrichsthal opstillet sammen med deres lærer. Bohlmann 1900,
Unitätsarchiv der Evangelischen Brüder-Unität, LBS 918.

Friedrichsthal have end bemærket og lægge af den Grund megen Vind paa en smuk Kirkemusik thi de have Orgler i deres respective Kirker og disse ledsages paa Helligdagene af blæsende Instrumenter, Violiner og Basser, som spilles af halvvoxne Grønlændere, der i meget kort Tid ere indøvet af Brødrene". Så følger et lille hjertesuk: Det er så "smukt, at jeg Ret i mit Hjerte maatte beklage, at vi intet Orgel har i Julianehaabs skjønne Kirke" (Fig. 83).[154]

De, der ikke overholdt de herrnhutiske missionærers regler, kunne blive ramt af den såkaldte kirketugt. En meget almindelig sanktionsgrund var overtrædelsen af det sjette bud. Breve og indberetninger er fulde af beklagelser over den lave moral, der ifølge missionærerne herskede blandt menighedens medlemmer.[155] Sanktionerne kunne være udelukkelse fra forskellige sammenhænge, fx forsamlinger og nadveren, eller i alvorlige tilfælde korporlig straf eller udvisning fra missionsstationen (Israel 1969: 53–54; Wilhjelm 2001: 36–39). Den sidste mulighed fjernes dog på et tidspunkt, idet det af et brev fra Sydgrønlands inspektør til de herrnhutiske

Fig. 83. Et kendetegn ved Brødremenigheden var anvendelsen af blæseinstrumenter i forbindelse med afholdelse af menighedens forsamlinger. Her er blæserne ved Friedrichsthal afbildet på et højdedrag ved missionsstationen. Neden for højdedraget ses sletten og til venstre og til højre i billedet tørvehuse, telte og konebåde. Bohlmann 1900, Unitätsarchiv der Evangelischen Brüder-Unität, LBS 908.

missionærer fremgår, at de ikke har kompetence til at flytte rundt på den lokale befolkning. Omflytning, hvis sigte var direkte eller indirekte at straffe den eller de pågældende, kunne kun iværksættes af forstanderskaberne. Og hvor der ikke var tale om straf, måtte man ikke tvinge folk. De skulle altså være villige til at til- eller fraflytte.[156] Så kunne det for øvrigt i nok så høj grad være i tråd med de samme myndigheders ønske om, at befolkningen i Friedrichsthal så vidt muligt skulle bosætte sig på bopladser ude i distriktet!

Som det også fremgår af folketællingerne, betød Handelens pres, at store dele af befolkningen i Friedrichsthal i løbet af 1800-tallet flyttede ud på mindre bopladser i Kap Farvel-området. Baggrunden for missionens ønske om at samle menigheden om sig blev sat i perspektiv med udflytningen. Sæsonen for rejser var kort, og dårligt vejr eller meget is kunne betyde, at man på årets missionsrejse ikke nåede ud til alle bopladser. For at bøde på dette forsøgte man at etablere en kateketuddannelse, men uden den store succes. I stedet ansatte man de såkaldte nationalhjælpere, dvs. fangere bosat på de enkelte bopladser, som skulle stå for skolegangen på stedet. De havde ofte ikke nogen uddannelse eller oplæring og fik en dårlig eller slet ingen løn. Men de var udvalgt, fordi de var de bedste på stedet til at læse. Hjælperne blev ofte suppleret af læsere eller læserinder, hvis boglige forudsætninger normalt har været endnu mindre end hjælpernes (Missionstidende 1851: 164; Wilhjelm 2001: 246, 402–403).

Missionærerne måtte ændre deres arbejdsform og blive mere opsøgende. Der blev oprettet filialer i distriktet, fx i Pamialluk, om hvilket Rink skrev: "Den yngste derværende Missionær Hr. Schneider synes at være driftig i at reise omkring til de beboede Pladser for at undervise Børnene og har i den Anledning endog øvet sig i Kajakroning. Han yttrede det Ønske at Missionen kunne erholde noget Huusmateriale til at bygge et simpelt Skolehuus ved det meget beboede Sted Illoa, for at han kunne sættes i stand til at opholde sig der midlertidigt nogle Maaneder af Aaret".[157] I 1860 kunne Brødremenigheden berette, at man havde fået ønsket om et skolehus i Pamialluk opfyldt: "Paa den ydre Plads Pamiadluk, ved Friedrichsthal, bleve i det nyopbyggede og den 20. October høitidelig indviede Huus regelmæssig Skole og Forsamlinger holdte, til stor Nytte og Velsignelse for denne temmelig talrigt beboede Plads, som ogsaa besøges af Hedninger fra Østkysten" (Evangelisk Missionstidende 1861: 184).

Beboere i den danske koloni

Ved at slå sig ned i Sydvestgrønland fik de indvandrede østgrønlændere umiddelbart lettere adgang til at handle sig til europæiske varer, og det har naturligt nok givet den enkelte større kontakt med de danske handelsfolk. Handelens tilstedeværelse som egentlig myndighed bliver dog nok først rigtig mærkbar efter indførelsen af forstanderskaberne i midten af århundredet. Forstanderskaberne var en form for lokale råd, og de bestod af danske embedsmænd og fangernes egne valgte repræsentanter, forstanderne (*paarsisut*, ental: *paarsisoq*). De havde som opgave bl.a. at stå for repartitionen, der var en uddeling af bonus til de gode fangere, ligesom de i trangstider forestod uddeling af hjælp til folk, der var i nød. Uddeling af hjælp kunne for befolkningen imidlertid også medføre inddragelse af rettigheder både for den enkelte, der havde modtaget hjælp, eller kollektivt, fx ved udstedelse af forbud mod salg af kaffe på modtagernes boplads, eller at folk ikke måtte rejse andre steder hen for at købe kaffe.[158] Baggrunden for at begrænse netop kaffesalget var en formodning om, at nogle folk havde en tendens til at bruge for mange ressourcer, altså i bogstavelig forstand at købe sig fattig på kaffe, samt at et for stort kaffeforbrug var sundhedsskadeligt og kunne frarøve fangeren hans erhvervsevne.

De danske myndigheders og de herrnhutiske missionærers konflikt er tidligere behandlet. Bosætningspolitikken betød for de indvandrede østgrønlændere, at de ikke nødvendigvis selv kunne beslutte, hvor de skulle bo. Begrænsningerne blev skærpet efter den store indvandring 1887 og den efterfølgende sociale nød i Friedrichsthal. I 1893 foreslog Julianehåb Forstanderskab restriktioner, der umiddelbart ville ramme indvandrere fra Østgrønland. Forslaget gik ud på, at nye tilflyttere kun midlertidigt kunne slå sig ned ved Friedrichsthal, og at de skulle flytte til det udsted, som netop på dette tidspunkt planlagdes anlagt ved Qernertoq, så snart det var etableret.

Inspektøren billigede forstanderskabets indstilling om, at "de til Friedrichsthal fra Østkysten kommende Grønlændere betydes, at de kun interimistisk forblive ved samme Plads, men at de, naar det nye Udsted paa Østkysten er oprettet, helst tage Boplads der, ligesom ogsaa, at en Forstander vælges, naar Stedet er oprettet".[159] Det skal bemærkes, at de nye indflyttere derved blev sikret repræsentation i Julianehåb Forstanderskab, men at den indflydelse og autoritet, som det lokale medlem formelt måtte opnå ved det, samtidig var underlagt regler og strukturer dikteret af de danske myndigheder.

I de danske kolonidistrikter eksisterede et lægevæsen. Det var ganske vist ifølge lægen Proschs beretning svært at få indrettet "et blot nogenlunde tarveligt Lægevæsen", men der blev dog efterhånden foretaget mere eller mindre regelmæssige rejser rundt i distriktet. Lægen rykkede ud ved de epidemier, der jævnligt brød ud, og der blev lavet forebyggende arbejde, fx blev hele befolkningen vaccineret mod kopper.[160] Med overgangen til kristendommen mistede de tidligere åndemanere, *angakkut*, ikke alene deres position på det religiøse plan, men blev nu også erstattet af læger eller i hvert fald af en person, der havde det lægelige ansvar.

Erhverv

Indberetninger og breve indeholder naturligt nok en del oplysninger om befolkningens erhvervsmæssige forhold. Flytningen til et nyt område betød ikke umiddelbart nogen ændring i erhvervet for de nye beboere i Sydvestgrønland. Det vigtigste erhverv var og blev sælfangst. Derudover udgjorde fangst af søfugle, fiskeri og indsamling af andet spiseligt et godt supplement, ikke mindst i tider, hvor sælfangsten svigtede (Fig. 84).[161]

Den udstrakte mobilitet med tilbagevendende rejser til fangst- og fiskepladserne eller "Grønlændernes store Flakke- og Adspredelseslyst", som det hedder i en indberetning fra en dansk missionær,[162] var grundlaget for en effektiv udnyttelse af ressourcerne, og om sommeren var så godt som alle af sted. På en rejse sydpå i 1851 kan missionær Vesterboe konstatere, at Ikigaat og Pamialluk er tømt for folk, der alle er taget til Kitsissut, øgruppen nordvest for Kap Farvel. Nogle år senere skriver Rink om sin ankomst til Friedrichsthal: "Til min store Glæde saa jeg tillige, at alle Grønlænderne vare

Fig. 84. Fangere ved Friedrichsthal har været på fangst og har skudt sæler og en isbjørn. Unitätsarchiv der Evangelischen Brüder-Unität, LBS 661.

flyttede ud paa Klapmydseøerne [Kitsissut]. Der var ganske tomt paa dette om Vinteren saa beboede Sted".[163] Denne levemåde var dog ikke speciel for den nye befolkningsgruppe, men var karakteristisk for hele Julianehåb Distrikt, inklusive Julianehåb selv. Således skriver missionær Janssen i 1853: "Skoleundervisningen er nu og da dreven med de faae tilstedeværende Børn, som endda ikke befinde sig stadigen ved Kolonien: endnu tydeligere end nordpaa mærker man grant i Sommertiden, hvorlunde Grønlænderne hermed endnu aldeles ere et nomadiserende Jagtfolk." Nogle år senere beretter en af hans efterfølgere: "Da Grønlænderne nu alle trække ud paa Udhavsøerne paa Klapmydsefangst og ingen ordentlig Skolegang selvfølgelig kan finde Sted, idet Forældrene som bortrejste medbringer deres hele Familie og saaledes kun Colonisterne blive tilbage her ved Stedet har jeg i dag den 1ste Juni givet Skolen fri indtil videre".[164]

Den danske Handels kritik af herrnhuternes koncentration af folk ved missionsstationen og den deraf følgende dårligere erhvervssituation, som flere gange her er behandlet, synes at have været reel. Israel (1978: 145) foretager i sin undersøgelse en sammenligning af produktionsapparatet, dvs. kajakker, konebåde, geværer m.m., i selve Friedrichsthal og de tilhørende bopladser og konkluderer, at situationen er dårligere ved missionsstationen end ved bopladserne, der er bedre udrustede, specielt med hensyn til konebåde og telte.

Kolonimyndighederne foretog i løbet af århundredet foranstaltninger til fremme af erhvervet, fx "udborgede" man rifler til fangere, dvs. man solgte dem på kredit til dygtige fangere eller unge kommende fangere. Dette kunne ved Friedrichsthal kombineres med forsøgene på at lokke folk væk fra missionsstationen ved at betinge erhvervelsen af rifler med udflytning til en boplads.[165] Sådanne initiativer blev mere almindelige efter forstanderskabernes indførelse og kunne ud over hjælp til anskaffelse af riffel også gælde anskaffelse af kajak, undervisning i kajakroning og fangst fra kajak, specielt for unge, faderløse mænd.

De indvandrede østgrønlændere fortsatte således fangerlivet, men de nye forhold betød dog muligheder for andre funktioner og lidt indtægt (Israel 1969: 51–52). På missionsstationen var ansat et antal "Tienerinder" til at hjælpe missionærerne og især disses koner. Som tidligere oplyst viser folketællingerne, at de var ugifte, ofte enker, og i sidste halvdel af århundredet boede de sammen i et særskilt hus. Gennem deres forhold til missionærerne var de socialt sikret. Til de forskellige funktioner omkring møder o.l. havde man hjælpere, og på udstederne var nationalhjælpere missionærernes forlængede arm i undervisningen (Fig. 85). Når missionærerne skulle rejse, foregik det i konebåd med roersker fra menigheden og medfølgende kajakmænd. Endelig var der mulighed for at sælge en del af fangsten til missionærerne og deres familie. Nogle

Fig. 85. Hjælperne forsamlet i Friedrichsthal (UA R.15.J.b.VI.12b). En hjælper ("Hilfer") havde samme funktion som den danske missions kateket og forestod såvel kirke- som skolearbejdet på bopladsen. Jobbet var dog så dårligt lønnet, at det forudsattes, at de derudover fungerede som fangere. Bohlmann 1900, Unitätsarchiv der Evangelischen Brüder-Unität, LBS 911.

af disse funktioner kunne være ulønnede, fx at være hjælper, mens andre kun afstedkom en beskeden aflønning, ofte i naturalier, fx tobak.

Helt kort kan det konkluderes, at de østgrønlandske indvandrere i 1800-tallet bibeholdt deres oprindelige erhverv, men at tendensen til at koncentrere befolkningen på den herrnhutiske missionsstation skabte dårlige betingelser for fangernes udøvelse af erhvervet. Andre former for arbejde introduceredes efterhånden, men det har kun været for en mindre del af befolkningen. Da disse nye jobs eller funktioner ofte ikke medførte nogen løn, eller lønnen blev udbetalt i naturalier, har de ikke haft stor betydning for den samlede økonomi.

Sociale forhold

I midten af marts 1855 fremsendte Jacob Lund, udligger ved Pamialluk, en indberetning om forholdene i sin del af Kap Farvel-distriktet. Indberetningen illustrerer tydeligt de sociale problemer, som befolkningen kunne støde ind i, når sygdomme herskede og forhindrede fangerne i at udøve deres erhverv. Den antyder desuden, hvilke beskedne muligheder Lund som statens – og dermed også "socialvæsenets" – mand på stedet havde for at forbedre forholdene, og hvordan han i sin isolerede situation måtte handle på egen fornemmelse og ansvar. Lund kommer ind på de foranstaltninger til erhvervsfremme og til fremme af udflytning, som her tidligere har været nævnt. Han beretter, at sundhedstilstanden er "taalelig god", dog er elleve personer døde i løbet af vinteren, deraf syv ved Pamialluk, og tre familier har mistet deres forsørger.

Om sine initiativer for at hjælpe de nødstedte skriver han: "De herskende sygdomme have en ikke ufølelig Indflydelse paa Fangsten og paa Grønlændernes oeconomiske Tilstand. – Da flere Fangere, som Sygdommen har hjemsøgt, enten direct eller indirect – deres Nærmeste – der hvert Øieblik maatte ansees for Døden Hjemfaldne, maatte tvunget forsømme deres daglige Erhverv, og det har ladet til, at Grønlænderne for Tiden ere temmelig blottede for frisk Kjød og Spæk, men af tørret Kjød haves der endnu noget Forraad. – De familier, som mistede deres Forsørgere, have saagodtsom intet Forraad af Fødemidler og Spæk. Dette er navnligen tilfældet med Enkerne Amalia, Christiane og Ester, hvilke jeg har tilladt mig paa en sparsommelig Maade at understøtte gratis paa Handelens Regning. – Ananias' Efterladte ved Ujarasuksuit, som jeg tidligere havde Anledning til at berøre, ere ved Moderens Død komne til en ret god Familie, som nok vil forsørge dem paa en ordentlig Maade. – Men jeg har dog til Dato ikke haft den sørgelige Nødvendighed, at udborge Spæk, eller Proviant, hvad i indeværende Maaned, efter Fangstens Beskaffenhed fortiden, om der ikke sker Forandring til det Bedre, bliver muligt uundgaaelig i det Smaae og til enkelte Familieforsørgere." Han slutter sin beretning: "Jeg har, i Henhold til ergangne Bestemmelser, i Efteraaret taget mig den Frihed at tildele Udflytterne Christian, til Kekkertaittiak [Qeqertatsiaq], og Abea, til Anordliuittik [Anorliuitsoq], en gratis Understøttelse af Huusmaterialer; men af sidstnævnte havde Handelen desværre ingen betydelig Gavn, da han, ved Forliis i Kajak, som foroven berørt, saa tidligt maatte forlade det Jordiske. – Denne forulykkede Mand var Handelen Skyldig for en Kommisriffel, men da Riffelen heldigvis var efterladt ved Stedet, har jeg, efter Tilbageholdelsen, anbragt samme til Fanger Ludvig hersteds i Haab om gunstigt Bifald."[166]

Et stort problem var sygdomme. Influenzaepidemier var almindelige og et problem for sundhedstilstanden som helhed, mens også andre epidemier forekom., fx kopper, og indberetningerne indeholder hyppigt oplysninger om heraf følgende dødsfald. Problemet var gældende for hele distriktet, og der er også eksempler på, at østgrønlændere, der blot var på handelsrejse, blev hårdt ramt (Jensen 2003). Det er nærliggende at tro, at de østgrønlandske indvandrere og tilrejsende har haft et dårligere immunforsvar og dermed været mere sårbare over for disse epidemier. Flere kilder peger på, at beboerne ved herrnhuternes missionsstationer var mere sårbare, men kilderne kan være farvede af Handelens almindelige holdning til bosættelserne der. Eksempelvis skriver kolonibestyrer Hansen i en indberetning i 1876: "Jeg tror at kunde fremsætte som et i mange Aar bekræftet Fakta, at under Epidemier har disse Stationer været værst medtagne, og som maaske har sin Grund deri, at der ved Anlæggelsen af disse er taget formeget Hensyn til gode Græsgange og forliden Hensyn til Valget af gunstige Fangesteder, at Befolkningen er for sammenpakket og i det Heele synes at leve under et mindre heldig geistlig Tryk og under ugunstige sanitære Betingelser".[167]

Gennem hele århundredet melder kilderne om misfangst, sygdomme og stor nød, nogle gange i hele distriktet, andre gange mere lokalt, og Janssen betegner foråret som en tilbagevendende trangstid (Dansk Missionsblad 1853: 84). Sult og sultedød har ikke været ukendte fænomener i Grønland, men tværtimod en del af livsvilkårene, og Rink konkluderer om dette: "For imidlertid at komme tilbage paa Trangstiden, da maa vi betænke, at ogsaa den i Regeln producerer den nødvendigste Føde, hvilket man ogsaa let vil kunne indse deraf, at Befolkningen ikke allerede for lang Tid siden er uddød, det være sig enten før eller efter Handelens Etablering".[168]

Om betingelserne har været hårdere i den allersydligste del af Grønland, skal ikke diskuteres her. Til gengæld er det sikkert, at det i hvert fald af de danske handelsfolk og missionærer ofte dengang vurderedes, at forholdene i herrnhuternes menighed, altså også hos de indvandrede østgrønlændere ved Friedrichsthal, var værre end i den danske menighed, angiveligt på grund af befolkningskoncentrationen.

Fra midten af 1800-tallet blev der i Grønland opført stadigt flere nye huse, deraf mange med kakkelovn, først og fremmest med henblik på at forbedre boligstandarden og dermed medvirke til forbedring af sundhedstilstanden (Fig. 86 og 87). Indførelse af kakkelovn havde dog også et andet formål, nemlig at få grønlænderne til at anvende fx stenkul som brændsel og derigennem skabe større indhandling af spæk (Mathiesen 1852: 181). Datidens vurdering af de nye huse fremgår af inspektør Holbølls indberetning til Indenrigsministeriet i 1850: "De udsendte forbedrede Huse, eller Materialer til samme vedbliver at have en velgjørende Indflydelse i Sydgrønland, dog maaske meest i Julianehaabs District, hvor det er lettest for Grønlænderne af forskaffe sig Brændsel. I Julianehaabs District har Glasruder havt en gavnlig indflydelse paa den blandt Grønlænderne til visse Aarstider saa almindelige Sneblindhed, hvilken Sygdom tildeels maa hidrøre fra den egne Belysning Tarmvinduerne giver, da der er en paafaldende Forskjæl mellem Antallet paa de Grønlænder, der angribes af Sneblindhed, boende i Huse med Tarmvinduer og de som beboe Huse

Fig. 86. Hus i Friedrichsthal bygget af sten og tørv. Skorstenen viser, at der er installeret komfur eller kakkelovn. Højre del af huset er sandsynligvis en form for forrum anvendt til opbevaring af fangstredskaber og lignende, hvor også døren ind til selve boligen befinder sig. Unitätsarchiv der Evangelischen Brüder-Unität, LBS 7294.

Fig. 87. Det indre af et hus i Friedrichsthal. Huset er bygget af tørv og sten, men væggene er beklædt med brædder. Bagest i huset er briksen, som de to kvinder sidder på. Stolpen i midten er en støtte til tagkonstruktionen. Til venstre i billedet ses en spæklampe. Bohlmann, Unitätsarchiv der Evangelischen Brüder-Unität, LBS 913.

med Glasvinduer".[169] Det er ovenfor beskrevet, hvordan indførelsen af nye huse i Julianehåb Distrikt også blev brugt som et led i bestræbelserne på at få befolkningen i Friedrichsthal Distrikt til at leve mere spredt.

Den generelle tendens i Kap Farvel-området var, at man i løbet af 1800-tallet gik fra fælleshuse til at bo i mindre huse med en eller to familier. Samtidig indførtes "husejerbegrebet" (Israel 1978: 146), og i folketællingerne blev det endog almindeligt at se kvinder opført som husejere og ejere af konebåd eller telte, og således begynder nu enkerne at arve bolig og produktionsapparatet ved forsørgerens død.

Elisabeth – en jordemoder fra Østgrønland

Missionærernes tjenerinder og enkers overtagelse af huse og konebåde er eksempler på de forandrede forhold, hvor i hvert fald nogle kvinder kunne opnå en selvstændig status og socialt sikrede forhold. I den følgende case om jordemoderen Elisabeth gives endnu et eksempel. Hendes situation er på den ene side speciel, idet kun ganske få på dette tidspunkt fik en egentlig oplæring til en funktion, der ikke var tilknyttet fangererhvervet. På den anden side er hun et illustrativt eksempel på det forhold, at specielle opgaver, som i det oprindelige samfund blev udført af særligt kyndige eller erfarne, når det var aktuelt og nødvendigt, ved integreringen i den danske koloni efterhånden blev funktioner eller jobs, som krævede særlig oplæring eller uddannelse, og som kunne afstedkomme en ansættelse.

Casens udgangspunktet er nogle få oplysninger om en jordemoder i Friedrichsthal Distrikt, som var født i 1839 og død i 1908. Hun blev oplært til jordemoder i 1887, men havde angiveligt også virket som jordemoder, før hun blev oplært i vestlig forstand.[170] Ud fra disse spinkle oplysninger kan personen via kirkebogen for Friedrichsthal og de samtidige mandtalslister identificeres.

Første skridt er at undersøge, om nogle piger i 1839 i Friedrichsthal Distrikt var blevet døbt Elisabeth, og det var der faktisk, endda hele to nyfødte, indført lige efter hinanden i kirkebogen. Men samtidig viser andre oplysninger i kirkebogen, at den ene af pigerne (590) døde samme år knap 3 måneder gammel og at den anden (591) døde i 1855, altså 16 år gammel.[171] Således kan ingen af disse være den pige, der senere blev jordemoder.

1852 giver kirkebogen oplysninger om en pige, hvis oprindelige navn var Takka, som altså stammede fra Østgrønland, og som stor pige blev døbt Elisabeth. Hun var angiveligt født 1839, hvilket dog kan være et skøn. Kirkebogen giver ingen oplysning om, hvornår denne Elisabeth døde, men det må være sket efter 1900, efter hvilket år der ikke længere blev foretaget indskrivninger i kirkebogen. For at af- eller bekræfte, at der er tale om den rigtige Elisabeth, må der supplerende oplysninger til fra andre kilder, nemlig mandtalslisterne.

Oplysninger i mandtalslisten for 1890 bringer os på sporet. Her optræder nemlig en kvinde ved navn Elisabeth, født 1839, enke og jordemoder, som boede i Friedrichsthal i hus nr. 10 ejet af enken Henriette. I samme hus boede en lille familie, hvis mandlige overhoved var fangeren Ludvig. I mandtalslisten for 1896 finder vi Elisabeth igen, dog nu med det forkortede navn Lisbet, sammen med familien Ludvig, der nu har fået eget hus i Friedrichsthal. Endelig finder vi hende i mandtalslisten for 1870 med denne bemærkning: "Jordmoderlæring ved Julianehaab".[172] Mandtalslisterne bekræfter oplysningerne om, at Elisabeth fungerede som jordemoder før 1887, men fortæller også, at hun allerede da havde modtaget en eller anden form for uddannelse.

Det er stadig ikke påvist, om Takka, i 1852 døbt Elisabeth, og jordemoderen Elisabeth er den samme person. I mandtalslisten for 1870 er dog et afgørende spor. Jordemoderen Elisabeth bor sammen med sin bror Anthon, og så skal vi igen se i kirkebogen. Ud for Elisabeth (Takka) er anført, at hendes fader er (760) Simon. Han blev døbt 1848 sammen med kone og tre børn, og kirkebogen giver følgende oplysninger om familien: Simon hed oprindeligt Alluktak, hans kone er (761) Jakobina (Nukagpiak, d. 1867) og børnene (762) Augustinus (Aqqajuk, f. 1842, d. 1858 i kajak), (763) Josua (Ulluksuk, f. 1832, d. 1854 af influenza) og (769) Anton (Sokattelik). Det er sidstnævnte Anton, som er bror til Elisabeth, og som hun bor hos i 1870, og hvis enke Henriette hun bor hos i 1890. Vi kan således slutte, at pigen Takka, der indvandrede fra Østgrønland og blev døbt Elisabeth, og jordemoderen Elisabeth er den samme person.

På samme måde som Elisabeths identitet og oprindelse er fastslået, er det muligt at danne sig et rids af hendes livsforløb. Takka og hendes familie flyttede fra Østgrønland til Vestgrønland, hvor forældrene og brødrene blev døbt i Friedrichsthal i 1848. Indvandringen må dog være sket nogle år forinden, for allerede i 1846 døbes en pige, hvis forældre er (760) Simon og (761) Jacobina. Pigen var født samme år i februar, mens dåben fandt først sted i september, hvilket sandsynliggør, at familien er indvandret og har tilsluttet sig menigheden senest samme sommer.

Pigen blev døbt (738) Elisabeth, men hun døde allerede tre dage senere af "innerlicher Entzündung", sandsynligvis lungebetændelse. Den øvrige familie blev som før nævnt døbt nogle år senere, storesøsteren Takka endda først i 1852, hvor hun efter den lokale tradition fik sin afdøde søster Elisabeths navn. Simon og Jacobina slog sig ned i Friedrichsthal med deres børneflok, der i 1852 var forøget med (894) Ferdinand (d. 1867 i kajak). I 1854 døde Simon, og i mandtalslisten for 1855 står (156) Jacobina opført som enke og uforsørget.[173]

I 1862 blev Elisabeth gift med (858) Paulus (f. 1837). Paulus og hans familie var ligeledes indvandret fra Østgrønland. De boede i 1850 i Friedrichsthal i hus nr. 15. Det fremgår af mandtalslisten, at kun de yngste af børnene på dette tidspunkt var døbt, og at moderen, noget usædvanligt, tilhørte den danske menighed og derfor ikke er talt med i listen. Faderen (849) Petrus, oprindeligt Puiak, og Paulus, oprindeligt Ajuak, blev begge døbt i 1851. Petrus døde i 1853 og i kirkebogen er indføjet: "d. 17. juli ist von Kajakfahren krank zu Hause gekommen u. nach 2 Tagen gestorben in Süden auf Nunatsuk" (er [under ophold] syd for Nunatsuk returneret syg fra en tur i kajak og død efter to dage). Nunatsuk er en lokalitet lidt oppe ad østkysten, og familien har altså i hvert fald den pågældende sommer opholdt sig der, måske på fangstrejse. I 1855 boede Petrus' fire efterladte børn hos broderen Nicodemus i Issortusut, en lille boplads i Ilua, hvor der dette år kun er registreret et enkelt hus med i alt ti beboere. Paulus var nu 19 år, roede i kajak og havde et forladegevær.[174]

Det unge par Elisabeth og Paulus fik i 1863 sønnen (1117) Augustus, men allerede to måneder senere døde Paulus, ifølge kirkebogen omkom han formodentlig i kajak, da han ikke vendte tilbage fra fangst. Elisabeth og hendes søn var nu uden forsørger. De boede derefter hos Elisabeths bror Anton og dennes kone Henriette, bl.a. sammen med Elisabeths og Antons mor, enken Jacobina, og Elisabeth og Antons mindreårige bror Ferdinand.

I 1870 boede Elisabeth og Augustus stadig hos broderen Anton (hus nr. 6). Hun havde i mellemtiden været i Julianehåb, hvor hun var blevet oplært som jordemoder med deraf følgende ny status, og kunne nu, omend beskedent, bidrage til familiens underhold. På det tidspunkt var moderen Jacobina død. I 1890 var både broderen Anton og sønnen Augustus døde (henholdsvis 1880 og 1876), og Elisabeth boede hos svigerinden Henriette, Antons enke, der benævnes "Huseier" (hus nr. 10). I samme hus boede bl.a. det unge par Ludvig og Pauline, der var Henriettes datter. I 1896 havde svigersønnen Ludvig overtaget huset, og Elisabeth (kaldt Lisbet), den lokale jordemoder, boede stadig hos familien.[175]

Her slutter historien om Elisabeth, der blev næsten 70 år gammel. På trods af epidemier, kajakulykker m.m. var levealderen stigende blandt befolkningen i Friedrichsthal Distrikt. Selv om flere end tidligere fik en forholdsvis høj alder, må Elisabet alligevel i sine sidste år være blevet betragtet som en meget gammel dame.

Historien om Elisabeth indeholder imidlertid også en række oplysninger, der rækker ud over den enkelte person og bidrager til historien om den tid og det samfund, hun levede i. Nogle eksempler skal her kort nævnes.

Middellevealderen i datidens samfund har været lav. Epidemiske sygdomme har været almindelige og har for mange haft dødelig udgang.

Perioder med sult har ofte hersket, og således angives dødsårsagen for Elisabeths far Simon bl.a. som "Noth" og "Auszährung", med andre ord: Han er død af sult. Endelig er et stort antal fangere omkommet i kajak eller på fangst, således et par af Elisabeths brødre, hendes mand Paulus og dennes fader Petrus.

Den høje dødelighed og især de mange omkomne på havet har givet store forsørgelsesproblemer. Da Paulus' far døde, overtog farbroderen forsørgerpligten for hele børneflokken, der flyttede med ham til Issortusut. Anton, som var den eneste af Simon og Jakobinas sønner, der nåede voksenalder, tog moderen til sig, da faderen døde, og senere også søsteren Elisabeth og dennes søn, da hendes mand Paulus døde. Således har familierne forsøgt at løse problemerne for dem, der ellers ville stå uden forsørgere (Fig. 88).

Elisabeths historie vidner også om ændringer i livet og samfunds-ordningen, både for de indvandrede østgrønlændere og for distriktets befolkning som helhed. I den første del af missionsstationens historie boede mange sammen i relativt store huse, som regel flere familier sammen. Henimod århundredets slutning bliver husstandene stadigt mindre og nærmer sig en kernefamilie med tilhørende medlemmer, som ellers var

Fig. 88. Fisk udgjorde en væsentlig del af føden i Kap Farvel-området. I perioder med dårlig fangst erstattede fangerne fangsten med fiskeri. Nogle, fx fader- eller forældreløse, blev ikke oplært som fangere og måtte derfor for de flestes vedkommende forsøge at opretholde livet med fiskeri alene, hvilket generelt gav en lav status i samfundet. Som det fremgår af billedet, foregik fiskeriet fra kajak, idet joller først blev introduceret til området i det 20. århundrede. Unitätsarchiv der Evangelischen Brüder-Unität, LBS 483.

forsørgerløse. Det er netop den situation, vi ser i tilfældet med Elisabeth. Nu kunne også kvinder blive husejere, således Henriette efter at hun blev enke. Denne ændring må forklares med netop det forhold, at husstandene er blevet reduceret til en størrelse og en sammensætning, der minder om en kernefamilie. Desuden er de enkelte familier blevet mere stationære, idet de oftest, navnlig enkerne, boede samme sted og i samme hus hver vinter.

Elisabeth blev sendt til Julianehåb for at blive oplært som jordemoder og varetog efterfølgende denne funktion i Friedrichsthal i mere end en menneskealder. Østgrønlænderne har givetvis haft kvinder med forstand på fødselshjælp, som dermed havde en særlig rolle eller funktion i samfundet. Det var en ny situation, at personer direkte uddannedes til denne funktion, også i den danske koloni, og derefter fik en ansættelse. Udover hjælp ved fødsler har jordemoderen i den udstrækning, evnerne og uddannelsen har rakt til det, også skullet bistå med vejledning og pleje i sygdomstilfælde, en funktion, der i det oprindelige samfund delvis blev varetaget af åndemaneren.

Historien om Elisabeth har berørt en række af de forhold og forandringer, som de østgrønlandske indvandrere kom ud for, da de slog sig ned i Vestgrønland. Beretningen handler således i udgangspunktet om Elisabeth og hendes liv, men samtidig kan Elisabeth ses som en personificering af historien om de indvandrede østgrønlændere og det samfund, de blev en del af.

Det åndelige

Når det kommer til spørgsmålet om, hvordan de østgrønlandske indvandrere blev påvirket i deres tankegang eller moralske forestillinger, eller hvilke overvejelser de gjorde sig herom ved mødet med den vestlige kultur og religion, bliver manglerne ved det eksisterende kildemateriale meget tydelige. Kilderne viser i langt højere grad, hvordan missionens og Handelens folk så på denne del af befolkningen, men gennem de beretninger, som ligger til grund for det følgende, kan der dog opnås et indtryk af, hvordan befolkningen forholdt sig til de nye budskaber, samt de konflikter, som hen ad vejen opstod med især de tyske missionærer (Fig. 89).

I en oversigt over Brødremenighedens missionsvirksomhed i 1845 beretter man om Grønland bl.a., at "… i Friedrichsthal, paa Sydspidsen af Landet, indfinde sig aarlig for Handelens Skyld, flere hedenske Familier fra den østre Deel af Landet. Vore Missionærer benytte denne Foranledning til at gjøre dem bekjendte med Evangeliet, og søge at formaae dem til at

Fig. 89. Konfirmanderne i Friedrichsthal i 1898 (UA R.15.J.b.VI.12b). De unge er i festtøjet, der helt tydeligt er præget af kontakten med Vestgrønland, fx ved anvendelsen af stof til anorakker, samt pigernes perlekraver. Bohlmann 1898, Unitätsarchiv der Evangelischen Brüder-Unität, LBS 580.

blive her, og om Fleere, som for et Aar siden ankom her, have vi Grund til at nære det bedste Haab" (Evangelisk Missionstidende 1846: 22).

De østgrønlandske indvandreres ønske om at slå sig ned i Sydvestgrønland synes dog, som det fremgår af afsnittet om årsagerne til udvandringen, ikke at have være styret af åndelige motiver, hvilket bekræftes af det beklagende udsagn fra den herrnhutiske missionær Asboe: "I denne Sommer have 16 Personer meldt sig hos os, for at optages i Menigheden. Flere Selskaber af Hedninger kom for nylig hertil for at handle. Desværre havde de ikke Forlængsel efter at kjøbe den eene kostelige Perle" (Evangelisk Missionstidende 1860: 43).

Fra Ammassalik beretter Thalbitzer om den tidligere åndemaner Mitsivarniannga, at han havde meget svært ved at begribe eller oversætte billedlige udtryk fra Bibelen, mens han ikke havde nogle problemer med at forklare abstrakte begreber eller problemstillinger fra sin egen verden (Thalbitzer 1933/34: 60–63). Det må have været tilsvarende svært for menigheden i Friedrichsthal, ikke mindst for de nyankomne fra

Østgrønland. I hvert fald viser de følgende eksempler, at missionen havde store problemer med at udbrede sine ideer til de østgrønlændere, der slog sig ned i Sydvestgrønland og ved dåben formelt frasagde sig hedenskabet og den gamle tro. Eksemplerne viser da også et afgrundsdybt gab mellem missionærerne og den grønlandske befolkning.

Den herrnhutiske missionær Lund berettede fra missionsarbejdet i Friedrichsthal, at folk gerne ville døbes og optages i menigheden, men: "At anstrænge deres Tanker og Hukommelse, for at erhverve sig Kundskab om Ting, der strække sig ud over det daglige Liv, eller endog ind i Evigheden, er kun sjelden Grønlændernes Sag" og "især naar Talen er om aandelige Ting, kun lidet eller intet Indtryk paa Grønlændernes dorske og kolde Hjerter" (Evangelisk Missionstidende 1849: 163–165).

Janssen var dansk missionær, men udtalte sig også om forholdene i Friedrichsthal: "stor Forvildelse hersker i denne til Hedenskabet saa nær grænsende Menighed, og det er ikke uden dyb Smerte, at jeg drager bort herfra, thi her er saa meget at arbeide og virke i Kirkens og Skolens Gjerning".[176] Også de herrnhutiske missionærer var til tider meget negative. De gik så vidt som til at karakterisere tilstanden således: "Der findes ingen levende Christendom iblandt dem" (Evangelisk Missionstidende 1891: 39). Menigheden levede altså fjernt fra efter missionærernes anvisninger, og der var lang vej til, hvad disse betragtede som et kristent liv.

I ovennævnte beretning fra missionær Lund fortælles også om dødssyge folk, som i sidste øjeblik blev omvendt og dermed efter missionærernes opfattelse indså meningen med det evige liv. De nåede derfor lige at blive døbt, altså i missionens øjne frelst, inden de døde. Sådanne historier er almindelige i fx *Nachrichten* og *Evangelisk Missionstidende*, der blev læst af den brede herrnhutiske menighed. De nævnte handlingsforløb kan selvfølgelig ikke afvises, men der kan også ligge andre grunde bag beretningerne. En undersøgelse af nedskrevne levnedsforløb viser, at disse synes skabt over en fast skabelon, hvori den beskrevne person bl.a. gennem en følelsesfuld omvendelse erkender tidligere synder og bekender sig til Jesu nåde (Jarrick 1987: 78–128). På samme måde synes beretningerne om omvendelser på dødslejet, som her refereres til, at være bygget over en fast skabelon, hvor hensigten er at bekræfte og styrke læseren i herrnhuternes tro.

Beretninger i de nævnte blade er endvidere henvendt til de folk, der både moralsk og økonomisk skulle støtte missionsarbejdet i Grønland, og missionærernes fortsatte eksistens måtte formodes at bygge på resultater eller forventninger om sådanne. Allerede i samtiden var der kritik af, at missionærernes breve og indberetninger blev udsat for en redigering og forskønnelse af virkeligheden (Wilhjelm 2001: 153–155). En tilsvarende redigering synes også at præge indberetningerne fra Friedrichsthal og de offentliggjorte underretninger herom.

I en beretning om de dårlige åndelige forhold rettes søgelyset mod familiefædrene/konebådsejerne. De foregik efter missionærernes mening ikke deres hushold med et godt eksempel og viste "ringe Attraa efter Guds Ord". De var heller ikke behjælpelige med, at folk på udstederne kunne komme til missionsstationen for at deltage i de kirkelige forsamlinger (Evangelisk Missionsblad 1884: 56–57). Ud fra denne beskrivelse synes i hvert fald en del af det lokale samfunds autoriteter at have udvist en del modstand og modvilje mod missionærerne og deres bestræbelser.

Det var ikke kun fra europæisk side, der blev set kritisk på det kristelige eller såkaldt moralske niveau blandt befolkningen i Kap Farvel-området. I 1882–1883 overvintrede den grønlandske kateket Johannes Hansen, der senere var tolk på Gustav Holms Konebådsekspedition, i Aappilattoq bl.a. med det formål at beskrive nogle skikke og ritualer, som indbyggerne dér fulgte ved isbjørnefangst og efterfølgende. Johannes Hansen vurderede, at der var tale om gamle hedenske skikke, der havde holdt ved, og som var specielle for dette område. Folkene var ganske vist døbt, men anvendte disse efter hans mening ukristelige skikke, fordi de jævnligt havde kontakt med hedningene i Østgrønland.[177]

Religiøse sværmerier var et fænomen, som til tider dukkede op forskellige steder i Grønland. Fra Kap Farvel-området kendes historien om Mathæus, der udgav sig som ærkeenglen Gabriel. Historien kendes fra samtidige kilder. Rink, der på dette tidspunkt var inspektør i Sydgrønland, gengiver den i sine udgivelser (Rink 1857, II: 288–289, 1866: 367). Historien har endvidere levet videre nogle generationer efter, at begivenhederne fandt sted, idet den kendes i en ikke oprindeligt publiceret udgave, sandsynligvis nedskrevet af Knud Rasmussen under dennes besøg i området i 1904 (Sonne 2004).

Historien går i al korthed ud på, at nogle mænd i Friedrichsthal i vinteren 1853–1854 havde skabt stor opstandelse og var ved at splitte hele menigheden i to lejre. De begyndte at afholde deres egne forsamlinger, og flere mente at have fået åbenbaringer. I løbet af vinteren døde tilslutningen dog efterhånden ud, og Mathæus, som nu kaldte sig for Gabriel, og hans profet, Aron, forkyndte, at verdens ende var nær, og at de ville drage til østkysten for at omvende befolkningen der. De drog til Kuummiut med en del af missionsstationens beboere, hvor de slog sig ned for til foråret at tage til Østgrønland. Under medvirken af bl.a. Jacob Lund, der jo som udligger i Pamialluk var tæt på begivenhederne og tilsyneladende havde stor indflydelse også i den herrnhutiske menighed, og som efter eget udsagn også havde sine "agenter", blev folk talt til fornuft. Inden foråret var det hele gået i sig selv igen.[178]

Der var i Julianehåb Distrikt som helhed, men også i herrnhuternes område, eksempler på, at folk trods dåben stadig troede på eller praktiserede

nogle af skikkene fra den hedenske tid (Fig. 90). Fra Julianehåb berettede
Janssen om rygter om, at en kvinde ved trolddom var skyld i, at en fanger
var omkommet i kajak.[179] Et par år senere blev det om ovennævnte
Mathæus rapporteret, at han lod "hente en Pige fra Komiut, til sig, paa
hedenske Maade som Kone".[180] Igen nogle år senere noterede Nissen i
sin dagbog, at der ved Itilleq boede nogle få mennesker, der hører til den
herrnhutiske menighed, og at en af disse er "bekjendt for Hexekunster".[181]

Knud Rasmussen gjorde sig de samme erfaringer under sit ophold i
området i 1904, altså efter den sidste indvandring og efter herrnhuternes
afrejse fra Grønland. Han indsamlede informationer om befolkningens
leveforhold, kultur og overleveringer, blandt disse en så stor mængde
leveregler og varsler, at det er nærliggende at mene, at disse stadig var
i spil trods overgangen til kristendommen. Her er et par eksempler:
"Skriger ravnene stærkt, idet de flyver over en boplads, betyder det held"
og "Amuletdrenge', *piârqusiat*, med dragter, der er splittet op i ryggen, må
nøje overholde, at den første sæl, de fanger, også bliver skåret op i ryggen

Fig. 90. En gruppe kajakmænd forsamlet i bugten foran missionsstationen Friedrichsthal.
Den forreste af kajakkerne er bemærkelsesværdig ved sine karakteristiske opadvendte
spidser. Der er tale om en såkaldt *piaaqqisiaq* (midtvestgrønlandsk *piaaqqusiaq*), en dreng,
hvis ældre bror eller brødre var afgået ved døden. Han kunne derfor også være i fare for
onde kræfter, og kajakken med den særegne form skulle beskytte ham under hans opvækst.
Anvendelsen af denne kajak var således en fortsættelse af en tradition, der rakte tilbage til
det oprindelige samfund. Når drengen var vokset op, ville han få en kajak bygget som de
andre kajakker (Petersen 1986: 51). Unitätsarchiv der Evangelischen Brüder-Unität, LBS 669.

og ikke i bugen, således som man ellers plejer" (Rasmussen 1979: 54, 66).

Eksemplerne synes at dokumentere, at befolkningen på trods af den formelle overgang til kristendommen på en række punkter har bibeholdt skikke og tro, som de var vokset op med i Sydøstgrønland. De vidner samtidig om den afstandtagende holdning, som fra europæisk side blev vist over for det oprindelige tankesæt, og dermed de latente muligheder for konflikt.

Vestgrønlændernes syn på de indvandrende østgrønlændere

Der er tidligere gjort rede for, hvordan folk i Vestgrønland fx i 1700-tallet betragtede østgrønlænderne som vilde folk med hang til kannibalisme. En undersøgelse på grundlag af artikler i *Atuagagdliutit* 1861–1914 viser, at vestgrønlænderne især i den første del af denne periode havde en generelt negativ holdning til østgrønlændere, og herunder hører østgrønlændere indvandret til Sydvestgrønland. De glider ind i en større missionssammenhæng, hvor hedninge betragtes med mistro og i nogle tilfælde som direkte farlige. I sidste del af den undersøgte periode bliver holdningen mere neutral. Efter 1894 benævnes østgrønlænderne af nogle som *merdlertut*, dvs. børn, forstået således, at vestgrønlændere og østgrønlændere skal ses som en del af det samme nationale fællesskab, men med vestgrønlænderne som de udviklede eller civiliserede og øst-grønlænderne som dem, der endnu er langt fra et højere civiliseret stade (Langgaard 1999).

I Julianehåb Distrikt har holdningen givet været anderledes, jf. Mørchs forklaring. Ikke desto mindre er der eksempler på, at man har benyttet sig af østgrønlændernes manglende kendskab til forholdene. I referatet fra mødet i Julianehåb Forstanderskab i efteråret 1873 lyder det således: "Formanden forespurgte, hvorledes Grønlænderne, som fra Østkysten vare komne til Pamiagdluk, vare blevne behandlede af Befolkningen dersteds. – *pârssisoq*[182] erklærede, at saavel Udliggeren som Befolkningen havde været lige gode, om at bedrage Østlændingene. For Udliggerens Vedkommende anstiller Kolonibestyreren den fornødne Undersøgelse, og for Befolkningens Vedkommende har hr. Rosing paataget sig, ved sin forestaaende Reise til Pamiagdluk, at forsøge paa at indhente de nødvendige Oplysninger".[183] Både Handelens folk og den lokale befolkning har tilsyneladende snydt tilrejsende østgrønlændere i handel med deres varer.

Selv om de indvandrede østgrønlændere formelt var blevet en del af den vestgrønlandske befolkning, synes de ud fra de nævnte eksempler ikke at være blevet betragtet som sådan. I stedet bed man mærke i forskellene og understregede anderledesheden, det oprindelige østgrønlandske præg.

Det østgrønlandske præg

De indvandrede østgrønlændere bosatte sig i vid udstrækning geografisk set samlet og isoleret og medbragte derudover en række særtræk, der har adskilt dem fra Sydgrønlands øvrige befolkning og givet dem et særligt østgrønlandsk præg. Lars Møller, *Atuagagdliutits* redaktør, var i 1864 med inspektøren på dennes rejse sydpå og kom bl.a. til Julianehåb, hvor de fleste dog var bortrejst, enten på ammassatfangst eller på sæljagt (*kipparsimallutik*) på Kitsissut. Han kan om sproget blandt *qavanngarnisaviit* (de der er kommet fra Østgrønland) sige, at det er svært at forstå, og at de indbyrdes taler meget hurtigt.[184] Også assistent Ulrik Rosing, der arbejdede flere år i Nanortalik og havde meget kontakt med indvandrede folk, fortæller fra en vinter, hvor han overvintrede i Pamialluk, at han kunne have problemer med sproget.[185] Med indvandringen fra Sydøstgrønland fik området, der dengang var beboet af herrnhuternes menighed, dvs. fra Friedrichsthal og sydefter, nemlig indført sin egen dialekt, der stadig herskede i området.

Om isbjørnejagten beretter flere kilder, at skindet tilfaldt den, der først havde set bjørnen, også selv om en anden nedlagde byttet (Mathiesen 1852: 116) (Fig. 91).[186] Den ældste af de anførte kilder er fra omkring 1800, og skikken har således været kendt i det sydlige Grønland før den egentlige indvandring dertil. Dette kendes da også i Vestgrønland og praktiseres endnu i Østgrønland.

I 1859 var lægen i Julianehåb på rejse i den sydlige del af distriktet og nåede også frem til Friedrichsthal, hvorfra han oplyste, at der var to huse, som beboedes af folk, der året i forvejen var kommet fra Østkysten, og af disse var flere af "Fruentimmerne" tatoverede.[187] Et par år senere var Rosen, der tidligere havde været missionær i Godthåb, på besøg i Friedrichsthal og skrev om sine indtryk bl.a.: "Jeg har besøgt Grønlænderne der paa Stedet i deres Telte. De fleste har været Hedninge og mange er tatoverede. De er meget lattermilde og ubekjendte med alt hvad der ei er rent Grønlandsk".[188]

Men østgrønlænderne satte også på anden vis deres særpræg på området. Jens Mathiesen, assistent og bestyrer i Julianehåb 1820–1833 og tolk på Graahs tidligere omtalte ekspedition til østkysten, beskriver befolkningens skikke, fx sangkampe på Kitsissut, og også flerfamiliehuset, om hvis beboere han skriver: "Qvinderne ere blottede til den Grad, at kun Midien er bedækket med et par muligst korte Beenklæder. Ved Colonierne og i disses Nærhed er Reenligheden i Husene noget bedre, end ved

Fig. 91. Kvinder ved Friedrichsthal forarbejder et isbjørneskind. Der bestod stadig en skarp arbejdsdeling i 1800-tallets grønlandske samfund. Når mændene havde landet fangsten, var det kvindernes opgave at behandle kød og skind. Unitätsarchiv der Evangelischen Brüder-Unität, LBS 672.

bortliggende Udsteder; ogsaa har Qvindekjønnet her opnaaet saa meget Blussel, at de idetmindste bedække Overkroppen med en Chemisse og Underextremiteterne med de almindelige Beenklæder" (Mathiesen 1852: 81). Omkring dødsfald og begravelser skriver Mathiesen endvidere bl.a.: "Den hedenske Grædeceremoni finder endnu kun sted syd for Nennortelik og maaske langt under Nord [dvs. oppe ad østkysten]" (Mathiesen 1852: 88). Beskrivelsen er fra Julianehåb Distrikt i begyndelsen af 1800-tallet før den store østgrønlandske indvandring tog sin start. Men den har givetvis samtidig også kunnet passe på de indvandrende østgrønlændere, der i løbet af resten af århundredet bosatte sig syd for Nanortalik. Deres levevis har ligget tæt op af Julianehåb-befolkningens tidligere måde at leve på, og de har for disse været som et billede på forgangne tider.

Ovennævnte eksempler kan suppleres med andre bidrag, der alle peger på, at befolkningen i Kap Farvel-området havde eget sprog og fælles skikke.[189] Man har i det øvrige Vestgrønland betragtet dem som anderledes. I begyndelsen af 1900-tallet var eskimologen Thalbitzer først i Ammassalik og senere i Kap Farvel-området, og for ham var der heller ingen tvivl: befolkningen omkring Kap Farvel var stadig østgrønlændere (Thalbitzer 1917). De tilrejsende østgrønlændere var godt nok blevet en del af et større samfund og en minoritet i Vestgrønland. Men med eget sprog, egne skikke og deres østgrønlandske oprindelse definerede de sig selv, og blev af den øvrige befolkning også defineret som en særlig gruppe med egen identitet. De var *qavappiaat* (Fig. 92).

Der er nu forløbet mere end et århundrede, siden den sidste gruppe af østgrønlandske indvandrere slog sig ned i Kap Farvel-området. Grønland er i dag et moderne industrisamfund, og der er sket voldsomme samfundsmæssige forandringer. I Kap Farvel-området er nu kun to bygder tilbage med godt og vel et par hundrede indbyggere. Resten af indvandrernes efterkommere bor for hovedpartens vedkommende i Nanortalik, andre er spredt ud til andre egne af landet.

Der eksisterer imidlertid en kulturarv som et levn fra og en erindring om 1800-tallets indvandring fra Sydøstgrønland. Sejler man rundt i området, ser man resterne af de tidligere beboede pladser og andre tegn på menneskelig aktivitet. På skrift og i tale læses og høres endnu beretningerne om livet dengang. For mange i specielt det sydgrønlandske område er bevidstheden om og den historiske tilknytning til Sydøstgrønland og området omkring Kap Farvel således stadig levende.

Fig. 92. En del af beboerne ved Friedrichsthal samlet foran kirken og missionærernes bolig. I forgrunden står to af missionærerne og deres koner. Bagved dem medlemmer af den grønlandske menighed. Nogle af de fotograferede står med river til at rive græs sammen med. Det kan bl.a. være nogle af tjenerinderne, der deltog i arbejdet med at samle vinterfoder til gederne. Bohlmann, Unitätsarchiv der Evangelischen Brüder-Unität, LBS 303.

VIII. Erindringer om fortiden

År 1900 boede omkring 600 mennesker i Kap Farvel-området på bopladser, hvoraf nogle lå ganske tæt på landets sydligste spids. De sidste grupper var ankommet fra Østgrønland, og efter et århundrede med stor mobilitet også inden for selve Kap Farvel-området, syntes bosættelsesmønstret at have stabiliseret sig. Der skulle dog kun gå ganske få år, før ændringer i klimaet og de erhvervsmæssige betingelser igen kastede befolkningen ud i nye opbrud. Folk flyttede eller blev forflyttet til nordligere beliggende bopladser eller helt ud af distriktet. Fra midten af 1900-tallet var der kun to beboede pladser tilbage i distriktet, nemlig Aappilattoq og bopladsen ved den oprindelige missionsstation Friedrichsthal, som i dag kendes under det lokale navn Narsarmijit, i dag Grønlands sydligste bygd (Bak 1981: 253–255). Tilsammen bor nu knap 250 indbyggere i de to bygder. Efter affolkningen af Kap Farvel-området har man stadig levnene fra de sydøstgrønlandske indvandrere, *uiarnerit*, både i det kulturelle landskab og i befolkningens bevidsthed, det mentale landskab.

Fangere fra især de to nævnte bygder jager stadig ved Kap Farvel, og som i forfædrenes tid foretages jævnligt fangstrejser til farvandene ved Aluk og endda længere op ad østkysten. Den lokale befolkning og i mindre omfang tilrejsende foretager ture ind i området. Når man er der, får man uundgåeligt øje på de fysiske levn fra tidligere generationer.

Fra de indvandrede østgrønlændere er overleveret en række sagn samt beretninger om livet de sidste år i Sydøstgrønland. De er blevet fortalt igen og igen og nogle er nedskrevet ad flere omgange. De har virket som inspiration for grønlandske forfattere. I dagens Grønland indgår erindringer om forfædrene og deres rødder i Sydøstgrønland som en vigtig del af identitetsopfattelsen i specielt det sydligste Grønland.

Det kulturelle landskab

Fra kilderne, først og fremmest folketællingerne og Brødremenighedens mandtalslister, kendes et stort antal pladser i Kap Farvel-området, der i perioden 1824 til 1900 har været beboet i kortere eller længere tid og nogle flere gange. Hovedparten af de forladte bopladser har været ubeboede i mere end hundrede år, men i det arktiske klima og med den begrænsede menneskelige aktivitet i det affolkede område, har der været optimale betingelser for at bevare de fysiske levn for eftertiden. Bopladserne ligger der derfor stadig i dag, forladte, men som vidnesbyrd om tidligere menneskelig tilstedeværelse (Gulløv et al. 2005) (Fig. 93).

Bopladsernes beliggenhed følger det generelle mønster i Grønland (Petersen 1965: 111). De er alle orienteret mod havet, og ofte er der flere adgange til og fra havet, sandsynligvis en sikkerhedsforanstaltning i tilfælde af, at der pludselig skulle opstå dårligt vejr, mens fangerne var ude. Som i tidligere tider foregår transporten i området med båd. Når man kommer sejlende, kan det for det utrænede øje være svært at se, hvor de tidligere bopladser er placeret, men klare grønne pletter i landskabet er et godt tegn, og kommer man nærmere, viser de sig ofte at være ruiner af tørvehuse bevokset med marehalm. På afstand kan det være svært at forestille sig, at der overhovedet har været plads til beboelse, men når man går i land og begiver sig op bag bopladserne, vider landskabet sig ud. De fleste bopladser har et bagland, små sletter, dale, grønne områder, hvor beboerne har kunnet bevæge sig hen, og som er betydeligt større, end det rent umiddelbart syner.

Fig. 93. Pamialluk var fra 1848 og et stykke ind i det 20. århundrede den centrale handelsstation i Kap Farvel. Handelsstationen er nu nedlagt og bopladsen forladt, men i landskabet ses stadig tydeligt levnene fra grønlændernes boliger til venstre i billedet og handelsbygningerne af sten til højre i billedet (se fig. 37). Foto: E. L. Jensen 2004, Nationalmuseet.

På mange af bopladserne forekommer forskellige boligtyper, der vidner om, at pladsen har været befolket i forskellige perioder, fx 1500–1600-tallets huse, fælleshuse fra 1700- og 1800-tallet og yngre huse til enkelte familier. Derudover forekommer teltringe og såkaldte telthuse, dvs. teltvolde anvendt i forbindelse med sommerteltet, som på denne måde blev sikret imod de ofte meget kraftige kastevinde, der forekommer i det alpine landskab. De ældste huse ses som lave volde bevokset med græs og revling, mens de nyere huse, der har været beboet i sidste del af 1800-tallet og for nogle bopladsers vedkommende også i første del af 1900-tallet, fremtræder som sammenfaldne huse eller ruiner bevokset med den grønne marehalm, som på afstand fortæller om eksistensen af den tidligere boplads. Desuden ses varder, grave, konebådsstøtter og andre eksempler på menneskelig aktivitet (Fig. 94). På flere bopladser er desuden fundet bevis for, at også den palæoeskimoiske kultur, Dorset-folket, i en endnu fjernere fortid har benyttet de samme bopladser (Raahauge et. al 2005).

Tilstedeværelsen af både fælleshus og yngre enkeltfamiliehuse på nogle af bopladserne tyder på, at de pågældende steder kan have været befolket

Fig. 94. Ved den tidligere boplads Tinuteqisaaq findes endnu et komplet sæt konebådsstøtter, der består af fire aflange og oprejste sten. Konebåden blev placeret mellem stenene med bunden i vejret og surret fast, så den var sikret mod alt vejrlig. Foto: B. Grønnow 2004, Nationalmuseet.

Fig. 95. Den herrnhutiske missionær Conrad Kleinschmidts grav ved Friedrichsthal med udsigt mod de karakteristiske og dominerende fjelde vest for missionsstationen og bopladsen. Enkelte af de herrnhutiske missionærer, deres koner eller deres børn døde i Grønland og ligger begravet ved den missionsstation, de var tilknyttet. Foto: E. L. Jensen 2004, Nationalmuseet.

ad flere omgange i løbet af 1800-tallet. I flere tilfælde er et i forvejen eksisterende fælleshus afkortet og indrettet, så det svarer til behovet for en mindre gruppe, og i andre tilfælde ses eksempler på, at enkeltfamiliehuse er bygget inden i et fælleshus. I alle tilfælde har det lettet indsamlingen af byggemateriale og resulteret i en bolig, der var lettere at varme op.

Ved næsten alle bopladserne findes grave. De hedenske grave er kammergrave, mens de kristne grave ofte er stendynger, eller den afdøde kan være begravet i jorden, hvorefter graven er omkranset af en række sten eller tildækket med et enkelt lag sten. Gravene er oftest velbevarede, hvilket kunne tyde på, at man har overholdt gravfreden, måske af respekt for de døde eller af frygt for deres ånder, eller man har været bekendt med det gamle ord om, at "den, der åbner en grav, åbner for en storm". Den herrnhutiske missionær Brodbeck oplyser i slutningen af 1800-tallet, at den lokale befolkning normalt respekterede grave og lod dem i fred. Noget er dog fjernet, for på samme tid var der blandt visse europæere opstået interesse for gravfund, og da egnens beboere opdagede, at man kunne sælge indhold fra grave til europæerne, overvandt nogle respekten eller frygten og brød gravfreden (Brodbeck 1882). Gravene er placeret lidt væk fra husene, som regel ude af syne og ofte på et højdedrag eller en forhøjning bag bopladsen med godt syn over fjord eller sund og mod høje fjelde. De afdøde skulle have en smuk udsigt. I Tinuteqisaaq, der ligger på en ø af samme navn nær ved selve Kap Farvel og tæt på den imaginære grænse mellem øst- og vestkysten, er således de fleste af de omkring 10 grave placeret med udsigt mod fjeldene og det sydlige kap i retning mod øst – mod det gamle hjemland! (Fig. 95 og 96).

Det kulturelle landskab er det præg eller aftryk, som mennesket har sat på naturen. I mødet med naturen er landskabet blevet en del af en gruppe menneskers erfaringsverden, der dog kun eksisterer, så længe der er nogen til at erindre den (Berglund 2004: 347–348). De østgrønlandske indvandrere og deres efterkommere har sat deres tydelige præg på Kap Farvel-området. Nu har området været affolket i omkring to menneskealdre. Kun en

Fig. 96. Tinuteqisaaq var en af de sydligste af 1800-tallets herrnhutiske bopladser. Her ligger gravene placeret, så der er udsigt mod "Porten til Østgrønland" og en del af den rute, som de østgrønlandske konebåde fulgte på vej til og fra Sydvestgrønland. Foto: E. L. Jensen 2004, Nationalmuseet.

mindre del af befolkningen besejler det jævnligt, og endnu færre kender i detaljer blot en lille del af de pladser, hvor nogle af forfædrene har levet. Erindringen om nogle af disse forfædre og deres oplevelser lever imidlertid stadig i befolkningen og er med til at bibeholde bevidstheden om den historiske forbindelse til de nu ubeboede bopladser.

Erindringerne i forskellig tid

Allerede få år efter den sidste indvandring til Kap Farvel-området blev beretninger om livet i Sydøstgrønland for første gang nedskrevet. Knud Rasmussen var i området som led i Den danske literære Grønlandsekspedition 1902–1904, og han indsamlede sagn og fortællinger. Ikke alle var villige til at fortælle om fortidens begivenheder, men efter nogen tid tøede de fleste dog op. Knud Rasmussen skrev herom i sine dagbogsoptegnelser: "De Mennesker, vi ligger i Lejr med her, – er for største Delen nydøbte hedninger fra østkysten. De er interessante at tale med. Og de gir uden større omsvøb mange ejendommelige og besynderlige Enkeltheder fra deres Hedenskab. De nærer en Forestilling om, at det er nyttigt for deres Sjæle at skrifte – at berette om deres tidligere Vildfarelse. Navnlig tror de, at de hurtigt må skrifte, for at det onde ikke skal blive siddende tilbage i dem og hindre Kristentroen i dens Udvikling.

En gammel Mand Kuânia, var saaledes i den første Tid syg, – og trods alle Forsøg hjalp intet Middel. Først da han havde lettet sin Samvittighed ved at fortælle om forskellige Synder han havde begaaet under sit Hedenskab, lykkedes det ham at faa Bugt med Ondet.

En Kone kunde slet ikke lære at læse – eller forstaa, hvad Præsten forklarede hende om kristentroen; – først da hun havde faaet lettet sin Samvittighed med, at hun en Gang havde været ved at blive Angakok, lykkedes det hende at begribe, hvad hun skulle vide og forstaa, for at annamme Daaben o.s.v."[190]

Der berettes om adskillige mord, herunder hustrumord, og om enker og børn, som gik i døden, fordi de havde mistet deres forsørger, og børn, der blev sat ud i kulden, fordi de var blevet en byrde for det øvrige samfund. Man gav udtryk for, at livet på østkysten havde været utrygt, og at man aldrig kunne vide sig sikker på noget. Vintertiden var fuld af konflikter på grund af lediggang og periodevis mangel på mad. Ud over frygten for at blive dræbt var der frygten for at sulte ihjel (Rasmussen 1906).

Beretningerne fra Østgrønland var spændende stof og levede videre i samfundet i Vestgrønland. På grund af det dramatiske indhold og de særdeles ukristelige elementer, kunne de være omgærdet med en del hemmelighed og var således ofte tabuiserede. Normalt blev børnene sendt i seng, når der skulle fortælles om ting, der ikke var for sarte ører (NKA: C-08: 01-484: Adam Aronsen & 01-486: Kornelius Jakobsen). Fortællingerne er blevet fortalt fra generation til generation og fremtræder som en væsentlig del af eftertidens mundtlige lokale historietradition. De indvandrede østgrønlænderes selvoplevede erindringer er således bragt videre til og ført videre af deres efterkommere som formidlet erindring (Warring 1996: 208).

Dele af disse erindringer er i flere omgange blevet indsamlet og nedskrevet ved bl.a. Leif og Mâliâraq Vebæk i 1948 og 1961 og Lange og Raahauge i 1991 (Vebæk 2006; NKA: C-08). Vebæk og Vebæks indsamlinger dækker både sagn, fortællinger og fortællernes egne oplevelser, mens Lange og Raahauges indsamling først og fremmest indeholder biografisk materiale med fortællinger om egne oplevelser og oplysninger om forhold og livsbetingelser, dertil også overleverede historier om de indvandrede østgrønlændere. Der var en generations forskel på de to indsamlingers informanter, og en del af de folk, som Vebæk og Vebæk interviewede, var født i sidste del af 1800-tallet og indvandret fra Østgrønland, mens Lange og Raahauges informanter alle var født i Sydvestgrønland i første del af 1900-tallet.

Med disse indsamlinger er der skabt tilgængelige kilder for eftertiden, samt en mulighed for at få indblik i efterkommernes bevidsthed (Floris 1996: 127–133), og hvordan der med tiden er sket ændringer i fortællingen og tolkningen af historien.

I forhold til de beretninger, som blev gengivet af Knud Rasmussens kort tid efter 1900, og de indsamlede beretninger fra midten og sidste del af århundredet, er der sket et skred i indhold og fokus. Knud Rasmussens fortællere er folk, der selv er indvandret fra Østgrønland. Deres selvoplevede beretninger indeholder et bredt galleri af personer, og de omhandlede begivenheder er yderst dramatiske med eksempelvis adskillige drab, eller beretningen om en mor og hendes fem børn, der kastede sig i havet, fordi manden var død, og der ikke var nogen til at forsørge den efterladte familie. Dette har ændret sig med tiden. I efterkommernes erindringer er der et langt mere forsonligt skær over de dramatiske begivenheder, og en enkelt person dominerer fortællingerne. Denne mand hedder Aaddaaridaad (Fig. 97a og b).[191]

Aaddaaridaad var også en af Knud Rasmussens kilder. Han fremstår som den ledende person i den gruppe, der i 1900 som de sidste indvandrede til Friedrichsthal, og han stod i centrum for de dramatiske begivenheder i de sidste år i Sydøstgrønland og beretningerne om disse. Han havde været åndemaner og var en stor sagnfortæller, og han delte beredvilligt ud af sit kendskab til sagn, myter og eskimoisk tradition. Men drabene ville han ikke ind på. Da Knud Rasmussen forsøgte at presse ham dertil,

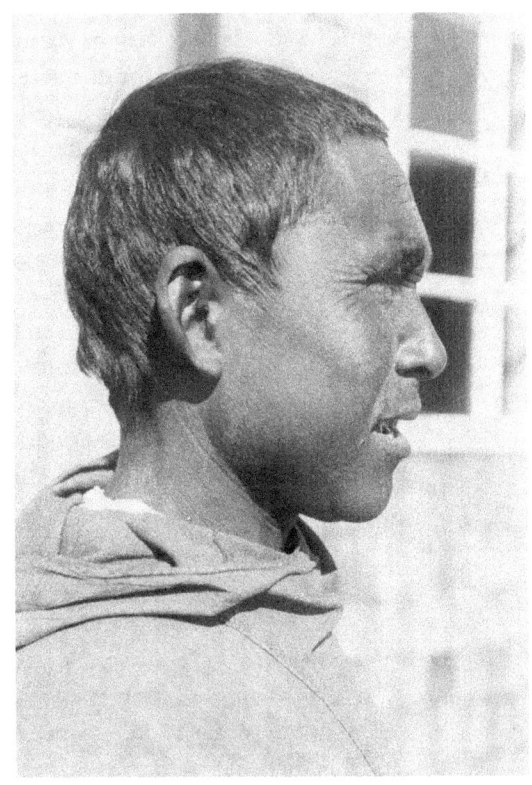

Fig. 97a og b. Aaddaaridad, døbt Kristian Poulsen, tilhørte den sidste gruppe af indvandrere, der kom til Friedrichsthal i 1900. Mændene i Østgrønland var som oftest langhårede, men det var skik, at de efter dåben blev klippet korthåret. Aaddaaridaad fortalte gerne om det tidligere liv og skikkene i Sydøstgrønland eller optrådte med trommedans. Fotos: W. Thalbitzer 1914/Arktisk Institut 07889; E. Holtved 1931/Arktisk Institut 46651.

svarede han: "Ja, de Mennesker, jeg dræbte, fortjente den Død, de fik, for de var farlige for os andre. Jeg dræbte dem ikke af Lyst til Mord, men af Pligtfølelse overfor mine Bopladsfæller" (Rasmussen 1906: 162).

Aaddaaridaad indtager den dominerende hovedrolle i efterkommernes beretninger om forfædrenes liv i Østgrønland og indvandringen til Vestgrønland, såvel hos Vebæk og Vebæk, Lange og Raahauge, som i nutidens Grønland. Historier om andre markante personer og begivenheder fortælles stadig inden for bestemte familier eller blandt dele af befolkningen med rod i bestemte afgrænsede geografiske områder, fx nogle af de tidligere bopladser i distriktet. Men historien om Aaddaaridaad er blevet "den store historie" og må i dag ses som eksponent for efterkommernes fælles erindring om deres forfædres liv i Sydøstgrønland og indvandringen til Sydvestgrønland (Jensen 2009).

Samtidig med at beretningerne ændrede fokus, og Aaddaaridaad nu indgik som den centrale figur, forsvandt den frygt og afsky for ham, som Knud Rasmussen havde mødt hos nogle af sine informanter. I efterkommernes historier udelukkes drab og lignende ikke, men de nævnes sjældnere, og i de tilfælde, hvor Aaddaaridaad er involveret, er han ikke omgærdet med den samme frygt som i nogle af de tidlige beretninger. Flere af de senere fortællere har kendt ham, og en af dem fortæller, at det da godt nok en gang imellem kunne være skræmmende at lytte til hans beretninger, men at det også var spændende som barn fx at se ham optræde med trommesange. Han karakteriserer Aaddaaridaad som "meget rar og sjov".[192] I de tilfælde, hvor de dramatiske episoder nævnes, sker det oftest kun ganske kort og ukommenteret som en selvfølge. Eller som det blev udtrykt om de hjælpeånder, der optrådte i beretningerne: "Så almindelige var de, de var ikke til at undre sig over. Vi […] undrede os ikke, jeg har hørt om det så mange gange som barn, så jeg tager mig ikke af det".[193]

I de senere beretninger optræder et nyt tema, det religiøse. I Knud Rasmussens version fra 1904 fortæller Aaddaaridaad indgående om sin oplæring til åndemaner og om, hvordan han fik sine hjælpeånder. Kun i en enkelt sætning nævnes hans beslutning om at tage til vestkysten og lade sig døbe, men hovedvægten er lagt på hjælpeåndernes reaktion og deres forsøg på at overtale ham til at blive – og dermed holde fast ved den gamle tro. I efterkommernes historier har denne del fået en helt anden vinkel og et nyt element: mødet med den kristne religion, personificeret ved Jesus. Der er forskellige versioner af begivenhedsforløbet, men kort fortalt er kernen i disse historier, at en lysende skikkelse viser sig for Aaddaaridaad, da han en dag er af sted i kajak. Skikkelsen taler til ham og forsøger at overtale ham til at tage til vestkysten og blive døbt. Da Aaddaaridaad vender tilbage til bopladsen, bliver han modtaget af sin kone, der inden han tog af sted var dødssyg. Hun er ved et under blevet rask, og dette overbeviser Aaddaaridaad, så han beslutter sig for straks at flytte vestpå og lade sig døbe.

Knud Rasmussen holder sig i den trykte version af beretningerne meget tæt til sine nedskrevne noter og gengiver dem ofte i uændret form. Denne del af beretningen om Aaddaaridaad findes imidlertid hverken i hans dagbøger eller i de håndskrevne noter (Hundested Bibliotek: KRA; KB: Knud Rasmussens arkiv 4). Der synes ellers ikke at være nogen grund til, at Aaddaaridaad i 1904 skulle undlade denne del af historien, tværtimod repræsenterer Knud Rasmussen jo netop det samfund, hvortil han var flyttet og dermed kristendommen. Aaddaaridaad var en karismatisk figur og en stor fortæller, der yndede at optræde. Det berettes, at han på sine ældre dage ofte blev kaldt til andre familier, hvor han mod betaling blev bedt om at underholde og fortælle om livet i Østgrønland, og at det kunne vare hele aftenen og natten med. Det er derfor nærliggende at slutte, at denne del af historien er kommet til senere, og at det meget vel kan være fra Aaddaaridaad selv. Dermed er konstrueret en årsagsforklaring til afvandringen fra Sydøstgrønland, der dels var i overensstemmelse med ideologien i det nye samfund og dermed acceptabel, dels fik den gyldighed ud over fortællingens hovedperson, idet den kunne gælde som forklaring på, at alle de øvrige sydøstgrønlandske indvandrere tog skridt til at slå sig ned i Sydvestgrønland.

Angakkoq Papik – en roman

I 1952 udkom romanen *Angakkoq Papik. Qavanngarnitsat inuunerannik oqaluttuaq* (*Åndemaneren Papik. En fortælling om østgrønlændernes liv*), skrevet af Kristen Poulsen, der 1934–1939 var kateket i Aappilattoq syd for Nanortalik, altså i det område, hvor de østgrønlandske indvandrere og deres efterkommere slog sig ned (Poulsen & Lynge 1989: 7). Der havde Poulsen bl.a. mødt Aaddaaridaad, som "utrætteligt havde berettet for mig om det at være åndemaner" og romanen er tilegnet "min afdøde ven Aallaarutaat [Aaddaaridaad]" (Poulsen 1975: 3).[194]

Romanen er bygget op om en ramme skabt af beretningerne om Aaddaaridaads liv og oplevelser i Sydøstgrønland. Papik og Aaddaaridaad er da også én og samme person. Papik blev oplært til åndemaner og fik stadigt flere hjælpeånder. Han begik flere drab, men da han i et syn blev konfronteret med Jesus, besluttede han at tage til vestkysten for at blive døbt. Til denne historie tilføjer forfatteren en række elementer og afsnit af etnografisk karakter om fx fangerlivet, ånder, tupilakker. Han benytter sig desuden af den digteriske frihed til i handlingen at inddrage begivenheder og navne, der er kendt fra beretninger fra Ammassalik-området (Rosing 1963, 1993). Med udgangspunkt i den oprindelige rammefortælling om Aaddaaridaad, bliver historien om Papik til en generel beskrivelse af livet i det oprindelige inuitsamfund.

Kristen Poulsen holder sig i romanen ganske tæt til den lokale tradition, og han omtaler slet ikke den frygt, som kommer frem i de tidligste erindringer. Forfatteren udelader ikke drab eller åndemanere og deres ånder, men han problematiserer dem ikke og beskriver generelt befolkningen som god og uspoleret på trods af, at de med hans egne ord "kun var hedninge" (Poulsen 1975: 3).[195] Elementer i de tidligste beretninger som vi kender dem fra Knud Rasmussen, kan allerede på det tidspunkt, hvor Kristen Poulsen kom til området, have været sendt ud i glemslen, eller Poulsen kan selv have udeladt dem eller tilpasset dem sin egen fortolkning og sine interesser. Han havde nemlig et særligt sigte med sin roman. Formålet var ikke kun at skrive om forhold i det oprindelige samfund eller lægge et kristent budskab ind i en roman om forholdene i Østgrønland og den sidste indvandring til Vestgrønland.

Kristen Poulsen var aktiv i samtidens debat om den samfundsmæssige udvikling i Grønland, og skrev bl.a. i 1936, altså mens han var kateket i Aappilattoq, i det daværende sydgrønlandske blad *Sujumut* et indlæg med overskriften "Kingumut" ("Tilbage"), hvori han opfordrede sine samtidige til også at kigge tilbage på fortidens liv og skikke, ikke for at vende tilbage til disse, men for at spejle sig i den gamle kultur og derigennem gennemskue fejl ved det bestående og anvende fortidens dyder som inspiration til en positiv udvikling hen imod et moderne grønlandsk samfund (Mikiassen 1936).[196]

Datidens politiske hovedstrømning i Grønland var et ønske om at komme op på samme materielle og åndelige stade som de vestlige industrisamfund, der for mange stod som et ideal. Kristen Poulsen var for så vidt enig i dette, og sigtet med *Angakkoq Papik* var således at påvirke den historisk og politisk bevidste grønlænder til også at se elementer i det oprindelige inuitsamfund som noget positivt, nutiden kunne identificere sig med og anvende i en politisk sammenhæng. Historien om åndemaneren Papik var således revet ud af den lokale sammenhæng og via fiktionen gjort til et landspolitisk redskab. Tiden var dog ikke med sådanne tanker, idet 1950'erne og 1960'erne var domineret af ønsket om en hurtig modernisering og udvikling mod vestlige normer. Men *Angakkoq Papik* fik en renæssance og blev genoptrykt i 1975 og 1986, hvor nye temaer som grønlandisering og indførelse af hjemmestyre var sat på dagsordenen. Det oprindelige samfund og kendskabet til dette blev en væsentlig faktor som led i skabelsen af en grønlandsk identitet som et eget folk med egen historie og kultur og dermed en del af grundlaget for kravet om større politisk indflydelse og i sidste ende selvstændighed (Sørensen 2006).

Historie og identitet

De indvandrede østgrønlændere har fra første færd medbragt erindringer og viden om livet i Østgrønland, og beretningerne er indgået som en del af den mundtlige tradition. Først efter den sidste indvandring i 1900 er der foretaget indsamling og udgivelse af udvalgte erindringer og beretninger, hvorved der er skabt tilgængelige kilder for eftertiden.

Det kan ud fra den foregående gennemgang konstateres, at der op igennem 1900-tallet i Kap Farvel-området har eksisteret en kollektiv erindring om indvandrerne, tilsyneladende med hovedvægten lagt på de sidste års begivenheder i Sydøstgrønland. Erindringerne har fra starten været sammenvævet af såvel egne oplevelser som af overleverede begivenheder, altså af biografi og historieformidling. Erindringerne eksisterer ikke kun knyttet til enkeltpersoner men i erindringsfællesskaber. Blandt efterkommerne af de østgrønlandske indvandrere overleveres nogle erindringer i familier eller andre mindre fællesskaber, mens andre, som historien om Aaddaaridaad, udgør en del det store fællesskabs erindringer. I begge tilfælde skaber erindringerne en fælles forståelsesramme og bidrager til både en individuel og en kollektiv identitet.

I tiden op til etableringen af det grønlandske hjemmestyre i 1979 og derefter pågik en nation-building, hvis mål med udgangspunkt i den nye politiske situation var at opbygge en fælles grønlandsk identitet og styrke følelsen af at være et folk i et land. Som sådan er identitet en social konstruktion og et resultat af dynamiske processer, der knytter folk til hinanden ved hjælp af mange komponenter, fx bevidsthed om fælles etnicitet og historie (Dorais & Searles 2001). I en sådan proces, påviser Cohen (1985: 118), "[lies] the reality of community [...] in its members' perception of the vitality of its culture. People construct community symbolically, making it a ressource and repository of meaning, and a referent of their identity". Erindringerne fra Kap Farvel-området indgik i denne nationale proces, først og fremmest centreret omkring beretningerne om Aaddaaridaad og livet i det oprindelige samfund i Østgrønland, der fx blev spredt ud til befolkningen i hele landet gennem udsendelser i radio og fjernsyn.

Nuttall (2001) diskuterer forholdet mellem national og lokal identitet og den komplementaritet, der ligger i både at indgå som en del af et større fællesskab, nationen, og som en del af et mindre fællesskab med egne karakteristika, fx en region. Med udgangspunkt i undersøgelser i to bygder i Sydgrønland, bl.a. Aappilattoq, som netop er en af de to tilbageværende bygder i Kap Farvel-området, påviser han, at de små steder i Grønland på flere punkter er truede, og at den lokale identitet derfor er i defensiven. Befolkningen de pågældende steder må deltage aktivt i bestræbelserne for at bevare og styrke en lokal identitet, og i den situation er man afhængig af et historisk kendskab: "Memory brings the past into the present, strengthening sentiments and ideas of locality as well as social relationships" (Nuttall 2001: 62) (Fig. 98).

En mindre del af efterkommerne til de østgrønlandske indvandrere lever stadig i Kap Farvel-området, mens hovedparten nu bor i Nanortalik eller andre fjernere steder og derfor ikke længere har eller måske aldrig har haft den tætte tilknytning til dette område, som kunne bidrage til at skabe et fællesskab eller en lokal identitet. De har imidlertid stadig erindringerne og kendskabet til fortiden. Den fælles forståelsesramme synes stadig at være levende i befolkningen i det allersydligste Grønland. Samtaler og interviews efterlader det indtryk, at folk i almindelighed har et vist kendskab til den historiske betydning af udtrykket *uiarnerit*, der er den traditionelle betegnelse for de indvandrede østgrønlændere, og er

Fig. 98. Over den nedlagte boplads Sammisoq ses et kors, som er synligt på lang afstand. Sådanne kors er af den lokale befolkning opsat ved flere tidligere bopladser som symbol for nedlæggelsen af disse i første halvdel af 1900-tallet og til minde om det liv, der engang blev levet der. Foto: H. C. Gulløv 2004, Nationalmuseet.

Fig. 99. Gravsten over Aaddaaridad, Kristian Poulsen, som efter oplysningerne på stenen blev født 1884 i Østgrønland og døde 5. juni 1941 i Nanortalik. I en liste over befolkningen i Sydgrønland fra 1884 oplyses det, at han på dette tidspunkt var 12 år gammel, dvs. han var født i 1872 (Hansen 1888). Stenen er et af de få materielle levn, der er opstillet i eftertiden, og den indgår i erindringen og erindringspolitikken om den østgrønlandske indvandring til Kap Farvel-området. Foto: H. C. Gulløv 2001, Nationalmuseet.

klar over, at de via nogle af deres forfædre har rødder tilbage til østkysten. Der eksisterer i befolkningen i Nanortalik og i de sydlige bygder en kollektiv erindring om de indvandrede forfædre, livet i Østgrønland og en række begivenheder i tilknytning hertil. Da der er tale om mange adskilte erindringer samlet i et fælles erindringsrum, ville det måske være bedre at anvende udtrykket "sammenbragte erindringer". Folk er således fælles om at erindre, men ikke nødvendigvis med et identisk indhold. Rammen for erindringerne er ofte den enkeltes familie (Warring 1996; Jensen 2004).

I erindringerne lever centrale personer (fx Aaddaaridaad og Kuaania) og steder (fx Narsarmijit og Pamialluk) som symboler på den erindrede fortid. Interessen for forfædrene fik udtryk ved et arrangement ved Aaddaaridaads gravsten 14. april 2001 i anledningen af 100-årsdagen for dåben af ham og andre af de sidst indvandrede (Fig. 99). Gravstenen skiller sig ud fra kirkegårdens trækors og er et af de få fysiske erindringssteder, som er etableret i eftertiden omkring den historiske tilknytning til Sydøstgrønland og indvandrerne derfra (Jensen 2002a). Der synes blandt efterkommerne at være en fornyet interesse for fortiden og en stigende historiebevidsthed, som bl.a. kan hænge sammen med et ønske om at styrke den lokale identitet inden for regionen. I den sammenhæng er historien om den østgrønlandske indvandring til Kap Farvel-området og efterkommernes liv dér helt grundlæggende.

Kulturlandskabet og de overleverede erindringer står tilbage som lokale vidnesbyrd om en fase i historien, hvor befolkningen flyttede fra Sydøstgrønland og slog sig ned i Kap Farvel-området. Derimod er der i lokalområdet så godt som ingen materielle levn i form af genstande. Men drager man til Herrnhut i den tyske delstat Sachsen, hvor centeret for Brødremenigheden stadig er placeret, finder man en overordentlig fin samling af genstande fra Grønland, inklusive genstande indsamlet ved den daværende missionsstation Friedrichsthal.

Missionærer har sendt eller bragt genstandene med sig til Europa, og de er ofte ad kringlede veje endt på museet i Herrnhut. Denne samling af

Fig. 100. Narsarmijit (Frederiksdal) er i dag den sydligste bygd i Grønland. I midten af bygden står kirken og vidner om den tid, hvor Brødremenighedens missionsstation Friedrichsthal lå på dette sted og var centrum for en stor menighed, der boede spredt på bopladser i hele Kap Farvel-distriktet. Kirken fungerer i dag som kirke i den grønlandske folkekirke. Den lange bygning til venstre for kirken er skolen. Missionærernes bolig er nedtaget og flyttet til Nanortalik, hvor den fungerer som præstebolig. Foto: E. L. Jensen 2004, Nationalmuseet.

museumsgenstande er et resultat af det kulturmøde, som er behandlet i denne bog, og den bidrager til at belyse såvel mødet mellem herrnhutiske missionærer og østgrønlandske indvandrere som den materielle kultur i Kap Farvel-området (Fig. 100).

IX. Grønland i herrnhut

Historien

I dette kapitel skal vi se nærmere på de grønlandske genstande i Völker-kundemuseum Herrnhut, som gennem årene er kommet til Europa med Brødremissionens hjemvendte missionærer og deres familier.

Samlingen er af særlig interesse, fordi de indsamlede genstande stammer fra de lokale menigheder, der gav afskedsgaver til de bortrejsende missionærer, som på deres side også selv samlede *Erinnerungsstücke* eller souvenirs til minde om opholdet. Der fandt således en selvstændig indsamling sted i landet, hvor missionsmarken skulle deles med danske og norske missionærer, og efter afståelsen af Norge til Sverige i 1814 med de danske alene.

Allerede fra 1757 placeredes hjembragte etnografiske sager i Na-turalienkabinett i Barby, hvortil der var offentlig adgang, og hvor de studerende ved Brødremissionens teologiske seminarium kunne orientere sig om den materielle kultur i den kommende arbejdsmark. Kabinettet blev i 1809 flyttet til Niesky, og herefter kom nye samlinger til ved arkivet i Herrnhut 1845 og i Kleinwelka 1872 (Augustin 2003: 15).

Museet i Herrnhut blev grundlagt i 1878 med samlinger, der kom fra omegnen, fra beboernes private gemmer og ikke mindst som reaktion på rundskrivelser sendt til alle Brødremenighedens missionsstationer med opfordring til at støtte det nye museum. En opdeling i en etnografisk og en hjemstavnshistorisk del fandt sted i 1905 (Meier 1978: 7–8).

Til Herrnhut kom også genstande fra Brødremissionens andre loka-liteter i de tyske lande, og efter at store dele af samlingen i Niesky var blevet tilintetgjort under krigshandlingerne i foråret 1945, blev resterne herfra overført til Herrnhut i 1947–1948. Der eksisterer ingen opgørelse over de manglende genstande fra disse ødelæggende begivenheder (ibid.).

I dag findes der ca. 5.500 genstande i Völkerkundemuseum Herrnhut, som alle kan relateres til Brødremissionens virke. Heraf er 170 museums-numre opført som grønlandske, dvs. at hovedparten må datere sig til perioden 1733–1900, hvor Brødremissionen var aktiv i landet; men tallet må på grund af samlingens omtumlede tilværelse skønnes at have været højere (Augustin 2003: 9, 2008: 213) (Fig. 101, 102 og 103).

Fig. 101. Brødremenighedens Kirkesal for enden af Comeniusstraße, Herrnhut. Opført 1756–1757, ødelagt 1945, genopført 1951–1953. Foto: H. C. Gulløv 1984, Nationalmuseet.

Fig. 102. Vogtshof, "Sitz der Direktion der Evangelischen Brüder-Unität", Herrnhut. Opført 1730–1734. Foto: H. C. Gulløv 1984, Nationalmuseet.

Fig. 103. Brødremissionens arkiv, "Zentralarchiv der Evangelischen Brüder-Unität", Herrnhut. Har fungeret som hovedarkiv siden 1764. Foto: H. C. Gulløv 1984, Nationalmuseet.

Genstandenes proveniens

Størstedelen af de bevarede genstande stammer fra slutningen af 1800-tallet og må antages at være indkommet i forbindelse med grundlæggelsen af museet i 1878. Særlig interesse knytter sig derfor til de genstande, som kan spores til de sydgrønlandske missionsstationer Lichtenau, Friedrichsthal og Illorpaat, der blev oprettet i henholdsvis 1774, 1824 og 1864, og hvortil de østgrønlandske indvandrere i stort antal søgte hen og blev en del af menigheden.

Det er disse genstande, vi i det efterfølgende vil søge at udpege og beskrive. Oplysningerne, som følger de enkelte genstande, indeholder en beskrivelse og i et begrænset omfang personnavne samt årstal for erhvervelsen.

Først må vi se, om personnavnene i museumsprotokollen kan genfindes i listerne over de udsendte missionærer, som optræder i kirkebøgerne. En sådan undersøgelse skulle kunne fortælle os, hvem giveren var, og hvorfra genstanden stammer. Men da missionærerne hyppigt flyttede fra sted til sted og således også arbejdede ved pladserne længere oppe ad vestkysten, må vi inddrage oplysninger fra missionsstationerne Neuherrnhut, Lichtenfels og Uummannaq, der blev oprettet i henholdsvis 1733, 1758 og 1861, for at få et samlet overblik over materialet.

Museumsprotokollens personnavne

Følgende personer optræder i tilknytning til de registrerede grønlandske genstande (her anført i alfabetisk rækkefølge og gengivet, som de er indført i protokollen): Ludwig Becker; Th. Bechler; Bindschedler; Boas; Br. Bohlmann; Schw. Carol-Lemerz; M. Clemens; David Cranz; Grillich; F. A. Hagenauer; O. Heinke; Br. Hirt; Schw. Koch; Leden; Br. Lehmann; D. Lorez; Mehlhose; Schw. Menzel; Curt Möschler; Eugen Reichel; Schw. Th. Reichel; A. Riegel; A. Röderer; Br. Schmiedecke; Br. Schneider; Br. Seidel; Spindler; Starik(?); Br. Warmow; Schw. Weiler.

Kirkebøgernes personnavne

Interessen er i relation til undersøgelsens overordnede tema, Kap Farvel-regionen, knyttet til Brødremissionens sydlige stationer, dvs. Lichtenau, Friedrichsthal og Illorpaat. Her har det tilgængelige kirkebogsmateriale været til stor hjælp. Dog forsvandt første bind af Lichtenaus kirkebog (1774–1843) med M/S Hans Hedtofts forlis syd for Kap Farvel i januar 1959, hvorfor de anførte personnavne er søgt andetsteds (fx Wilhjelm 2001). Supplerende oplysninger om de nordlige missionsstationer omkring Neuherrnhut samt biografierne for de sidste sydgrønlandske brødremissionærer er først og fremmest søgt hos Bugge (1969: 340–342), Israel (1969: 202–203) og Wilhjelm (2001: 495–508).

Missionærer i Lichtenau 1774–1843:

Brodersen, Jesper (*1749 Slesvig-Holsten †1822 Herrnhut)
– 1792 fra Lichtenfels, 1793 til Neuherrnhut.

Beck, Jakob (*1741 Neuherrnhut †1822 Lichtenau) & Maria, f. **Winkler**
– 1793 fra Lichtenfels, 1797 til Europa, 1798 fra Europa.

Kranich, Joh. Fr. (*1773 Kleberg †1816 Nordatlanten)
– 1805 fra Europa, 1816 til Europa.

Kleinschmidt, Johan Conrad (*1768 Mühlhausen †1832 Friedrichsthal) & Christina, f. **Petersen**
– 1813 fra Europa, 1823 til Europa.

Müller, Valentin (*1787 Neckarshausen †1869 Gnadenfrei) & Johanna Dorothea (†1865 Gnadenfrei), f. **Glafe**
- 1813 fra Europa, 1819 til Europa, 1824 fra Neuherrnhut, 1834 til Friedrichsthal, 1841 fra Friedrichsthal, 1854 til Europa.

Eberle, Michael (*1773 Württemberg †1859 Kleinwelka) & Johanna Maria, f. **Beck**
- 1819 fra Neuherrnhut, 1826 til Lichtenfels.

Ihrer, Georg Michael (†1863 Kleinwelka) & Marie Louise (*1801 Neuherrnhut †1878 Kleinwelka), f. **Kleinschmidt**
- 1826 fra Europa, 1829 til Friedrichsthal, 1834 fra Friedrichsthal, 1841 til Friedrichsthal.

Kögel, Johannes (*1793 Bönnigheim †1873 Niesky) & Friederike Henr., f. **Teicher**
- 1831 fra Europa, 1841 til Europa, 1842 fra Europa, 1861 til Europa.

Tietzen, Joh. Fr. David (*1794 Neuwied †1858 Lichtenfels) & Friederikke Wilhelmine, f. **Pemsel**
- 1835 fra Lichenfels, 1836 til Lichtenfels.

Asboe, Michael Andersen (*1802 Aastorp †1885 Christiansfeld)
- 1837 fra Friedrichsthal, 1846 til Europa.

Uellner, Johann Wilhelm (*1807 Echenhagen †1884 Kleinwelka)
- 1838 fra Europa, 1840 til Friedrichsthal.

Kruth, Ferdinand (*1804 Stettin †1863 Hoffenthal)
- 1843 fra Europa, 1845 til Friedrichsthal.

Ingen af museumsprotokollens personnavne kan genfindes i ovenstående kirkebogsekstrakt.

Missionærer og deres ægtefæller i Lichtenau (& Illorpaat) 1844–1900 (*Kirchen=Buch, zweiter Band; Register der europäischen Geschwister*):

Hasting, Christian Ludwig
- 1846 fra Europa, 1847 til Lichtenfels, 1851 til Europa.

Warmow, Matthäus (*1818 Kottbus †1898 Kleinwelka)
- 1846 fra Europa, 1852 til Lichtenfels.

Hansen, Ingeborg Christine (*1815 Teglegaard †1851 Friedrichsthal), gift 1847 med M. A. **Asboe**
- 1847 fra Europa, 1849 til Friedrichsthal.

Jensen, Anne Sophie (1822–1909), gift 1852 med M. A. **Asboe**
- 1852 fra Europa, 1855 til Lichtenfels.

Schneider, Immanuel Gottlob
- 1854 fra Friedrichsthal, 1858 til Europa.

Kögel, Caspar (*1801 Bönnigheim †1862 Lichtenau) & Johanna, f. **Nepilas**
- 1855 fra Lichtenfels, 1864 Johanna til Europa.

Schmiedecke, Ferdinand Wilhelm (*1832 Potsdam †1882 Herrnhut)
– 1858 fra Europa, 1863 til Lichtenfels.

Starick, Martin (*1836 Werben †1921 Herrnhut)
– 1859 fra Friedrichsthal, 1861 til Friedrichsthal, 1867 fra Lichtenfels til Illorpaat, 1868 til Friedrichsthal.

Gericke, Carl August & Marie Emilie
– 1861 fra Europa, 1867 til Friedrichsthal.

Warmow, Matthäus & Emma Renata, f. **Hallbeck** (†1897 Herrnhut)
– 1864 fra Lichtenfels, 1864 til Illorpaat, 1883 til Europa.

Arnstadt, Carl Louis Christian
– 1863 fra Europa, 1868 til Lichtenfels, 1873 i Neuherrnhut, 1874 til Friedrichsthal.

Hilbig, Joh. Carl August & Hermine Louise (†1866 Friedrichsthal)
– 1864 fra Friedrichsthal, 1867 til Europa, 1869 fra Europa via Paamiut til Illorpaat, 1877 til Friedrichsthal, 1883 fra Friedrichsthal, 1886 til Europa.

Kögel, Heinrich August (*1834 Lichtenau †1918 Niesky) & Charlotte Matilda, f. **Kersten**
– 1867 fra Europa, 1875 til Neuherrnhut, 1876 fra Neuherrnhut, 1879 til Friedrichsthal, 1880 fra Friedrichsthal, 1883 til Friedrichsthal, 1896 til Europa.

Spindler, Carl Julius (*1838 Einsiedel †1918 Kleinwelka)
– 1868 fra Friedrichsthal, 1873 til Neuherrnhut.

Bindschedler, Caroline Luise (†1908 Kleinwelka), gift **Spindler** 1869
– 1868–69 fra Europa via Paamiut, 1873 til Neuherrnhut.

Lauritzen, Charlotte Theodora, gift 1869 med J. C. A. **Hilbig**
– 1869 fra Europa via Paamiut til Illorpaat, 1877 til Friedrichsthal, 1883 fra Friedrichsthal, 1886 til Europa.

Winkler, Anna Marie, gift 1873 med C. L. C. **Arnstadt**
– 1873 fra Neuherrnhut, 1874 til Friedrichsthal.

Bindschedler, Johann Heinrich (*1835 Königsfeld †1918 Herrnhut) & Ernestine Emilie, født **Leupold**
– 1874 fra Europa, 1876 til Europa.

Brodbeck, Jacob (†1884 ved Shetlandsøerne)
– 1877 fra Europa, 1878 til Friedrichsthal (gift her i 1880 med A. F. **Götz**), 1884 afrejse.

Gericke, Carl August (†1881 Illorpaat) & Marie Emilie, f. **Tietzen**
– 1877 til Illorpaat fra Friedrichsthal, 1881 Marie Emilie til Europa.

Gÿsin, Gustav Rudolf (†1888 Illorpaat) & Berta Elisabet Augusta, f. **Wandreÿ**
– 1879 fra Europa, 1889 Berta Elisabet Augusta til Europa.

Heinke, Otto Hermann
- 1882 fra Europa, 1884 til Friedrichsthal (gift 1885 i Lichtenau med Amalie Friedericke **Brodbeck**), 1885 til Lichtenfels.

Götz, Amalie Friedericke, gift **Brodbeck** 1880, gift **Heinke** 1885
- 1884 fra Friederichsthal, 1885 til Lichtenfels.

Schärf, Emil Albert (*1855 Sydafrika †1917 Sydafrika)
- 1886 fra Europa, 1888 til Illorpaat (gift her i 1888 med Anna Marie **Schütz**), 1896 til Friedrichsthal.

Zucher, Ernst Paul (*1859 Berthelsdorf †1934 Gnadenfrei)
- 1888 fra Europa (gift 1892 med Johanna Elisabeth **Arnstadt**), 1899 til Friedrichsthal.

Schütz, Anna Marie (*1864 †1946 Bad-Boll)
- 1888 fra Europa til Illorpaat (gift i 1888 med E. A. **Schärf**), 1896 til Friedrichsthal.

Bohlmann, Ernst Adolf Karl Heinrich (*1864 Katern †1945 Kleinwelka)
- 1892 fra Europa (gift 1894 med Marie **Herzog**), 1894 til Friedrichsthal.

Arnstadt, Johanna Elisabeth
- 1892 fra Europa (gift 1892 med E. P. **Zucher**), 1894 til Friedrichsthal.

Hinz, Johannes Ludwig (*1866 Lindenwald †1964 Minnesota)
- 1894 fra Europa (gift 1895 med Hansine Christine **Fogdal**), 1900 til Europa.

Fogdal, Hansine Christine (*1867 Braabæk †1896 Lichtenau)
- 1895 fra Europa (gift med J. L. **Hinz** 1895).

Henzel, Marie Johanne Wilhelmine
- 1898 fra Europa (gift 1898 med J. L. **Hinz**).

I registeret til kirkebogens andet bind, som her er gengivet *in extenso*, optræder flere navne, som kan identificeres i museumsprotokollen.

Missionærer og deres ægtefæller i Friedrichsthal 1824–1900 (NKA 1824-1900: *Kirchen=Buch; Register der europäischen Geschwister*):

Kleinschmidt, Johan Conrad (*1768 Mühlhausen †1832 Friedrichsthal) & Christina, f. **Petersen**
- 1824 fra Europa via Neuherrnhut, 1835 Christina til Europa.

de Fries, J. Arnold
- 1824 fra Europa, 1834 til Sydafrika via Europa.

Baus, J. Friedrich
- 1824 fra Lichtenau, 1825 til Lichtenau (gift her i 1834 med S. Ph. **Baus**), 1834 fra Lichtenau, 1841 til Lichtenau.

Popp, M. W.
- 1825 fra Lichtenau, 1826 til Europa, 1830 til Virgin Islands.

Mehlhose, Johann Friedrich (*1788 Königsau †1856 Gnadau) & Christina (*1789 Gesing), født **Christens**
– 1827 fra Lichtenfels, 1829 til Lichtenfels.

Ihrer, Georg Michael & Marie Louise, f. **Kleinschmidt**
– 1829 fra Lichtenau, 1834 til Lichtenau, 1841 fra Lichtenau, 1858 til Europa.

Müller, Valentin & Johanna Dorothea, f. **Glafe**
– 1834 fra Lichtenau, 1841 til Lichtenau.

Baus, S. Ph. (gift 1834 i Lichtenau med J. F. **Baus**)
– 1834 fra Lichtenau, 1841 til Lichtenau.

Asboe, Michael Andersen
– 1834 fra Europa, 1837 til Lichtenau, 1846 til Europa (gift her 1847 med Ingeborg Christine **Hansen** (†1851 Lichtenau)), 1849 fra Lichtenau, 1851 til Europa (gift her med Anna Sophie **Jensen** (†1909)) og Lichtenau og 1855 Lichtenfels, 1858 fra Lichtenfels, 1859 i Pamialluk, 1867 til Europa.

Paulsen Lund, Jørgen
– 1835 fra Lichtenau, 1840 til Europa (gift her 1841 med A. Maria), 1841 fra Europa, 1849 til Europa.

Uellner, Johann Wilhelm
– 1840 fra Lichtenau, 1850 til Europa (gift her 1851 med Anna Mar. (†1862 Lichtenfels)), 1851 fra Europa, 1858 til Lichtenfels (gift her 1863 med Susanna **Meili** (†1864 Lichtenfels), og 1866 med Friederike **Arnstadt**), 1876 til Europa.

Kruth, Ferdinand
– 1845 fra Lichtenau, 1846 til Hoffenthal i Labrador via Europa.

Schneider, Immanuel Gottlob (*1822 Zaberfeld †1885 Görlitz)
– 1851 fra Europa, 1854 til Lichtenau.

Gericke, Carl August
– 1854 fra Neuherrnhut, 1859 til Europa, 1860 til Lichtenau, 1867 fra Lichtenau med Marie Emilie **Gericke**.

Hilbig, Joh. Carl August
– 1858 fra Lichtenfels, 1864 til Lichtenau, 1867 til Europa, 1877 fra Illorpaat, 1878 til Europa med kone og børn.

Starick, Martin
– 1859 fra Europa via Friedrichsthal til Lichtenau, 1861 fra Lichtenau.

Hilbig, Hermine Louise (†1866 Friedrichsthal), f. **Fleig**, gift med J. C. A. **Hilbig**
– 1861 fra Europa, 1864 til Lichtenau.

Spindler, Carl Julius
– 1864 fra Europa, 1868 til Lichtenau.

Starick, Sophie Augusta, f. **Pfeiffer**, gift 1865 med M. **Starick**
- 1865 fra Europa.

Drexler, Joh. Friedrich & Joh. Amalia
- 1870 fra Lichtenfels, 1874 Labrador via Europa.

Arnstadt, Carl Louis Christian & Anna Marie
- 1874 fra Lichtenau, 1879 til Europa.

Brodbeck, Jacob
- 1875 fra Lichtenau, 1876 til Europa.

Hilbig, Charlotte Theodora
- 1877 fra Illorpaat, 1878 til Europa, 1879 til Lichtenfels.

Kögel, Heinrich August & Charlotte Matilde
- 1879 fra Lichtenau, 1880 til Lichtenau, 1883 fra Lichtenau.

Brodbeck, Amalie Friedrike, f. **Götz**
- 1880 fra Europa.

Zucher, Traug. Wilhelm & Ida Bertha, f. **Pathe**
- 1883 fra Lichtenfels.

Riegel, Johann Gottlieb Adolf (*1845 Stettin †1918 Christiansfeld) & Kathrine, f. **Stemm**
- 1885 fra Lichtenfels, 1892 til Europa, 1893 fra Europa, 1896 til Illorpaat.

Bohlmann, Ernst & Marie, f. **Herzog**
- 1894 fra Lichtenau, 1900 til Europa via Lichtenau.

Schärf, Emil Albert & Anna Marie, f. **Schütz**
- 1896 fra Illorpaat, 1899 til Europa.

Zucher, Ernst Paul & Johanna Elisabeth, f. **Arnstadt**
- 1899 fra Lichtenau, 1900 til Europa.

Ligeledes optræder der i listen over europæere i Friedrichsthal, som her er gengivet *in extenso*, flere navne, der kan identificeres i museumsprotokollen.

På denne baggrund har vi nu tilstrækkelige oplysninger, som vil gøre det muligt for os at opspore personernes færd i deres grønlandske missionsmark og at tilføje oplysninger, som kan supplere vor viden om genstandenes proveniens.

Giverne og de indsamlede genstande

Genstande af sydgrønlandsk eller østgrønlandsk proveniens er understregede.

Ludwig Becker
• 78071 model af tørvehus (gave 2001).
Det drejer sig om **Ludwig** John Leonhard **Becker** (*1923), der har forfattet heftet "Herrnhut 1945", Herrnhut 1997, og som er søn af Christoph Ludwig Bronson Becker (*1894 †1964), der fra 1949 til 1964 ledede museet i Herrnhut. Han har ikke været i Grønland.

Th. Bechler
• 57420 model af konebåd med sejl, fire roersker og en mandlig styrer.
Det drejer sig formentlig om **Bechler, Theodor** (*1862 †1944), der som en af Brødremenighedens historikere har skrevet "Samuel Kleinschmidt, der Sprachmeister Grönlands", Herrnhut 1930. Han har ikke været i Grønland.

Bindschedler
• 67995 kaskelottand (gave 1878).
Bruder Joh. Heinrich **Bindschedler** (*1835 †1918) var svoger til Carl Julius Spindler og opholdt sig i Grønland i 11 år. 1863–1872 Neuherrnhut; 1872–1874 Tyskland; 1874–1876 Lichtenau. Genstanden er formentlig foræret museet i forbindelse med grundlæggelsen.

Boas
• 67818 violin med bue (Unitäts-Archiv deponeret 1878, køb 1973).
I protokollen står anført "**Boas** im Hoffenthal 1828", hvilket må være Hopedale i Labrador. Genstanden er foræret museet ved grundlæggelsen, men den er næppe fra Grønland.

Br. Bohlmann
• <u>67856</u> fiskeline i hvalbarde.
Bruder Ernst Adolf Karl Heinrich **Bohlmann** (*1864 †1945) opholdt sig otte år i Grønland og derefter 20 år i Labrador. 1892–1894 Lichtenau; 1894–1900 Friedrichsthal; 1900 Lichtenau. Genstanden er fra Sydgrønland.

Schw. Carol-Lemerz
• 67789 fad af hvalbarde med rem i sælskind (gave).
Det har ikke været muligt at skaffe oplysninger om denne giver.

M. Clemens
• 67902 dukke med tøj (deponeret 1878, indgået 1912).
Det har ikke været muligt at skaffe oplysninger om denne person, hvis gave kom til museet i forbindelse med grundlæggelsen.

David Cranz
• 57418 fedtstenslampe (køb 1969).
• 67820 fedtstenslampe (deponeret 1878, gave 1973).
Bruder **David Cranz** (*1723 †1777) var Brødremenighedens historiker og sekretær for Zinzendorf indtil dennes død 1760. Han opholdt sig en vinter i Grønland. 1761–1762 Neuherrnhut. Genstandene har været i familiens eje, hvorfra de er kommet til museet (Israel 1982: 477–478, 2003: 111).

Grillich
• 67960 sele til halvpels (gave).
Det har ikke været muligt at skaffe oplysninger om denne person, hvis gave er overdraget fra Museum Niesky, formentlig i 1947. **Grillich** er et familienavn, og en forfader, Johann Georg **Grillich**, kom i 1786 til Grønland (Israel 1969: 203).

F. A. Hagenauer
• 67904 kajak med udstyr (køb 1899–1901).
• 67988 dukke med tøj.
• 68022 dukke med tøj (køb).
Friedrich August **Hagenauer** (*1829 †1909) rejste som missionær til Australien i 1858 og døde der, hvorfor han næppe kan have indleveret de omtalte genstande. Den komplette kajak med sit flade dæk synes at være af sydgrønlandsk oprindelse.

O. Heinke
• 57412 skydesejl til kajak (køb).
• 67837 kvindebukser med broderi (deponeret 1901, erhvervet 1910).
• 67845 kajakpagaj (EBU Herrnhuts ejendom).
• 67959 fedtstenslampe fra Uummannaq (Museum Niesky, gave).
• 67962 model af kajakskelet (overtaget 1973).
• 68145 "sneskostok" i træ (deponeret).
• 69605 brev til Br. Heinke skrevet af en grønlænder fra Kangeq i 1899 (gave fra Kleinwelka 1926).
Bruder Otto Hermann **Heinke** (*1854 †19??) opholdt sig 18 år i Grønland. 1882–1884 Lichtenau; 1884–1885 Friedrichsthal; 1885–1900 Lichtenfels-Neuherrnhut. Kvindebukserne, som er en model, har et østgrønlandsk snit og kan stamme fra giverens ophold i Sydgrønland.

Br. Hirt

• <u>67934</u> model af lanse (gave).

Det har ikke været muligt at skaffe oplysninger om denne person, som kommer fra Kleinwelka. Genstanden synes at være af sydgrønlandsk oprindelse.

Schw. Koch

• 68004 sko i skind med broderier (gave 1911).

Schwester Koch (*18?? †19??) må være hustruen til Ferdinand W. Schmiedecke, som i 1866 i Kleinwelka blev gift med Auguste Koch (†1869 i Neuherrnhut) og i 1870 i Neuherrnhut med Johanne Koch. Sidstnævnte opholdt sig fem år i Grønland. 1870–1872 Neuherrnhut; 1872–1875 Uummannaq.

Leden

• <u>28272</u> kvindelig trædukke med dragt af afhåret sælskind (køb 1910).

Christian Leden (*1882 †1957) er en norsk musiketnolog, som i 1910 rejste til Østgrønland (Leden 1954: 5). Dukken er fra Ledens ophold i Ammassalik i 1910, dvs. 10 år efter Brødremenighedens virke i Grønland ophørte.

Br. Lehmann

• 57403 tarmskindsanorak (gave 1878).

Det har ikke været muligt at skaffe oplysninger om giveren, hvis navn i protokollen knyttes til Sarepta, brødremissionen ved Volgograd i Rusland. Den lange anorak, som er overdraget museet i forbindelse med grundlæggelsen, er næppe grønlandsk, men kunne stamme fra Labrador.

D. Lorez

• 67964 tromme påskrevet "18tes Jahrhundert".

Det har ikke været muligt at skaffe oplysninger om indsamleren af denne tromme fra 1700-tallet, som i 1947 er overdraget fra Museum Niesky.

Mehlhose

• 67932 fedtstensbæger (Unitäts-Archiv deponeret 1878, køb 1973).

Bruder Johann Friedrich Mehlhose (*1788 †1856) opholdt sig 29 år i Grønland. 1819–1827 Lichtenfels; 1827–1829 Friedrichsthal; 1829–1835 Lichtenfels; 1835–1837 Tyskland; 1837–1842 Neuherrnhut; 1842–1849 Lichtenfels-Neuherrnhut. Genstanden blev overdraget arkivet af grønlandsmissionær Herbach, Neuherrnhut, i forbindelse med grundlæggelsen af museet.

Schw. Menzel

• 67756 skriveunderlag i sælskind med skindbroderier langs kanten (gave). Det har ikke været muligt at skaffe oplysninger om giveren. **Menzel** er et familienavn, og en forfader, Heinrich **Menzel**, kom i 1783 til Grønland (Israel 1969: 203). Det kan dog også være en skrivefejl for Marie Johanne Wilhelmine **Henzel**, som i 1898 kom til Lichtenau, hvor hun blev gift med Bruder Johannes Ludwig Hinz.

Curt Möschler

• 57421 brevpresse i fedtsten (indsamlet 1879, gave 1969).
• 67909 del af nordboklæde (Mönschler-Kronförstchen, gave 1878).
Det har ikke været muligt at skaffe oplysninger om indsamleren, der formentlig har foræret genstandene i forbindelse med oprettelsen af museet.

Eugen Reichel

• 67824 kurv i græsflet (køb 1879).
• 67844 krudthorn af bukkehorn (køb 1879).
Det har ikke været muligt at skaffe oplysninger om giveren, som er fra Berthelsdorf (Herrnhut), og om genstandene, der kom til i forbindelse med oprettelsen af museet. En formodet slægtning, visitator Ernst **Reichel**, rejste i 1859 som medlem af missionsdepartementet til Neuherrnhut for at afskedige Samuel Kleinschmidt.

Schw. Th. Reichel

• 67819 broderet tekstil (gave).
Det har ikke været muligt at skaffe oplysninger om giveren og genstanden, som formentlig blev foræret museet i forbindelse med grundlæggelsen.

A. Riegel

• 57402 tarmskindsanorak (køb).
• 57410 konebådsmodel med fire roersker og en mandlig styrer (køb).
• 57413 modeller i træ af sæler, fangeblærer og spækposer (køb 1969).
• 57414 modeller i træ og skind af inventar til telte og huse (erhvervet 1969).
• 57415 model af vingeharpun med kastetræ (køb).
• 57416 snebriller (køb 1969).
• 57425 sele til halvpels (køb).
• 57426 gribespil – *ajagaq* (køb 1969).
• 67785 model af sommertelt (erhvervet 1894) (køb).
• 67786 to fingerbeskyttere af sælskind med seks synåle (køb).
• 67790 fedtstensskål (opr. gave fra David Cranz) (køb).

- <u>67791</u> kammiutstok (køb).
- <u>67792</u> kam i ben (køb).
- <u>67806</u> tarmskindsanorak til barn (køb).
- <u>67807</u> model af tørvehus med løst tag (køb).
- 67822 bordskåner i skind med broderi (køb).
- 67823 bordskåner i skind med broderi (køb).
- <u>67833</u> model i træ af vandspand med øse (køb).
- <u>67834</u> knivskede med skindbroderier (køb).
- <u>67840</u> ørehængesmykker i metal med glasperler (køb).
- 67843 model af fedstenslampe (køb).
- <u>67846</u> tankespil – *pulaartut* (køb).
- <u>67851</u> syringholder i ben med tre syringe (fingerbøl) (køb).
- <u>67852</u> model i træ af flænsescene med tre kvinder, fem børn, en hund og en spand (køb).
- <u>67853</u> snurretop i træ (køb).
- <u>67854</u> to brummere i træ (køb).
- 67910 tre glasperler (køb).
- <u>67936</u> model af øse (køb).
- <u>67938</u> modeller af kvinderedskaber og lille trææske (køb).
- 67939 model af lampestol (køb).
- <u>67996</u> model af sommertelt (køb).
- <u>68011</u> snebriller (køb).
- <u>68021</u> husbukser til kvinde (køb).
- <u>68240</u> ørehængesmykker i metal med glasperler (køb).
- <u>69171</u> model af øse (erhvervet 1893) (køb).

Bruder Johann Gottlieb Adolf **Riegel** (*1845 †1918) opholdt sig sammenlagt 26 år i Grønland. 1873–1885 Neuherrnhut-Lichtenfels-Uummannaq; 1885–1892 Friedrichsthal; 1892–1893 Tyskland; 1893–1896 Friedrichsthal; 1896–1900 Lichtenau-Illorpaat. Udover de 35 anførte genstande, hvoraf de fleste stammer fra Syd- og Østgrønland, skal nævnes, at **Riegel** modtog et lille håndtegnet hefte udfærdiget af gedehyrden Isak ved Illorpaat, der fortæller om dagligdagen ved missionsstationen. **Riegel** forærede i 1899 heftet til kolonibestyrer Konrad Olsen Bugge, Nanortalik (Bugge 1977: 51).

A. Röderer

- 67832 kurv i græsflet.

Det har ikke været muligt at skaffe oplysninger om giveren.

Br. Schmiedecke

- 57408 skindbælte med skindbroderier (erhvervet 1878, gave 1911).
- 67973 bordskåner i skind med broderi (deponeret 1878, gave 1911).

Bruder Ferdinand Wilhelm **Schmiedecke** (*1832 †1882) opholdt sig 16 år i Grønland. 1858–1863 Lichtenau; 1863–1865 Lichtenfels; 1865–1866 Tyskland; 1866–1868 Neuherrnhut; 1868–1869 Uummannaq; 1869–1872 Neuherrnhut; 1872–1875 Uummannaq. Genstandene er overdraget museet i forbindelse med grundlæggelsen. Vi må antage, at det er hans kone, Johanne, f. Koch, der i 1911 forærer dem til museet.

Br. Schneider

• 67855 model af konebåd med sejl (Kleinwelka, gave 1875).
Bruder Immanuel Gottlob **Schneider** (*1822 †1885) opholdt sig sammenlagt 22 år i Grønland. 1851–1854 Friedrichsthal; 1854–1858 Lichtenau; 1858–1859 Tyskland; 1859–1863 Neuherrnhut; 1863–1868 Uummannaq; 1868–1869 Tyskland; 1869–1872 Uummannaq; 1872–1875 Neuherrnhut. Genstanden blev straks efter hjemkomsten foræret til Kleinwelka, hvorfra den er kommet til museet i Herrnhut.

Br. Seidel

• 69585 to opklæbede tegninger fremstillet af grønlandske børn (gave).
Det har ikke været muligt at skaffe oplysninger om giveren.

Spindler

• 57411 model af tørvehus (gave 1882).
• 67784 *ulu* med stempel "Raadh & Winther, Efte…Staal" (gave).
• 67942 palæoeskimoiske stenredskaber (gave 1882).
Bruder Carl Julius **Spindler** (*1838 †1918) var svoger til Joh. Heinrich Bindschedler og opholdt sig i Grønland i 22 år. 1864–1868 Friedrichsthal; 1868–1873 Lichtenau; 1873–1875 Neuherrnhut; 1875–1876 Uummannaq; 1876–1882 Neuherrnhut; 1882–1883 Tyskland; 1883–1888 Neuherrnhut. Genstandene er formentlig foræret museet i forbindelse med nedrejsen 1882. Fra **Spindler** stammer også fem akvareller (78324, 78328, 78329, 78330, 78331) og 18 tegninger (Israel 1984).

Starik(?)

• 57419 fedtstenslampe (erhvervet).
Det drejer sig formentlig om Bruder Martin **Starick** (*1836 †1921), som opholdt sig sammenlagt 38 år i Grønland. 1859–1861 Lichtenau; 1861–1865 Friedrichsthal; 1865–1867 Lichtenfels; 1867–1868 Illorpaat; 1868–1870 Friedrichsthal; 1870–1884 Lichtenfels; 1884–1885 Tyskland; 1885–1892 Lichtenfels; 1892–1898 Neuherrnhut. Vi må formode, at Starick efter sit lange ophold i Grønland kunne have afleveret flere genstande end den ene, han er noteret for.

Br. Warmow

• 68012 spadserestok med håndgreb af bukkehorn (gave).

• 68024 model af konebåd med sejl (køb).

Bruder Matthäus **Warmow** (*1818 †1898) opholdt sig sammenlagt 35 år i Grønland. 1846–1852 Lichtenau; 1852–1856 Lichtenfels; 1856–1858 Europa og Baffin Island; 1858–1859 Neuherrnhut; 1859–1861 Lichtenfels; 1861–1862 Neuherrnhut; 1862–1864 Lichtenfels; 1864–1867 Illorpaat; 1867–1881 Lichtenau; 1881–1883 Illorpaat. Efter 35 år i landet, hvoraf de sidste 19 år blev tilbragt i Sydgrønland, må vi formode, at der kunne eksistere flere genstande end de to, han er noteret for.

Schw. Weiler

• 67903 vingeharpun (erhvervet 1889, gave).

Et missionærpar, Friedrich Thomas og Sofie Rudolfine **Weiler**, opholdt sig i 1865–1867 og 1874–1886 i Hoffenthal, Labrador (Brice-Bennett 2003: 140). Det har dog ikke været muligt at skaffe nærmere oplysninger om giveren, men genstanden synes at stamme fra Sydgrønland.

Øvrige genstande i museumsprotokollen

Til de ovennævnte 79 genstande, hvoraf 34 formodedes at stamme fra Syd- og Østgrønland, kan tilføjes yderligere 26 genstande med denne proveniens. Disse er imidlertid uden personoplysninger og gengives her i nummerfølge med en kortfattet beskrivelse og de tilhørende oplysninger om erhvervelse:

57404 hårbånd; 57405 hårbånd; 67787 øjenskærm af træ med pånittet ornamentik i ben (overdraget fra Museum Niesky 1947); 67788 syringholder med fem ringe (fingerbøl); 67821 kurv i græsflet (Illorpaat?); 67836 model af kamikker; 67838 model af kasket i rødt stof; 67839 model af kasket i rødt stof; 67841 to hårbånd (a) og en amuletsele (b); 67842 model af vandspand; 67905 blærespyd; 67906 lanse og kastetræ; 67940 model af kamikker; 67941 hårbånd; 67944 harpun til åndehulsfangst; 67972 model af kamikker; 67986 rynkeben; 67998 mandlig dukke i østkystdragt og kamikker; 68000 barneanorak i hvidt klæde med røde kantninger, 68001 barneanorak i hvidt klæde med røde kantninger omkring ansigtsåbning; 68134 rynkeben; 68149 kamikker; 68150 kamikker; 68242 model af hundeslæde med fire hunde, mand og sæl på slæde (Unitäts-Archiv deponeret 1878); 68243 model af kajak med fanger; 68244 model af kajak med fanger.

Fra det sydligste Grønland stammer således i alt 60 genstande, hvoraf langt den største del er indsamlet i den sidste tid, Brødremissionen var aktiv i landet, dvs. før 1900, og hvor befolkningen på den sydøstlige kyst primært søgte til Friedrichsthal (Israel 1978: 131).

Hertil kommer ydermere 56 genstande, om hvilke vi formoder, at størstedelen er fra Grønland, mens fem synes at kunne proveniens-bestemmes til Labrador. De gengives her i nummerfølge med en kortfattet beskrivelse og de tilhørende oplysninger om erhvervelse:

57400 kvindebukser; 57401 barnekamikker; 57406 model af kamikker; 57407 model af kamikker; 57409 skindbælte med skindbroderier; 57417 kajakmodel med fanger (overdraget fra Kleinwelka); 57422 model af konebåd; 57423 vinduesrude i tarmskind; 57424 dukke med tøj – perlekraven gået tabt 1945; 57427 krukke med låg drejet i ben (køb 1969); 57428 ske i ben (muligvis til 57427) (køb 1969); 66071 sele til halvpels; 67805 dukke med tøj; 67817 kristent kors skåret i elfenben; 67825 model af to årer til konebåd; 67826 model af kvindebukser; 67827 ingen oplysninger (ligner et broderi); 67829 juletræsfod i fedtsten og 1900 indridset (julen 1900 havde man forladt Grønland!); 67830 brevpresse i fedtsten; 67831 brevpresse i fedtsten fremstillet 1877; 67835 model af kamikker; 67847 kajakmodel – næppe grønlandsk type (Labrador?); 67848 ingen oplysninger (træplade med 11 ænder og en hund); 67849 ingen oplysninger (illustration af rensdyr); 67850 ingen oplysninger (illustration (af udskæring) af slæde med fastsurret kajak, trukket af fire hunde samt en fritstående mandsfigur – kajakken næppe grønlandsk type (Labrador?); 67907 udstoppet sæl (fra Museum Niesky 1947); 67908 bue – næppe grønlandsk type (Labrador?); 67911 norrønt klokkemalm (fra Museum Niesky 1947); 67933 model af fedtstenslampe; 67935 model af fedtstenskar med ophæng (Unitäts-Archiv deponeret, køb 1973); 67937 harpunline; 67943 fuglespyd med kastetræ; 67966 et par ski (gave); 67969 en *ulu* (fra Brüdermuseum Neudietendorf, køb 1961); 67985 model af lampestol (Unitäts-Archiv, Herrnhut, deponeret 1878, tilbageleveret EBU 1973); 67987 model af to personer på åndehulsfangst – de spidse anorakhætter er næppe grønlandske (Labrador?); 67989 kajakmodel med fanger (Neudietendorf, køb 1961) – kajak og fangerens spidse anorakhætte er næppe grønlandsk (Labrador?); 67997 dukke med tøj; 67999 anorak af ringsæl; 68002 model af kamikker; 68005 kamikker; 68006 model af perlebroderet taske; 68007 taske i afhåret skind med applikationer; 68008 bordskåner i skind med broderi; 68009 bordskåner i skind med broderi; 68010 bordskåner i græsflet; 68013 brevtaske i afhåret skind, 68014 mandsfigur i indfarvet fedtsten; 68023 tarmskindsanorak (fra Museum Niesky); 68025 bordskåner i græsflet; 68026 kurv i græsflet; 68036 snustobaksdåse i hvalrostand (fra Museum Niesky, 1962?); 68066 netsynk i fedtsten (fra Museum Niesky); 68113 kajakmodel med fanger; 68127 model af konebåd med årer og sejl; 68241 model af kniv i ben eller papirkniv (Unitäts-Archiv, deponeret 1878).

Fra museumsprotokollen skal tilføjes to akvareller af C. Rudolph (69153, 69154), fem af C. J. Spindler (78324, 78328, 78329, 78330, 78331) samt en plasticpose fra Brugsen i Grønland med motiver fra Grønlands Nationalmuseums østgrønlandske samling, "Tunuamiut" (69704).

Den bevarede samling i Herrnhut udgøres således af 169 genstande eller museumsnumre, der hver for sig kan omfatte mere end én genstand.

Inddeling af genstandene fra Völkerkundemuseum Herrnhut i funktionelle grupper

Inddelingen er foretaget med reference til de etnografiske og sociale kategorier, som oftest bruges i forbindelse med beskrivelse af etnografiske og arkæologiske museumssamlinger (jf. Gulløv 1997: 100–109). De valgte grupper er følgende:

A. Fangst, jagt og fiskeri (16 genstande); **B.** Transport (17 genstande); **C.** Boliger (7 genstande); **D.** Mandsværktøj (ingen genstande); **E.** Kvindeudstyr (16 genstande); **F.** Husgeråd (10 genstande); **G.** Dragt og personligt udstyr (38 genstande); **H.** Religiøse genstande (4 genstande); **I.** Legetøj, spil, dukker m.v. (13 genstande); **J.** Europæiske formål (25 genstande); **K.** Andet, herunder genstande uden for Grønland (24 genstande).

Dette opgøres til 170 genstande, idet ét af de oprindelige 169 museumsnumre indeholder to genstande, der er anbragt i hver sin kategori.

Flere genstande er modeller; men vi har valgt at lade disse repræsentere de funktionelle grupper, som herefter får følgende indhold, idet genstande af sydgrønlandsk eller østgrønlandsk proveniens er understregede:

A. Fangst, jagt og fiskeri (inkl. modeller)
Vingeharpun (<u>67903</u>);
Model af vingeharpun med kastetræ (<u>57415</u>);
Harpun til åndehulsfangst (<u>67944</u>);
Harpunline (67937);
Lanse og kastetræ (<u>67906</u>);
Model af lanse (<u>67934</u>);
Blærespyd (<u>67905</u>);
Fuglespyd med kastetræ (67943);
Snebriller (<u>57416</u>, <u>68011</u>);
Øjenskærm med ornamentik (<u>67787</u>);

Knivskede med skindbroderier (67834);
Krudthorn af bukkehorn (67844);
Fiskeline i hvalbarde (67856);
Netsynk i fedtsten (68066);
Modeller i træ af sæler, fangstblærer og spækposer (57413).

B. Transport (inkl. modeller)
Komplet kajak med udstyr (67904);
Kajakpagaj (67845);
Skydesejl til kajak (57412);
Kajakmodeller (68243, 68244, 57417, 68113);
Model af kajakskelet (67962);
Konebådsmodeller (57410, 57420, 57422, 67855, 68024, 68127);
Model af to årer til konebåd (67825);
Model af hundeslæde med hunde, mand og sæl på slæde (68242);
Et par ski (67966);

C. Boliger (modeller)
Tørvehuse (57411, 67807, 78071);
Tarmskindsrude (57423);
Sommertelte (67785, 67996);
Modeller i træ og skind af inventar til telte og huse (57414).

D. Mandsværktøj
Intet.

E. Kvindeudstyr (inkl. modeller)
Fedtstenslamper (57418, 57419, 67820, 67959);
Modeller af fedstenslamper (67843, 67933);
Modeller af lampestole (67939, 67985);
Ulu'er (67784, 67969);
Syringholdere i ben (67788 (med fem syringe), 67851 (med tre syringe));
Fingerbeskyttere af skind med seks synåle, fem af ben, én af jern (67786);
Rynkeben (67986, 68134);
Modeller af kvinderedskaber og lille trææske (67938).

F. Husgeråd (inkl. modeller)
Fad af hvalbarde (67789);
Modeller af vandspande (67833 (med øse), 67842);
Modeller af øser (67936, 69171);
Model af fedtstenskar med ophæng (67935);
Kurve i græsflet (67821, 68026, 67824, 67832).

G. Dragt og personligt udstyr (inkl. modeller)

Kvindebukser (57400);

Modeller af kvindebukser (67826, 67837);

Husbukser – *Naatsit* (68021);

Kamikker (68005, 68149, 68150);

Modeller af kamikker (57406, 57407, 67835, 67836, 67940, 67972, 68002);

Barnekamikker (57401);

Kammiut-stok (67791);

Skindsko med broderier (68004);

Anorak af ringsæl (67999);

Barneanorakker i hvidt klæde (68000, 68001);

Tarmskindsanorakker (57402, 67806 (til barn), 68023);

Seler til halvpels (57425, 66071, 67960);

Modeller af kasketter i rødt stof (67838, 67839);

Hårbånd (57404, 57405, 67841a (to sæt), 67941);

Øresmykker i metal med glasperler (67840, 68240);

Kam i ben (67792);

Skindbælter med broderier (57408, 57409);

Tre glasperler (67910).

H. Religiøse genstande

Tromme "18tes Jahrhundert" (67964);

To brummere i træ (67854);

Amuletsele (67841b);

Kristent kors skåret i elfenben (hvalrostand?) (67817).

I. Legetøj, spil, dukker m.v.

Dukker (♀) med tøj (57424, 67805, 67902, 67988, 67997, 68022);

Trædukke (♀) med skinddragt (28272);

Dukke (♂) med tøj (67998);

Mandsfigur i indfarvet fedtsten (68014);

Gribespil (57426);

Tankespil (67846);

Snurretop i træ (67853);

Model i træ af flænsescene med kvinder, børn, hund og spand (67852).

J. Europæiske formål

Bordskånere i skind (67822, 67823, 67973, 68008, 68009);

Bordskånere i græsflet (68010, 68025);

Skriveunderlag i skind (67756);

Brevpresser i fedtsten (57421, 67830, 67831);

Brevtaske i afhåret skind (68013);

Model af kniv i ben eller papirkniv (68241);
Brev til Br. Heinke (69605);
Fedtstensbæger (67932);
Fedtstensskål (67790);
Krukke med låg drejet i ben (57427);
Ske i ben (57428);
Broderet tekstil (67819);
Broderi (67827);
Taske i afhåret skind (68007);
Model af perlebroderet taske (68006);
Spadserestok med håndgreb af bukkehorn (68012);
Opklæbede børnetegninger (69585);
Juletræsfod i fedtsten (67829).

K. Andet, herunder genstande uden for Grønland
Kaskelottand (67995);
Træplade med 11 ænder og en hund (67848);
Illustration eller udskæring af rensdyr (67849);
Udstoppet sæl (67907);
Snustobaksdåse i hvalrostand (68036);
Bærepose fra Brugsen mrk. Tunuamiut (69704);
Akvareller af C. J. Spindler (78324, 78328, 78329, 78330, 78331);
Akvareller af C. Rudolph (69153, 69154);
Del af nordboklæde (67909);
Norrønt klokkemalm (67911);
Palæoeskimoiske stenredskaber (67942);
Violin fra Hoffenthal i Labrador (67818);
Trægenstand "sneskostok" (68145);
Tarmskindsanorak fra Labrador(?) (57403);
Kajakmodeller fra Labrador(?) (67847, 67989);
Slæde med fastsurret kajak trukket af hunde og en fritstående mandsfigur fra Labrador(?) (67850);
Model af to personer på åndehulsfangst fra Labrador(?) (67987);
Bue fra Labrador(?) (67908).

Beskrivelser

Af de 121 genstande, som indgår i grupperne fra fangst (A) til legetøj (I), kommer halvdelen med stor sandsynlighed fra det sydligste Grønland.

Gruppen af redskaber brugt til fangst, jagt og fiskeri (A) viser den markante orientering mod havet, som karakteriserer den grønlandske fangstkultur.

Fig. 104a og b.
Vingeharpun.
Foto: Staatliche
Ethnographische
Sammlungen Sachsen,
Völkerkundemuseum
Herrnhut, 67903.

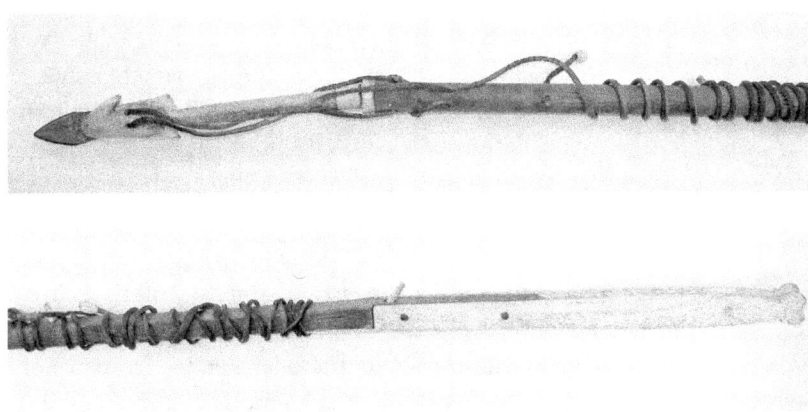

Fig. 105. Harpun til
åndehulsfangst. Foto:
Staatliche Ethnogra-
phische Sammlungen
Sachsen, Völkerkun-
demuseum Herrnhut,
67944.

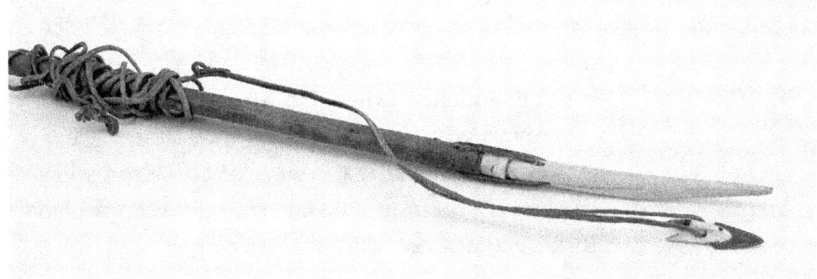

Fig. 106a, b og c.
Lanse og kastetræ.
Foto: Staatliche
Ethnographische
Sammlungen Sachsen,
Völkerkundemuseum
Herrnhut, 67906a-b.

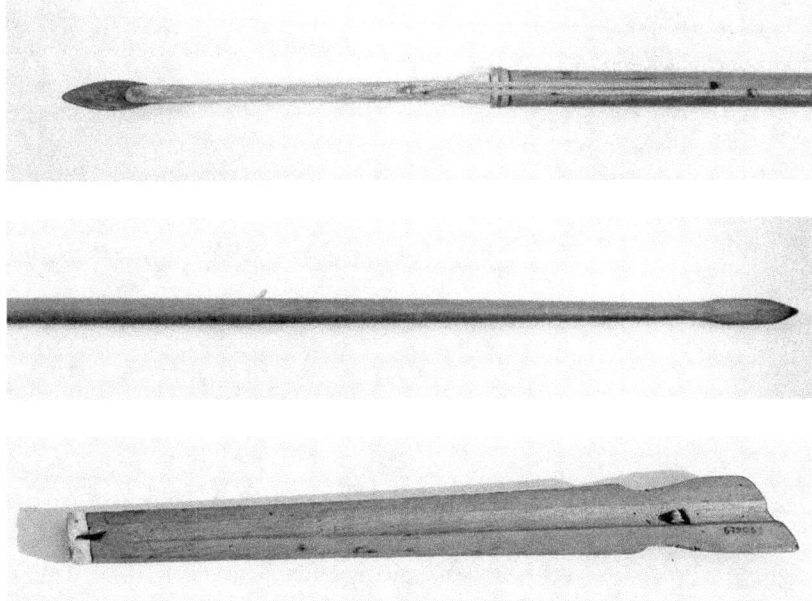

Vingeharpunen (67903) er 207 cm lang og har været brugt til sælfangst fra kajak. Det bevarede eksemplar har efter indsamlingen fået sin harpunline viklet omkring skaftet. Mellem vingerne ses fordybningen, hvori kastetræets tap skal gribe fast. Dette teknologiske træk er specielt for Sydgrønland, hvortil det tidligt er blevet introduceret fra østkysten (Birket-Smith 1917: 27).

Harpunen til åndehulsfangst (67944) er 107 cm lang og har været brugt til fangst af sæler fra den faste vinteris. Dette finder sted fra sælens åndehul eller ved at snige sig ind på den sovende sæl på isen, den såkaldte "krybefangst". Begge metoder kendes fra den nordlige vestkyst og fra østkysten, hvorfra dette eksemplar er kommet (GHS 1985: 60f) (Fig. 104a og b og 105).

Lansen (67906) er 190 cm lang og forsynet med et kastetræ. Den har været brugt til fangst fra kajak og er velkendt fra østkysten, hvorfra dette eksemplar er kommer (GHS 1985: 58f). Modellen (67934) er 80 cm lang og er i bagenden forsynet med en ismejsel. Den har formentlig været brugt til åndehulsfangst (Fig. 106a, b og c).

Blærespyddet (67905) er 170 cm langt og har været brugt til fangst af sæl og småhval fra kajak. Til et blærespyd hører et (bortkommet?) kastetræ. Typen er velkendt fra hele Vestgrønland og fra østkysten (jf. Birket-Smidt 1924: 303) (Fig. 107a og b).

Fig. 107a og b.
Blærespyd. Foto: Staatliche Ethnographische Sammlungen Sachsen, Völkerkundemuseum Herrnhut, 67905.

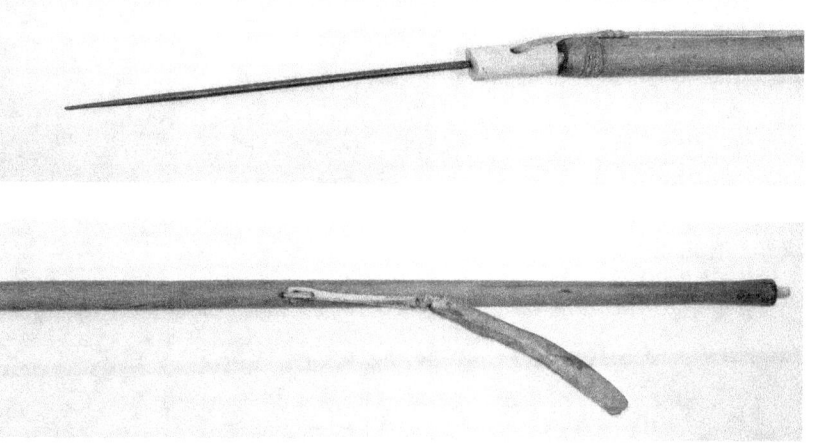

Fuglespyddet (67943) er 190 cm langt og forsynet med kastetræ. Det er almindeligt over hele Grønland, hvor sidegrenene kan fastgøres med såvel en som to surringer. Det aktuelle fuglespyd har sidegrenene fastgjort til skaftet med to surringer. Kastetræets bageste tap hviler inden kastet

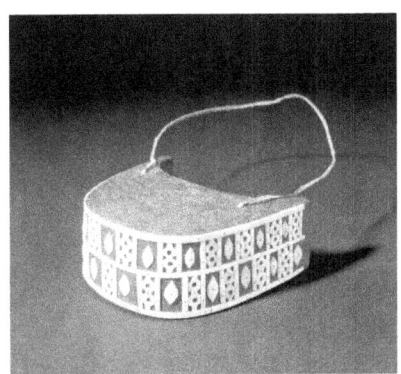

Fig. 108. Snebriller. Foto: Staatliche Ethnographische Sammlungen Sachsen, Völkerkundemuseum Herrnhut, 68011.

Fig. 109. Øjenskærm. Foto: Staatliche Ethnographische Sammlungen Sachsen, Völkerkundemuseum Herrnhut, 67787.

i skaftets bagende, hvilket er et sydgrønlandsk træk (Birket-Smith 1924: 354).

Snebrillerne af træ (57416 og 68011), som har været brugt i store dele af Grønland, synes begge at være fra Sydgrønland, hvor jagten ude i den østgrønlandske storis kræver denne form for beskyttelse af fangerens øjne (jf. GHS 1985: 236; Norn 1996) (Fig. 108).

Øjenskærmen af træ (67787) har været brugt i store dele af Grønland, men er med sine pånittede ornamenter af sæler i ben et særkende for Ammassalik, hvorfra denne ornamentik kom til omverdenens kendskab i 1880'erne (Birket-Smith 1924: 191f; GHS 1985: 232ff) (Fig. 109).

Knivskeden i sælskind (67834), 21 cm lang, er med sine broderier af smalle skindstrimler velkendt fra Østgrønland og stammer formentlig herfra (GHS 1985: 121f) (Fig. 110).

Krudthornet (67844) og netsynket af fedtsten (68066) er vidt udbredt tilbehør til jagt og fiskeri, hvorimod fiskelinen i hvalbarde (67856), som blev brugt til dybvandsfiskeri, har en særlig historie i Sydgrønland, hvor denne line har været i brug. Her findes nemlig ingen af de store bardehvaler, og materialet til de lange liner havde gennem generationer måttet skaffes til veje ved handel med de grønlændere, som bedrev hvalfangst og som

Fig. 110. Skede til fangstkniv. Foto: Staatliche Ethnographische Sammlungen Sachsen, Völkerkundemuseum Herrnhut, 67834.

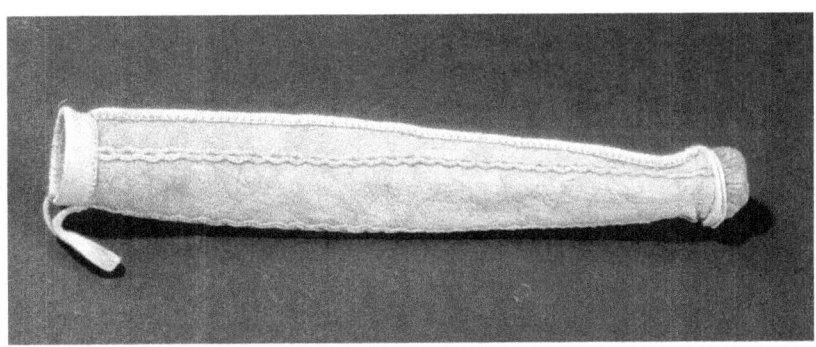

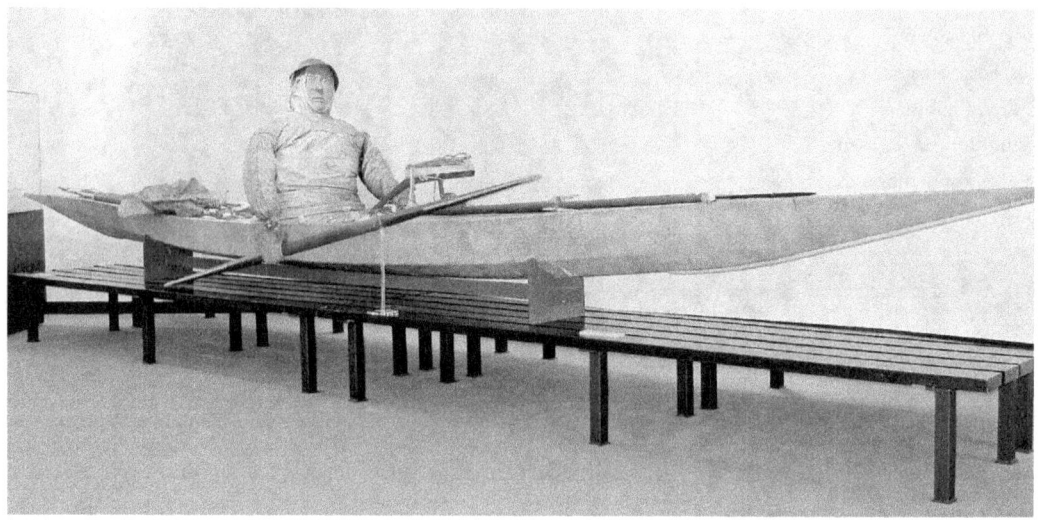

Fig. 111. Kajak med udstyr. Foto: Staatliche Ethnographische Sammlungen Sachsen, Völkerkundemuseum Herrnhut, 67904.

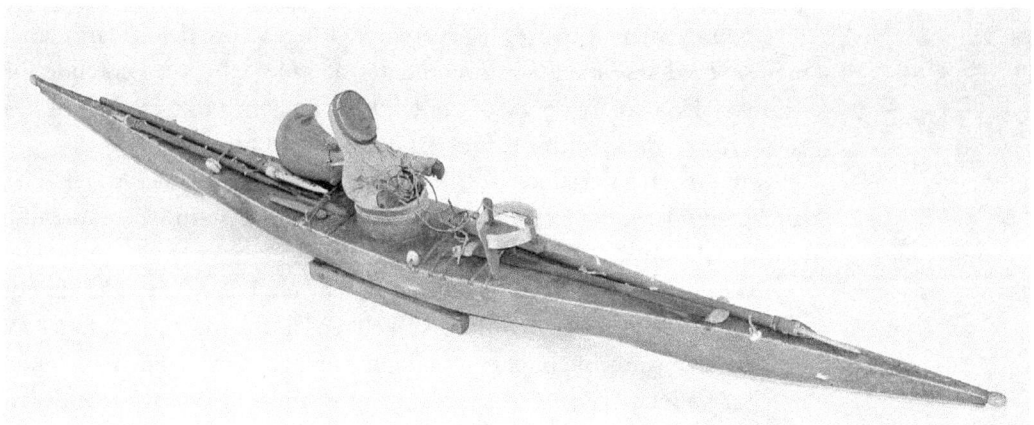

Fig. 112. Kajakmodel. Foto: Staatliche Ethnographische Sammlungen Sachsen, Völkerkundemuseum Herrnhut, 68243.

boede længere mod nord på landets vestkyst (Gulløv 1997: 403f).

Modellerne af sæler og spækposer (57413) stammer fra Sydgrønland og giver os indblik i måden at opbevare fangst.

Gruppen af transportmidler (B) dækker hele spektret af de mulige transportformer, der om sommeren udgøres af kajak og koncbåd og om vinteren af den hundetrukne slæde og de europæisk introducerede ski (67966), som kun har strop til tæerne og ikke omkring hælen (Birket-Smith 1924: 252).

Fig. 113.
Konebådsmodel.
Foto: Staatliche
Ethnographische
Sammlungen Sachsen,
Völkerkundemuseum
Herrnhut, 57410.

Den komplette kajak (67904), 565 cm lang, har ikke det opadbuede for- og agterparti, som karakteriserer den vestgrønlandske kajak, men et fladere dæk, mere lodrette sider og er betrukket med lyst skind, hvilket alle er træk, som er introduceret til Kap Farvel-distriktet med de indvandrede østgrønlændere (Birket-Smith 1924: 271; Petersen 1986: 52). Kajakmodellerne (68243 og 68244) har de samme karakteristika (Fig. 111 og 112).

Skydesejlet (57412), som fangeren i kajakken kan skjule sig bag, er en nordgrønlandsk opfindelse og bliver relativt sent introduceret i Sydgrønland (Birket-Smith 1924: 317f; Petersen 1986: 109f).

Konebådsmodellen (57410) kunne som de øvrige modeller repræsentere sydgrønlandske fartøjer. Det er imidlertid ikke muligt at skelne dem fra de øvrige vestgrønlandske typer (Fig. 113).

Modellen af den hundetrukne slæde (68242) er med sine brede og relativt lave opstandere en østgrønlandsk type (GHS 1985: 100, 108). Slæden kunne af den samtidige befolkning på østkysten anvendes fra Ammassalik og sydover til Lindenow Fjord lidt nord for Kap Farvel (Thalbitzer 1912: 370) (Fig. 114).

Fig. 114. Model
af hundeslæde.
Foto: Staatliche
Ethnographische
Sammlungen Sachsen,
Völkerkundemuseum
Herrnhut, 68242.

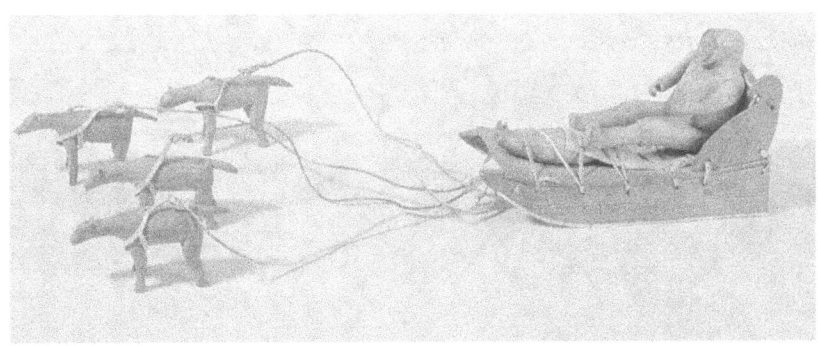

Fig. 115. Model af
grønlandsk vinterhus.
Foto: Staatliche
Ethnographische
Sammlungen Sachsen,
Völkerkundemuseum
Herrnhut, 67807.

Fig. 116. Model
af sydgrønlandsk
sommertelt.
Foto: Staatliche
Ethnographische
Sammlungen Sachsen,
Völkerkundemuseum
Herrnhut, 67785.

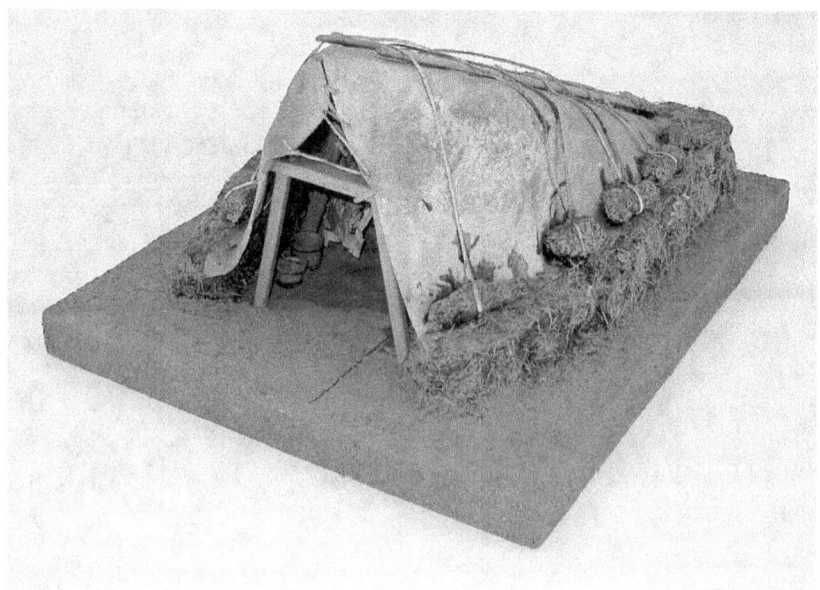

Gruppen af boliger (**C**) viser modeller af huse og telte samt det benyttede inventar (57414).

Tidens almindelige grønlandske vinterhus (67807) var opført af sten og tørv. På den viste model kan man under det skinddækkede tag få et glimt af indretningen, hvor to kvinder sidder på briksene. Kvindernes hårtoppe er bundet op med farvede hårbånd – blå for gifte, og rød for ugifte – hvormed man kunne skelne Brødremenighedens kvindelige medlemmers stand.

Sommerteltet (67785) er i Sydgrønland, som hyppigt hjemsøges af hård vind og voldsom nedbør, ofte omgivet af en jordvold (Birket-Smith 1924: 156f) (Fig. 115 og 116).

Gruppen af mandsværktøj (**D**) ville omfatte bl.a. snitteknive, slibe- og hammersten, skærebrætter, bor, økser, kiler, skovle og save, men da ingen af disse redskaber er repræsenterede i samlingen, må vi formode, at de på indsamlingstidspunktet længe har været erstattet af europæisk værktøj.

Gruppen af kvindeudstyr (**E**) omfatter først og fremmest lamper af fedtsten, et materiale som må antages at komme fra de gode stenbrud inde i fjorden bag Neuherrnhut og på øen Uummannaq (67820 og 67959),

Fig. 117. Syringholder af ben med syringe af skind. Foto: Staatliche Ethnographische Sammlungen Sachsen, Völkerkundemuseum Herrnhut, 67788.

Fig. 118. Syringholder af ben med syringe af skind. Foto: Staatliche Ethnographische Sammlungen Sachsen, Völkerkundemuseum Herrnhut, 67851.

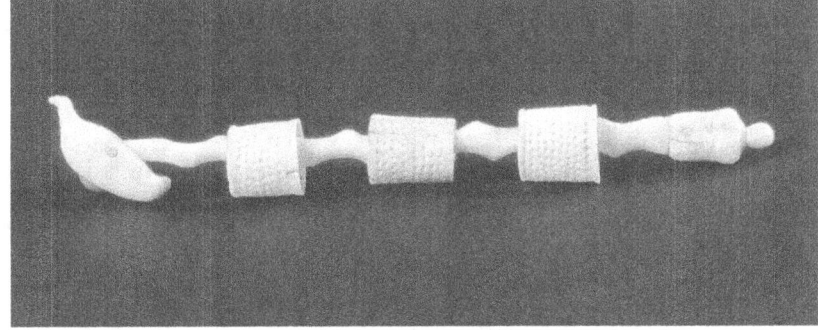

Fig. 119.
Fingerbeskyttere af
skind med nåle af
ben. Foto: Staatliche
Ethnographische
Sammlungen Sachsen,
Völkerkundemuseum
Herrnhut, 67786.

Fig. 120. Rynkeben.
Foto: Staatliche
Ethnographische
Sammlungen Sachsen,
Völkerkundemuseum
Herrnhut, 67986.

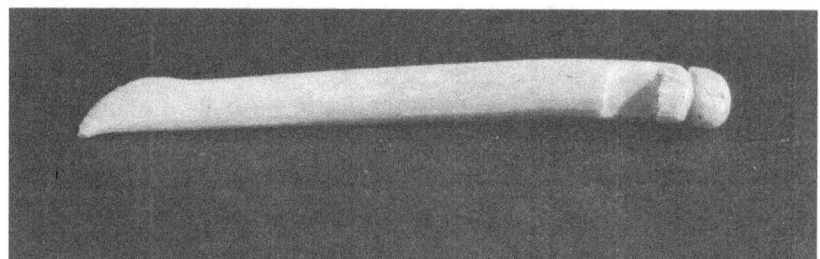

som har været intensivt benyttet af Brødremenighedens medlemmer
(Gulløv 1997: 404). Kvindekniven, den halvmåneformede *ulu*, også kendt
som den europæiske sejlmagerkniv, havde længe inden kolonisationens
begyndelse været et efterspurgt redskab (Gulløv & Kapel 1979: 125).

Syringholderne (<u>67788</u> og <u>67851</u>), 9 cm og 16 cm lange, fingerbeskyt-
terne (<u>67786</u>) og de såkaldte rynkeben (<u>67986</u> og <u>68134</u>), 10 cm og 8 cm
lange, der bruges til at rynke kamiksålens kant inden fastsyningen til
skaftet, kendes alle fra hele Grønland, men samlingens eksemplarer er
fra Sydgrønland og formentlig østgrønlandske typer (jf. GHS 1985: 156ff,
193f) (Fig. 117, 118, 119 og 120).

Af sydgrønlandsk oprindelse er den lille trææske med sit indhold af
modeller af kvindeknive og værktøj til blødgøring af kamikker, de såkald-
te *kammiut*-stokke (<u>67938</u>).

Gruppen af husgeråd (**F**) omfatter forskellige typer af beholdere. Fadet
med sider af hvalbarde (67789) kunne godt stamme fra østkysten, hvor
lignende fade blev benyttet til opbevaring af spæk (jf. GHS 1985: 177ff).
Modellen af et fedtstenskar med ophæng (67935), som formentlig
stammer fra en boligmodel, er af en almindeligt forekommende type,
som også kendes fra østkysten (ibid.: 176).

De to modeller af vandspande (<u>67833</u> og <u>67842</u>) og af øser (<u>67936</u> og
<u>69171</u>) er fremstillet i Sydgrønland og er østgrønlandske typer (ibid.: 170,
173ff) (Fig. 121 og 122).

Fig. 121. Modeller
af vandspande med
øse. Foto: Staatliche
Ethnographische
Sammlungen Sachsen,
Völkerkundemuseum
Herrnhut, 67833 og
67842.

Fig. 122. Modeller af
øser til vandspande.
Foto: Staatliche
Ethnographische
Sammlungen Sachsen,
Völkerkundemuseum
Herrnhut, 67936 og
69171.

Fig. 123. Kurv
i græsflet.
Foto: Staatliche
Ethnographische
Sammlungen Sachsen,
Völkerkundemuseum
Herrnhut, 67821.

Særlig interesse knytter sig til kurvene i græsflet (67821), længde 20 cm, som er fremstillet af snoet græs i en teknik, der også kendes fra arkæologiske fund fra Grønlands tidligste og seneste Thulekultur (Holtved 1944: 266; Mathiassen & Holtved 1936: 106ff). Traditionen bag disse ældgamle flettearbejder blev genoplivet på Brødremenighedens missionsstationer, især ved Uummannaq i fjorden bag Neuherrnhut og i det sydligste Grønland ved Illorpaat nær Lichtenau (Birket-Smith 1924: 115). På det sidste sted fandtes landets stærkeste græs, som også kunne flettes til fiskeliner (Gulløv 1997: 404). Traditionen med kurvefletning dukkede også op på stationerne i Labrador (Taylor 1984: 519), og er blevet videreført i Grønland længe efter Brødremissionen ophørte sit virke i landet (jf. Haagen 2007) (Fig. 123).

Gruppen af dragter og personligt udstyr (**G**) omfatter også en del diminutive genstande.

Modellen af kvindebukserne (67837) er af afhåret sælskind med applikationer, der også kendes fra østkysten (jf. GHS 1985: 209). Herfra kommer også de små inderbukser, *naatsit* (68021), bredde 28,5 cm, med vedhæng af glasperler (ibid.: 210) (Fig. 124 og 125).

Fig. 124. Model af kvindebukser. Foto: Staatliche Ethnographische Sammlungen Sachsen, Völkerkundemuseum Herrnhut, 67837.

 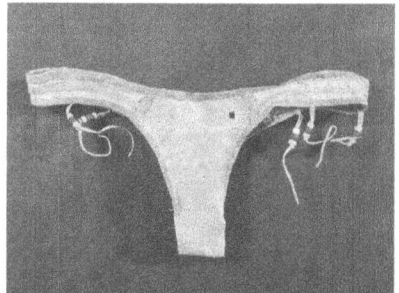

Fig. 125. Inderbukser. Foto: Staatliche Ethnographische Sammlungen Sachsen, Völkerkundemuseum Herrnhut, 68021.

Kamikkerne (68149 og 68150), 50 cm og 56 cm høje, og modellerne (67836, 67940 og 67972) er alle østgrønlandske typer. De er karakteriseret ved de ombukkede såler, der fæstnes højere oppe på kamikskaftet end de vestgrønlandske typer (ibid.: 210f, 213, 222ff). Sålerne holdes bløde ved brug af *kammiut*-stokken (67791), 21 cm lang (Fig. 126, 127 og 128).

Anorakkerne af hvidt klæde (68000 og 68001) og af tarmskind (57402 og 67806) er sammen med modellerne af kasketter (67838 og 67839) fra Sydgrønland, hvorfra kasketter, som blev benyttet af de grønlandske medlemmer af de politiske råd, Forstanderskaberne, bredte sig til østkysten og dannede mode i Ammassalik (jf. ibid.: 223, 230) (Fig. 129, 130 og 131).

Selen (57425), 145 cm lang, som fastgør fangerens anorak til halvpelsen,

Fig. 126. Kamik-
ker. Foto: Staatliche
Ethnographische
Sammlungen Sachsen,
Völkerkundemuseum
Herrnhut, 68149.

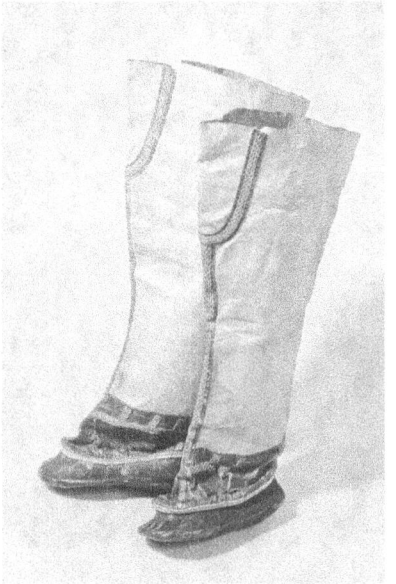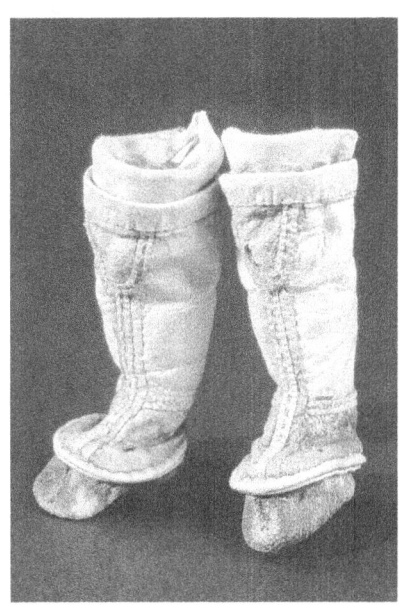

Fig. 127. Model af
kamikker. Foto: Staat-
liche Ethnographische
Sammlungen Sachsen,
Völkerkundemuseum
Herrnhut, 67836.

Fig. 128.
Kammiut-stok.
Foto: Staatliche
Ethnographische
Sammlungen Sachsen,
Völkerkundemuseum
Herrnhut, 67791.

Fig. 129. Anorak.
Foto: Staatliche
Ethnographische
Sammlungen Sachsen,
Völkerkundemuseum
Herrnhut, 68000.

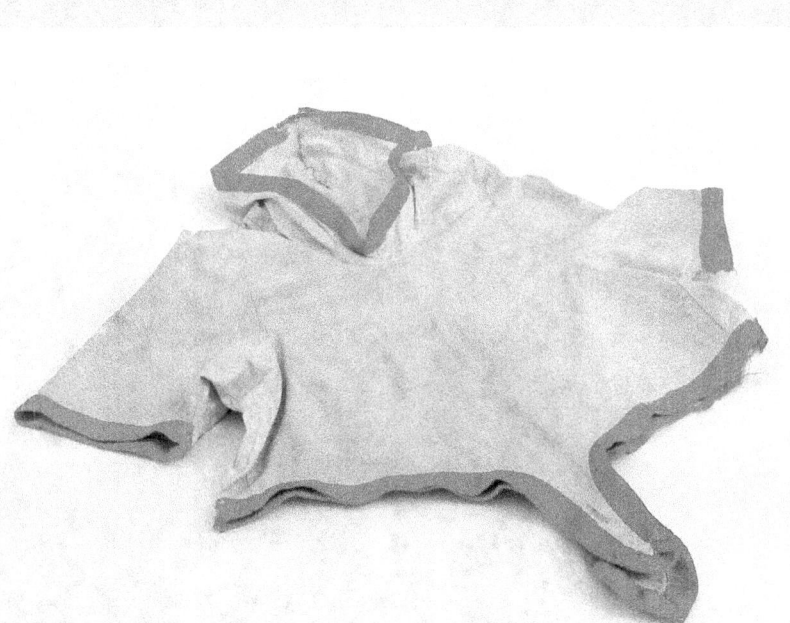

Fig. 130.
Tarmskindsanorak.
Foto: Staatliche
Ethnographische
Sammlungen Sachsen,
Völkerkundemuseum
Herrnhut, 67806.

Fig. 131. Modeller
af kasketter.
Foto: Staatliche
Ethnographische
Sammlungen Sachsen,
Völkerkundemuseum,
Herrnhut, 67838 og
67839.

Fig. 132. Sele
til halvpels.
Foto: Staatliche
Ethnographische
Sammlungen Sachsen,
Völkerkundemuseum
Herrnhut, 57425.

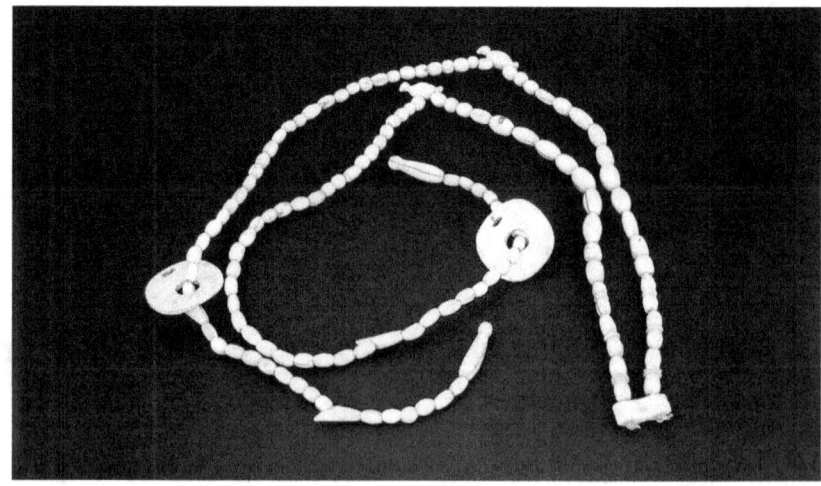

der bindes til kajakkens mandehul, er velkendt i hele Vestgrønland og på østkysten (ibid.: 229) (Fig. 132).

Hårbåndene (<u>57404</u>, <u>57405</u> og <u>67941</u>), øresmykkerne af trekantede metalplader med glasperler (<u>67840</u> og <u>68240</u>) og kammen i ben (<u>67792</u>), længde 7,5 cm, stammer alle fra indvandrede østgrønlændere (jf. ibid.: 152ff, 218ff) (Fig. 133, 134 og 135).

Bælterne med skindbroderier (57408 og 57409) er efter europæisk forbillede fremstillet af grønlændere ved missionsstationerne (eller kolonierne), mens glasperlerne (67910) har været en fast bestanddel af

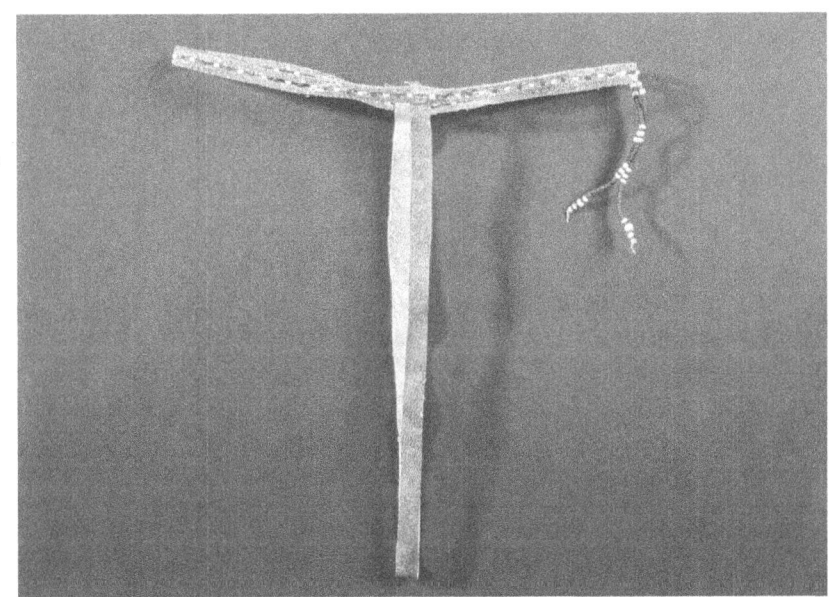

Fig. 133. Hårbånd. Foto: Staatliche Ethnographische Sammlungen Sachsen, Völkerkundemuseum Herrnhut, 57404.

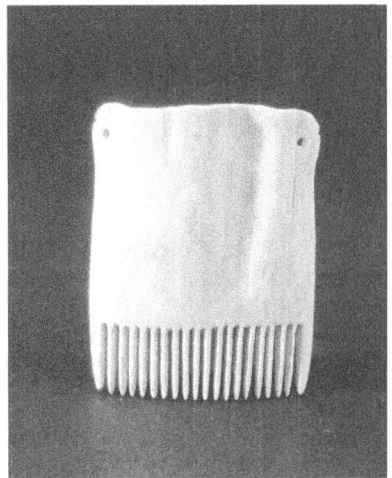

Fig. 134. Øresmykker. Foto: Staatliche Ethnographische Sammlungen Sachsen, Völkerkundemuseum Herrnhut, 68240.

Fig. 135. Kam. Foto: Staatliche Ethnographische Sammlungen Sachsen, Völkerkundemuseum Herrnhut, 67792.

klædedragt og personligt udstyr, siden de nederlandske hvalfangere tuskhandlede langs vestkysten (Gulløv 1997: 278–291).

Gruppen af religiøse genstande (**H**) omfatter såvel det kristne symbol (67817) som genstande, der knytter sig til den oprindelige eskimoiske religion.

Trommen (67964) oplyses at være fra 1700-tallet og stammer sandsynligvis fra regionen omkring Neuherrnhut, hvor brugen i missionens tidlige år ihærdigt blev søgt afskaffet (Gulløv 1997: 211f; Israel 1969: 50). Det kan derfor ikke udelukkes, at eksemplaret kunne stamme fra indvandrede østgrønlændere i Kap Farvel-regionen (jf. GHS 1985: 112).

Brummere (<u>67854</u>), længde 26 cm, som skal illudere hjælpeåndernes lyde under vinterens åndemanerseancer i det mørke fælleshus, har senest været i brug på østkysten (Thalbitzer 1912: 653) (Fig. 136).

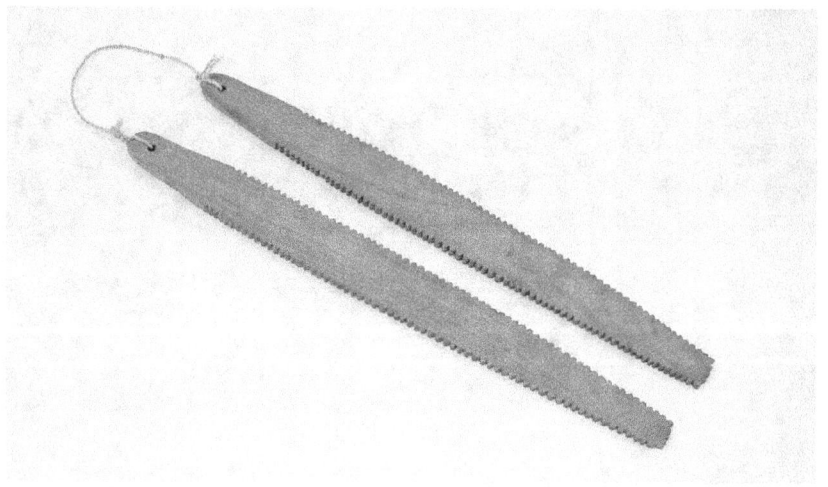

Fig. 136. Brummere. Foto: Staatliche Ethnographische Sammlungen Sachsen, Völkerkundemuseum Herrnhut, 67854.

Armbåndene (<u>67841a</u>) og amuletselen (<u>67841b</u>), der er af østgrønlandsk oprindelse, blev med sine indsyede amuletter til sikring af jagtlykke båret af manden (GHS 1985: 46; Rosing 1994) (Fig. 137).

Gruppen af legetøj, spil og dukker (**I**) omfatter en del dukker med tøj, som var en yndet afskedsgave til europæiske familier. Klædedragtens proveniens kan ikke entydigt bestemmes, men kommer i de fleste tilfælde fra det koloniserede Vestgrønland. På to af de kvindelige dukker (57424 og 67805) ses hårtoppen fastholdt med rødt bånd, symbolet for den ugifte. Den lille trædukke (<u>28272</u>), højde 8 cm, med hårtop i skindanorak og kvindebukser er indsamlet i Ammassalik, kort tid efter Brødremissionen

Fig. 137. Armbånd og amuletsele. Foto: Staatliche Ethnographische Sammlungen Sachsen, Völkerkundemuseum Herrnhut, 67841a-c.

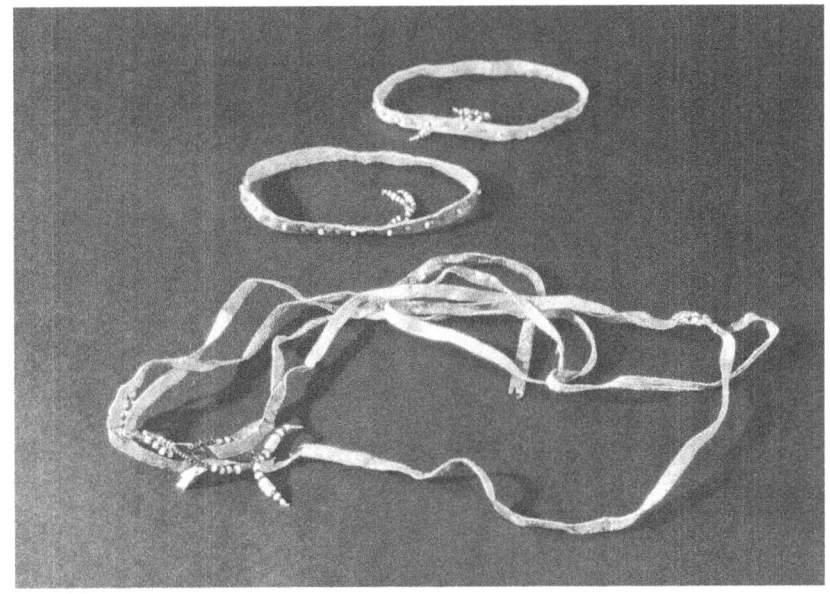

havde forladt Grønland. Den er identisk med flere af de dukker, som Gustav Holm indsamlede i 1880'erne (GHS 1985: 204f). Den mandlige dukke (67998), højde 28 cm, har kamikker af østgrønlandsk type og må således være indsamlet i Kap Farvel-regionen, mens proveniensen for den

Fig. 138. Kvindelig dukke i træ. Foto: Staatliche Ethnographische Sammlungen Sachsen, Völkerkundemuseum Herrnhut, 28272.

Fig. 139. Mandlig dukke. Foto: Staatliche Ethnographische Sammlungen Sachsen, Völkerkundemuseum Herrnhut, 67998.

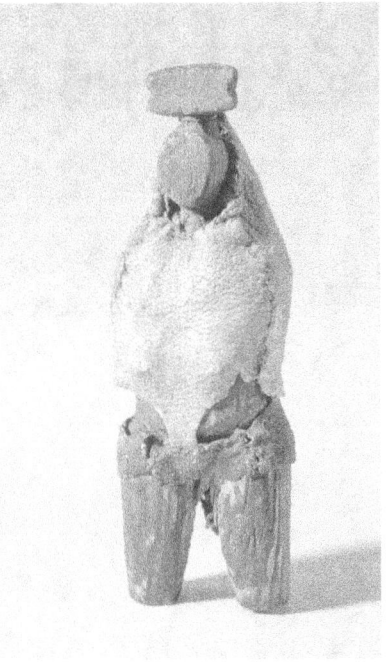

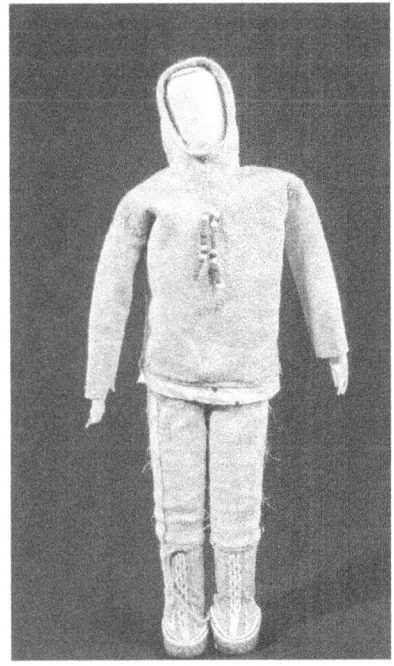

lille mandsfigur (68014) i indfarvet fedtsten ikke kan fastslås (Fig. 138 og 139).

Såvel gribespillet, *ajagaq* (<u>57426</u>), længde 16 cm, tankespillet, *pulaartut* (<u>67846</u>), længde 28,5 cm, som snurretoppen, *kaavitiaaq* (<u>67853</u>), højde 10 cm, er kendt over hele Grønland, men de indsamlede genstande har givetvis været benyttet i de sydgrønlandske menigheder og kendes i næsten identiske udformninger fra østkysten (jf. GHS 1985: 142f) (Fig. 140, 141 og 142).

Modellen af flænsescenen (<u>67852</u>), hvor kvindernes bukser ligesom på østkysten ikke når kamikkerne, er fra Kap Farvel-regionen. Udskæringen

Fig. 140. Gribespil.
Foto: Staatliche
Ethnographische
Sammlungen Sachsen,
Völkerkundemuseum
Herrnhut, 57426.

Fig. 141. Tankespil.
Foto: Staatliche
Ethnographische
Sammlungen Sachsen,
Völkerkundemuseum
Herrnhut, 67846.

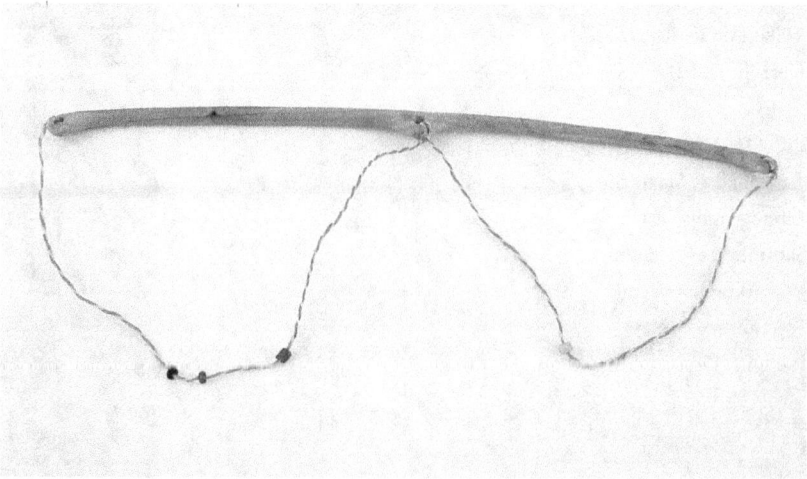

Fig. 142. Snurretop.
Foto: Staatliche
Ethnographische
Sammlungen Sachsen,
Völkerkundemuseum
Herrnhut, 67853.

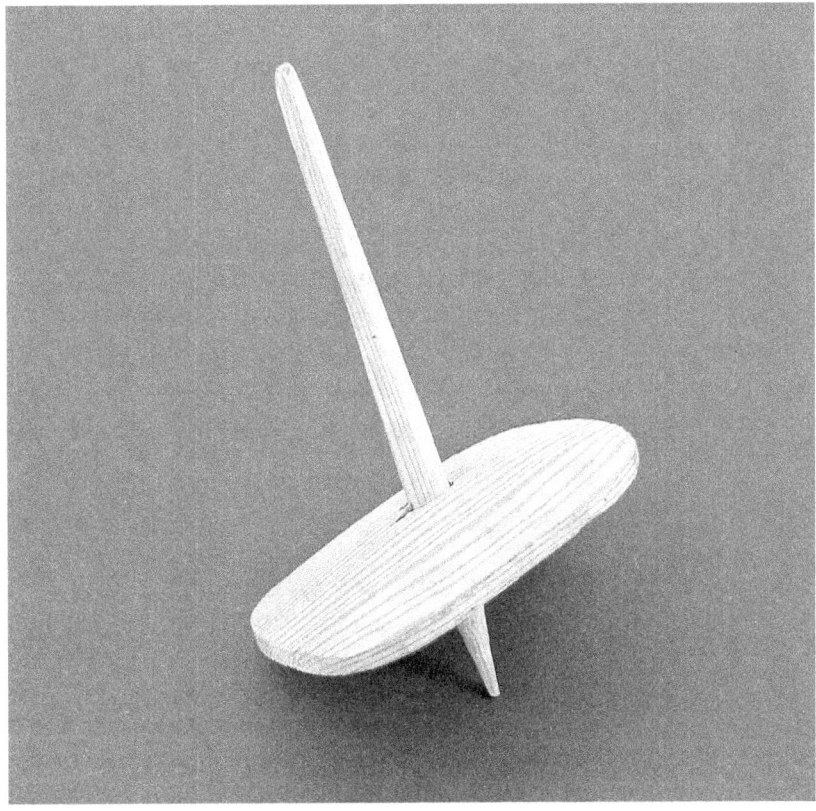

Fig. 143.
Flænsescene.
Foto: Staatliche
Ethnographische
Sammlungen Sachsen,
Völkerkundemuseum
Herrnhut, 67852.

minder i sin teknik om modellen af hundeslæden (<u>68242</u>) og kunne således været fremstillet af den samme person (Fig. 143).

Blandt de europæiske formål (J) finder vi brugsgenstande udført af lokale materialer, og hvis anvendelse skal søges i missionærfamiliernes stuer.

I den sidste gruppe (K) finder vi en række genstande, som ikke umiddelbart kan forbindes med det overordnede mål for undersøgelsen, nemlig det østgrønlandske kulturelle islæt i Sydgrønland.

De sidste seks genstandes grønlandske provenienser er typologisk set vanskelige at fastslå. Vi har i stedet søgt og foreslået deres mulige oprindelse i Labrador med forbehold for nye oplysninger, der vil kunne løse problemet.

Konklusion

Halvdelen af de ikke-europæiske genstande stammer sandsynligvis fra det sydligste Grønland, hvorfra de er bragt til Europa. Det er især missionær Riegels store samling, der med sine mange fine genstande af tydelig østgrønlandsk oprindelse giver os indblik i den materielle kultur blandt de indvandrede østgrønlændere. Disse stod i flere henseende i stærk kontrast til de europæiserede grønlændere, som de nu skulle dele tilværelse med.

Først og fremmest måtte de inden dåben aflægge de symboler på hedenskab, som de havde medbragt ved ankomsten. Amuletremmene (og hermed også amuletterne), hårbåndene til det lange uklippede hår og kvindernes usømmeligt små husbukser var blandt de symboler, der ikke hørte hjemme i den kristne menighed i Grønland.

Til gengæld må vi antage, at europæerne nysgerrigt har spurgt til de nytilkomnes livsgrundlag og fået svar i form af det store udvalg af modeller, der findes i Völkerkundemuseum Herrnhut. Heri adskiller situationen sig ikke fra Gustav Holms konebådeekspedition, som efter overvintringen på østkysten i 1884–1885 ikke kunne medtage den komplette dokumentation af det lille samfunds materielle kultur i den konebåd, som var ekspeditionens eneste større fartøj, men i stedet valgte at lade store dele deraf erstatte af modeller, så samlingen alligevel fremstod som en næsten komplet beskrivelse af den materielle kultur (GHS 1985: 28).

Den østgrønlandske samling fra 1885 udgøres af 464 genstande. Set i relation hertil udgør den bevarede del af den oprindelige samling i Herrnhut med sine ca. 60 genstande af sydgrønlandsk og østgrønlandsk herkomst et meget værdifuldt referencemateriale som supplement til vores viden om den materielle kultur i Kap Farvel-regionen før år 1900.

Bilag: Folketællinger i Grønland

Boplads	1834	1840	1845	1855	1860	1870	1901
Illukasik		16		21	33	48	96
Papikitsoq					1 x)		
Ikigaat	18			8			
Ippimmiut		6					
Friedrichsthal	255	242	259	173	277	164	160
Nunarsuaq				27			
Illussat			10	12			
Ikerasak		21					
Ilua			57	106			
Pamialluk	32	44	18		84	118	61
Utoqqarmiut			42				
Uukkat	48	19	18		12		
Kuummiut			25		6	23	
Qeqertatsiaq	13						
Kuuaqqat	25	46					
Anorliuitsoq				22		21	37
Nuuk				10	17	26	56
Issortusut				11			
Aappilattoq				12	13	22	25
Ujarasussuit				20			
Nigertuut				28	25		
Illorsuatsiaat				8	37	50	30
Saqqarmiut							20
Itilleq				12			39
Tinuteqisaaq							14
Qernertoq							43
I alt	391	394	429	470	505	472	581

x) Den ene person hedder Christopher. Ifølge oplysningerne i optællingslisten hører hans familie til den danske menighed.

Kilder: Rigsarkivet, Folketællinger i Grønland.

Materialet er samlet i bind for de enkelte år og placeret i distrikter eller særskilte områder med egne koder, fx:

Nanortalik Distrikt, Frederiksdal Herrnhuttermission, A 22.01.01

Julianehåb Distrikt, A 57.02.00

Kildeangivelse kan således være: RA Folketællinger i Grønland + årstal + talkode + distrikt + titel på den enkelte liste eller tabel. Således:

1834   A 22.01.01 Nanortalik Distrikt, Frederiksdal Herrnhuttermission: (uden titel).

1840   A 57.02.00 Julianehåb Distrikt: Optællingsliste over Grønlændere og Blandinge ved Colonien Julianehaab med District, den 31te December 1840. (Tilføjet med anden skrift: Den danske Menighed, saavelsom Brødre-Menighederne ved Lichtenau og Friedrichsthal).

1845   A 57.02.00 Julianehåb Distrikt: Optællingsliste over Grønlændere og Blandinger ved Colonien Julianehaab med District, den 31te December 1845.

1855   A 22.01.01 Nanortalik Distrikt, Frederiksdal Herrnhuttermission: Designation over Grønlændere og Blandinger under Fredriksthals Missions Station 1855. af Missionsforstander Ihrer.

1860   A 22.01.01 Nanortalik Distrikt Frederiksdal Herrnhuttermission: Optællingsliste over samtlige Befolkning ved Brødre-Missionen Friedrichsthal i Julianehaab District den 1te October 1860.

1870   A 57.02.00 Julianehåb Distrikt: Navnlig Optællingsliste over Grønlændere og Blandinger i Julianehaab District den 1ste December 1870. NB: optællinger er indført i én stor protokol, med hvert distrikt i Grønland for sig. Dog er Frederiksdal og Lichtenau anført under Julianehåb Distrikt.

1901   A 57.02.00 Julianehåb Distrikt: Navnlig Optællingsliste over Grønlændere og Blandinger i Kolonien Julianehaabs Distrikt den 1. Oktober 1901.

Det er valgt i skemaet at anvende de nutidige stednavne i ny retskrivning, dog angives Narsarmijit ved missionsstationens tyske navn. Navnene på de enkelte bopladser er i det originale materiale stavet på mange forskellige måder. Stavemåde og rækkefølge i de enkelte lister er således:

1834: Frederiksdal, Ikkigeit, Pamiudlek, Okket, Kikkertaitsiak, Koarak

1840: Igdlokasik, Ipimiut, Friedrichsthal, Ikkeraisak, Koaraq, Pamiadlek, Okket

1845: Friedrichsthal, Idluksak, Illua, Uttokait, Okket, Pamiadlek,

Kongmiut

1855: Friedrichsthal, Østprøven, Iglokasik, Nunarsoak, Illoa, Iglorsoatsiak, Etiblik, Annorluitsok, Nôk, Ujaraksuksuk, Nigertout, Ivsortoursok, Aukpillartok, Idluksak

1860: Friedrichsthal, Igdlokasik, Papikaitsok, Pamiædluk, Okæt, Igdlorsoaitsiak, Kûngmiut, Nôûk, Nigertôût, Aukpilartok.

1870: Pamiagdluk, Igdlorssuatsiak, Kungmiut, Anordluitsok, Nuk, Augpilagtok, Frederiksdal, Igdlukasik

1901: Frederiksdal, Igdlukasik, Pamiagdluk, Igdlorssuatsiaq, Anordliuitsoq, Augpilagtoq, Nûk, Sarqarmiut, Itivdleq, Tinuteqisâq, Qernertoq.

Noter

1 *Atuagagdliutit* 1861: nr. 1: Amerikarmiup Kanimik atigdlup nâpitsineranik kalât-
dlinik avangnardlerpainik; nr. 2: Nunat kalâtdlit najugait; nr. 5: Tusagagssat Kalâtdlit
nunânit tusagkat upernâme 1861.

2 *Atuagagdliutit* 1861: nr. 5: Tusagagssat Kalâtdlit nunânit tusagkat upernâme 1861;
1863: nr.15: Kujatâliarnermik; 1864: nr. 26–27: Qaqortup kujatâmiuvînik; nr. 27–28:
Kujámukarnermik; nr. 36–37: L. Møller: Kujatâliarnermik aussautitdlugo 1864; 1886:
nr. 2, 4–10: Umiamik Tunuliarneq; 1891: nr. 3 :1884-me 1885-milo Tunuliarnermik
agdlagkat.

3 *Atuagagdliutit* 1864, nr. 36–37: Kujatâliarnermik aussautitdlugo 1864.

4 *Atuagagdliutit* 1864, nr. 36–37: L. Møller: Kujatâliarnermik aussautitdlugo 1864

5 *Atuagagdliutit* 1877, nr. 3–5, 7: Tusagagssat.

6 *Atuagagdliutit* 1872: nr. 171: C. Hagen: Qavángarnitsat (imáipoq tunumiut) Pami-
agdlungme nungussut aussaq 1872; 1881: nr. 11: Gideon Igdlorssuatsiarmio: Oqalu-
alârutit; 1891: nr. 3–12: 1884-me 1885-milo Tunuliarnermik agdlagkat; 1901: nr. 3:
Pavia Lynge: Narssame Kujatdlerme (Frederiksdal-ime) qavángarnitsat kuisíneránik
ukioq 1901, Aprílip 14-ne.

7 RA 1775-1819: Skrivelse af 14 juli 1796 fra Mørch til direktionen; RA 1774-1916: Dag-
bog fra Colonien Julianeshaab for Handelsaaret 1822 ført af Jacob A: A: Arø; Journal
1824 af Imanuel Arø; Assistent Im. Arøes Dagbog for 1827.

8 Ved koloniseringens start i 1721 udgjorde Danmark og Norge et dobbeltmonarki, og
Grønland blev sammen med Færøerne og Island betragtet som norske bilande. Kolo-
niseringen blev styret fra centraladministrationen i København, men mange nord-
mænd tog til Grønland i Handelens eller missionens tjeneste. 1814 ophørte dobbelt-
monarkiet: Norge overgik til den svenske konge, men Danmark beholdt de norske
bilande, og koloniseringen fortsatte derfor i dansk regi. Derfor tales der i nærværende
afhandling om den danske kolonisering.

9 Brødremenigheden (tysk: *die Brüdergemeinde*) havde og har stadig udgangspunkt i
byen Herrnhut i Sachsen, deraf den i dansk og grønlandsk sammenhæng almindel-
ige betegnelse *herrnhuterne*. Der er tale om et evangelisk kirkesamfund, hvorfor også
betegnelsen *de evangeliske brødre* optræder i kilderne. Grundlæggerne af Herrnhut
kom oprindeligt fra Mæhren, derfor er også *De mæhriske brødre* anvendt som beteg-
nelse for herrnhuterne, bl.a. på engelsk *The Moravian Brethren*.

10 I forlængelse af den almindelige anvendelse af udtrykket Handelen/handelen vil der
således i det følgende blive skelnet mellem Handelen (med stort H) i betydningen
handelsmyndigheden eller kolonimyndigheden på forskellige niveauer og handelen
(med lille h) i den gængse betydning af at foretage handel.

11 "Die Grönländer in Süden sind wohlgebildeter, munterer ü. gefälliger als die im Westen,
und die Heiden oder Wilden sind uneigenüzziger als die Christen. Woher kommt das?"

12 RA 1775-1819: Skrivelse af 11 august 1795 fra kolonibestyrer Mørch til direktionen; Skrivelse af 14 juli 1796 fra Mørch til direktionen.

13 *Atuagagdliutit* 1882: nr. 11: Tunumit tusagkat.

14 RA 1775-1819: Brev af 3. september 1783 fra Anders Olsen til direktionen.

15 RA 1775-1819: Skrivelse af 11. august 1795 fra købmand Mørch til direktionen.

16 RA 1775-1819: Skrivelse af 11. august 1795 fra købmand Mørch til direktionen.

17 RA 1775-1819: Skrivelse af 24. august 1795 fra assistent Heiberg til direktionen.

18 RA 1775-1819: Skrivelse af 30. juli 1798 fra Mørch til direktionen.

19 RA 1774-1916: Kauffeldt: Dagbog over Arbeider i Handelsaaret 1847.

20 RA 1820-1873 Extracts af Captainlieutn: Holbølls Breve fra 1841: No 38 Hovedindberetning 1841.

21 Handelspladsen Pamialluk (gammel retskrivning Pamiagdluk) blev anlagt på øen af samme navn, men betegnes i datidens danske kilder ofte ved navnet Ilua (Illoa, Iloa m.v.) , og de to navne anvendes i kilderne nærmest i flæng som betegnelse for handelspladsen. Dette er imidlertid forkert, hvilket den danske missionær Vesterboe da også gør opmærksom på: "af Handelens Betjente urigtig kaldet Illoa" (RA 1828-1858: Dagbog holdt i Aaret 1850–51 af Vesterboe, Julianehaab. 1. oktober). Ilua er navnet på den fjord, i hvis munding Pamialluk Ø ligger, og hvor bopladser som Nuuk, Nigertuut, Aappilattoq og Anorliuitsoq m.fl. lå. Ud over de tilrejsende østgrønlændere skulle Pamialluk netop udføre handelen med befolkningen på disse bopladser. Der kan derfor være blevet kutyme at anvende samme betegnelse for dette distrikt og den handelsplads, der betjente området. (Raahauge & Appelt 2005: 7, 37).

22 RA 1774-1916: Motzfeldt: Dagbog afholden ved Anlægget Nennortalik fra 17. juli 1848 til 30. juni 1849.

23 RA 1774-1916: Journal ført af Fartøisfører I. Andersen. Aar 1857: 19. juli.

24 RA 1874-1898: Læg Julianehaaab 1876, nr. 28: E. Hansen: Indberetning om Produktionen, 22. september 1877.

25 RA 1874-1898: Læg Julianehaab 1881, nr. 15: Carl Lytzen: Indberetning, 8. august 1881.

26 RA 1795-1901: brev nr. 41 af 15-3-1894 brev nr. 27 af 1-5-1895. Handelspladsen flyttedes i 1909 til det nærliggende Sammisoq. (Raahauge & Appelt 2005: 116).

27 Mundtlig oplysning af Hendrik Kielsen i Nanortalik.

28 *Atuagagdliutit* 1897: nr. 8: Vittus Nielsen: Misigissat; 1893-1894: Nanortalingme ukîneq.

29 RA1874-1898: Skrivelse fra Carl Lytzen, dateret Julianehaab 23. september 1887. Ulu er betegnelsen for den oprindelige kniv med et kort buet blad og et tværliggende håndtag, af europæerne ofte benævnt kvindekniv. Handelen indførte på et tidspunkt fra Europa jernbladene til uluer.

30 RA1820-1873: Skrivelse fra købmand Lassen, dateret Julianehaab 10. juli 1835; Kielsen til direktionen, dateret 31. juli 1847; RA 1874-1898: Lytzen, dateret Julianehaab 23. september 1887.

31 RA1820-1874: Indberetning til Direktoratet givet af Rink, dateret p.t. Ivigtout 19. Juli 1866.

32   RA1874-1898: Indberetning fra Carl Lytzen dateret 30. september 1882, med flg. bi-
      lag: Produktionsliste for Kolonien Julianehaab i H-A. 1882-83.

33   RA 1774-1916: Uden titel. (Dagbog ført af Arø, bestyrer ved anlægget Nanortalik, fra
      1. maj 1821 til 30. april 1822).

34   RA 1811-1829: Brev til kongen fra Johs. Reufs, København d. 16. oktober 1821.

35   RA 1811-1829: ibid. Fabritius' vurdering er skrevet på selve sagslægget.

36   RA 1811-1829: Skrivelse fra Kancelliet til Missionskollegiet, dateret 5. marts 1822.

37   RA 1811-1829: Johannes Reufs til Missionskollegiet 22 Marts 1824; Johannes Reufs til
      Missionskollegiet 24 marts 1825.

38   Navnet Narsaq (sletten) fremgår bl.a. af Arctanders kort over Julianehåb Distrikt i
      1779 (Ostermann 1944). Det er ikke ualmindeligt på grønlandsk, at beboede steder
      har fået tilføjet suffikset –miut, sydgrønlandsk –mijit (dem der kommer fra / beboerne
      på), således Narsarmijit (beboerne på sletten). I 1800-tallet synes begge navne at være
      anvendt. Efter Brødremenighedens afrejse fra Grønland i 1900 anvendtes det danske
      navn Frederiksdal. Senere er som officielt navn anvendt den vestgrønlandske beteg-
      nelse Narsaq Kujalleq, men i dag er man vendt tilbage til den oprindelige lokale beteg-
      nelse Narsarmijit.

39   RA 1811-1829: Reufs indberetning 10. maj 1826.

40   Atuagagdliutit 1901, nr. 4, 5: Nalunaerut erqaisíssutínguitdlo.

41   UA R.15.J.b.VI.12a: Brev nr. 204: Asboe til Missionsdepartement16. marts 1860; brev
      nr. 240: Asboe, Starick og Spindler til Missionsdepartement, juli 1865; brev nr. 249: As-
      boe, Starick og Spindler til Missionsdepartement, 18. juli 1866; brev nr. 259: Gericke
      og Spindler til Missionsdepartement, 15. august 1867; brev nr. 11a: Hilbig til Reichel,
      6. september 1880.

42   UA R.15.J.b.VI.13b: ikiortutdlo merdlertunigdlo ilíniartitsissutdlo suliagssainik ag-
      dlagkat (udateret).

43   Et sort bånd om en kvindes hårtop angav, at hun var enke, et blåt at hun var gift, et
      rødt at hun var ugift og et grønt at hun var ugift, men havde fået et barn. Anvendelsen
      af sådanne bånd bredte sig ud over de herrnhutiske menigheder til hele Vestgrønland
      (Gulløv og Rasmussen 1987: 170–171; Kjærgaard og Kjærgaard 2003: 48).

44   UA R.15.J.b.VI.12a: Brev nr. 277: Gericke og Drexler til Missionsdepartement, 27. juli
      1870; brev nr. 18a: Hilbig og Brodbeck til Missionsdepartement, 14. juni 1882.

45   UA R.15.J.b.VI.12a: Brev nr. 252: Spindler til Reichel, 3. september 1866 ; brev nr. 282:
      Gerike og Drexler til Missionsdepartement, 24. august 1871; UA R.15.J.b.VI.12b: brev
      nr. 48: Riegel og Zucker til Missions Department, 20. august 1887; brev nr. 68: Riegel
      og Zucker til Missionsdepartement, 1. august 1890.

46   UA R.15.J.b.VI.12a: Brev nr. 277: Gerike og Drexler til Missionsdepartement, 27. juli
      1870; UA R.15.J.b.VI.12b: Brev nr. 18a: Hilbig og Brodbeck til Misions Departement,
      14. juni 1882; brev nr. 23: Zucker til Missionsdepartement, 22. juli 1884; brev nr. 54:
      Riegel og Zucker til Missions Department, 24. juli 1888.

47   RA 1828-1858: Indberetning til Missionskollegiet, dateret 30. juni 1852, underskrevet
      af Janssen.

48 UA R.15.J.b.VI.12a: Brev nr. 204: Asboe til Missionsdepartement, 16. marts 1860; UA
    R.15.J.b.VI.12b: Bohlmann til Podel, 10. marts 1899.

49 KB NKS 826, 8: Tagebuch von I.A. de Fries. 1830.

50 UA R.15.J.b.VI.12a: Brev nr. 204: Asboe til Missionsdepartement, 16. marts 1860;
    brev nr. 249: Asboe, Starick og Spindler til Missionsdepartement, 18. juli 1866; UA
    R.15.J.b.VI.12b: Brev nr. 23: Zucker til Missionsdepartement, 22. juli 1884.

51 UA R.15.J.b.VI.12a: Brev nr. 300: Gericke og Armstadt til Missionsdepartement, 24. juli
    1875; UA R.15.J.b.VI.12b: Brev nr. 13: Hilbig og Brodbeck til Missionsdepartement, 15.
    juni 1881; brev nr. 18a: Hilbig og Brodbeck til Missionsdepartement, 14. juni 1882.

52 Evangelisk Missionstidende 1901: 4–12, 28–38: Grønland. Tallenes sprog: 37.

53 UA R.15.J.b.VI.12a: Brev nr. 184: Gericke til Wullschlagek, 22. juli 1857; brev nr. 259:
    Gericke og Spindler til Missionsdepartement, 15. august 1867; UA R.15.J.b.VI.12b:
    Brev nr. 52: Zucker til Burkhardt, 17 juni 1888; brev nr. 53: Riegel til Burkhardt, 28.
    juli 1888.

54 UA R.15.J.b.VI.12a: Brev nr. 150: Ihrer og Asboe til Missionsdepartement, 22. juli
    1850: brev nr. 277: Gericke og Drexler til Missionsdepartement, 27. juli 1870; UA
    R.15.J.b.VI.12b: Brev nr. 47: Riegel til Burkhardt, 29. august 1887; brev nr. 53: Riegel
    til Burkhardt, 28. juli 1888.

55 RA 1774-1916: Dagbøger: Journal holden af Johan Christian Mørch ved Colonien Ju-
    lianehaab i Grønland fra 28de April 1807 til 31te December 1812.

56 RA 1774-1916: op.cit.

57 Amdrup et. al. (1921) skriver i afsnittet med biografiske oplysninger, at Arøe (i de
    første dagbøger blot Arø) i 1817 blev assistent i Julianehåb og kom til Nanortalik i
    1820, men af dagbøgerne fremgår, at han allerede i september 1817 overtog besty-
    relsen af Nanortalik.

58 RA 1774-1916: Dagbøger: Journal fra 11te Junii 1818 til 31te maii 1819; Uden titel
    (Dagbog af Arø, skrevet i Nanortalik fra 19. maj 1820 til 30. april 1821); Dag-Bog ved
    Anlægget Nennortalik 1823 holdt af I. Arø; Journal 1824 af Imanuel Arø; Assistent
    Im. Arøes Dagbog for 1827.

59 RA 1774-1916: Dagbøger: Dag-Bog ved Anlægget Nennortalik 1823 holdt af I. Arø:
    24. juni 1823.

60 Amdrup et.al (1921) angiver tallet til 725, hvilket er gået videre i den senere litteratur.
    Dette fremkommer bl.a. på grundlag af oplysninger for perioden indtil 1884 meddelt
    af missionærerne i Friedrichsthal til Gustav Holm og Johannes Hansen (Hansen 1888:
    202, tabel 1), men en sammenstilling med kirkebogen fra Friedrichsthal viser, at disse
    tal indeholder mindre unøjagtigheder.

61 RA 1811-1829: Læg 1823: Købmand Monrad til den administrerende direktør, dateret
    Julianehaab 10. juli 1822. Dokumentet er et udtog af Monrads brev og tilsendt Mis-
    sionskollegiet med en følgeskrivelse af 21. marts 1823, underskrevet af den admini-
    strerende direktion.

62 R.15.J.b.VI.12.a: brev nr. 11: Kleinschmidt, Popp og de Fries til Missionsdepartemenet,
    15. juni 1826. De 38 personer benævnes "hieher gehörige".

63   R.15.J.b.VI.12.a: brev nr. 17: Kleinschmidt og de Fries til Missionsdepartementet, 9. maj 1827.

64   Dansk Missionsblad 1836: Grønland: 8.

65   RA 1774-1916 Dagbøger: Dagbog fra Colonien Julianehaab ved J. Mathiesen. Udateret, men fra 1824–1825.

66   RA 1811-1829: Reufs beretning, dateret København 10. maj 1826; RA 1828-1858: Indberetning ang. De Herrnhutiske Menigheder i Syd-Grønland 1831: Johannes Reufs indberetning, dateret København den 5. okt. 1831.

67   Dansk Missionsblad 1836: Grønland 8.

68   RA1828-1858: Indberetning angl. De Herrnhutiske Menigheder i Syd-Grønland 1831: Johannes Reufs indberetning, dateret København den 5. okt. 1831.

69   *Qallunaaq*: den grønlandske betegnelse for en hvid person / dansker.

70   RA1828-1858: Indberetning fra Johannes Reufs, dateret København d. 22. april 1830.

71   RA 1828-1858: Indberetning fra Janssen til Missionskollegiet, dateret 30. juni 1852.

72   RA 1874-1898: Fra Inspecteur Stephensen: Indberetning om Sundhedstilstand, Veirberetning og Produktionen, dateret Godthaab 23. marts 1878.

73   RA 1828-1858: Indberetning af missionær P. Nissen, dateret Julianehaab 13. september 1854.

74   "Aflevere udstedet", dvs. overdrage forretningerne til ens afløser.

75   RA 1820-1874: Indberetning fra Carl Hagen til Direktoratet, dateret Pamiagdluk 20. juli 1872.

76   RA 1820-1874: Indberetning fra Hansen, dateret 15. sept. 1873.

77   RA 1774-1916: Dagbog ført af Lægen i Julianehaab District i Handelsaaret 1856.

78   RA 1858-1867: Udateret brev fra Nissen (læg: Julianehaab 1859 / 1860).

79   RA 1774-1916: Journal for Anlæget Nanortalik, fra den 30. juli til den 30. september 1892, ført af Jakob Lund, pens. Assistent.

80   Dansk Missionsblad 1836: 8: Grønland.

81   RA 1858-1867: Udateret brev fra Nissen (læg Julianehaab 1859 / 1860).

82   Evangelisk Missionsblad 1888: 145–147: Fra Grønland.

83   Evangelisk Missionstidende: 1854: 184–185: Grønland; 1880: 189–190: Grønland; 1881: 81–83: Grønland.

84   Hver indført person er angivet med et nummer, der refereres til andre steder i kirkebogen, og som her vil blive nævnt første gang personen nævnes i relation til kirkebogen, fx (174) Tittus.

85   UA R.15.J.b.VI.12.b: Brev nr. 116: Friedrichsthal den 13. August 1898, fra A. Schärf til Podel.

86   UA R 15 J b VI b: Brev nr. 41: Fra Riegel til Bechler, 16. september 1886; Evangelisk Missionstidende 1849: 161–167: Skrivelse fra Missionær J. P. Lund i Grønland til den Nordslesvigske Missionsforening.

87   Evangelisk Missionstidende 1865: 71–73: Et Besøg hos hedenske Grønlændere.

88   UA R 15 J b VI b: Brev nr. 50: Riegel til Burkhardt, 5. marts 1888.

89   *Atuagagdliutit* 1901: nr. 1: Pavia Lynge: Narssame Kujatdlerme (Frederiksdal-ime) qavángarnitsat kuisíneránik ukioq 1901, Aprîlip 14-ne.

90 RA 1811-1829: Brev fra Johannes Reufs til Missionskollegiet 24. marts 1825. Med kopi af: Conrad Kleinscmidt, Baus og de Fries: Schrift von der Anlegung der neuen Missions-Postens und der Gemeine zu Friedrichsthal bey Statenhuk in Grönland im Julii u. Aug. 1824.

91 RA 1820-1873: Skrivelse fra assistent J Arøe, dateret 12. juli 1822.

92 RA 1820-1873: Skrivelse fra Holbøll til Direktionen, dateret Godthaab den 30. juni 1824; Skrivelse fra Holbøll til Direktionen, dateret Godthaab den 21. juli 1824.

93 UA R.15.J.b.VI.14: Brev nr. 3: Inspektør Holbøll til missionær Kleinschmidt, dateret 24. marts 1830.

94 RA 1820-1873: Skrivelse fra Holbøll til Direktionen, dateret Holsteinsborg d. 20. juli 1831.

95 RA 1820-1874: Skrivelse fra Lytzen til Direktionen, dateret Nanortalik den 31. juli 1845.

96 RA 1820-1874: Skrivelse fra Jakob Lund til Direktionen, underskrevet den 21. september 1848.

97 RA 1820-1874: Skrivelse fra Holbøll til Direktionen, dateret København den 30. december 1850. I brevet er indlagt en afskrift af Holbølls indberetning til Indenrigsministeriet, dateret 30. december 1850. Understregningerne er foretaget af modtageren. Den i brevet nævnte kateket var Jacob Lund, som var uddannet i Danmark med henblik på senere arbejde inden for mission og skole. Ved etableringen af Pamialluk blev han imidlertid ansat som bestyrer af udstedet, og skulle derudover forsøge at virke som kateket.

98 RA 1774-1916: Journal for Julianehaab Sept: 1853 – Marts 1854. Af Rink som Inspekteur og Bestyrer af Distriktet Julianehaab.

99 RA 1882-1899: Referat fra forårsmødet 1. maj 1888.

100 RA 1882-1899: ibid.

101 RA 1795-1901: kopibog 1889-1890, skrivelse nr. 57 af 30-4-1889: Fra inspektøren til Julianehaab Forstanderskab; skrivelse nr. 58 af 30-4-1889: Cirkulaire til Dhrr Missionairer i den herrnhutiske Brødre-Unitets Tjeneste i Julianehaab Distrikt.

102 RA 1882-1899: Referat fra forårsmødet 25. april 1893; RA 1795-1901: Skrivelse nr. 67 af 26-09-1893 fra inspektøren til Julianehaabs Forstanderskab.

103 RA 1811-1829: Skrivelse fra Kancelliet til Missionskollegiet, dateret 5. marts 1822.

104 UA R.15.J.b.VI.14: Brev nr. 5: Esmann til Kleinschmidt, 8. juli 1830; Brev nr. 6 (kladde): Kleinschmidt til Esmann, 30. juni 1830; Brev nr. 8: Esmann til Kleinschmidt, 12. april 1831; Brev nr. 9 (kladde): Kleinschmidt til Esmann, 20. april 1831.

105 Mathiesen og Vahl deltog i første del af Graahs ekspedition (1828–1831) og var i 1829 med på Østkysten, men vendte tilbage til Nanortalik, da Graah med en mindre del af ekspeditionen overvintrede i Østgrønland.

106 RA 1828-1858: Skrivelse fra Esmann til Missionskollegiet, dateret 4. august 1829.

107 RA 1828-1858: Indberetning fra Esmann til Missionskollegiet, dateret 31. juli 1829; Secretariatets Indstilling til Det Kongelige Missions-Kollegium betræffende Missions-Efterretninger fra Grønland for Aaret 1829/1830 (Vedr. Julianehåb: 39).

108 RA 1828-1858: Lector Pastor Wolffs Erklæringer om Missionairernes Dagbøger m.m. 1829/1830. Understregninger i original.

109 RA 1828-1858: Skrivelse til Missionskollegiet fra Vesterboe, dateret Julianehaab 23. september 1848; Dagbog i Aaret 1848-49 skreven af Vesterboe.

110 RA 1828-1858: Dagbog ført fra 1ste Juli 1849 til 30te Juni 1850 af Vesterboe.

111 Sendebud i kajak, ofte benævnt kajakpost. Af sikkerhedsmæssige årsager sejlede de oftest to kajakker ad gangen.

112 Missionær på missionsstationen Friedrichsthal.

113 RA 1828-1858: Dagbog holdt i Aaret 1850-1851 af Vesterboe, Julianehaab.

114 RA 1828-1858: Indberetning til Missionskollegiet, dateret 30. juni 1852, underskrevet af Janssen; Lektor Wandalls kommentarer, 30 december 1852.

115 Dansk Missionsblad 1853: Brevvexling med Grønland: 81–83.

116 Dansk Missionsblad 1856: Meddelelser fra Grønland: 16.

117 Stik imod den førte politik støttede Missionskollegiet senere en ansøgning fra en dansk kateket, Lauritz Olsen, i Narsalik ved Paamiut om at foretage en rejse til Øst-grønland med henblik på bl.a. at undersøge mulighederne for der at oprette en mis-sionsstation. Olsen nåede dog aldrig længere end til Pamialluk, hvor han overvin-trede 1861–1862 for derefter at returnere til Narsalik (Thuesen 2001). Dette tiltag må i denne sammenhæng ses som et enkeltstående frugtesløst initiativ fra dansk side.

118 UA R.15.J.b.VI.12.b: Brev nr. 49: Friedrichsthal den 30. august 1887, Fra Zucher til Burkhardt.

119 Fx bliver det i en vurdering af missionær Vesterboe bemærket, at han har gjort, hvad han kunne, og hans papirarbejde er i orden. Men sprog og indhold i prædikener er "langt fra at være udmærket". RA 1828-1858: Wandalls (Grønlandsk lektor) bemærk-ninger til indberetninger m.m. fra missionærerne, Strø Præstegård 30. dec. 1851.

120 RA 1811-1829: Koncept til brev til Wanning, marts 1824 (GM 1824 No 8).

121 RA 1858-1867: Skrivelse fra H. Martensen til Kultusministeriet, dateret København den 28. februar 1860.

122 UA R.15.J.b.VI.14: Brev nr. 35: Det danske Missionsselskab til Ministeriet (afskrift), 12. marts 1868. Det skal bemærkes, at der i en introduktion til afskriften af brevet understreges, at modtagerne ikke skal vise skrivelsen eller viderebringe indholdet af det til de danske ansatte. Man var altså godt klar over konkurrencen eller den latent lurende konflikt mellem parterne i Grønland.

123 Grønlandsk lektor var betegnelsen for en sædvanligvis tidligere missionær i Grøn-land, som var tilknyttet centraladministrationen i København som særlig sagkyndig, og som sådan bl.a. skulle rådføres i sager vedrørende missionen.

124 RA 1828-1858: Lektor Wandalls betænkning, 2. januar 1856.

125 RA 1828-1858: Dagbog ført fra 10de August 1843 til 1ste September 1844 af Vesterboe.

126 RA 1828-1858: Dagbog for 1844-1845 ført af Vesterboe.

127 UA R.15.J.b.VI.14: Brev nr. 13: Esmann til Kleinschmidt, 20. maj 1831.

128 RA 1828-1858: Dagbog ført fra 10de August 1843 til 1ste September 1844 af Vester-boe; Dagbog holdt i Aaret 1850-1851 af Vesterboe, Julianehaab.

129 UA R.15.J.b.VI.14: Brev nr. 24: Janssen til samtlige Missionairer af Brødreuniteten, Godthaab Seminarium 8. juni 1855.

130 UA R.15.J.b.VI.14: Brev nr. 25: Nissen til Ihrer, Julianehaab 5. februar 1857; Brev nr. 32: Rosen til Asboe, Nanortalik 29. september 1862; Brev nr. 38: Skårup til Hillig, 1. oktober 1882.

131 RA: Folketællinger i Grønland. A 57.02.00 Julianehåb Distrikt: Optællingsliste over Grønlændere og Blandinger ved Colonien Julianehaab med District, den 31te December 1845.

132 UA R.15.J.b.5.b: Tabelle über die Volksmenge bei der Brüder-Mission Friedrichsthal mit District dem 31. December 1840.

133 RA 1882-1899: Referat fra efterårsmødet, 25. september 1895.

134 RA Folketællinger i Grønland: 1850: A 22.01.01 Nanortalik Distrikt, Frederiksdal Herrnhuttermission: Designation over Grønlændere og Blandinger under Fredriksthals Missions Station 1855. af Missionsforstandser Ihrer; 1870: A 57.02.00 Julianehåb Distrikt: Navnlig Optællingsliste over Grønlændere og Blandinger i Julianehaab District den 1ste December 1870; 1901: A 57.02.00 Julianehåb Distrikt: Navnlig Optællingsliste over Grønlændere og Blandinger i Kolonien Julianehaabs Distrikt den 1. Oktober 1901. UA R.15.J.b.5.b.: 1896: Designation over Missionariatet Frederiksdal den 31. December 1896.

135 RA Folketælinger i Grønland: 1834: A 22.01.01 Nanortalik Distrikt, Frederiksdal Herrnhuttermission.
Det oplyses i en note i denne folketælling, at hvor der ud for folks alder er angivet et x, er der tale om den omtrentlige alder.

136 RA: Folketællinger i Grønland: 1840: A 57.02.00 Julianehåb Distrikt: Optællingsliste over Grønlændere og Blandinge ved Colonien Julianehaab med District, den 31te December 1840; 1845: A 57.02.00 Julianehåb Distrikt: Optællingsliste over Grønlændere og Blandinger ved Colonien Julianehaab med District, den 31te December 1845.

137 UA R.15.J.b.5.b.: Mandtalsliste over den grønlandske Befolkning i Friedrichsthals Missionariat indtil 31te Dec. 1870.

138 UA R.15.J.b.5.b.: Designation over Missionariatet Frederiksdal den 31. December 1890; Designation over Missionariatet Frederiksdal den 31. December 1896.

139 RA: Folketællinger i Grønland: 1845: A 57.02.00 Julianehåb Distrikt: Optællingsliste over Grønlændere og Blandinger ved Colonien Julianehaab med District, den 31te December 1845.

140 Elisa er her et drengenavn. Der er i Grønland i vore dage stadig enkelte eksempler på denne brug af navnet.

141 RA: Folketællinger i Grønland: 1834: A 22.01.01 Nanortalik Distrikt, Frederiksdal Herrnhuttermission: (uden titel).

142 RA: Folketællinger i Grønland: 1840: A 57.02.00 Julianehåb Distrikt: Optællingsliste over Grønlændere og Blandinge ved Colonien Julianehaab med District, den 31te December 1840.

143 RA Folketællinger i Grønland: 1855: A 22.01.01 Nanortalik Distrikt, Frederiksdal

Herrnhuttermission: Designation over Grønlændere og Blandinger under Fredriks-
thals Missions Station 1855. Af Missionsforstander Ihrer.

144 UA R.15.J.b.5.b.: Optællingsliste den 1. oktbr 1855.

145 RA: Folketællinger i Grønland: 1860: A 22.01.01 Nanortalik Distrikt Frederiksdal
Herrnhuttermission: Optællingsliste over samtlige Befolkning ved Brødre-Missionen
Friedrichsthal i Julianehaab District den 1te October 1860.

146 UA R.15.J.b.5.b.: 1855: Optællingsliste den 1. oktbr 1855; 1866: Mandtalsliste over den
grønlandske Befolkning i Friedrichsthals Missionariat indtil 31te Dec. 1866.

147 RA: Folketællinger i Grønland: 1870: A 57.02.00 Julianehåb Distrikt: Navnlig Optæl-
lingsliste over Grønlændere og Blandinger i Julianehaab District den 1ste December
1870.

148 RA: Folketællinger i Grønland: 1901: A 57.02.00 Julianehåb Distrikt: Navnlig Optæl-
lingsliste over Grønlændere og Blandinger i Kolonien Julianehaabs Distrikt den 1. Ok-
tober 1901.

149 UA R.15.J.b.5.b.: Designation over Missionariatet Frederiksdal den 31. December 1890.

150 Dansk Missionsblad 1901: Beretning fra pastor Balle i Grønland: 369–380.

151 RA 1828-1858: Indberetning af 22 Octb: 1832 om Brødremenighederne i Grønland
(underskrevet af Johannes Reufs).

152 UA R.15.J.b.VI.12a: Brev nr. 215: Hilbig til Reichel, 2. august 1861; brev nr. 240: As-
boe, Starick og Spindler til Missionsdepartement, juli 1865; brev nr. 259: Gericke og
Spindler til Missionsdepartement, 15. august 1867; brev nr. 264: Gericke til Missions-
departement, 24. august 1868; UA R.15.J.b.VI.12b: Brev nr. 18a: Hilbig og Brodbeck til
Missionsdepartement, 14. juni 1882.

153 RA 1811-1829: Conrad Kleinscmidt, Baus og de Fries: Schrift von der Anlegung der
neuen Missions-Postens und der Gemeine zu Friedrichsthal bey Statenhuk in Grön-
land im Julii u. Aug. 1824. (Bilag til brev fra Johannes Reufs til Missionskollegiet 24.
marts 1825.

154 RA 1828-1858: Dagbog for 1844–1845 ført af Vesterboe.

155 Dansk Missionsblad 1898: 87–89: Smertens Barn; 1899: 280–281: Hvor er kvinden?

156 RA 1795-1901: No 72: 27-5-1890: Til de herrnhutiske missionærer.

157 RA 1774-1916: Journal for Julianehaab Sept. 1853 – Marts 1854. Af Rink som Inspek-
teur og Bestyrer af Distriktet Julianehaab.

158 RA 1882-1889: Referat fra Julianehaab Forstanderskab: Forårsmødet 3. maj 1899.

159 RA 1882-1889: Referat Julianehaab Forstanderskab: Forårsmødet 25. april 1893 og
ekstrakt af skrivelse fra Inspectoratet i Sydgrønland, dateret Godthaab 12 september
1894.

160 RA 1774-1916: Dagbog ført af Lægen i Julianehaab District i Handelsaaret 1856: 5.
sept.; RA 1820-1874: Fra Lytzen til Direktionen, Nanortalik den 17. sept. 1844.

161 RA 1774-1916: Dagbog ført ved Anlæget Nennortalik fra 18de November 1854, til 25de
Marts 1855, begge inclussive. Rosing, Volontair.; Journal ført ved Anlæget Nanortalik
fra den 20de Aug. 1885 til den 31te Marts 1886 (underskrevet: Simony); RA 1820-1874:
Skr. Nr. 1, indberetning fra Kolonibestyrer Larsen, dateret Julianehaab 15. April 1867.

162 RA 1828-1858: Indberetning og Skrivelse til Missionskollegiet. Esmann, Julianehaab
30. juni 1833.

163 RA 1828-1858: Dagbog holdt i Aaret 1850–1851 af Vesterboe, Julianehaab.: RA 1774-
1916: Journal ført af H Rink som Inspekteur over Distriktet Julianehaab 14. April til
25. August 1854.

164 RA 1828-1858: Dagbog over Missionærens Forretninger i Missionariatet Julianehaab
for Aaret 1852-53; RA 1858-1867: Dagbog ført af Missionairen ved Julianeshaab fra
1ste Juli 1862 til 31te Juni 1863.

165 RA: 1820-1874: Oversigt. Biilmann, Julianehaab 30. juni 1852.

166 RA 1820-1874: (uden overskrift) Indberetning til Rink, underskrevet af Jacob Lund,
Udstedet Illoa 15de Marts 1855.

167 RA 1874-1898: Fremsendelse af Indberetning for Kolonien. Indberetning af 31. marts
1876, E. Hansen.

168 RA 1820-1874: Rink: Om Manglerne ved de til Grønlændernes Understøttelse i Trang
og Sygdom sigtende Foranstaltninger: 8. Dateret Julianehaab 22. februar 1855.

169 RA 1820-1874: Brev fra Holbøll til Direktionen, dateret 31. december 1850. I brevet er
indlagt afskrift af Holbølls indberetning, dateret 30. december 1850.

170 Oplysningerne er givet af Mette Rønsager, ph.d. i forbindelse med hendes arbejde
med afhandlingen *Imellem læger og landsmænd. Den vestgrønlandske jordemoderinstitu-
tion 1820–1920* (upubliceret, Københavns Universitet 2006).

171 NKA 1824-1900: Kirchen-Buch der Gemeine in Friedrichsthal vom ersten Anfangen 1824.

172 UA R.15.J.b.5.b: Designation over Missionariatet Frederiksdal den 31. December 1890;
Designation over Missionariatet Frederiksdal den 31. December 1896; Mandtalsliste
over den grønlandske Befolkning i Friedrichsthals Missionariat indtil 31te Dec. 1870.

173 Optællingsliste den 1. oktbr 1855.

174 NKA 1824-1900; UA R.15.J.b.5.b: Mandtalsliste over Grønlænderne som opholder sig
ved Friedrichsthals Missions-District ved Slutningen af Aar 1850; Optællingsliste den
1. oktbr 1855.

175 NKA 1824-1900; UA R.15.J.b.5.b: Mandtalsliste over den grønlandske Befolkning i
Friedrichsthals Missionariat indtil 31te Dec. 1866; Mandtalsliste over den grønland-
ske Befolkning i Friedrichsthals Missionariat indtil 31te Dec. 1870; Designation over
Missionariatet Frederiksdal den 31. December 1890; Designation over Missionariatet
Frederiksdal den 31. December 1896;

176 RA 1828-1858: Dagbog for Missionariatet Julianehaab 1851-1852.

177 *Atuagagdliutit* 1889: Tamardlisit: 10. januar (nr. 8): 125–28; 23. januar (nr. 9): 143–144.

178 RA 1820-1874: Besvarelse af const Inspektør og Colonibestyrer Rinks Breve 1854.
Breve mærket: no 3 a-f Bilag til Formandsindberetning fra Julianehaab.

179 RA 1828-1858: Dagbog over Missionærens Forretninger i Missionariatet Julianehaab
for Aaret 1852-53.

180 RA 1820-1874: Besvarelse af const Inspektør og Colonibestyrer Rinks Breve 1854: brev
nr. 3-a. Bilag til Formandsindberetning fra Julianehaab. Dateret Østprøven 12. marts
1854, underskrevet af Chemnitz.

181 RA 1828-1858: Julianehaabs Missionariat 1855-56.

182 *Paarsisoq* (ny retskrivning) er den grønlandske betegnelse for et grønlandsk medlem af forstanderskaberne. Den egentlige betydning er: En der passer på.

183 RA 1877-1879: Julianehaab forstanderskab: referat fra Efterårsmødet, 25. september 1873.

184 *Atuagagdliutit* 1864: Lars Møller: Kujatâliarnermik aussautitdlugo: 12. december (nr. 37): 567–569.

185 *Atuagagdliutit* 1880: Ulrik Rosing: Pamiagdlungme ukînivnit erqaimassáka: 15. november (nr. 4): 49–51; 14. december (nr. 6): 81–84; 1881: 25. februar (nr. 10): 157–159.

186 RA 1774-1916: Dagbøger: Continuations Journal holden ved Colonien Julianæhaab fra 1te August 1801 til 15de Junii 1802 af kiøbmand Joh: Chr: Mörch.

187 RA 1774-1916: Dagbog for H:A: 1860 ført af Lægen i Julianehaab District.

188 RA 1858-1867: Miss. koll. Dagbog ført ved Julianehaab fra min Overtagelse af Embedet i September 1861 til 1ste Juli 1862. Bilagt Indberetning for Aaret 1861/62 af Rosen, underskrevet 23. juli 1862.

189 *Atuagagdliutit* 1872: Hagen: Qavángarnitsat (imaípoq tunumiut) Pamiagdlungme nunghussut aussaq; 1881 Oqalualârutit. Qideon (qajaitsoq) Igdlorssuatsiarmio, Pamiagdlûp erqánguarmio; 1881 Univkârut Tingmiarmiunik, aussaq 1879–80.

190 Hundested Bibliotek: KRA: kasse 52, nr. 3: Knud Rasmussen: Lommebog med dagbogsoptegnelser og notater fra Sydøstgrønland. 1 bind. 1904.

191 Navnet, der betyder konebåd, forekommer i forskellige andre stavemåder, fx Autdarida, Autdlârutât, Aallaaridaa samt Aallaarutaat, som er den vestgrønlandske form i ny retsskrivning. Den her anvendte stavemåde, Aaddaaridaad, er den, der formodes at komme tættest på Kap Farvel-dialekten, og dermed den mest autentiske. Aaddaaridaad blev født omkring 1872 og døde i 1941. Ved dåben i 1901 blev han døbt Kristian Poulsen. Han deltog senere på Sjette og Syvende Thule Ekspedition til Østgrønland i 1931–1933, hvor Knud Rasmussen brugte ham som kendtmand og informant om livet før indvandringen til Vestgrønland, og for dette modtog han senere fortjenstmedaljen (Ostermann 1938: 130–139; Bak 181: 247–249).

192 NKA: C-08: 01-486: Kornelius Jakobsen (Nuannersukuluusimavoq).

193 NKA: C-08: uden journalnummer: Emma Kielsen ("Tassa taama naliginnaatigipput, tupinnanngitsigipput. Uagut [...] tupigusunneq ajorpugut, meeraagama tamakkuninnga tusarnermik soqutiginngilakka).

194 "uannut qasusuilluni angakkuunilersaartarsimasoq" og "ikinngutigigaluannut Aallaarutaamut eqqaassutissatut suliaraara".

195 "nuannersumik minguitsumillu [...] naak kuisimanngitsuinnaagaluarlutik".

196 Poulsen var døbt Mikiassen, men tog senere navneforandring til Poulsen (Poulsen & Lynge 1989: 7).

197 Hans navn er ikke angivet, men hans identitet fremgår af en indledende tekst. Af det skrevne fremgår, at det er uddrag af et af flere breve skrevet til en ven (p. 25).

Referencer

Utrykte kilder

Det Kongelige Bibliotek
KB   Knud Rasmussens arkiv 4.
                      Optegnelser fra den litterære Grønlandsekspedition, 1904.
KB, NKS 826, 8:   Tagebuch von I.A. de Fries. 1830.

Hundested Bibliotek
KRA   Knud Rasmussens Arkiv.

Nunatta Atuagaateqarfia Allagaateqarfialu
(Grønlands Nationalmuseum & Arkiv)
NKA 1827-1861   22.02.01: Ministerialbog for Julianehaab Missionariat.
NKA 1824-1900   22.01.01: Kirchen-Buch der Gemeine in Friedrichsthal vom ersten Anfangen 1824.
NKA 1900-1913   Ministerialbog for Frederiksdals Distrikt under Julianehaabs søndre Missionariat i Grønland.
NKA C-08   Interviews i 1991 i Nanortalik Kommune ved Hans Lange, NKA, og Kristine Raahauge, Nanortalik Museum.

Palaseqarfik Nanortalik
Nanortalik Præstegæld
1900-1913   Ministerialbog for Frederiksdal Distrikt under Julianehaabs søndre Missionariat i Grønland.

Rigsarkivet
Den administrerende Direktion for den kgl. Grønlandske Handel (1774).
RA 1774-1916   Dagbøger.
RA 1775-1819   Grønlandske Breve.

RA 1795-1901   Sydgrønlands Inspectorats korrespondance.

RA 1820-1873   Extrakter af Breve fra Syd-Grønland. Med Resolutioner.

RA 1820-1874   Grønlandske Breve. Indkomne Breve fra Sydgrønland.
                 Med Resolutioner.

RA 1872-1879   40 a, b: Kommissionen for grønlandske Anliggender
                 og Forstanderskaberne.

RA 1874-1898   Søndre Inspectorats Breve.

RA 1882-1899   Diverse korrespondancesager 38 a, b, c:
                 Forstanderskaberne.

RA   Folketællinger i Grønland.

Missionskollegiet

RA 1811-1829   Missionssager 1811-29.

RA 1828-1858   Missionsberetninger m.m. for Grønland.

Ministeriet for Kirke- og Undervisningsvæsenet

RA 1858-1867   Missionsberetninger m.m. fra Grønland.

Unitätsarchiv der Evangelischen Brüder-Unität Herrnhut

UA R.15.J.a.23a-b   Übersetzungen ins Grönländische.

UA R.15.J.b.5.b   Friedrichsthal (Volkslisten) 1833-1896.

UA R.15.J.b.VI.

12a-b   1824–1900 Korrespondenz von Friedrichsthal.

UA R.15.J.b.VI.14   1826–1900 Korrespondenz Friedrichsthals mit
                    dänischen Behörden.

Upubliceret litteratur

Appelt, Martin

2003   De sidste palæoeskimoer. Nordvest Grønland i
            perioden 800–1300 e.v.t. – Ph.d.-afhandling. Institut for
            Forhistorisk Arkæologi, Aarhus Universitet.

Bak, Ove

1971   Julianehåb Distrikts historie. Oplysninger om
            befolkningen og dens fordeling på bopladserne i det 19.
            århundrede, II. – Privat tryk, Ranum.

Christiansen, Dorte Veien

2002   Handel og kommunikation i Nordatlanten. Rapport
            om prøveundersøgelser på den formodede atlanthavn,
            Sandhavn ved Maakkarneq, Nanortalik Kommune,

sommeren 2001. – Feltrapport 3, Nationalmuseets Center for Grønlandsforskning.

Felbo, Mette, Jensen, J. F., Gotfredsen, A. B., Møhl, J. & Gulløv, H. C.
1992   Rapport om det arkæologiske arbejde i Skjoldungen, Ammassalik Kommune, Sydøstgrønland, sommeren 1991. – Nationalmuseet & Dansk Polarcenter.

Felbo, Mette, Gotfredsen, A. B., Rosenlund, K., Gulløv, H. C., Kapel, H. & Koch, A.
1993   Illuluarsuk. Rapport om det arkæologiske arbejde i Illuluarsuk-regionen syd for Bernstorffs Isfjord, Ammassalik Kommune, Sydøstgrønland, sommeren 1992. – Nationalmuseet & Dansk Polarcenter.

Gulløv, Hans Christian
2000a   Arkæologiske undersøgelser i Sydgrønland. Rapport om berejsningen i Narsaq, Qaqortoq og Nanortalik kommuner, sommeren 2000. Nationalmuseets Center for Grønlandsforskning.

Gulløv, Hans Christian & Lange, H.
1987   Ammassalik. Arkæologiske undersøgelser i Tasiilaq Kommune 1987. – Kalaallit Nunaata Katersugaasivia, Nuuk.

Gulløv, Hans Christian & Jensen, J. F.
1991   Rapport om de arkæologiske registreringer og undersøgelser i Sønder Skjoldunge Sund, Ammassalik Kommune, Sydøstgrønland, sommeren 1990. – Nationalmuseet & Dansk Polarcenter.

Høegh-Knudsen, Pipaluk, Krause, C. & Møller, N. A.
2003   Palæoeskimoer i Sydgrønland. Rapport om undersøgelserne på Illussat (60V2-II-26), Nanortalik Kommune, Sommeren 2002. – Feltrapport 10, Nationalmuseets Center for Grønlandsforskning.

Jensen, Einar Lund
2002a   Tunup Saqqaa – kontakter melem Øst- og Vestgrønland. Rapport over forundersøgelser og arkivsøgning, oktober 2001–marts 2002. – Feltrapport 7, Nationalmuseets Center for Grønlandsforskning.

Jensen, Einar Lund
2004   Erindringer om uiarnerit. Resultater fra en undersøgelsesrejse til Nanortalik april–maj 2004. – Upubliceret rapport, Nationalmuseets Center for Grønlandsforskning.

Kapel, Hans
2003   Ikigaat/Herjolfsnæs. Rapport over arkæologiske
              undersøgelser sommeren 2002. – Feltrapport 11,
              Nationalmuseets Center for Grønlandsforskning.
Lund, Isak
1887   Upubliceret beretning om indvandringen af
              østgrønlændere til Kap Farvel-området. – Rigsarkivet,
              Grønlands Handel og Styrelse, gruppeordnede sager, 39 b:
              Diverse korrespondancesager: Forstanderskaberne, samt
              Populations- og Erhvervsforhold.
Rønsager, Mette
2006   Imellem læger og landsmænd. Den vestgrønlandske
              jordemoderinstitution 1820–1920. – Ph.d.-afhandling.
              Afdeling for Eskimologi og Arktiske Studier, Institut
              for Tværkulturelle og Regionale Studier, Københavns
              Universitet.
Raahauge, Kristine, Appelt, M., Gulløv, H. C., Kapel, H., Krause, C. &
       Møller, N. A.
2002   Tidlig Thulekultur i Sydgrønland. Rapport om
              undersøgelserne i Nanortalik Kommune, sommeren
              2001. – Feltrapport 1, Nationalmuseets Center for
              Grønlandsforskning.
Raahauge, Kristine, Høegh-Knudsen, P., Gulløv, H. C., Møhl, J., Krause,
       C. & Møller, N. A.
2003   Tidlig Thulekultur i Sydgrønland. Rapport om
              undersøgelserne i Nanortalik Kommune, sommeren
              2002. – Feltrapport 9, Nationalmuseets Center for
              Grønlandsforskning.
Raahauge, Kristine, Jensen, E. L., Grønnow, B. & Gulløv, H. C.
2005   Bopladser langs konebådsruten mellem Vest- og
              Østgrønland. Rapport om besigtigelser fra Pamialluk til
              Aluk, sommeren 2004. – Feltrapport 19, Nationalmuseets
              Center for Grønlandsforskning.
Sonne, Birgitte
2004   Sonnes Base 2004. – Afdeling for Eskimologi og Arktiske
              Studier, Københavns Universitet. www.eskimologi.
              ku.dk/bibliotek/datasamlinger/sonnesbase

Publiceret litteratur

Amdrup, Georg C.
1902   Beretning om Expeditionen til Grønlands Østkyst 1898–
               99. – *Meddelelser om Grønland* 27(1).
Amdrup, G. C., Bobé, L., Jensen, A. S. & Steensby, H. P. (red.)
1921   Grønland i Tohundredaaret for Hans Egedes Landing, II.
               – *Meddelelser om Grønland* 61.
Anderson, David G. & J. Christopher Gillam
2001   Paleoindian Interaction and Mating Networks: Reply to
               Moore and Moseley. – *American Antiquity* 66(3), s. 530–
               535.
Appelt, Martin
2004   De sidste Dorsetfolk. – I: Gulløv, H. C., *Grønlands
               forhistorie*, s. 177–200. – Gyldendal, København.
Appelt, Martin & Gulløv, H. C. (red.)
1999   Late Dorset in High Arctic Greenland. Final report on
               the Gateway to Greenland project. – *Danish Polar Center
               Publication* 7.
Arneborg, Jette
2004   Det europæiske landnam – Nordboerne i Grønland, 985-
               1450 e.v.t. – I: Gulløv, H. C. (red.), *Grønlands forhistorie*, s.
               219–278. – Gyldendal, København.
Atuagagdliutit
1861ff   Nuuk.
Augustin, Stephan
2003   Herrnhuter Mission und Völkerkunde. – I: Nippa,
               Annegret (udg.), *Ethnographie und Herrnhuter Mission*, s.
               8–17. – Staatliches Museum für Völkerkunde Dresden,
               WinterDruck Herrnhut.
2008   Inuit und Yupik – Eskimo-Sammlungen und Ausstellung
               im Völkerkundemuseum Herrnhut. – *Amerindian Research*
               3–4(10), s. 211–221.
Bak, Ove
1981   *Nanortalik. Nunap Isuata erqâ – Kap Farvel-landet*. –
               Nordiske Landes Bogforlag, Umanak.
Bateson, Gregory
1972   Style, Grace, and Information in Primitive Art. – I:
               Bateson, G., *Steps to an Ecology of Mind*, s. 128–152. –
               Ballantine Books, New York.

Berglund, Joel

2004   Kulturlandskab, fortidsminder og fredning. – I: Gulløv,
              H. C. (red.): *Grønlands forhistorie*, s. 345–380. – Gyldendal,
              København.

Berthelsen, Christian, Jacobsen, B., Kleivan, I., Nielsen, F., Petersen, R. &
              Rischel, J.

1990   *Oqaatsit kalaallisuumiit qallunaatuumut. GrønlandskDansk
              Ordbog.* – Atuakkiorfik Ilinniusiorfik, Nuuk.

Birket-Smith, Kaj

1917   Foreløbigt Bidrag til Kap Farvel-Distrikternes
              Kulturhistorie. – *Meddelelser om Grønland* 53(1).

1924   Ethnography of the Egedesminde District with Aspects
              of the General Culture of West Greenland. – *Meddelelser
              om Grønland* 66.

Bjørnum, Stig, Grove, A. & Jensen, E. L. (red.)

2002   Jørgen Brønlund: optegnelser fra en ekspedition 1902–
              04. Ilisimasassarsiornermit allattukkat 1902–04. – *Det
              grønlandske Selskabs Skrifter* 35.

Bobé, Louis

1936   Diplomatarium Groenlandicum 1492-1814. Aktstykker og
              breve til oplysning om Grønlands besejling, kolonisation
              og missionering. – *Meddelelser om Grønland* 55(3).

Bredsdorff, Thomas

2003   *Den brogede oplysning.* – Gyldendal, København.

Brice-Bennett, Carol

2003   *Hopedale: Three Ages of a Community in Northern Labrador.*
              – Historic Sites Association of Newfoundland and
              Labrador, St. John's, Newfoundland.

Bro, Henning

1993   Grønland. Kilder til en dansk kolonihistorie. – *Det
              grønlandske Selskabs Skrifter* 31.

Brodbeck, J.

1882   *Nach Osten. Untersuchungsfahrt nach der Ostküste Grönlands
              von 2. bis 12. August 1881.* – Missionsdepartement der
              Brüdergemeine, Niesky.

Bugge, Georg Nicolai

1969   Nanortalik og omegn ved århundredeskiftet. – *Tidsskriftet
              Grønland* nr. 11, s. 327–342.

1977   *Îsâp ássilialiai   Isaks billedbog.*   Det grønlandske Forlag,
              Nuuk.

Christensen, Hans-Henrik

1983   Kirkekamp og hedningemission. Om herrnhuterne i
               Danmark og på Grønland 1733–50. – *Tidsskriftet Grønland*
               nr. 8–10, s. 236–246.

Clavering, D. Charles

1830   Journal of a Voyage to Spitzbergen, and the east Coast of
               Greenland in His Majesty's Ship 'Griper'. – *Edinburgh New
               Philosophical Journal* 9.

Cohen, Anthony P.

1985 (2007)   *The Symbolic Construction of Community.* – Routledge,
               London og New York.

Cranz, David

1770   *Historie von Grönland enthaltend Die Beschreibung des Landes
               und der Einwohner u. insbesondere die Geschichte der dortigen
               Mission der Evangelischen Brüder zu Neu-Herrnhut und
               Lichtenfels*, Bd. III. – Barby und Leipzig.

Dansk Missionsblad

1834ff   Dansk Missionsselskab, København.

Deacon, Terrence W.

1998   *The Symbolic Species. The Co-evolution of Language and the
               Brain.* – W. W. Norton & Company, New York og London.

Dorais, Louis-Jacques & Searles, E.

2001   Inuit identities. – *Études Inuit Studies* 25(1–2), s. 17–35.

Egede, Hans

1925   Relationer fra Grønland 1721–36. (Udg. Louis Bobé). –
               Meddelelser om Grønland 54, s. 1–304.

Egede, Hans

1925   Det gamle Grønlands Nye Perlustration eller
               Naturel=Historie 1741. (Udg. Louis Bobé). – *Meddelelser
               om Grønland* 54, s. 305–404.

Evangelisk Missions-Tidende

1844ff   Nordslesvigsk Missionsforening. Christiansfeld.

Floris, Lene

1996   Snot på ærmet – om erindringsserien Folk Fortæller.
               – I: Jensen, B. E., Nielsen, C. T. & Weinreich, T. (red.),
               Erindringens og glemselens politik, s. 107–136. – Roskilde
               Universitetsforlag, Roskilde.

Forchhammer, Søren

2004   Kringletyveriet og de "Communale Raad" i Grønland. –
               Tidsskriftet Grønland nr. 1–2, s. 59–73.

Gad, Finn

1969   Grønlands Historie, II, 1700–1782. – Nyt Nordisk Forlag,
               København.

1976   Grønlands Historie, III, 1782–1808. – Nyt Nordisk Forlag,
               København.

Gad, Finn

1984   Grønland. Politikens Danmarkshistorie. – Politikens
               Forlag, København.

Garde, V.

1887/88   Nogle Bemærkninger om Øst-Grønlands Beboere. –
               Geografisk Tidsskrift 9, s. 93–96.

1889/90   Om østgrønlændernes Rejser og deres fremtidsudsigter. –
               Geografisk Tidsskrift 10, s. 181–190.

1891/92   Østgrønlandske besøg i Vestgrønland 1890. – Geografisk
               Tidsskrift 11, s. 27–29.

Gessain, Robert & Robert-Lamblin, J.

1974   Migrations des Ammassalimiut au 19è siècle d'après les
               archives des Frères Moraves. – Cahiers du C.R.A. 13,
               Bulletins et Mémoires de la Sociètè d'Anthropologie de Paris.
               Tome 2ᵉ, 13è série, s. 153–159.

GHM, Grønlands Historiske Mindesmærker

1838   Ur Islendíngabók Ara Prests hins fróða. – I: Grønlands
               Historiske Mindesmærker, I, s. 168–173. – Det Kongelige
               Nordiske Oldskrift-Selskab, Kjøbenhavn.

1845   Grönlands Beskrivelse ved Ivar Baardsön. – I: Grønlands
               Historiske Mindesmærker, III, s. 248–264. – Det Kongelige
               Nordiske Oldskrift-Selskab, Kjøbenhavn.

Giesecke, K. L.

1910   Karl Ludwig Gieseckes Mineralogisches Reisejournal
               über Grönland 1806–13. – Meddelelser om Grønland 35.

Glahn, Henric Christopher

1771   Anmærkninger over de tre første Bøger af Hr. David Crantzes
               Historie om Grønland. – Det Kongelige Vajsenhuses
               Bogtrykkerie, København.

Grønlands Styrelse

1942   Sammendrag af statistiske Oplysninger om Grønland, I. –
               Beretninger vedrørende Grønlands Styrelse. – København.

Grønnow, Bjarne

1996   The Paleo-Eskimo Cultures of Greenland: Current
               Research. – I: Grønnow, B. & Pind, J. (red.), The Paleo-
               Eskimo Cultures of Greenland. New Perspectives in Greenlandic
               Archaeology. – Danish Polar Center Publication 1, s. 1–7.

Grønnow, Bjarne, Meldgaard, M. & Nielsen, J. B.

1983   Aasivissuit – The Great Summer Camp. Archaeological, ethnographical and zoo-archaeological studies of a caribou-hunting site in West Greenland. – *Meddelelser om Grønland, Man & Society 5.*

Graah, Wilhelm August

1932 (1832) *Undersøgelses=Reise til Østkysten af Grønland efter Kongelig Befaling udført i Aarene 1828–31.* – Gyldendal, København.

Gulløv, Hans Christian

1983   Herrnhuternes grønlændere. – *Tidsskriftet Grønland* nr. 8–10, s. 247–259.

1986   Straat David's grønlændere og sydlændinge. – I: *Vort sprog – vor kultur. Foredrag fra symposium afholdt i Nuuk oktober 1981 arrangeret af Ilisimatusarfik og Kalaallit Nunaata Katersugaasivia,* s. 101–112. – Pilersuiffik, Nuuk.

1987   Dutch Whaling and its Influence on Eskimo Culture in Greenland. – I: Hacquebord, L. & Vaughan, R. (red.), *Between Greenland and America. Cross-cultural Contacts and the Environment in the Baffin Bay Area,* s. 75–93. – Arctic Centre, Groningen.

1988   Where is the Greenlandic *qassi?* – a study of settlement structures. – *Folk* 30, s. 181–200.

1995   "Olden times" in Southeast Greenland: New archaeological investigations and the oral tradition. – *Inuit Studies* 19(1), s. 3–36.

1997   From Middle Ages to Colonial Times. Archaeological and ethnohistorical studies of the Thule culture in South West Greenland 1300–1800 AD. – *Meddelelser om Grønland, Man & Society 23.*

2000   100-året for Sydøstgrønlands affolkning i 1900 – og en skitse til et forskningsprogram ved Nationalmuseets Center for Grønlandsforskning. – *Tidsskriftet Grønland* nr. 6–7, s. 189–202.

2000b   Natives and Norse in Greenland. – I: Fitzhugh, W. W. & Ward, E. I. (red.), *Vikings. The North Atlantic Saga,* s. 318–326. – Smithsonian Institution Press, Washington og London.

2004   Nunarput, Vort Land – Thulekulturen 1200–1900 e.v.t. – I: Gulløv, H. C. (red.), *Grønlands forhistorie,* s. 281–343. – Gyldendal, København.

2008   The Nature of Contact between Native Greenlanders and
                Norse. – *Journal of the North Atlantic* 1, s. 16–24.

2010   Archaeological Commentary on the Isotopic Study of the
                Greenland Thule Culture. – *Journal of the North Atlantic,
                Special Volume 3.*

Gulløv, Hans Christian & Kapel, Hans

1979   Haabetz Colonie 1721–1728. A historical-archaeological
                investigation of the Danish-Norwegian colonization
                of Greenland. – *Publications of the National Museum,
                Ethnographical Series* 16.

Gulløv, Hans Christian & Hans-Erik Rasmussen

1987   Et segl, en fane og kvinders hårbånd. Glimt fra den tyske
                missionsmark. *Jordens Folk* 22 (4), s. 166–173.

Gustav Holm Samlingen (GHS)

1985   *Genstande indsamlet på konebådsekspeditionen til Ammassalik
                1883–85 / Ammassalimmut umiamik ilisimasassarsiornermi
                1883–85 katersorneqarsimasut / Objects collected by the
                Umiak-Expedition to Ammassalik 1883–85.* – Kalaallit
                Nunaata Katersugaasivia, Nationalmuseet & Grønlands
                Hjemmestyre, København og Nuuk.

Haagen, Birte

2007   Kurve og andre arbejder af grønlandsk marehalm. –
                Tidsskriftet Grønland nr. 4, s. 190–196.

Hansen, Johannes

1888   Liste over Beboerne af Grønlands Østkyst, optagen i
                Efteraaret 1884. – *Meddelelser om Grønland* 10(3).

Hansêrak (Johannes Hansen)

1933   Den grønlandske Kateket Hansêraks Dagbog om
                den danske Konebådsekspedition til Ammassalik i
                Østgrønland 1884–85. (Udg. William Thalbitzer). – *Det
                grønlandske Selskabs Skrifter* 8.

Holm, Gustav

1885/86   Konebaads-Expeditionen til Grønlands Østkyst 1883–85.
                – *Geografisk Tidsskrift* 8, s. 79–98.

1887   Ethnologisk Skizze af Angmagsalikerne. – *Meddelelser om
                Grønland* 10(2).

1888   Sagn og Fortællinger fra Angmagsalik. – *Meddelelser om
                Grønland* 10(5).

Holm, Gustav & Petersen, J.

1921   Angmagssalik Distrikt. – *Meddelelser om Grønland* 61, s.
                560–661.

Holtved, Erik

1944   Archaeological Investigations in the Thule District, I–II. –
               Meddelelser om Grønland 141(1–2).

Ingold, Tim

2000   *The Perception of the Environment. Essays on livelihood,*
               dwelling and skill. – Routledge, London & New York.

Israel, Heinz

1969   Kulturwandel grönländischer Eskimo im 18. Jahrhundert.
               – *Abhandlungen und Berichte des Staatlichen Museums für*
               Völkerkunde Dresden, Band 29. – Akademie-Verlag, Berlin.

1978   Frederiksdal 1890: Demographische Dokumentation über
               eine Gruppe westgrönländischer Eskimo. – *Abhandlungen*
               und Berichte des Staatlichen Museums für Völkerkunde
               Dresden, Band 36, s. 129–150.

1982   Lampenschalen der Eskimo (Inuit) im
               Völkerkundemuseum Herrnhut. – *Beiträge zur Ur- und*
               Frühgeschichte II, s. 471–486.

1984   Kalaallit Nunaat und die Grönländer auf Zeichnungen
               von Carl Julius Spindler. – *Jahrbuch des Museums für*
               Völkerkunde zu Leipzig, Band 35, s. 119–130.

2003   Inuit – Menschen im Hohen Norden. – I: Nippa,
               Annegret (Hrsg.), *Ethnographie und Herrnhuter Mission,* s.
               98–111. – Staatliches Museum für Völkerkunde Dresden,
               WinterDruck Herrnhut.

Jansen, Henrik M.

1972   A Critical account of the Written and Archaeological
               Sources' Evidence Concerning the Norse Settlements in
               Greenland. – *Meddelelser om Grønland* 182(4).

Jarrick, Arne

1987   *Den himmelske älskaren. Herrnhutisk väckelse, vantro og*
               sekularisering i 1700-talets Sverige. – Ordfronts Förlag,
               Stockholm.

Jensen, Einar Lund

2002b   Uiarnerit. A historical study of immigration from East to
               West Greenland in the nineteenth century. – *Études Inuit*
               Studies 26(2): 23–46.

2003   Kap Farvel området i 1800-tallet – et mødested for fire
               kulturer. – *Tidsskriftet Grønland* nr. 7–8, s. 301–314.

2006   Uiarnerit – migrations from South East to South West
               Greenland in the 19th century. – I: Arneborg, J. and
               Grønnow, B. (red.), *Dynamics of Northern Societies.* –
               Publications from the National Museum, Studies in

Archaeology and History Vol. 10, s. 225–234.

2009   Stories of the Past: Collective Memory and Historical
              Consciousness in the Cape Farewell District. In: Bjarne
              Grønnow (ed.): *On the Track of the Thule Culture from
              Bering Strait to East Greenland. Proceedings of the SILA
              Conference The Thule Culture – New Perspectives in Inuit
              Prehistory. Papers in Honour of Hans Christian Gulløv.*
              Publications from the National Museum, Studies in
              Archaeology & History, vol. 15, s. 235–244.

Kjærgaard, Kathrine & Kjærgaard, Th.
2003   *Ny Herrnhut i Nuuk 1733–2003: missionsstation, rævefarm,
              embedsbolig, museum, universitet.* – Ilisimatusarfik, Nuuk.

Kleinschmidt, Conrad
1822   Nyeste Efterretninger fra det nordlige Grønland. – *Nyeste
              Skilderie af Kjøbenhavn* Nr. 68/69.

Kleivan, Inge
1983   Herrnhuterne eller brødremenigheden i Grønland 1733–
              1900. – *Tidsskriftet Grønland* nr. 8–10, s. 221–235.

Langgaard, Karen
1999   Vestgrønlændernes syn på østgrønlænderne gennem
              tiden. – I: *Grønlandsk Kultur- og Samfundsforskning* 98/99, s.
              175–200. – Ilisimatusarfik, Nuuk.

Larsen, Helge
1934   Dødemandsbugten. An Eskimo Settlement on Clavering
              Island. – *Meddelelser om Grønland* 102(1).

Leden, Christian
1954   Über die Musik der Ostgrönländer. – *Meddelelser om
              Grønland* 152(4).

Leinenga, Jurjen R.
1995   *Arctische walvisvangst in de achttiende eeuw. De betekenis
              van Straat Davis als vangstgebied.* – De Bataafsche Leeuw,
              Amsterdam.

Madsen, Vagn Eyvind (red.)
1975   *Qaqortoq – Julianehåb 1775–1975.* Udgivet af Qaqortumi
              Katersugaasiveqatigiit. – Julianehåb Museumsforening,
              Julianehåb.

Marquardt, Ole
2002   Greenland's demography, 1700–2000: The interplay of
              economic activities and religion. – *Études Inuit Studies*
              26(2), s. 47–69.

Mathiassen, Therkel
1927   Archæology of the Central Eskimos, I. Descriptive Part.
            – *Report of the Fifth Thule Expedition 1921–24*, vol. 4. –
            Gyldendal, København.
1930   Inugsuk. A Mediaeval Eskimo Settlement in Upernavik
            District, West Greenland. – *Meddelelser om Grønland 77.*
1933   Prehistory of the Angmagssalik Eskimos. – *Meddelelser om
            Grønland 92(4).*
1934   Eskimo Finds from the Kangerdlugssuaq Region. –
            Meddelelser om Grønland 104(9).
1936   The Former Eskimo Settlements on Frederik VI's Coast.
            – *Meddelelser om Grønland 109(2).*

Mathiassen, Therkel & Holtved, E.
1936   The Eskimo Archaeology of Julianehaab District. –
            Meddelelser om Grønland 118(1).

Mathiesen, Jens Mathias
1852   *Om Grønland, dets Indbyggere, Producter og Handel.* – H.
            Hagerup, København.

Meier, Gudrun
1978   Zur Geschichte des Museums. – I: Israel, H. & Kästner,
            K.-P. (udg.), *Völkerkundemuseum Herrnhut*, s. 5–9. –
            Staatliches Museum für Völkerkunde Dresden.

Meldgaard, Morten
1986   The Greenland caribou – zoogeography, taxonomy, and
            population dynamics. – *Meddelelser om Grønland, Bioscience*
            20.

Meldorf, Gustav
1902   Fra en Vaccinationsrejse i Egnen omkring Kap Farvel i
            Efteraaret 1900. – *Meddelelser om Grønland 25(2).*

Mikiassen, Kristen
1936   Kingumut. – *Sujumut. Qaqortup niuvertoqarfiane avîse.*
            Ammassivik & Narsaq 1.

Mikkelsen, Ejnar & Sveistrup, P. P.
1944   The East Greenlanders Possibilities of Existence, their
            Production and Consumption. – *Meddelelser om Grønland*
            134(2).

Møbjerg, Tinna
1988   De palæoeskimoiske kulturer i Ammassalik Distrikt. – I:
            Møbjerg, T., Grønnow, B. & Schultz-Lorentzen (red.),
            Palæoeskimoisk forskning i Grønland, s. 81–94. – Aarhus
            Universitetsforlag, Aarhus.

Mørch, Johan Christian

1831   Forsøg til Grønlændernes Charakteristik. – *Borger-Vennen.*
            Ugeskrift udgivet af Det forenede Understøttelses-Selskab,
            Kjøbenhavn, nr. 4–6, s. 25–39.

1942   Avhandlinger om Grønland 1799–1801. (Udg. H.
            Ostermann). – *Norges Svalbards- og Ishavsundersøkelser,*
            Meddelelse nr. 52.

Nansen, Fridtjof

1890   *Paa Ski over Grønland. En Skildring af den norske Grønlands-*
            Ekspedition 1888–89. – Aschehoug, Kristiania.

Nelson, Edward William

1899   The Eskimo About Bering Strait. – *Eighteenth Annual*
            Report of the Bureau of American Ethnology to the Secretary
            of the Smithsonian Institution 1896–1897, s. 3–518. –
            Washington D. C.

Nordenskiöld, Adolf Erik

1885   *Den andra Dicksonska Expeditionen till Grönland, dess inre*
            Isöken och dess Ostkust utförd År 1883 under befäl af A. E.
            Nordenskiöld. – F. & G. Beijers Förlag, Stockholm.

Norn, Mogens

1996   Eskimo Snow Goggles in Danish and Greenlandic
            Museums, their protective and optical properties. –
            Meddelelser om Grønland, Man & Society 20.

Nowak, Elke

1999   The "Eskimo language" of Labrador: Moravian
            missionaries and the description of Labrador Inuttut
            1733–1891. – *Études Inuit Studies* 23(1–2), s. 173–197.

Nutall, Mark

2001   Locality, Identity and Memory in South Greenland. –
            Études Inuit Studies 25(1–2), s. 53–72.

Olsen, Carl Christian & Petersen, H. C. (red.)

1990   *Niveq.* – Nunat Aqqinik Aalajangiisartut / Grønlands
            Stednavnenævn, Nuuk.

Ostermann, Hother

1918   Inspektør Niels Rosing Bulls Beskrivelse af Sydgrønlands
            inspektorat 1802. – *Det grønlandske Selskabs Aarsskrift*, s.
            6–25.

1935   De første efterretninger om østgrønlændingerne 1752. –
            Norsk Geografisk Tidsskrift 4(7).

Ostermann, Hother (red.)

1938   Knud Rasmussen's Posthumous Notes on the Life and
     Doings of the East Greenlanders in Olden Times. –
     Meddelelser om Grønland 109(1).

1944   Dagbøker av Nordmenn på Grønland før 1814, 2.
     Andreas Bruuns og Aron Arctanders Dagbøker fra
     Undersøgelsesreisen i Julianehaab Distrikt 1777–1779. –
     Norges Svalbards- og Ishavsundersøkelser, Meddelelse nr. 58

Petersen, H. C.

1986   *Skinboats of Greenland.* – The Viking Ship Museum,
     Roskilde.

Petersen, Johan

1957   Ujuâts Dagbøger fra Østgrønland 1894–1935. (Udg. B.
     Rosenkilde Nielsen). – *Det grønlandske Selskabs Skrifter* 19.

Petersen, Jonathan (red.)

1967   *ordbogêraq: tássa kalâtdlit oqausîsa agdlangnerinik*
     najorqutagssiaq. – Kalâtdlit-nunãnut ministereqarfiup
     naqitertitâ, Nûngme sineríssap kujatdliup naqiteriviane,
     Nuuk.

Petersen, Robert

1965   Some regulating Factors in the Hunting Life of
     Greenlanders. – *Folk* 7, s. 107–124.

2001   On ethnic Identity in Greenland. – *Études Inuit Studies*
     25(1–2), s. 319–328.

Porsild, Morten P.

1914   Studies on the Material Culture of the Eskimo in West
     Greenland. – *Meddelelser om Grønland* 51(5).

Poulsen, Holger Lennert & Hans Anthon Lynge (red.)

1989   *Kajistat. Kristen Poulsen: ajogi, taalliortoq, atuakkiortoq.* –
     Atuakkiorfik, Nuuk.

Poulsen, Kristen

1952/1975 *Angakkoq Papik: qavanngarnitsat inuunerannik oqaluttuaq.* –
     Atuakkiorfik, Nuuk.

Rasmussen, Knud

1906   *Under Nordenvindens Svøbe.* – Gyldendal, København.

1930   Iglulik and Caribou Eskimo Texts. – *Report of the Fifth*
     Thule Expedition 1921–24, vol. 7(3).

1931   The Netsilik Eskimos. Social Life and Spiritual Culture. –
     Report of the Fifth Thule Expedition 1921–24, vol. 8(1).

1979   500 leveregler, gamle ord og varsler fra Vestgrønland.
     Regitze Margrethe Søby (red.). *Det grønlanske Selskabs*
     Skrifter 23.

Rink, Hinrich Johannes

1857   *Grønland geographisk og statistisk beskrevet*, I-II. – A. F. Høst, København.

1866   *Eskimoiske Eventyr og Sagn Oversatte efter de indfødte Fortælleres Opskrifter og Meddelelser*. – C. A. Reitzels Boghandel, København.

1871   *Eskimoiske Eventyr og Sagn med Supplement indeholdende et Tillæg om Eskimoerne, deres Kulturtrin og øvrige Eiendommeligheder samt formodede Herkomst*. – C. A. Reitzels Boghandel, København.

1877   *Danish Greenland, its People and its Products*. – Henry S. King & Co., London.

Robert-Lamblin, Joëlle

1986   Ammassalik, East Greenland – end or persistence of an isolate? Anthropological and demographical study on change. – *Meddelelser om Grønland, Man & Society* 10.

2006   Demographic Fluctuations and Settlement Patterns of the East Greenlandic Population – as gathered from Early Administrative and Ethnographic Sources. – I: Arneborg, J. and Grønnow, B. (red.), *Dynamics of Northern Societies*. – Publications from the National Museum, Studies in Archaeology and History Vol. 10, s. 235–246.

Rosing, Christian

1946 (1906)   Østgrønlænderne. Tunuamiut. Grønlands sidste Hedninger. – *Det grønlandske Selskabs Skrifter* 15.

Rosing, Emil

1994   *Tunuamiut aarnuaat / Østgrønlandske amuletter*. – Atuakkiorfik, Nuuk.

Rosing, Jens

1960   Îsímardik – den store drabsmand. – *Det grønlandske Selskabs Skrifter* 20.

1963   *Sagn og Saga fra Angmagssalik*. – Rhodos, København.

1993   *Hvis vi vågner til havblik. En slægtssaga fra Østgrønland*. – Borgen, København.

Rowley, Susan

1985   Population Movements in the Canadian Arctic. – *Études Inuit Studie* 9(1), s. 3–21.

Ryberg, Carl

1893/94   Østgrønlændernes Besøg i Vestgrønland 1893 m.m. – *Geografisk Tidsskrift* 12, s. 160–161.

Rüttel, F. C. P.
1917   Ti Aar blandt Østgrønlands Hedninger. Dagbog fra
               Angmagssalik. – Gyldendal, København.

Rønsager, Mette
2002   Grønlændernes sundheds- og sygdomsopfattelse 1800–1930.
               – SIFs Grønlandsskrifter 14. – Statens Institut for Folkesund-
               hed, Afdelingen for Grønlandsforskning, København.

Raahauge, Kristine & Appelt, M.
2002   Itilleq og palæoeskimoerne i Sydgrønland. – Tidsskriftet
               Grønland nr. 4, s. 113–124.

Schledermann, Peter & McCullough, K. M.
2003   Late Thule Culture Developments on the Central
               East Coast of Ellesmere Island. – Danish Polar Center
               Publication 12.

Schultz-Lorentzen, Christian Wilhelm
1951 (1969)   Det vestgrønlandske sprog i grammatikalsk fremstilling. –
               Statsministeriet/Ministeriet for Grønland, København.

Simonsen, Adam
1996   Qavappiaat akornanni meeraanera. – Atuakkiorfik, Nuuk.

Sonne, Birgitte
1986   Toornaarsuk, An Historical Proteus. – Arctic Anthropology
               23(1–2), s. 199–219.

Sveistrup, P. P. & Ibsen, P.
1942   Den erhvervsmæssige udvikling i Julianehaab Distrikt
               1899–1939. – Meddelelser om Grønland 131(7).

Sveistrup, P. P. & Dalgaard, S.
1945   Det danske Styre af Grønland 1825–1850. – Meddelelser om
               Grønland 145(1).

Sørensen, Axel Kjær
2006   Denmark-Greenland in the twentieth Century. –
               Meddelelser om Grønland, Man and Society 34.

Tanner, Adrian
1979   Bringing Home Animals. Religious Ideology and Mode of
               Production of the Mistassini Cree Hunters. – Institute
               of Social and Economic Research Books, Memorial
               University of Newfoundland, Social and Economic
               Studies 23, St. John's.

Taylor, J. Garth
1984   Historical Ethnography of the Labrador Coast. – I:
               Damas, D. (red.), Arctic, s. 508–521. – Handbook of North
               American Indians 5, Smithsonian Institution,
               Washington D.C.

Thalbitzer, William

1909   Ethnological description of the Amdrup Collection from
            East Greenland comprising objects found in Eskimo
            house-ruins and graves north of Angmagsalik between
            68° and 75° lat. N. – *Meddelelser om Grønland* 28(7).

1912   Ethnographical Collections from East Greenland made
            by G. Holm, G. Amdrup and J. Petersen. – *Meddelelser om
            Grønland* 39(7).

1917   Hos Østgrønlænderne i Grønlands Sydfjorde, nærmest
            Kap Farvel. Sommeren 1914. – *Ymer*, s. 1–35. Svenska
            Sällskapet för Antropologi och Geografi, Stockholm.

1933/34   Østgrønlandske stemmer. *Det grønlandske Selskabs
            Årsskrift*, s. 58–72.

Thuesen, Søren

2001   Catechet Lautitz Olsens Reise til Grønlands Østkyst
            1861–62. – *Tidsskriftet Grønland* nr. 4–5, s. 159–166.

2007   *Fremmede blandt landsmænd. Grønlandske kateketer i
            kolonitiden.* – Forlaget Atuagkat, Nuuk.

Vebæk, Mâliâraq

2006   The Southernmost People of Greenland – Dialects
            and Memories. Qavaat – Oqalunneri Eqqamasaallu. –
            Meddelelser om Grønland. Man & Society 33.

Victor, Paul-Emilie & Robert-Lamblin, J.

1993   *La Civilisation du Phoque, 2. Légendes, Rites et Croyances des
            Eskimo d'Ammassalik.* – Raymond Chabaud, Bayonne.

Vinther, B. M, S. J. Johnsen, K. K. Andersen, H. B. Clausen & A. W. Hansen

2003   NAO-signal recorded in the stable isotopes of Greenland
            ice cores. *Geophysical Research Letters*, Vol. 30(7), s. 1387.

Walløe, Peter Olsen

1927   Peter Olsen Walløes Dagbøger fra hans Rejser i Grønland
            1739-53. (Udtog ved Louis Bobé). – *Det grønlandske
            Selskabs Skrifter* 5.

Warring, Annette

1996   Kollektiv erindring – et brugbart begreb? – I: Jensen, B.
            E., Nielsen, C. T. & Weinreich, T. (red.), *Erindringens og
            glemselens politik*, s. 202–233. – Roskilde Universitetsforlag,
            Roskilde.

Wilhjelm, Henrik

2001   "af tilbøielighed er jeg grønlandsk". Om Samuel
            Kleinschmidts liv og værk. – *Det grønlandske Selskabs
            Skrifter* 34.

Register

Sidetal i kursiv hensiver til illustrationer.

A

Aaddaaridaad (sydøstgrønlænder),
119–120, 222–229, *223*, *229*, 284n.191

Aappilattoq (boplads, handelsplads),
12, *14*, 210, 216, 225–226, 228, 271,
275n.21

Ababelek (sydøstgrønlænder), 67–68, *67*

Aitsiko (sydøstgrønlænder), 117

Alaska, 13, 160

Alik, se Aluk

Allianangitsoq (sydøstgrønlænder), 186

Alluitsoq, se Lichtenau

Alluktak (sydøstgrønlænder), 204

Alsbach, Caspar (handelsassistent), 73

Aluk, *51*, 66–69, *67*, *68*, *72*, 73, 77, 81,
98, 111, 216

Amautilik (sydøstgrønlænder), 118

Amitsuarsuk (boplads), 27, *28*

Ammassalik, 23, 49–51, *51*, 53–55, *58*,
59, 61, 71, 81, 103, 105, 109–110,
111–113, 116, 119–120, 145–160, *147*,
149, *150*, *153*, 175, 208, 214, 226, 243,
255, 257, 262, 266

ammassat, -fangst, 19, *146*, 213

amulet, rem, -sele, 155, 157, 211, 247,
251, 266, *267*, 270

angakkoq, 114, 148, 152, 153, *153*, 154,
155, 158, 159, 160, 197, 207, 208,
222, 224, 225, 226, 266

Angitinguaq (østgrønlænder), 155

Angmagssalingmio (sydøstgrønlæn-
der), 117

anorak, *208*, 243, 244, 245, 247, 248,
251, 252, 262, *263*, *264*, 266

Anorliuitsoq (boplads), 27, *28*, 32–36,
32, *33*, *34*, 39, 40, 43, 45, *45*, 48, 170,
174, 184, *185*, 200, 271, 275n.21

Antonia (grønlænder fra Friedrichst-
hal), 175

Aqqajuk (sydøstgrønlænder), 204

Arnstadt, Carl Louis Christian (tysk
missionær), 237, 240

Arnstadt, Johanna Elisabeth, 238, 239

Arøe, Emmanuel (handelsbestyrer), 75,
86, 97, 277n.57

Arøe, Jacob (handelsbestyrer), *75*, *93*,
94, 122

Asboe, Michael Andersen (tysk missio-
nær), 208, 236, 239

Atuagagdliutit (landsdækkende grøn-
landsk avis), 17, 18, 19, 20, *20*,
212, 213, 274nn.1–6, 275nn.13,
28, 276n.40, 278n.89, 283n.177,
284nn.184–185, 189

Auamio (sydøstgrønlænder), 182

Augusta (grønlænder gift med Mat-
hæus fra Friedrichsthal), 178–188,
179, *187*

avannarliit, den danske menighed, 88

Avaqqat (boplads), 50, *51*, 52

Avgo (østgrønlænder), 148, 154

B

Barby, i Sachsen, 232

Baus, J. Friedrich (tysk missionær), 238,
239

bebyggelse, -mønster, *12*, 16, 26, 28,
50, *58*

Beck, Jakob (tysk missionær), 235

befolkning, -forøgelse, -koncentration, -tal, -udvikling, 16, 21, 49, *58*, 61, 62–66, 69, 72, 73, 74, 76, 77, 81, 85, 86, *93*, 94, 101, 102, 103, 104, 105, 108, 112–123, 125–126, 131, 132– 133, 144, 147–148, 161–190, 195, 199, 201, 203, 216

begravelse, 24, 90, 191, 192, 214

Bernstorffs Isfjord, *52*, 55, 148

Bindschedler, Johann Heinrich (tysk missionær), 235, 237, 241, 246

blandinge, 77, 161

blærespyd, 247, 249, 254, *254*

blæseinstrumenter, 90, 91, 194, *194*

Bohlmann, Ernst Adolf Karl Heinrich (tysk missionær), *85*, *108*, *110*, *118*, *177*, *192*, *193*, *194*, *199*, *202*, *208*, *215*, 235, 238, 240, 241

bosættelse, -mønster, 13, 14, 15, 24, 26, 28, *32*, 33,36, 37, 45, 48, 49, 50, *51*, 52, 59, 62, 76, 81, 114, 125, 127, 131– 133, 147, 164, 172, 173, 179, 191, 216

Brigitte (grønlænder gift med Tittus fra Friedrichsthal), 178–188, *179*, *187*, *188*, *189*

Brodbeck, Jacob (tysk missionær), 18, 68, 111, *143*, 219, 237, 240

Brodersen, Jesper (tysk missionær), 235

brummer, 245, 251, 266, *266*

Brødremissionens arkiv, Unitätsarchiv der Evangelischen Brüder-Unität, 14, *234*

Bull, Niels Rosing (inspektør), 76

bødker, -arbejde, 77, 150, 152, 155, 158

C

Canada, 13, 39

Cap Discord, 21, *65*, 71

Chemnitz, Jens (grønlandsk præst), 88, 169

Clavering, Douglas Charles (engelsk hvalfanger), 156

Cranz, David (tysk missionær og histo-riker), 64, 235, 242, 244

D

Danske Cancelli, 124

Davis Strædet, 38

de Fries, J. Arnold (tysk missionær), 92, 238

dialekt, se sprog

Direktionen, 63, 69, 116, 126, 127

Disko Bugt, 24, 36, 37, 64, *72*

Dorsetkulturen, 23

drab, hævn-, 71, 112, 119, 120, 222, 224, 225, 226

Drexler, Joh. Friedrich (tysk missio-nær), 240

Dronning Maries Dal, *51*, 53

dukker, 242, 243, 247, 248, 249, 251, 266, 267, *267*

død, -årsag, 72, 92, *99*, 102, 108–109, 115, 117, 152, 164, 167, 169, *170*, 180, *187*, 190, 191, 192, 200, 201, 203, 205, 206, 214

dåb, 87, 89, 92, *99*, 100, 101, 103, 104, *104*, 117, 118, *118*, 119, 120–122, 125, 134, 136, 137, 138, 142, 144, 154, 155, 159, 167, 180, 181, 183, *187*, 191, 204, 209, 210, 221, *223*, 224, 225, 270

E

Eberle, Michael (tysk missionær), 236

Egede, Hans (dansk missionær), 62, 63, 65, *65*, 70

Eggers Ø, 27, *28*, 80

Elisabeth (jordemoder fra Østgrøn-land), 203–207

England, 86, 97

enker, 90, *99*, 117–119, *118*, 126, 166– 167, 175, 176, *177*, 178, 184, 190, 192, 198, 203, 207, 221, 276n.43

enkulturationsproces, 159, 160

epidemi, 64, 74, 92, 109, 196, 200–201, 205

erhverv, 122, 125, 161, 166–167, 169, 191, 193, 197–199, 200, 203

erindring, 9, 39, 215, 216–225, 227–231

Ernineq (sydøstgrønlænder), 100

Esmann, Magnus Wilhelm (dansk missionær), 133–134, 142

etnicitet, 227

Europa, 87, 90, 91, 230, 232, 235, 236, 237, 238, 239, 240, 247, 270, 275n.29

Evangelisk Missionstidende, 209

F

familie, -relation, -størrelse, 59, 71, 83, 110, 117–118, 119–120, 137, 147, 161–162, 175–178, 178–190, 203, 203–207, 210, 218–219, 222, 224, 227

fangst, -kniv, -plads, -redskab, -ritual, -udbytte, 13, 19, 24, 25, 35, 37, 40, 59, 66, 77, 112, 115–117, 125, 126–127, 131, 145–160, 157, 165, 167, 177, 190, 197–198, 197, 202, 205–206, 210, 214, 216, 247, 248, 249–250, 252–256, 253, 254, 255

festhus, se qassi

fiskeri, fiskeliner, fiskekroge, 37, 45, 49, 56, 59, 197, 206, 241, 249, 250, 252, 255, 262

folketælling, 161–162, 163, 165, 166, 167, 169, 170, 203, 271–273, 281n.135

forstander, -skaber, 96, 116–117, 131– 132, 133, 173, 195, 196, 198, 212, 262, 284n.182

forsørger, 101, 117–118, 125, 167, 175, 181, 182, 184, 186, 190, 200, 203, 205, 206, 221

Frederik VI's Kyst, 15, 49, 58, 59

Frederikshåb, se Paamiut

fuglespyd, 25, 248, 249, 254

fælleshus, 32, 37, 38, 39, 40, 41, 45, 48, 52, 53, 59, 61, 147, 176, 177, 180, 187, 203, 218, 219, 266

fødsel, -overskud, 164, 191

G

Gericke, Carl August (tysk missionær), 237, 239

gevær, 112, 198, 205

Giesecke, Karl Ludwig (tysk mineralog), 66, 67

Glahn, Henric Christopher (dansk missionær), 158

glasperler, 38, 48, 53, 54, 147, 245, 251, 262, 265

Godthåb, se Nuuk

grave, 32, 33, 40, 41, 41, 42, 60, 105, 218, 219–220, 219, 220, 229, 229

gribespil, 244, 251, 268, 268

gryde, af fedtsten, 31, 49

Grønlands Nationalmuseum & Arkiv, 14, 17

grønlandssæl, 145

Graah, Wilhelm August (dansk premierleutnant), 70, 100, 104, 105, 114, 148, 213, 279n.105

Gÿsin, Gustav Rudolf (tysk missionær), 237

H

Handel, Den Kongelige Grønlandske, 16, 22, 62, 63, 66, 69, 73–74, 75, 76, 77, 80, 81, 82–85, 82, 83, 86, 89, 93–94, 96, 97, 116, 124–133, 139, 161, 173, 195, 196, 200, 201, 207, 212, 274nn.8, 10, 275nn.21, 29

handel, -rejser, -samkvem, -varer, 22,
    24, 25, 26, 31, 37, 38, 45, 52, 54, 55,
    58, 59, 67, 68, 71, 72, 73, 74, 75, 77,
    78, 79, 81, 82, 83, 85, 91, 92, 96, 97,
    107, 108, 110, 111, 112, 113, 114,
    115, 118, 120, 121, 123, 131, 138,
    144, 145, 147–148, 159, 173, 195,
    200, 212, 255, 274n.10, 275n.21
handelsplads, -anlæg, -koloni, -loge,
    -station, -sted, 16, 38, 64, 67, 69, 72,
    74, 75, 75, 76, 77, 79, 80–81, 80, 82,
    84, 85, 85, 86, 94, 98, 102, 106, 110,
    111, 112–113, 115, 119, 122, 123,
    127, 129, 131–132, 133, 134, 135, 136,
    144, 148, 161, 165, 172, 172, 175,
    176, 179, 217, 275nn.21, 26
Hans Hedtoft, grønlandsskib, 16, 235
Hansen, Johannes (grønlandsk kate-
    ket), 146, 152, 154, 158, 210, 277n.60
Hansêrak, se Hansen, Johannes
harpun, -line, -skaft, -spids, 53, 155,
    156, 157, 157, 244, 247, 248, 249,
    253, 254
Hasting, Christian Ludwig (tysk mis-
    sionær), 236
hedenskab, 92, 136, 209, 221, 270
hedninge, østgrønlandske, 66, 69, 77, 78,
    79, 87, 96, 97, 100, 105, 106, 107, 108,
    121, 122, 126, 127, 131, 134, 135,
    136–137, 138, 141, 142, 154, 159, 169,
    173, 195, 208, 210, 212, 213, 221, 226
Heiberg, Edvard Christie (handelsas-
    sistent), 74
Heinke, Otto Hermann (tysk missio-
    nær), 235, 238, 242, 252
Henriette fra Anorliuitsoq (sydgrøn-
    lænder), 170
Herjolfsnæs, 27, 28, 31, 42
Herrnhut (i Sachsen), 9, 10, 14, 16, 22,
    89, 94, 102, 118, 121, 161, 230, 232,
    233, 234, 235, 237, 241, 244, 246, 248,
    249, 270, 274n.9

Hilbig, Joh. Carl August (tysk missio-
    nær), 237, 239
Hinz, Johannes Ludwig (tysk missio-
    nær), 192, 238, 244
historie, -bevidsthed, mikro-, personal,
    -tradition, 9, 10, 16, 17, 18, 21, 22,
    96, 205–207, 210, 222, 224, 225, 226,
    227–231
hjælper, se nationalhjælper
hjælpeånd, 153, 153, 155, 157, 159, 224,
    225, 266
Holbøll, Carl Peter (inspektør), 125,
    126, 127, 133, 201, 279n.97, 283n.169
Holm, Gustav (dansk premierleutnant),
    109, 111, 119, 145, 148, 149, 150, 151,
    152, 153, 153, 154, 157, 158, 160, 210,
    267, 270, 277n.60
hundeslæde, 247, 250, 257, 270
hungerperioder, hungersnød, 71, 72,
    115, 117, 145, 152, 154, 167
husbukser, 245, 251, 262, 262, 270
husejer, 161, 178, 203, 207
hvalbarde, 45, 49, 56, 64, 241, 250, 255,
    260
hvalfangere, europæiske, nederlandske
    (hollandske), neoeskimoiske, 13, 16,
    26, 54, 56, 62, 266
hvalfangst, 37, 38, 45, 49, 52, 62, 255
højtider, 193
hårbånd, farvede, 90, 259, 276n.43

I

identitet, 18, 22, 111, 204, 215, 216, 226,
    227–231
Ihrer, Georg Michael (tysk missionær),
    68, 137, 236, 239
Ikerasak (boplads), 174, 271
Ikigaat, (handelsplads), 77, 107, 133,
    142, 161, 165, 171, 174, 197, 271
ikon, 158

Illorpaat (boplads), 27, *28*, *88*, *192*, 234, 235, 236, 237, 238, 239, 240, 245, 246, 247, 262

Illorsuatsiaat (boplads), 170, *174*, 271

Illukasik (boplads), *92*, 170, *171*, *174*, 176, 178, 271

Illukoq (boplads), 27, *28*, *79*, 171, 174, *174*

Illuluarsuk (boplads), 49, *52*, *54*, 55, *58*, 59, *60*, 148

Illunnguaq (boplads), 27, *28*

Illussat (boplads), *130*, *174*, 176, 271

Illusaatissat (boplads), 27, *28*, *174*

Illutalik (boplads), 26, *28*, 38, 39

Ilua (fjordsystem i Kap Farvel), 14, *172*, 174, 184, 186, 190, 205, 275n.21

Imertiit (boplads), 50, *51*

indeks, 158

indhandling, 74, 77, 78, 83, 84, 96, 125, 177, 201

Indlandsisen, 13, 49

Ingersia (sydøstgrønlænder), 159

inua, *157*, 158

inuit, inuk, 13, 15, 18, 21, 22, 23, 24, 26, *29*, *30*, 31, 32, 35, *36*, *37*, 116, 158

Ippimmiut (boplads), *174*, 271

Ísímardik (østgrønlænder), 112, 120

Issortusut (boplads), *174*, 205, 206, 271

Itilleq (boplads syd for Qaqortoq), 27, 28, 39, 44, 48, 66, 69

Itilleq (boplads, handelsplads på Eggers Ø), 20, 77, 79, 80, *80*, 81, 85, 131, 161, 171, 172, 173, *173*, 174, *174*, 175, 190, 211, 271

Itsarnisarmiit (boplads), 50, *51*, 52

Itsiit (boplads), 50, *51*

J

Janssen, Carl Emil (dansk missionær), 107, 137, 138, 198, 201, 209, 211

Jesus, 159, 224, 225

Joh. Michael (grønlænder fra Friedrichsthal), 175

jordemoder, 203–207

Josephus (sydgrønlænder), 127

jul, se højtider

Julianehåb, se Qaqortoq

K

kaffe, 81, 82, 92, 126, 196

kajak, -model, -stol, -udstyr, -åre, 64, 78, 92, 107, *128*, *130*, *146*, 149, 150, 152, 153, 155, 156, *157*, 161, 186, 193, 198, 200, 204, 205, 206, 211, 224, 242, 247, 248, 249, 250, 252, 254, *256*, 257, 265, 280n.111

kakkelovn, *55*, *82*, 161, 201, *202*

kalaallit, kalaaleq, 18

kam, 245, 251, *265*

Kamik (sydøstgrønlænder), 105, 114

kamikker, *147*, 247, 248, 251, 260, 262, *263*, 267, 268

kammiutstok, 245, 251, 260, 262, *263*

Kangerlussuaq (fjord i Østgrønland), 49, 51, *51*, 53, 54, 149

Kangerlussuatsiaq, Lindenow Fjord, 66, 81, 105, 111, 114, *143*, 257

Kapuivik (boplads), 27, *28*

kasket, 247, 251, 262, *264*

kastetræ, *149*, 151, 152, 153, *153*, 155, 156, *157*, 244, 247, 248, 249, *253*, 254

kateketer, 63, *79*, 81, 90, 121, 134, 135, 138, *139*, *146*, 148, 154, 169, *199*, 210, 225, 226, 279n.97, 280n.117

Kauffeldt (handelsassistent), 77

Kaursalik (sydøstgrønlænder), 117

kernefamilie, 190, 206, 207

Kielsen, Ove (handelsassistent, kolonibestyrer), 77, 148

kirke, -bog, -gård, -musik, -tugt, 17, 63, 87, 90, *93*, *94*, *99*, 100, 102, 103, 105, 111, 117, 118, 137, 144, 161, *177*, 180, 181, 182, *187*, *192*, 194, 203, 204, 205, 209, *215*, 229, *230*, *233*, 234, 235, 236, 238, 277n.60, 278n.84

Kitsissut (øer vest for Nanortalik), 19, 66, 77, 165, 197, 198, 213

klapmyds, -fangst, 66, 77, 116, 145, 152, 154, 198

Kleinschmidt, Johan Conrad (tysk missionær), 69, 86–87, 99, 100, 121, 122, 125, 126, 133, 134, 142, 219, 235, 236, 238

Kleinwelka (i Sachsen), 232, 236, 237, 238, 242, 243, 246, 248

Kleist, David Lars Emanuel (handelsbestyrer), 96, 97

klima, -perioder, -ændringer, 13, 113, 115, 116, 120, 123, 216

konebåd, -model, 64, 70, 78, 93, 94, 98, 108, 111, 114, 128, 130, 132, 138, 142, 146, 161, 194, 198, 203, 218, 220, 241, 244, 246, 247, 248, 249, 250, 256, 257, 257, 270

Konebådsekspeditionen, 109, 119, 147, 148, 149, 210, 270

konflikt, 24, 64, 85, 89, 93, 124, 126, 132, 196, 207, 212, 221, 280n.122

kor, inddeling i, 90, 99, 178, 192

Kranich, Joh. Fr. (tysk missionær), 235

krise, -situation, 145, 152, 159, 160, 167

Kruth, Ferdinand (tysk missionær), 236, 239

Kuaania (sydøstgrønlænder), 229

Kulusuk, 23

Kunnak (østgrønlænder), 112

kurv, i græsflet, 244, 245, 247, 248, 250, 261, 262

Kuuaqqat (boplads), 128, 171, 174, 183, 184, 271

Kuummiut (boplads på Eggers Ø), 27, 28, 174

Kuummiut (boplads på Pamialluk Ø), 27, 28, 39, 40, 40, 41, 41, 42, 43, 43, 44, 44, 47, 48, 137, 174, 179, 179, 180, 181, 182, 183, 184, 187, 210, 271

kvindebukser, 242, 248, 251, 262, 262, 266

kvindekniv, 82, 246, 248, 250, 257, 260, 275n.29

Kögel, Caspar (tysk missionær), 236

Kögel, Heinrich August (tysk missionær), 237, 240

Kögel, Johannes (tysk missionær), 236

køkkenniche, 26, 27, 33, 34, 35, 36, 37, 42, 43, 45, 50, 57

L

Labrador, 91, 239, 240, 241, 243, 247, 248, 252, 262, 270

lampe, af fedsten, 31, 44, 49, 54, 57, 59, 147, 156, 202, 242, 245, 246, 248, 250, 259

lampestol, 147, 245, 248, 250

lanse, 243, 247, 249, 253, 254

levealder, middel-, 170, 205

levnedsforløb, 209

Lichtenau, 19, 66, 86, 87, 88, 91, 97, 100, 121, 124, 125, 165, 166, 192, 193, 234, 235, 236, 237, 238, 239, 240, 241, 242, 244, 245, 246, 247, 262

Lichtenfels, 64, 88, 124, 235, 236, 237, 238, 239, 240, 242, 243, 245, 246, 247

Lindenow Fjord, se Kangerlussuatsiaq

Lund, Isak (overkateket), 138, 139, 139

Lund, Jacob (grønlandsk udligger, handelsbestyrer), 78, 79, 127, 134, 135–137, 135, 138, 139, 148, 199–200, 210, 279n.97

Lund, Jørgen Paulsen (tysk missionær), 209, 239

Lynge, Pavia (grønlandsk kateket), 121

Lytzen, Carl (handelsbestyrer), 79, 84, 138, 149, 151

læge, -væsen, 109, 138, 196–197

M

Maakkarneq, 27, 28, 28, 29, 30, 31, 32, 33, 34, 35, 36

mandshus, se qassi

mandtalslister, designationslister, 16, 79, 161, 162, 170, 174, 175, 178, 185, 186, 203, 204, 205, 216

Maniitsoq, 64

Martensen, Hans (biskop), 140

Mathiesen, Jens (handelsbestyrer), 77, 103, 104, 134, 213, 214, 279n.105

Mathæus, som ærkeenglen Gabriel (grønlænder fra Friedrichsthal), 210, 211

Matthæus (grønlandsk fanger og familieoverhoved fra Friedrichsthal), 178–188, 179, 187, 188

Mehlhose, Johann Friedrich (tysk missionær), 235, 239, 243

Melville Bugt, 71

ministerialbog, 100, 137

Misittoq (boplads), 51, 53

missionariat, 63, 86, 100, 133, 134, 137, 138, 140, 141–142, 165

Missionskollegiet, 16, 62, 63, 86, 87, 89, 93, 105, 107, 124, 133, 134, 137, 138, 140, 142

Missionsselskab, Det danske, 140–141

missionsstation, 16, 19, 21, 62, 63, 64, 65, 69, 72, 77, 86, 87, 88, 88, 89, 91, 92, 93, 94, 95, 96, 98, 99, 100, 102, 103, 104, 104, 105, 106, 109, 110, 111, 112, 113, 114, 115, 116, 118, 118, 119, 121, 122, 123, 124, 125, 126, 127, 128, 132, 133, 137, 140, 142, 143, 143, 161, 162, 163, 164, 165, 168, 170, 171, 172, 172, 173, 173, 174, 176, 177, 181, 191, 192, 193, 194, 198, 199, 201, 206, 210, 211, 216, 219, 230, 230, 232, 234, 235, 245, 262, 265, 272, 280n.117

Monrad, Jørgen (købmand), 100

mord, 71, 73, 120, 221, 224

Motzfeldt, Peter Hanning (handelsassistent), 78

musik, 193–194

Myhlenport, Marcus Nissen (inspektør), 98, 100

Müller, Valentin (tysk missionær), 103, 104, 115, 236, 239

myndigheder, 16–17, 73, 80, 91, 93, 95, 123, 125, 126, 127, 131, 133, 134, 144, 161, 170, 172, 172, 173, 173, 177, 190, 191, 195, 196, 198

Mähren, 88

Møller, Lars (redaktør), 19, 20, 213

Mørch, Johan Christian (handelsbestyrer), 19, 21, 65, 66, 69, 71, 74, 96, 97, 98, 100, 101, 212

N

naatsit, se husbukser

Nachrichten, 209

Nanortalik, 9, 10, 13, 14, 16, 19, 26, 41, 65, 66, 68, 71, 73–75, 75, 76, 77, 80, 81, 82, 84, 85, 86, 96, 97, 98, 100, 101, 103, 105, 122, 122, 124, 127, 133, 134, 138, 139, 141, 144, 171, 213, 214, 215, 225, 228, 229, 229, 230, 245, 277n.57, 279n.105

Nansen, Fridtjof (norsk polarforsker), 83

Narsaq (boplads i Kangerlussuatsiaq), 81, 105, 114, 143

Narsaq, 26

Narsarmijit, Friedrichsthal, 12, 14, 66, 87, 93, 121, 216, 229, 230, 272, 276n.38

Narsarsuaq (boplads), 26, 28, 38

nationalhjælper, 89–90, 96, 100, 195, 198, 199

navn, -givning, 22, 90, 99, 100, 105, 111, 112, 137, 152, 161, 180, 182, 183, 191, 192, 203, 204, 226, 281n.140, 284n.191

Neuherrnhut, 63, 64, 86, 88, 88, 124, 166, 191, 235, 236, 237, 238, 239, 241, 242, 243, 244, 245, 246, 247, 259, 262, 266

Niesky, i Sachsen, *94*, 232, 236, 237, 242, 243, 247, 248

Nigertuut (boplads), *174*, 186, 271, 275n.21

Nissen, Ulrik Peter Christian (dansk missionær), 107, 108, 111, 115, 138, 141, 211

Niveq (sydøstgrønlænder), 70

Noa (sydøstgrønlænder), *118*, 119

noorliit, den tyske menighed, tyskere, 88

Nordenskiöld, Adolf Erik (svensk opdagelsesrejsende), *149*, 151

Nordøstgrønland, 51, 52, 54, *57*, 61, 147, 151, 156

Norge, 232, 274n.8

Nunarsuaq (boplads), *174*, 271

Nuuaalik (boplads), 151, 152

Nuuk (boplads), *174*, 186, 187, 271, 275n.21

Nuuk, Godthåb, 10, 14, 16, 19, 23, 38, 58, 63, 64, 70, 86, 88, *88*, 131, 133, 213

O

Olsen, Anders (købmand), 74

P

Paamiut, 24, 64, 86, *88*, 237, 280n.117

Pamialluk (handelsplads), *14*, 27, *28*, 40, *41*, 69, 77–78, *79*, 80, 81, *82*, 83, 84, 85, 92, 107, 108, 111, 112, 119, 127, *128*, *129*, 134, 135, *135*, 136, *136*, 138, 139, *141*, 144, 148, 161, 164, *171*, 172, *172*, 174, 176, 178, 179, *179*, 190, 195, 197, 199, 200, 210, 213, *217*, 229, 239, 271, 275n.21, 279n.97, 280n.117

Papik, se Aaddaaridaad

Papikitsoq (boplads), 171, 271

Pernera (boplads), 27, *28*

Petersen, Johan (tolk, handelsbestyrer), *147*, 152

pinse, se højtider

Popp, M. W. (tysk missionær), 238

Poulsen, Kristen (grønlandsk kateket og forfatter), 225–226, 284n.196

Poulsen, Kristian, se Aaddaaridaad

Preussen, 94–95

Prins Christian Sund, *12*, 13, 49, 105, 114, *143*

Puisortoq (isbræ), 70

paarsisoq, se forstander

påske, se højtider

Q

Qaarusuarmiut (boplads), 27, *28*, 35, 36, 39

Qaqortoq, 19, 21, 26, 38, *65*, 66, 71, 73, 74, 75, 77, 79, 80, *82*, 84, *84*, 86, *88*, 91, *96*, 97, 100, 107, 109, 124, 127, 129, 132, 134, 135, 138, 142, 148, *149*, 165, 166, 198, 205, 207, 211, 213, 277n.57

Qarmannguit (boplads), 26, *28*, 39

qassi, 33, *33*, 39, 42, 44, *44*, 45, *45*, 46, *47*, 48, 49

Qatanngutigiinniat, Brødremenigheden, 88

qavanngarnitsat (ental: qavanngarnisaq), 18, *225*

qavappiaat (ental: qavappiaq), 20, *215*

qavaat (ental: qavak), 18

Qeqertaq (boplads i Illuluarsuk), 50, *51*

Qeqertaq (boplads i Prins Christian Sund), 105, 114

Qeqertasussuk (boplads), *174*, *174*

Qeqertatsiaq (boplads), *174*, 200, 271

Qernertoq (boplads, handelsplads), 80, 81, *118*, 119, 131, 132, *132*, *174*, 196, 271

Qimisaa (boplads), *51*, 52, 53, 54, 55, *57*

Qingajaq (sydøstgrønlænder), 159

Qipingajaaq (boplads), *67*, 68

Qoornoq (boplads), 26, *28*, 39

Qooroq (boplads), 26, *28*

R

Rasmussen, Knud (dansk-grønlandsk polarforsker), 210, 211, 221, 222, 224–225, 226, 284n.191

relieffigurer, 150, 151, 152, 153, *153*, 154, 155, 157, *157*, 158, 159, 160

religion, religiøs, 39, 45, 48, 120, 122, 160, 192, 197, 207, 210, 224, 249, 251, 266

Renatus fra Illorsuatsiaat (sydgrønlænder), 170

repartition, 196

ressourcer, -grundlag, *12, 26, 35, 37,* 49, 59, 63, 73, 93, 113, 115, 116, 119, 120, 123, 125, 133, 140, 159, 196, 197, 227

Reufs, Johannes (agent for brødremenigheden), 87, 105

Riegel, Johann Gottlieb Adolf (tysk missionær), 121, *192*, 235, 240, 244, 245, 270

riffel, 83, 198, 200

Rink, Hinrik Johannes (inspektør), *78, 82, 83,* 84, 127, 195, 197, 201, 210

ritual, 154, 155, 157, 193, 210

Rosine fra Illukasik (sydgrønlænder), 170

Rosing, Ulrik (handelsassistent), 212, 213

rynkeben, 247, 250, 260, *260*

S

Sachsen, 10, 16, 88, *94*, 230, 274n.9

Sammisoq (boplads, handelsplads), *174*, 228, 275n.26

Sandhavn, se Maakkarneq

Sanimuinnaq (østgrønlænder), 112, 152, *153*

Saqqarmiut (boplads), *174*, 271

Savanganeq (boplads), 50, *51*

Schmiedecke, Ferdinand Wilhelm (tysk missionær), 235, 237, 243, 245, 246

Schneider, Immanuel Gottlob (tysk missionær), 195, 235, 236, 239, 246

Schärf, Emil Albert (tysk missionær), *192*, 238, 240

Scoresby Sund, 49

seksualmoral, 164

sele, til halvpels, 242, 244, 248, 251, 261, *264*

Sermersooq, 65, 66, 70

Sermiligaaq (fjord i Ammassalik), 148

Sermilik (boplads), 27, *28*

Sermilik (fjord i Ammassalik), 55, 111

Sermitsiarmiit (boplads), 50, *51*

shaman, se angakkoq

shamanisme, 159

silatangiaaneq, afsyngning af salmer, 90

Sillit (sydøstgrønlænder), 100

Simeon (sydøstgrønlænder), 111

Sissarissoq (handelsplads), 74, *75*

Sitsingaleq (boplads), 50, *51*

skind, *57, 58,* 63, 66, 73, 78, 79, 81, 82, 83, 84, *84,* 92, 97, *98,* 107, 109, 115, 116, 125, 145, 149, 167, 177, 213, *214,* 241, 243, 244, 245, 248, 250, 251, 252, 255, 257, 259, *259, 260,* 262, *264,* 265, *266*

Skjoldungen (boplads), 23, 50, *51, 53,* 54, *55, 56, 58,* 59, 60, *60,* 148

skole, 89, 161, 183, 192–193, 195, 198, 199, 209, *230,* 279

Skårup Seminarium, 135

Slesvig-Holsten, 94–95, 235

slægtskabssystem, 178

Smith Sund, 23, 45

snebriller, 244, 245, 249, 255, *255*

snurretop, 245, 251, 268, *269*

Spindler, Carl Julius (tysk missionær), *95,* 235, 237, 239, 241, 246, 249, 252

sprog, 17, 18, 20, 65–66, 69, 70, 89, 127, 140, 213, 214, 215, 280n.119

spæk, -beholder, -hus, -pose, 31, 34, 44,
    46, 57, 59, 63, 73, 75, 78, 81, 82, 82,
    83, 84, 91, 92, 97, 107, 115, 116, 125,
    126, 145, 152, 157, 157, 177, 200,
    201, 244, 250, 256, 260
Stach, Mathäus (tysk missionær), 64
Starick, Martin (tysk missionær), 237,
    239, 240, 246
Statenhuk, 65, 86–87, 100, 103, 104
storisen, 9, 15, 62, 66, 98, 107, 138
Sujumut (sydgrønlandsk avis), 226
sult, sultedød, 72, 115, 117, 145, 169,
    201, 206, 221
sundhed, -tilstand, 96, 97, 167, 200, 201
Surinam, 91
Suukkersit (boplads), 50, 51, 51, 53, 55
Sverige, 232
sygdom, 108–109, 11, 112, 199–201,
    205, 207
symbol, 158
synål, 244, 250
syring, -holder, 245, 247, 250, 259, 260
sæler, 13, 15, 59, 66, 116, 145, 150, 151,
    153, 154, 155, 156, 157, 158, 159, 197,
    244, 250, 254, 255, 256

T
tabu, 145, 154, 155, 191, 221
Takka, se Elisabeth
tankespil, 245, 251, 268, 268
tarmskindsanorak, 243, 244, 245, 248,
    251, 252, 264
tegn, 158
telt, -fundament, -hus, -ring, 28, 31, 32,
    33, 40, 40, 41, 42, 60, 69, 75, 79, 82,
    93, 94, 97, 110, 121, 146, 161, 194,
    198, 203, 213, 218, 244, 245, 250,
    258, 259
Thalbitzer, William (eskimolog og
    sprogforsker), 208, 214
Thomsen (købmand), 74
Thule, 13, 23, 31, 39, 51

Thulekulturen, 9, 13, 16, 23, 24, 25, 26,
    27, 28, 31, 32, 34, 35, 38, 45, 48, 51,
    150, 262
Tietzen, Joh. Fr. David (tysk missio-
    nær), 236
Timmiarmiit (boplads), 49, 50, 51, 52,
    52, 53, 59, 111
Tinupassalik (sydøstgrønlænder), 118
Tinuteqisaaq (boplads), 27, 28, 174, 218,
    220, 220, 271
Tittus (grønlandsk fanger og familie-
    overhoved fra Friedrichsthal), 178–
    189, 179, 187, 188, 189, 278n.84
tobak, 81, 82, 92, 97, 107, 121, 199
tro, 120–121, 125, 146, 154, 159, 209,
    212, 221, 224
tryllesang, 155
Tunua, 18, 19
tunumiu, 18
Tuttutuup Isua (boplads), 26, 28, 38, 39
tvang, 126, 132
tørvehus, model af, 30, 31, 33–34, 34,
    42, 55, 127, 194, 202, 217, 241, 245,
    246, 250, 258, 259

U
Uellner, Johann Wilhelm (tysk missio-
    nær), 68, 236, 239
uiarnerit, uiarneq, 20, 216, 228
Uigorleq (boplads), 27, 28, 39
Ujarasussuit (bopladser), 27, 28, 174,
    271
ulu, se kvindekniv
Umiarsuk (boplads), 27, 28, 39
undervisning, 63, 89, 90, 91, 105, 117,
    119, 122, 125, 191, 192, 198
Unitätsarchiv der Evangelischen Brü-
    der-Unität, Brødremissionens arkiv,
    10, 14, 16, 168, 232, 234, 243
Upernavik, 71, 73
Upernivik (boplads), 26, 28
urinbalje, 152, 156, 157, 157

Utoqqarmiut (bopladser), *51*, 53, *141*,
    174, 176, 271
Uukkat (boplads), 27, *28*, *129*, *171*, *174*,
    182, 271
Uummannaq (boplads i Sydøstgrøn-
    land), *51*, 53, 59
Uummannaq (boplads under Neu-
    herrnhut), *88*, 235, 242, 243, 245,
    246, 259, 262
Uummannaq (boplads ved Kap Farvel),
    27, *28*
Uunarojuk (sydøstgrønlænder), 117
Uunartoq (boplads), 24, 27, *28*, 35, 36,
    38, 39, 65

V

vandspand, vandkar, *149*, 152, 157, *157*,
    245, 247, 250, 260, *261*
varer, se handelsvarer
Vesterboe, Hans Frederik Ivar Henrik
    (dansk missionær), 135–137, 142,
    197, 275n.21, 280n.119
Vestindien, Dansk, 91
vingeharpun, 53, 244, 247, 249, *253*, 254
vingesnegl, 152, 153, *153*, 155
Völkerkundemuseum, 10, 14, 232, 249,
    270

W

Walløe, Peter Olsen (købmand), 65,
    69, 70
Wanning, Poul Gotfred (dansk missio-
    nær), 140
Warmow, Matthäus (tysk missionær),
    235, 236, 237, 247

Z

Zucher, Ernst Paul (tysk missionær),
    238, 240
Zucher, Traug. Wilhelm (tysk missio-
    nær), 92, 139, 240

Æ

ægteskab, 90, 142–143, 161, 164, 180,
    184, 191, 192

Ø

øjenskygge, -skærm, 150, 152, 155, *157*,
    247, 249, 255, *255*
øse, *146*, 148, 245, 250, 260, *261*
Østgrønlandske Strøm, Den, 13, 49
Østprøven, se Ikigaat
Østrig, 94, 95

Å

åndehulsfangst, 247, 248, 249, 252, *253*,
    254
åndemaner, se angakkoq